近代日本のリーダーシップ

岐路に立つ指導者たち

Leaders at Crossroads in Modern Japan

They Made Decisions, Mistakes and History

TOBE Ryoichi

戸部良一［編］

小川原正道
瀧井一博
奈良岡聰智
F・R・ディキンソン
黒沢文貴
武田知己
波多野澄雄
庄司潤一郎
楠綾子
黄自進
佐藤卓己
河野仁
野中郁次郎
佐古丞

千倉書房

序説——リーダーシップ論の現在

戸部良一
TOBE Ryoichi

昨今、リーダー論、リーダーシップ論が盛んである。言うまでもなく、その理由の一部は、近年の度重なる政権交代にあろう。信頼すべき政治指導者がいない、出てこない、と多くの人々が感じている。政党の如何を問わず、人材払底が嘆かれている。リーダー不在の嘆き、あるいは信頼すべきリーダー出現への期待は政界だけの現象ではない。バブル崩壊後の実業界でも、すぐれた経営者の出現を待ち望む声は大きい。

しかしながら実は、リーダー待望論は、バブル崩壊後の特異な現象でもなければ、二一世紀になって初めて出てきたものでもない。それ以前から、多くの人がしばしば提起し、論じてきた問題である。誇張をおそれずに言えば、日本が近代化を始めて以来、つねに想起されてきた問題であったかもしれない。

現代のわれわれを含め明治以来の日本人は、指導者に対していったい何を求めてきたのだろうか。リーダーに期待される役割とは何なのだろうか。そうした役割を果たす際に必要とされる資質とはどんなものと考えられてきたのだろうか。また、指導的立場に立った人物は、どのように自らの役割を認識してきたのだろうか。

本書に結実した共同研究は、以上のような関心から出発した。共同研究では、明治維新から現代までを射程に収め、近代以降の日本人が、どのような指導者像を描き、いかなる指導者論を語ってきたかを考察し議論を重ねた。指導者像、指導者論というのは、メディアを含む人々のイメージや言説だけを意味するのではない。指導者自身も、何らかのイメージを持ちつつ、リーダーとしての役割を果たしてきたはずである。したがって、われわれの共同研究は、特定の指導者個人ないし指導者グループが実践したリーダーシップも考察の対象とした。

また、指導者に関わるイメージや言説は時代によって変化したのか。指導者不在と言われる時代については、どのような意味での指導者が不在であると考えられたのか。そのとき指導者に期待された役割、能力、資質はどのようなものであったのか。こうした問題も検討の対象となった。

ただし、個々の研究対象やアプローチは研究者個人の選択に委ねられた。したがって、ここに収録された論文には、ある特定の時期の、あるいは特定の分野の、指導者をめぐる言説を取り上げる研究もあるし、特定の指導者個人ないしグループを取り上げ、彼らの自己イメージやリーダーシップの実践を考察する研究もある。政治史、外交史、メディア史、政治学、社会学、経営学など、用いられたアプローチ、方法論は様々である。多くは日本の近現代史に素材を求めた研究だが、そのほかに、リーダーシップをめぐる理論的な分析や複数の学問領域にまたがる野心的な学際的研究も含まれている。

指導者論というと、リーダーとしての条件とか、その振る舞い方など、ハウ・ツー的なものになることが少なくない。それは、書店の当該コーナーを見れば一目瞭然である。本書は、そうしたリーダーシップ論を目指すものではない。どのようにすれば、優れたリーダーになれるかを説くものでもない。本書が意図するのはあくまで、近代以降の日本人が指導者なるものをどのような存在と見てきたのか、を検証することにほかならない。リーダーシップに関する理論的研究も、そうした検証を補強するものとして試みられている。

本書は、近代以降の日本人が指導者について、どのようなイメージを持ち、いかなることを論じ、そしてどのような実践を積み重ねてきたかを、多角的な視点から明らかにすることを目指す。こうした点が十分に解明されれば、いま実際に何が問われているかが、よりはっきり見えてくるはずである。指導者ないし指導力に関して問われていることが明確になれば、それに対する答えも見つけやすくなるだろう。

以下、本書の内容を簡単に紹介しておこう。本書は四部から構成され、そのうち第一部から第三部までは時間軸にそって配列されている。第一部の「創成と再建」は、明治国家の創成と、その後に内外環境の変動に迫られて国家の再建を試みた指導者を対象とする。大まかに言えば、明治期、大正期、そして満洲事変までの昭和戦前期の指導者がここに含まれる。

第一章「『西郷隆盛』的指導者像の形成」(小川原正道)は、もともと「賊軍」であった西郷隆盛が名誉を回復しただけでなく、やがて理想的な指導者として語られるようになり、しかも明治、大正、昭和と、それぞれの時代が抱える課題や要請に応じて、その理想像の内容が微妙に変化していく過程を考察する。本章では、明治維新後にあまり多くを語らなかった西郷の「巨大な沈黙」に、人々が理想を仮託してゆく実相が描かれる。

第二章「伊藤博文とユナイテッド・ステーツ(United States)――ステーツマン(Statesman)としての制度哲学」(瀧井一博)は、伊藤博文がアメリカを「模範国」と見ていたことを出発点とし、国家の基本は民族の同一性ではなく、近代的な国制によって人為的に創出される国民にあると考えていたことを実証的に裏付ける。そして、国民の知的成熟を促すことを国家の制度設計の基本に据えた伊藤を、権力抗争に埋没するポリティシャン(Politician)ではなく、つねに国制のあり方に思いをめぐらすステーツマン(Statesman)として、あらためて評価する。

第三章「参戦外交再考――第一次世界大戦の勃発と加藤高明外相のリーダーシップ」(奈良岡聰智)は、第一次大戦勃発に際し、外相加藤高明が強力なリーダーシップを発揮して早期参戦に導いたことを再検証する。加藤外交の成否はその後の日中交渉にかかっていたが、加藤は中国との交渉に取り組むべき人材に恵まれず、しかも参戦を契機に噴出した国内の強硬論に拘束されてしまう。こうした制約条件が、その後の対華二一ヵ条要求の失敗につながった可能性を本章は示唆している。

第四章「戦間期の世界における政治指導の課題――浜口雄幸を中心に」(フレドリック・ディキンソン)は、大戦間期の日本が産業化・大衆化・大国化の過程にあり、大戦の衝撃を受けた欧米列国と同じように、国家再建を重要な政治課題としていた、と指摘する。当時の日本は、言わば世界共通の課題を抱え、列国と多くの共通点を持つ転換期にあった。本章では、浜口雄幸が国家再建の課題を明確に認識し、しかも課題解決に向けてかなりの成功を収めた指導者であったことを強調する。

第五章「海軍軍人としての鈴木貫太郎」(黒沢文貴)は、軍人としては非政治的であった鈴木貫太郎が、昭和初期には侍従長として、終戦時には首相として、すぐれた政治的判断と指導力を発揮した理由を、海軍時代に培われた能力や経験に求める。有能な官僚としての実務能力、つねに戦時を想定して行動する軍人としての判断力と決断力が、その後の昭和天皇からの信頼と相まって、昭和戦前期・戦中期における鈴木の政治的リーダーシップの基盤となったことを裏づけていく。

第二部の「危機の時代」では、満洲事変から敗戦による占領期まで、対外的危機が連続した時代に登場した多様なリーダーシップが扱われる。

第六章「宇垣一成待望論の実相」(戸部良一)は、陸軍軍人宇垣一成が一九三〇年代の日本で、なぜ政治指導者として期待されたのかを、当時の雑誌論文を材料として考察する。宇垣が、首相就任を待望されながら、結局は「政界の惑星」に終始した理由についての同時代の分析も紹介される。

第七章「日英交渉とリーダーシップの逆説――一九三〇年代の日本外交を事例に」(武田知己)は、松平恒雄、吉田茂、重光葵という三人の駐英大使を採り上げ、彼らの外交官としてのリーダーシップの実像を描き出し「能吏」としての松平、「政治家」としての吉田、そして優れた外交官＝交渉者としての重光、という三つのタイプを提示する。優れた交渉者としての重光が結果的に日英関係の悪化を促進するという逆説を生んでしまった、との指摘は重い。

第八章「終戦をめぐる指導者群像――鈴木貫太郎を中心に」(波多野澄雄)は、戦争末期の指導者たち、とくに首相の鈴木貫太郎が、どのようにして国家を「聖断」による終戦に導いたかを再検討する。鈴木は、内閣輔弼の形式に固執し、「聖断」を仰ぎながら、国家としての意思決定は内閣が行なうとの立場を貫いた。そこに、天皇の信頼に裏づけられた鈴木独特の政治指導力発揮があったことをが示される。

第九章「近衛文麿の戦後と「国体護持」――「家柄」と政治指導」(庄司潤一郎)は、敗戦後の近衛文麿の言動に光を当て、一般的な近衛像とは異なる彼の積極性や強靭さ、責任感などを強調する。こうした近衛の姿勢は、憲法改正作業において示され、近衛家という「家柄」に根ざした「国体護持」の使命感に支えられていた、と本章は論じる。

第三部「戦後体制の展開」では、対外的には冷戦と日米安全保障体制、国内的には日本国憲法と一九五五年体制という戦後の政治社会のなかで、いかなるリーダーシップが登場したのかを検証する。

第一〇章「安全保障政策の形成をめぐるリーダーシップ――佐藤政権による吉田路線の再選択」(楠綾子)は、いわゆる吉田路線が吉田以後に惰性的に継続されたのではなく、一九六〇年代に安全保障環境が変容するなかで、佐藤栄作がこの路線を主体的に「再選択」したことを実証的に裏づける。当時論壇に登場してきた国際政治学者の主張を、政権が積極的に吸収して政策に生かしたという佐藤のリーダーシップの一側面も重視される。

第一一章「沖縄返還から見た佐藤栄作の政治指導」(黄自進)も、同じく佐藤栄作を扱い、沖縄返還を成し遂げた彼のリーダーシップに注目する。佐藤は一般に「待ちの政治家」と見なされ、あまり積極的には行動しないタイプとされがちだが、本章ではむしろ、自ら主体的に設定した目標の達成に向かって、積極的にさまざまな方策を用い、ときには強硬手段も辞さない政治指導者としての佐藤栄作像が描き出される。

第一二章「管制高地に立つ編集者・吉野源三郎――平和運動における軍事的リーダーシップ」(佐藤卓己)では、岩波書店の論壇誌『世界』の編集者として、戦後の平和運動をリードした吉野源三郎の実像が浮き彫りにされる。予備役の砲兵将校であった吉野は、軍事的なレトリックを使って平和運動の戦術と戦略を論じた。本章は、吉野自身と彼の周辺の人々の言葉から、彼の軍事的構想力が戦後の平和運動の組織化につながったという逆説を提示する。

第四部「リーダーシップの諸相」には、日本近現代史に収まらない学際的論考を収録した。

第一三章「現代の軍事リーダーシップ――ハイブリッド安全保障とCOINドクトリン」(河野仁)は、冷戦後の新しい軍事作戦(反乱鎮圧作戦)が要請する軍事指揮官のタイプを考察する。この作戦は、現場指揮官クラスに、軍事的識見のほかに政治的見識も要求しているが、本章では、米軍でのこうした潮流に照らして、イラクに派遣された自衛隊のリーダーシップの実態を検証する。

第一四章「チャーチルにみる「危機のリーダーシップ」――フロネシスの視点から」(野中郁次郎)は、第二次世界大戦におけるウィンストン・チャーチルの戦争指導を、フロネシス(実践知、賢慮)という視点から再評価する。本章は、指導者にとって「歴史的構想力」がいかに重要であるかを示し、歴史的構想力があってこそ実践知が駆使される、と強調する。また、チャーチルの戦争指導を歴史のなかに封じ込めず、危機のリーダーシップの実例として今後にも生かすべきである、と論じている。

最後の第一五章「リーダーの評価について」(佐古丞)は、リーダーを評価する際の基準として従来どのような要素が挙げられてきたかを検討し、近年における日本の政治家の評価の実例を紹介する。さらに、経営学や政治学でリーダーシップの理論化が試みられてきた軌跡をフォローしたうえで、時代や状況によって、それに適合するリーダーシップのタイプは異なるが、リーダーの資質については普遍的な部分があることを示唆する。

本書は、国際日本文化研究センター(日文研)の共同研究「近代日本における指導者像と指導者論」の成果報告である。共同研究には、本書に収録された論文の執筆者のほかに、共同研究員およびオブザーバーとして以下の方々が参加し、討論や研究会の運営に加わってくださった。五百旗頭薫(東京大学)、猪木武徳(青山学院大学)、中西寛(京都大学)、畑野勇(後藤・安田記念東京都市研究所)、ロー・ダニエル(日文研客員研究員)、徐勇(日文研客員研究員・北京大学)。また総合研究大学院大学(国際日本研究専攻)の門脇朋裕、韓玲玲のお二人は、研究会の準備や庶務に協力してくださった。

共同研究会には、ゲスト・スピーカーとして研究者や実務家の方々を招き、研究成果の一端や体験をお話しいただいた。以下の方々にあらためてお礼を申し上げる。古川貞二郎(恩賜財団母子愛育会)、番匠幸一郎(陸上自衛隊)、赤木完爾(慶應義塾大学)、細谷雄一(慶應義塾大学)、朝霧重治(コエドブルワリ)。

出版にあたり、千倉書房の神谷竜介氏には、その企画・編集段階を通じて多くのご助言・ご協力をいただいた。最後になってしまったが、執筆者一同を代表して謝意を表したい。

近代日本のリーダーシップ——岐路に立つ指導者たち　目次

第I部

創成と再建

——日本の近代化と政治指導

第1章 「西郷隆盛」的指導者像の形成

小川原正道
OGAWARA Masamichi

はじめに

今日の日本における指導者像の一典型として、いわゆる「西郷隆盛」的指導者像、というものが存在している。特に経営者のリーダーシップ論などで西郷が取りざたされ、日本航空の再建に成功した稲盛和夫氏が敬愛し、よく引用することからも注目されてきた。指導者として、大局観をもって組織をまとめるが、細かい指示は出さずに部下に任せ、信頼し、責任は取る。清廉潔白で道徳的かつ倫理的、無私・無欲であり、金銭問題などに拘泥することはない——こうした指導者像が、いわゆる「西郷隆盛」的指導者像として、すでに多くの国民の間に定着しているように思われる。

経営コンサルタントで、内閣安全保障室、同外政審議室で勤務した経験を持つ久本之夫氏は、西郷隆盛にみる「日本型リーダーの特徴」として、以下の三点を挙げている。①自分の意見をあまり表明しないこと(細かい指示は出さず、部下に任せる)。「西郷に代表される日本型リーダーの特徴の第一は、自分の意見をあまり表明しない」。②自分の親衛隊を有していること（地縁、人脈、情報共有）。リーダーが沈黙するために、その意を汲み取って動く親衛隊が必要であり、「西郷隆盛の場合には、かつて下加治屋町郷中《ごじゅう》の二才頭《にせがしら》を務めたことがあり、その時に指導した後輩たちが親衛隊の役割を果たし」たという。③嫉妬の対象となりにくいこと（愛嬌、苦労体験、庶民性）。「西郷隆盛が誰からも好かれるタイプの人物であったことについては、今更説明する必要もない」[1]。

やはり、細かい指示は出さずに部下に任せて信頼し、庶民性を持つ、といった点が重要である。以下、現代のリーダーシップ論において典型的に見られる西郷型指導者について、他の論者の発言もみてみよう。現代史家として知られる児島襄氏は、「西郷は、まず無私で道議を重んずる清潔な指導者を想定する。……西郷はその人格で維新をリードし、最後には、権威と権限もぬきにして、ただその純な心と人格だけで一万余の青年に死をともにする覚悟をもたせた。このような存在は、時の古今、洋の東西を通じて、ほかにはいない」として、無私、純粋な人格者、苦労人であったことを強調している[2]。先述の稲盛氏も、「廟堂に立ちて大政を為すは天道を行うものなれば、些とも私を挟みては済まぬもの也」（『西郷南洲遺訓』第一条）を引きながら、「どんな小さな組織でも、リーダーたるものいささかの私心も挟んではならない。自分自身の見栄や欲が露わになれば、率いる部下、顧客、ひいては社会からの信頼を失墜しかねません。集団を統率するための第一次の条件が、「無私の心」なのです」と無私の心の重要性を語り、さらに、「西郷という人は〝情〟の人です。薩摩藩の武士であったころ、農民から年貢を取り立てる役を担っていました。重圧な税金に苦しむ農民のため、西郷は徴税の猶予を上司に願い出たといいます。当時は大変厳しい身分制度がしかれていましたから、大変勇気のある行動だったはずです」と「情」が厚かった側面を、「（流罪、自殺未遂など――引用者）このような一連の試練が、西郷の揺るがない精神をつくり人格を高め、維新の成功へと導きました」という苦労の蓄積という側面を、そして、「賢人百官を総べ、政権一途に帰し、一格の国体定制なければ……事業雑駁にして成功あるべからず」(『西郷南洲遺訓』第二条)を引いて、「経営者は、その会社をどうしていくのか、一〇年先、二〇年先までを視野に入れた明確なビジョンを示さねばなりません」と、未来への大局観が重要であると説き、西郷がその具現者であったとしている[3]。苦労と努力を重ねて人格をみがき、自分の意見は表明せず、ビジョンのみを示し、細かいことは信頼する部下に任せ、無私・無欲の精神で組織をリードする指導者としての西郷像が、ここに現れている。

こうした指導者像は、いつごろから、どのようにして形成されてきたのだろうか。西郷論の歴史的展開の大まかな流れについては、すでに田村貞雄氏による「西郷論の系譜[4]」によって明らかにされているが、本章では、明治期から昭和戦前期に焦点を当て、とくに指導者像としての西郷像の形成過程に視点を限定して、そのプロセスを明らかにしようとするものである。周知の通り、西郷隆盛は維新最大の元勲であったが、一八七七(明治一〇)年の西南戦争で反逆したことにより、官位(正三位)を剥奪され、名誉を失った。薩摩出身の元勲などの運動により、西郷が官位を回復したのは、一八八九年のことである。それまでは、公式的には「賊」であった西郷を顕彰するような運動や著作などは基本的に認められるものではなかったが、名誉回復後は、それまでのストレスを発散するごとくに、大量に西郷関係の書物が刊行された。その過程で、先述のような「西郷隆盛」的指導者像が構築されていったのではないか、というのが、筆者の仮説である。

それを実証するにあたり、名誉回復後の西郷をめぐる言論状況から分析をはじめてみたい。

1 名誉回復後の西郷再評価の進展

一八八九年に名誉を回復して正三位の官位を復旧してのち、「勤王」「英雄」「偉人」としての西郷像が急速に形成されていった。今日もなお西郷の思想を知る上での古典とされている『西郷南洲遺訓』や、戦前における西郷伝の決定版ともいうべき勝田孫弥《かつだまごや》『西郷隆盛伝』全五巻、そして内村鑑三が西郷隆盛を称えた*Representative men of Japan*[5]のもととなる*Japan and the Japanese*が刊行されたのは、いずれも明治二〇年代、すなわち一八八七年から一八九六年のことである。

さらに、一九一〇年に韓国併合が実現されたことで、征韓論の先達としての西郷評価が高揚することとなった。たとえば、次のような言説がみられる。「隆盛逝いてより茲《ここ》に三〇年、韓半島は帝国の保護国となり、遼東の地また、日本民族の手中に帰した。時是ならずして、一旦賊名を負うた隆盛も、今日の有様を見ては、恐くは地下にあって微笑を洩らしてをるであらう[6]」。黒龍会の内田良平は、「征清と云ひ、征露と云ひ、未だ曾て源南洲の征韓論に発せずんばあらざるなり。故に南洲は、国民的精神の権化にして、万古の英雄たり[7]」と述べて、現在でも西南戦争を研究する上で基礎文献となっている黒龍会編『西南記伝』(一九〇九~一九一〇年)を刊行した。

この頃になると、もはや反逆者としてのイメージは完全に埋葬されていたようで、徳富蘆花が大逆事件に際しての第一高等学校における演説(一九一一年)において、「諸君、幸徳君等は乱臣賊子として絞台の露と消えた。其行動について不満があるとしても、誰か志士として其動機を疑ひ得る。諸君、西郷も逆賊であった。然し今日となって見れば、逆賊でないこと西郷の如きものがある乎。幸徳等も誤って乱臣賊子となった。然し百年の公論は必其事を惜むで其志を悲しむであらう[8]」と語ったのは有名である。夏目漱石の朝日新聞入社を後押ししたのも、「西郷隆盛」であった。一九〇七年、朝日新聞入社にあたって池辺三山が訪れた際、「話をしてゐるうちに、何ういふ訳だか、余は自分の前にゐる彼と西郷隆盛とを連想し始めた。さうして其連想は彼が帰つた後も残つてゐた。勿論西郷隆盛に就て余は何の知る所もなかつた。だから西郷から推して池辺を髣髴《ほうふつ》する訳はないので、寧《むし》ろ池辺から推して西郷を想像したのである。西郷といふ人も大方こんな男だつたのだらうと思つたのである。此の感じは決していたづら半分のものではなかつた。頗る真面目にさう考えたのである。其証拠には、彼が帰つた後で、余はすぐ中間に立つて余を「朝日」へ周旋するものに手紙を書いた」と漱石は記している。東京帝大教授に推す声があり、また読売新聞からも誘いがあるなかで、漱石を後押しした一つの要因が、「西郷」だったのである。漱石は続けて記している。「今日始めて池辺に会たら其不安心が全く消えた。西郷隆盛に会つたやうな心持がする」[9]。明治末年の段階で、西郷はすでに「英雄」であり、「謀反人」としてのイメージは埋葬されていたことを、ここでは改めて確認しておこう。

2 明治期における「西郷隆盛」像の形成

名誉回復以降、明治年間において、維新・悲劇の英雄、勤王の志士、立志伝中の人物としての西郷像が大量生産されていった。それは、西郷の伝記、言行録、古代以降の偉人、西郷と同世代・当時の著名人との列伝類（西郷と同世代、とりわけ維新三傑のあと二人である大久保利通や木戸孝允、また志士と比較したもの、古代以降の偉人と比較したもの、明治後半期の現役指導者と比較したものなど）などで展開され、指導者としての西郷の「特長」が共有され、一般化されていった。そこには、比較対象とされた藩閥政治家に対する不信感や、政党に対する不信感も存していたようである。

たとえば、一八九二年に刊行された『修身立志談』という書物においては、「西郷隆盛は陸軍大将に上りたる後も、郷国にいて微賤の昔を忘れずによく質素にして、薩摩飛白《かすり》の短衣を着し、白天竺の兵児帯《へこおび》をまとひ、書生のありさまを改めずに居ましたが、兎角人は身分がよくなると、奢に長じて昔の微賤の時を忘れるものですが、此隆盛の如く昔を忘れざる人は稀なものであります」として、高い地位を得ても質朴・清貧な生活を堅持し、謙遜であった姿勢が強調されている[10]。そこには、「隆盛の如く昔を忘れざる人は稀」という形で、多くの立身出世を成し遂げた人物がそうではないことを暗に語っている。松村介石などは、より直接的に伊藤博文や大隈重信などと比較して、「余は西郷が伊藤の如く醜行に耽らず、大隈の如く貨殖を心とせず、高島の如く術策を事とせず、又かの小英雄の如く互に天狗の鼻を誇るが如き賤浮なる彙儔《いちゅう》にあらざるを見て、今日の邦党嫉妬時代に彼を喚起せんと欲するの情に堪へざるものなり」と、西郷に範を取れと述べている[11]。『西南記伝』の著者となる川崎三郎も、「翁ガ、天真爛漫、嬰児ノ如キ。心胸面目、光風霽月ノ如キ。道念ノ清遠ナルカ如キ。度量ノ洪潤ナルカ如キ。品行ノ光明ナルカ如キ。一呼一吸、天地ノ霊ニ通スルカト疑ハル、許リナリ……甲東ノ如キ、松菊ノ如キ、学ビテ到ルベク、其才識、其智謀、企テ及ブ所ノモノ、無カラズ[12]」と、大久保、木戸と比較してその人格が高潔であったことを強調しているが、これは博文館から文庫として版を重ねたものであり、おそらくこうしたイメージがかなり一般に流布していったものと思われる。西郷伝の著者として定評のある勝田孫弥もまた、「隆盛容貌魁偉にして身体肥大、眉毛漆黒にして瞳孔濶大、一見して人を畏懼せしむ然れども其人に接するや恭謙丁寧、言語静穏礼遇至らざるなし而して老若男女に対しては其親愛の情靄然として掬《きく》すべし[13]」としていた。

主人、部下思いの無私な姿勢、というのも、すでに西郷を語る上での「定番」の一つであった。

あるとき西郷が五〇銭の鰻に一〇円札を払って立ち去ったため、店主が「代価を差引て残金を返すと、南洲のいふには、いやそれには及ばぬ、私学校の生徒等が度々汝の家へ往っては食逃げをするといふことであるから、それで未済の分だけを補ふてくれよとある[14]」とか、青年藩吏時代に農民の飢餓を見て、農民に俸給を投じたこと、病臥した使用人の看護に熱心にあたったこと、斉彬死去に際して殉死しようとしたことなどから、「皆仁愛の至情の発動に外ならない[15]」などと評することはごく一般的であり、川崎も、「其志尚高尚にして品性純潔言行相一致したるもの明治年間南洲の如き果して幾人あるか」と、強調していた[16]。

細かいことにはこだわらず、大局を見据えて決断し、周囲に流されない態度、というのも、西郷を語る上で欠かせない要素となっている。「西郷隆盛君は……要を採るに専らにして区々の小事に渉らず歴史の如きは治乱興廃の大体を知るに止まる」[17]、「世の学者等は悉《ことごと》く華美の風を好み文弱に流るゝに係らず君は磊落《らいらく》不羈《ふき》にして区々の小事に拘泥せず殆んど一個の無頼漢たるに異ならず而して己れが心に於て決定したる事は仮令《たとえ》他人の非難攻撃あるも亦如何なる艱難《かんなん》と雖《いえど》も不撓不屈《ふとうふくつ》決行するの気象を有せる人物なり」[18]、といった言説が多々見られる。

こうした西郷評が展開された時代は、戦争の連続であったことも、忘れてはならない。日清戦争が一八九四年から一八九五年にかけて、北清事変が一九〇〇年に、そして日露戦争が一九〇四年から一九〇五年にかけて勃発し、すぐれた軍事指導者が養成される時代だったのである。そんな中で、西郷は、高官でありながら質朴な生活を維持し、部下を思い、難局に直面しても動揺せず、毀誉褒貶に流されず、士気を高める決断ができる指揮官として描かれていった。おそらく前線か内地での軍人向けの講話をまとめたと思われる『励軍小話』と題する書物では、「其難に処して変わず、危うきに坐して坦然平日の如き度量」があったとして、可愛岳突破の際に「まるで夜這いのようだ」といったこと、城山陥落の前夜に酒が尽きたため水杯を交わしながら笑って最期を迎えたことなどを挙げている[19]。やはり同様の『兵営百話』では、「至誠さえあれば部下は自身のために死すとも避けずとの考えを起すものじゃとは、隆盛大将の世に処する唯一の方針であった、そして余財あれば之を部下に分ち与へ、知らないものでも困ったといへば、サッサと分けてやった、其生活の淡白なことは今時のものの想像することが出来ない程で、……其風を見ると全然何処かのボレ書生のやうで、陸軍大将近衛都督とは誰れも知るものがない」と、ここでも金銭にとらわれない質朴な生活が強調されている[20]。

このような軍人論の集大成ともいうべきものが、岩崎徂堂が陸海軍の一四人の大将を並べて評論した『陸海軍一四大将』である。岩崎はここで、「日清戦争に、未曾有の大勝利を博し、北清戦争に、日本帝国の大名誉を輝かしたものも、つまる処は軍人が働きである……大将が功績を表彰し、一は以て兼て名誉ある軍人を作り出すの模範たらしめやうと欲した」と執筆の趣旨を述べた上で、西郷については、「何もかも無頓着の男の事とて……刀柄とうつかも為めに汚い跡を止めたが、更らに意に介しないのを、看取った東湖は、茲に始めて西郷が、非凡の人物である事を知って、其れから後は非常に彼を厚遇された」「（鳥羽伏見戦争で劣勢となり援軍を求められた際――引用者）大将は、大杯を傾けながら、使兵に向かって『兵員は幾人許りあるか』と問ふた、使は『一小隊居ります』と答へると、大将は微笑を漏らしつゝ『そうか皆な死ぬがよい、其後で援兵を送らう』と、使は帰って右の旨を復命に及んだ、小隊の兵士共は之を聞て、モー是れ迄と、何れも死戦を決心し、元気を鼓舞して進んだために、却って幕兵を退却することが出来た」「英雄豪傑とも云はれる人は、一向身装も関はなければ、世の毀誉褒貶などにも頓着せない」などと述べ、その無欲ぶり、勇気などを語った[21]。これが刊行されたのは北清事変と日露戦争に挟まれた一九〇二年であり、西郷的軍人像は、いままさに必要とされる軍事指導者の典型として語られていたのである。

こうして、明治期の間に、すでに高い地位を得ても質朴・清貧な生活を堅持し、謙遜であったこと、主人、部下思いの無私な姿勢、細かいことにはこだわらず、大局を見据えて決断し、周囲に流されない態度といった、現在の「西郷隆盛」的指導者像の原型がすでに形成されていたことがわかる。それは藩閥政治家や政党政治家に対する反面教師としての評価でもあった。明治も終わろうとしていた一九一一年、福本日南が『英雄論』と題する本を刊行し、「Hero」とは、ギリシャ神話における「神と人との中間に在る者」「半神」「絶倫の戦士」、日本における「英雄」「健」「多祁流」に相当する、「勇武絶倫」「最も人を活かす者」のことを差し、それを決定付けるものは戦術や風貌、襟度、特質(絶倫の精力、満往の気象、堅忍の意志、継続の精神)などであり、実際に「英雄」として福本が指定しているのは、アレクサンダー大王、カール大帝、クロムウェル、秦始皇帝、堯、舜、張良、劉邦、劉備、曹操、孫権、源義経、北条早雲、織田信長、豊臣秀吉、石田三成、そして西郷隆盛であった。福本はいう。「我大日本帝国には西郷隆盛を出したり。……勇威湜しく、胆略世に勝れたる」「人に与ふること甚だ厚き者を求むれば、西に加爾大王、ありて、東に西郷南洲あり。……西郷南洲の生活に至りては、乾浄寒素、太古の人の如く、而して財賄を視ること土塊に異ならず。餓者の食に於けるが如く、渇者の飲に於けるが如かりき。吁是れ天地間の一人なる乎」[22]。ここに、勇気、胆力、清廉潔白といった、英雄・西郷隆盛像の結実をみることができよう。

3　大正・昭和初期における「西郷隆盛」像の展開

このような「西郷隆盛」的指導者像は、大正・昭和戦前期において変質した、あるいはしなかったのであろうか。前節で見たとおり、日清戦争以降の「戦争」の時代が、陸軍大将としての西郷像の拡大、肥大化を後押ししていた。では、社会主義が流入し、ワシントン体制下の軍縮時代となり、デモクラシーが唱道された大正から昭和初期の時代は、西郷をどう捉え直した、あるいは捉え直さなかったのであろうか。

この頃になると、西郷に関する伝記や列伝類がおびただしい数に上り、そのすべては到底本章では扱いきれないため、以下では、主要な知識人や代表的伝記作家がどのように西郷を論じていたかをみていきたい。

まず、勤王、英雄、偉人としてのイメージ、そして人格的指導者としてのイメージは継承されていたことを、確認しておきたい。村上専精《せんしょう》は大正元年となる一九一二年に「西郷が為した所のことを考へれば考へる程誠と云ふことが現はれて来る、己れの為めと云ふ心は更に無い、国に向へば国の為め、君に向へば君の為め、朋友に向へば朋友の為め、社会に向へば社会の為め、何れに向つても唯々人の為になつて、自分の為めと云ふ気は更に起さない、私と云ふ心は少しも無いのである……然らば其至誠の模範としては如何なる人に求むべきかと云ふと、遠い昔の人は姑く措いて、近代の人では西郷南洲翁と言はなければならぬ」と、その「至誠」ぶりを強調している[23]。尾崎行雄も一九二六（大正一五年）に、「南洲の南洲たる所以是に在り……己れを無くし身を捨てゝ他人の為に同情せば学問才芸の取るに足るものなきも猶能く衆心を得るに足らん。畢竟人望は同情の反射なり。我より注ぐ者を同情と云ひ他より返すものを人望と云ふ、もと是一物にして二なる非ざるに似たり[24]」（傍点原文）と、西郷の特徴を「同情」に見いだしていた。

一方、軍縮、政党政治、社会主義思想の流布といった時代思潮は、征韓論、軍事指導者・反政党的政治家的イメージを後退させていく。『英雄論』の翌年、福本日南は西南戦争で「大西郷が勝つたら何うなるか」を仮想した文章で、「大西郷は必ずや立憲政治を行つた人である。見給へ！明治六年には民選議院設立の建白をしたではないか。……大西郷が立憲政体を作るといふ云ふ事になれば、公爵や大勲位が志向ではないから、真正の立憲政体を作るに相違ない」と断じた[25]。民選議院設立建白書の提出は一八七四年であり、そこに西郷の名はないのだが、そうした細かい事実関係より、立憲政体という時代思潮と西郷の英雄性こそが重要であり、その姿勢が、かかる過大な評価を生んだのであろう。マルチン・ルターの伝記を書いた村田勤は、「南洲は改革家たる点に於てルーテルに似て居る。旧い形式や腐敗した制度を破壊して、生命あり効果ある新制度を以てこれに換へることが、改革者の仕事だ。物の真相を看破する一隻眼があり、『富貴も淫する能はず貧賤も移す能はず威武も屈する能はざる』鉄石の志がなければ、改革者たることはできない」と述べ[26]、改革者としての共通点を西郷に読み取ろうとしている。麻生久は『新人』に発表した「西郷隆盛とトロツキー」と題する文章で、「私は最近に於けるトロツキーの問題を聞く度に、明治維新後に於ける西郷隆盛が思ひ出される。両者の性格地位運命には相共通した点のある事を発見するのである。凡そ革命と云ふ如き荒仕事の先頭に立って大仕事をなす者は、小才子や、小理屈屋、事務屋ではない。そこには不羈自由な燃ゆる如き情熱を有する戦闘者が必要とされるのである。露西亜革命に於て、智者にして豪傑不抜なるレーニンのやつた事は勿論最大の偉たるものであるが、彼の四面に敵を受けた戦場裡に於て、素早く大胆に赤衛軍を組織して、革命を成就し、革命を守つた功績は其一半は熱血漢トロツキーに帰せざるを得ない。明治維新の革命を成就したに就ての智者は幾多あるであらうが、併し兵をひつさげて、大まかな荒仕事の上に徳川幕府を倒した功績は何と云ても不羈自由な西郷南洲の力である。けれ共一度革命が終わつて次ぎの幕が開いた時、そこに必要とされるものは、最早不羈自由な熱血漢ではなくして、綿密なる事務屋である。そして兎角、革命を成就するに必要であった不羈自由な性格の持主は、あべこべに仕事の邪魔になつて来るのである」と述べた[27]。軍事革命後の革命家の運命を、トロツキーに重ねて語ったのである。三宅雪嶺は目をロシアならぬ中国に転じ、「大西郷ならば中華民国を統一し、国憲を制定し、大総統職を他人に譲つて野に下らう。孫文ほどの知識はなく、袁世凱ほどの知略なけれど、性格の重量は二人の到底及ぶ所ではない。差し当り西郷の適所は中華民国の統一にあるとする[28]」と論じている。西郷伝の代表的著者のひとりである田中物五郎は、「大西郷の革命性と反革命性」と題する文章で、「西郷隆盛は、窮乏せる士族大衆の為に、封建打倒の闘争を展開した革命家である。だが、同じく士族大衆の為に、最後まで闘はうとした為に、資本主義制度の敵としての反革命家となり下つた。この終始かはらざる態度の中に、西郷の美点が発見され、同時に欠点も隠されて居たのである[29]」と評した。

かつて軍事指導者のゆえにその評価を高めた西郷は、社会主義思想や政党政治の定着、国際的情勢の劇的な変動などにともなって、立憲主義のさきがけ、宗教改革、ロシア革命、辛亥革命、の指導者と比較・同一視され、その維新における行為も、革命主義的な歴史観によって評価されるにいたったのである。

4　戦時体制下における「西郷隆盛」像の展開

では、一九三一(昭和六)年に満洲事変が勃発し、翌年に五・一五事件が発生して政党政治が終焉、さらに国際連盟脱退、日中戦争、太平洋戦争と非常時に時代が進んでいったとき、西郷像はどのように変質した、あるいはしなかったのであろうか。

従来から一貫して変わっていない、勤王、英雄、偉人、人格的指導者イメージは、この時代も拡大再生産されている。三宅雪嶺は一九三二年に、「西郷隆盛は薩摩に生れ、その藩の習慣で育ち、頭の上に君があると云ふを忘れず、感激性に富み、何時でも忠死を辞さないけれど、単に君命を以てするには、器局が余りに大きく、才能も人にすぐれ、誤つたことは成るべく改めたく、人の止るのも構はない[30]」と、その忠誠心と器量の大きさを語っているし、渡邊幾治郎は一九三五年に『中央公論』に発表した「木戸・西郷・大久保」において、「若し西郷の徳望が民心を感孚するでなかつたならば、誰が維新の業をして薩長の私たらしめずして、国民的たらしめたであらうか。……維新の研究と認識はやはり人物の研究からスタートせねばならぬ[31]」と、やはり西郷の徳望を強調しており、伊藤痴遊も一九四〇年から刊行をはじめた西郷隆盛の伝記の第一巻において、「維新の三傑を対照して観て、いづれを優り、いづれを劣れり、といふ事は容易には言明し得ぬが……大局を観て、その急所を遁さぬ点と、人格の充実して居た事は、とても大西郷にまさる人無く、大久保、木戸の二傑も、此一事は、遠く及ばなかった。……如何なる場合でも、至誠を以て事に当り、赤心を以て、人に接する、といふ所が、大西郷の風格であつた[32]」と、維新の三傑を比較して、その人格と大局観の鋭さを特徴としている。やはり一九四〇年から長大な西郷の伝記をスタートさせた林房雄も、「西郷隆盛とは何者か?――それも、私は知らぬ。知つてゐることは、たゞ、この巨眼巨躯の人物が、東洋的性格の典型であり、最も日本人らしい日本人であるといふ世の定説のみである。私はこの定説に意義を唱へようとは思つてゐない[33]」として、西郷の特質を「東洋的性格」に見いだしている。

一方、大正デモクラシーに変わって昭和維新の時代となったこの頃、右翼活動家にとって明治維新の大功労者である西郷は、昭和維新の象徴でもあった。右翼活動家の影山正治は一九四一年、「時難にして眞人を思ふや切。昭和維新の前途険にして昭和の大西郷を待望するや甚だし。……大西郷の本質は忠魂の一点に存する。他の如何なるものでもない。これ我が西郷観の基底である。勿論その本質に於ては幾多批判の余地がある。然しその批判を如何につきつめて西郷思想の非日本的部分を強調して見た所で、彼の真骨頂には至り得ない。要は西郷の忠魂悲願を相承し、明治一〇年に彼が行はうとして果たさなかつた、第二の維新、新幕府政治の全的否定を、今にして実現することだ。昭和維新の道統がこゝに厳存して居る」として、昭和維新、第二維新の完遂を西郷の未完の理想の実現として語っている[34]。

もっとも、大陸進出と大日本帝国の大国化、そして大東亜共栄圏の建設という国家目標は、昭和維新よりはるかに多くの人々を西郷に引き寄せた。勝田孫弥は一九三五年に発表した文章で、「隆盛の死後、我国民の思想は大に覚醒し、隆盛の精神主義を追懐するに至り、清国との戦には国光を東洋に輝かし、露国との戦には国威を宇内に轟かし、遂に日韓併合となり、世界の大戦に至りては国威益々世界に発揚し、五大強国と唱へられ、或は三大強国の一と数へらるゝに至つた。固より三千年の国体と、皇室の稜威と、聖天子の偉徳と国民の努力とによるは言を俟たぬが、また隆盛等が身命を擲つて幕政を廃し、維新の大業を遂げた遺績といふも不可なきを覚えるのである」と述べている[35]。以後、西郷の征韓論が日清戦争、日露戦争、韓国併合、そして昭和の大陸政策へと続いていく、という「語り」は、昭和戦前期のもっとも典型的な西郷像を形成していく。

川崎三郎も一九四二年に『大西郷と大陸政策』と題する著作を刊行し、「大東亜建設の経綸を実行することが、先生の大理想であつた。而して征韓論は、其の序幕であり、其の出発点であり、出発点の前提であつた。……先生の志は之を機として、大日本皇国の対外国是を確立し、大東亜経綸の国策を実行せんとするにあつたのである……南洲先生一たび骨を城山に埋めてより以来、先生の大陸政策に共鳴して政府の衰嬰政策に反対したる志士、草莽より起て、国論を刺激し、風動飈発、天下の士気精神を鼓舞作興するに努め、支那大陸を中心として、或は満韓に、西比利亜《シベリア》に、或は暹羅《シャム》に、緬甸《ビルマ》に、或は南洋群島に、或は印度方面に、活動したるもの、少なくなかつた。其の結果、明治二七八年役と為り、三七八年役と為り、日韓併合の事業と為り、満州建国の事業と為つた。将た又た支那事変より一転して大東亜戦と為つたのも、一として其の端を六年の征韓論に発せざるはなかつた[36]」と語っている。それは、右翼活動家の津久井竜雄が「大西郷の征韓論は敗れたが、その志は失はれず、台湾征討も同様の志向に出づるものと解せられるし、爾後の日清日露の両役より、現在の大東亜戦争に至るまで、悉く大西郷の精神――それは即ち明治維新の精神であり、やがて日本肇国の精神である——にその源流を引くものである。大西郷は城山に歿したが日本の陸海軍を率ふるものは悉く大西郷の薫陶を受けたものに外ならず、ことに日露戦争の如き陸に大山、海の東郷を始め全く大西郷の後進によって行はれたに等しく、即ち之を大西郷みづから行つたといふも敢て過言ではないのである」と述べている[37]のと、ほとんど大差ない、典型的な「語り」であった。こうした「語り」は、一九四四年に刊行された秋本典夫(日本史家)の著作『西郷隆盛』における、「征韓論こそ、皇道を世界に宣布せんとする大理想顕現の第一歩であり、西郷の死が征韓論と関係することを思へば、彼こそ、維新の大理想実現の端緒に、痛ましくも供へられた尊い犠牲でもあつた。けれども今や我々は、屍を越えて進まねばならぬ。この時、この犠牲は生き返つて、赫赫たる光を放つのである[38]」といった形で、敗戦まで継承されていくことになる。

もとより、こうした非常時にあっては、理想的な指導者、あるいは理想的な精神性が求められることになる。佐々弘雄は一九三四年に改造社から刊行した『西郷隆盛伝』において、「明治維新の指導者たりし南洲の政治思想が、著しく倫理的傾向をもつたことは、欧州近代政治思想の開拓者たるマキアヴェリが国家技術政治術策を君主論の内容としたのと対比して頗る興味を覚えるのである。……筆者はこゝにわれらの理解する政治の本質が伏在することを認めんとするものであつて、明治維新の先達が身を以てこれが探求に当れるを偉とせざるを得ないのである……政治の物理的側面即ち権力及び武力的方面と倫理的方面がとの融合が終局の目標なる所以を知らしめるのである」と述べ[39]、明治維新の指導者が倫理的志向を持っていたことから、権力・武力と倫理の融合を主張している。徳富蘇峰も「政治家としての西郷南洲先生」と題する文章を一九三四年に『改造』に発表しているが、そこでは「今日は、如何なるなる時勢であるかと云へば、だんだん政治家の品が悪くなつた。偉い政治家もゐるかも知れない。併し今日迄の政治家、また寔には申し兼ねるが、現代の政治家先生は、西郷先生に比べると品が悪い。別に法律上何処に罪があるか、どうかといふことは知らないが、品がわるい。下品になつてをる。そこで我々国民として、大いに反省せねばならないと思ふのであります。政治家といふものは、どうでなければならぬかといふはつきりとした標準を定め、その標準通りにならなくとも、少しとも一歩づゝこの標準に近づかねばなりません。……西郷先生の財産調べのやうになりますが、私の観察で云へば、凡そ政治家には、三つの必要なる要素がある。第一に非常なる眼識、見識が必要である、第二は非常なる手腕が必要である。第三は非常なる力量が必要である。即ち見識、手腕及び力、この三つが揃つて、始めて政治家と云へるのであります。西郷先生は其の視野が非常に広かつた」と述べられ、西郷を模範として、見識、手腕、力量こそが政治家に求められる要素だとしている[40]。田中惣五郎は一九三八年に『指導者としての西郷南洲』と題する著作を発表し、指導者としての西郷隆盛を生んだ要因には外的要因と個人的要因があり、前者は時代と立場（維新・下級武士）、薩摩出身、島津斉彬の庇護といった要素で構成され、後者については、「その最大のものは、彼の肉体であり、容貌であると考へられます……第二は、西郷の愚直に徹した精神です」と述べている[41]。国民同盟から離脱して、東方会を政治結社化し、独自の政治活動を展開していた中野正剛は一九三七年一一月、母校の早稲田大学での講演において、「日本人の政治思想に関する情熱はどうも着弾距離が短かい。西郷隆盛の如きは明治四年頃からすでに維新精神の衰耗を悲しんで居る。官僚の専制、有司の専制、それは幕府政治より悪い。……大政翼賛会もよからう。推薦選挙もよからう。併しその結果自立しない人間共が、半役人のやうな格好で右往左往するやうでは、一向国民精神は高揚せられない……諸君は由緒あり歴史ある早稲田の大学生である。便乗はよしなさい。役人、準役人にはなりなさるな」と語り[42]、西郷に学んで独立した精神を持てと呼びかけている。このように、多分に各知識人や政治家の立場や思想によって再解釈された「指導者」としての西郷像が、非常時局下にあって当時の指導者に向けて「模範像」として提示されていったのである。

筆者はかつて拙著において、西郷隆盛が死してなお、多くの人々を引きつけた背景について、次のように記したことがある。

おわりに

西郷がかくも人々の人気や祈りを受け止めることになったのは、その人格の魅力や維新の英雄としての声望、政府に抗した反抗精神、そして「あいまいさ」によるのであろう。明治期に入ってからの西郷は、多くを語らなかった。その主義は倫理的であり、その地位は高く、その人格は多くの人をひきつけたけれども、思想は体系化されず、いわば神秘的な魅力を湛えた巨大な沈黙であり続けた。戦争下でも、西郷の姿は警備の奥に鎮まって見えにくく、兵士からも遠い位置におり、戦争目的もわかりにくいものだったが、その存在が全軍の求心力となり、その声望と力の可能性に多くの不平士族が賭けた、あるいは賭けようとしたのである。その「見えにくさ」と「巨大さ」が、多様な伝説の根源になっているのであろう[43]

その意味で、西郷の名誉回復から敗戦に到るまでの間、「神秘的な魅力」に引きつけられた多くの論者たちが、それぞれの思想・理想を西郷に託して、「巨大な沈黙」を言語化し、各時代の西郷イメージを形成してきた、ということができよう。勤王、英雄、偉人、人格的指導者としてのイメージは明治から昭和戦前期まで一貫したものだったが、理想的軍事指導者イメージは明治期限定、立憲主義や革命に親和性の高い指導者イメージは大正期限定、昭和維新の指導者も昭和戦前期限定で、大陸進出・大国化・大東亜共栄圏建設の先駆者や非常時の理想的指導者というイメージも昭和戦前期に限定されたものであった。

いみじくも、先述の津久井は「大西郷は正に文字通り国民的英雄として、すべての日本人の中に消え難い幻像として生きてゐるのである[44]」と述べているが、それがあくまで「幻像」であって「実像」ではなかったことが、このように多様な西郷像を生み出した要因であったといって間違いあるまい。

そして戦後から現代に至り、各時代限定的に構築されたイメージが時代の変化と共に退潮したいま、むしろ親和性をもっているのが、明治期から昭和戦前期まで一貫していた西郷像となっている。平和主義を標榜した日本国憲法のもと、戦後民主主義は「西郷隆盛」という征韓論の先駆者、軍事指導者を歴史の果てに葬った。そして、経済中心主義の戦後経営を行ってきた日本にあって、そのリーダーシップを担う企業経営者は指導者の理想像を時代を超えた西郷像に求めたのである。それもまた、「時代」の反映であった。

第2章

伊藤博文とユナイテッド・ステーツ(United States)

――ステーツマン(Statesman)としての制度哲学

瀧井一博
TAKII Kazuhiro

はじめに

果たして、伊藤博文は大政治家なのだろうか。この問いは、奇を衒《てら》ったもののように響くだろう。言うまでもなく、伊藤博文は明治を代表する元勲《げんくん》政治家であり、大日本帝国憲法(以下、明治憲法)を制定してわが国に憲政を導入し、立憲政友会を創設して政党政治のレールを敷き、初代韓国統監として韓国を植民地化した人物と目されている。彼が残した歴史的〝偉業〟に疑問の余地はない。

だが、その一方で、伊藤の大政治家としての資質を疑う声もまた存在するのである。そのことは彼の生前から指摘されてきたことであった。いくつかの同時代の声を拾っておこう。民党勢力に対する大がかりな選挙干渉で有名な品川弥二郎は、野党勢力に対して「(伊藤)伯は円滑主義に囚われ、あらかじめ一定の方針を樹てず、時の勢いに従うべきを唱えて止《や》まない」と語り、自らの「馬車馬主義」と対照的な伊藤の「璧馬主義」に不満を募らせていた[1]。また、原敬《はらたかし》は立憲政友会で伊藤の配下に入り、後に伊藤の衣鉢《いはつ》を継いで同会を率いるなどその直系と言っても過言でないが、政友会総裁として第四次内閣を組織した際の伊藤のリーダーシップをつぶさに観察して、「在職中種々の事件ありしも多くは伊藤の不決断によりて遂に失敗に終れるなり」と結論している[2]。さらに、伊藤に対する信任の厚かった明治天皇も、「伊藤は才智あれども時々変説あり、いつまでも仕通すことは出来ず」と見なしていたとの証言もある[3]。

このように、伊藤に対しては、その優柔不断さ、一貫性の欠如を指摘する声が彼を知る人からいくつもあがっている。これは、通常思い描かれる大政治家のイメージとは一見相反するものである。時局にあたってぶれないこと、果断に物事を処していくことこそ、リーダーのあるべき姿であろう。この点伊藤は、政局にあたっての決断力や豪胆さに欠けていたと見なす向きがあったのである。果たして彼は大政治家といえるのか。そうだとすれば、何処にその所以《ゆえん》は求められるのか[4]。

確かに伊藤は、具体的政局のなかで政敵を潰して自己の権力を盤石《ばんじゃく》にしていくというタイプの政治家ではなかった。むしろ、敵といかにして結託するかということが、その行動原理だった。憲法政治とは妥協と譲歩を旨とする、とは彼自身の言葉である[5]。

そのような信条で、藩閥政府内にある時は野党自由党と、政友会総裁としては桂太郎の藩閥官僚内閣と、また韓国統監時には韓国人との宥和を説き続けたのが伊藤だった。しかし、そのような政治姿勢は、自分の身内をないがしろにするものであり、首相、党首、統監など権力を行使する立場にあった時の彼の指導力を動揺させた。

では、伊藤を大政治家と評価することは、初代首相というイメージに幻惑された素人論なのか。本章は、この問いに対して、伊藤が有していた制度的構想力をもって回答を試みる。ここで提示されるのは、権力を掌握することによって自分の支持者に利益を配分するタイプの政治家ではなく、時代の転換期を明敏に観察し、それに見合うかたちで国家の抜本的な制度変革をもたらすという政治家のあり方である。それは言葉を換えれば、伊藤をpoliticianとしてではなく大局的statesmanとして[6]、ジャン・ジャック・ルソーやアダム・スミスが説いたような国民に制度を付与する立法者[7]として把握するように促すものである。その検討を通じて、政治家がもつべき「知」のあり方について考察する一助となることが、本章の問題意識である。

1　模範国としてのアメリカ

◆伊藤の模範国

「模範国」とは、かつて山室信一氏が名著『法制官僚の時代』で提唱された概念装置である[8]。山室氏は、明治前半期の国家設計の過程と変遷を、それを担った小野梓や井上毅《こわし》を中心とする若き法制官僚たちの「知の歴程」という視点から活写した。大まかな図式で述べれば、そこでは英仏流の自然権論に基づいた民権思想から、明治一四年の政変を経て、ドイツ学というかたちでの上からの欽定憲法の考え方が席巻《せつけん》していくさまが綴られている。一四年の政変後、いわば「模範国」はイギリスからドイツへと転換したのである。

山室氏はもっぱら具体的な制度的立案にあたった法制官僚に焦点を当てているが、では彼らが戴いていた政治家にも、模範国の観念はあったのだろうか。あったとすれば、それは配下にある官僚たちのそれとまったく同一だったのだろうか。

ここで問いたいのは、伊藤博文にとっての模範国である。伊藤が模範国として仰いでいた国はどこだったのか。そのように問いを立てた時、まず思い浮かぶのはやはりプロイセンを中心とするドイツであろう。伊藤は何よりも明治憲法を制定して、近代日本にドイツ流の欽定憲法をもたらし、議会の権限を狭めた強力な天皇大権主義の政治体制を布いた人物と見なされている。国際的にも、彼は在世時から「日本のビスマルク」と呼びならわされていた[9]。伊藤をドイツ主義者と捉える見方は、一般に流布したものである。

だが、その一方で、近時有力なのが、彼をイギリス流の議会主義型立憲君主制の信奉者として把握する立場である。伊藤之雄氏や筆者によって展開されたこの説によれば、伊藤は憲法施行後から一貫して議会政治の定着と発展に腐心していたのであり、そのような彼の政治的実践を導いていたのは、党派的対立を調停する存在としてのイギリス型立憲君主像や議会政治に対するシンパシーであった[10]。

この考えに従えば、伊藤による明治憲法の制定は天皇大権主義の確立だったのではなく、受動的な立憲的君主の造出を目指したものだったのであり、一九〇〇年(明治三三)の立憲政友会の結成も、藩閥政治家から政党政治家への転向としてではなく、議会政治の漸進的定着を志向していた伊藤の必然的な脱皮として把握されるべきということになる。

実際、幕末に国禁を犯して英国留学に赴いて以来、伊藤はイギリスの政治や国民性の賞揚者だった[11]。立憲指導者としての彼の念頭に、イギリスがモデル国としてあったことは疑いがない。そのことは初期議会期の彼の民党対策や天皇の政治的関与のあり方(中立的調停者としての政治関与)によって裏付けられる[12]。このような実証研究に基づいた最近の伊藤博文論を受けて、もはや彼をドイツ主義の君権論者と見なすことは許されなくなっている。

かと言って、伊藤を政治的なイギリス信仰者と同定することも伊藤の政治思想の単純化に陥ることにならないかとの懸念がある。そもそも、国家の命運を握る地位にある政治家が、どこか特定の他国を模範化することは、その責任倫理に反した行いだろう。伊藤は、様々な国々の歴史的経験や政治的実際から〝美味しいところ取り〟をしたというのが、実際なのではないか。

そのことを念頭に置いた上で、以下では伊藤にとってのもう一つの〝模範国〟を考えてみたい。それは、アメリカ合衆国である。「制度の政治家」として伊藤を捉え直すことを掲げた場合、伊藤とアメリカとの関係は極めて貴重な示唆を与えるものである。そもそも、彼が制度というものについて魅了されるきっかけを与えたのが、アメリカとの出会いだったと考えられるからである。この点を詳論しておきたい。

◆幕末長崎でのアメリカ見聞

アメリカ彦蔵の名でも知られる浜田彦蔵（ジョセフ・ヒコ。以下、本章ではヒコと称する）は、嘉永三年（一八五〇）に漂流民となり太平洋上でアメリカ船に救出されてそのままアメリカへ渡り、そこで教育を受け、ピアース、ブキャナン、リンカーンの三代の大統領に拝謁するなど当時の日本人として稀有な経験を積んだ[13]。

ヒコはその後日本への帰還を果たし、幕末の世にアメリカ領事館の通訳として働いた後、横浜で商館を開いた。しかし、攘夷運動の嵐の吹き荒れるなか、身の安全を危惧して慶応二年の末に長崎に移り住むことになる。そしてこの長崎の地において、ヒコは伊藤博文と出会うことになるのである。翌年の慶応三年（一八六七）、朝敵の烙印を押された長州藩の藩士として長崎で隠密活動をしていた後の木戸孝允と伊藤が、漂流民ヒコのことを聞きおよび、訪ねてきた。その折のことをヒコは次のように回想している。

> 或る日の朝、二人の役人が私の会社をたずねた。二人は木戸準一郎と伊藤俊輔（いまの総理大臣、伊藤伯爵閣下）と名乗り、薩摩から来た役人だと言った。私は二人を薩摩の役人として迎えたが、二人は直ちに海外事情について質問をはじめた。ことにイギリスとアメリカ、および両国の制度や政府などの生い立ちについて質問をした。私は力の及ぶ限り二人の質問に答えてやった。年長の方（木戸）はアメリカ合衆

国の憲法について大いに興味をおぼえたとみずから語り、――まったく耳新しいことだと言った。[14]

ヒコの自叙伝によれば、数日後二人はまたやって来て、昼食を共にした。打ち解けた二人は素性を明かし、いっそうの親交を結んだ。ヒコは後に二人の依頼で、長崎における長州藩の特別代理人となっている。

ところで、そもそもなぜ木戸と伊藤はヒコを訪ねてきたのか。彼らの長崎潜行の目的は、同地で坂本龍馬と接触し、王政復古へ向けて薩長そして土佐藩との連携を模索することであったが、その一方で海外事情の調査も重要な使命であった。そのために彼らはヒコを訪《おとな》い、英米の歴史や制度について聞き取りを行ったのである。そしてその話は、木戸に大きな感銘を与えた。彼はこれからの日本が倣うべきモデルをそこに認めたと思われる。

右に引用したヒコの述懐によれば、木戸は特に彼の語るアメリカ憲法の話に感銘を受けたという。具体的にヒコは何を伝えたのだろうか。その内容を直接記した史料は存在しないが、そのヒントとなる記述が、彼の『漂流記』のなかにある。それは、イギリスとの独立戦争を経て、アメリカが合衆国として建国されるプロセスを綴ったくだりである。そこでヒコは、「国人の心一致なるによつて、漸く〔英国の〕辛政をまぬかれた」米国建国の歴史を記し、「国王の辛政ハ民に害有こと、外患よりも甚しく、又人民一致和親なれハ、いかなる大敵もとるに足らす」と強調している[15]。幕府による長州征伐や四国艦隊による砲撃を経験し、逆賊として逼塞《ひっそく》を余儀なくされていた長州藩士木戸にとって、ヒコの描くアメリカ独立史は心の琴線に触れたであろうことは想像に難くない。

では、一方の伊藤のほうはどうだったか。ヒコの回想のなかでは、木戸の陰に隠れているかに見える伊藤だが、木戸と同様、彼もまたヒコの語るアメリカの歴史と制度に魅せられていたものと考えられる。その証左となるのが、慶応四年(一八六八)一月五日付の木戸に宛てて出された書簡である。

米国独立の時に当ては、我日本の形勢と違ひ、自国の人民は更に兵権もなきものすら、人心の一致より、かゝる強敵をも打ひしぎ、各自国を保つの忠情凝固して、今日の盛大を為すに至る。然況我国数千歳連綿たる　天子を戴きながら、其大恩を忘却して、阿諛を事とし、機会を失ひ候様至らせしは、実に無人心者と奉存候。我より夷狄と呼ぶ米人に向て何顔か有んと奉存候。[16]

アメリカ独立の故事を挙げ、各自が国家を担うという「人心の一致」こそ興国の原動力であることを木戸に対して説いている。そしてそれは、ヒコが記すアメリカ建国の記述と平仄を合わせたものになっている。伊藤もまた、ヒコを通じてアメリカ建国の理念に大きな感銘を受けていたことが推察できる。

続けて伊藤は、アメリカとは裏腹に、わが長州藩では、「長州人に産れて徳川氏を讐敵とせざるものは人民に非ず」などの言説もはびこっているが、そのような「私」を捨て、「天下の人心勤王に薄き世の中に御座候へば、猶更我より公平至当の議論を主張」すべしと述べている[17]。要するに、この手紙において伊藤は、ちょうどアメリカ諸州が各々の国域を超え出て、合衆国というより大きな政治共同体を作り出したように[18]、幕藩単位の「人臣恩君」の習いを脱却し、日本という「公論」を打ち立てなければならないと力説しているのである。そのために不可欠なのが、前述のような「人心の一致」である。長州人か徳川かというような「私を去りて公平に帰する」ことこそ肝要とされ、そうでなくては夷狄と呼ぶアメリカ人に対して顔向けできないと論じている。

以上のように、この時期、伊藤は木戸と同様に、アメリカ建国の事歴に魅せられ、そのひそみに倣って

「人心の一致」、すなわち日本国民を作り出すという絵を描いていた。その思いは、「米人に向て何顔か有ん」との一節からうかがえるように、アメリカを模範国と意識するほどであったと言えよう。

明治四年、伊藤は実際にアメリカを訪れ、政治経済の制度について観察する機会を得ている。当時大蔵少輔《しょうゆう》であった彼は、財政幣制の調査のためにアメリカ視察を願い出て認められ、同国へ派遣された。この派遣は、伊藤の制度観に飛躍をもたらしたと考えられる。その点を次に考察しておこう。

2 United Statesの受容——明治四年のアメリカ幣制調査

明治三年一一月から翌年五月まで伊藤はアメリカ視察の旅に出た。この時の調査がきっかけとなって、明治四年五月、わが国初の貨幣法である新貨条例が制定されている[19]。これによって銀を主軸とする東アジアの経済圏のなかにあって、日本は一時的とはいえいちはやく欧米流の金本位国に参入した。伊藤がこの時強力に推進した金本位制の採用は、今日では〝暴挙〟として語られる。「東洋の一小島に於て早く著鞭いたし候儀にて、真に痛快此事に御座候」[20]との稚気に富んだナショナリズムの所産とされる[21]。経済史上におけるその評価とはまた別に、ここではこの時のアメリカ体験を通じて彼のなかに植えつけられた制度哲学を抽出したい。

アメリカでの調査によってもたらされた伊藤の制度観、それは漸進的な進化主義と立憲主義とにまとめられる。まず漸進的進化主義である。金本位制の採用と同時に、伊藤はこの時、アメリカに範を取った発券銀行の設置を主張し、それが明治五年一一月に公布された国立銀行条例に結実した。

当時まだ現在の連邦準備制度のような中央銀行機能をもっていなかったアメリカでは、紙幣発行の許可を得た民間の銀行(国法銀行《ナショナルバンク》)が、資本金の三分の一以上に当たる国債を政府へ預託し、その見返りに兌換の国法銀行券の発券を認められていた。一八六四年制定の国法銀行法(The National Bank Act of 1864)に基づくこの制度により、全国的な統一通貨が初めて生まれた[22]。

伊藤はこの制度を称揚して次のように報じている。

目今の紙幣彌々国債の体を具候得ば、今国債証書を発行し、漸を以て紙幣を国債に引替候様に処置致候はゞ、数年の後は新紙幣(フランクフォルトへ註文の分を云なり)半は正金に引替へ、(大蔵省の重任なり)半は国債と変じ、通用の紙幣は皆会社の紙幣而已と相成、実に信証の紙幣真貨に異らざる物に至らん事、今より之を保証すべし。[23]

このような伊藤の建策が功を奏し、明治五年一一月に国立銀行条例が公布され、アメリカの制度に倣った銀行制度が発足することになる。しかし、これは金本位制ともども蛮勇であった。発行された銀行券はすぐに正貨と兌換《だかん》され、市場にはほとんど流通せず、「悪貨は良貨を駆逐する」というグレシャムの法則の典型を見る結果となってしまったのである。

そのような経済史上の厳然たる事実の傍らで、一つ注目すべきと思われるのが、ここで伊藤が示した制度の漸進的生成論と称すべきものである。伊藤は国債と紙幣を連結させ、「漸を以て紙幣を国債に引替」、「信証の紙幣真貨に異らざる物」が政府による強制的な通用ではなく、言わば下から自生的に成立してくるのを期待していたのである。

もう一つの制度観は、立憲主義である。金本位制、発券銀行制度と並んで、伊藤は大蔵省の官制改革についても帰国後提言している。それは、「会計の良法を得たりとの名誉ある」アメリカ大蔵省の官制にならったものだった。そのなかには、次のような文言が綴られている。

大蔵省より出納する所は、皆政府の公金にして、日本全州より出す所の租税なり。故に一銭も之を忽せに出納すべきに非ず。(中略)目今の如きは、緊要の証書たりとも、之を各寮各司の書匣中に堆埋し、之を失ふも亦之を顧みず、出納の簿冊にして全州の会計を知るべき根本たる書も、僅かに一小冊に止るに付、之を失ふ時は再び之を推知するの法なし。若し如此の状にて数十年を経ば、如何にして当時の会計出納の証を知ることを得んや。他日開化の進歩大に拡充し、国民より名代人を出して議院に臨ましめ、以て当時の会計を難議せば、其時に当り大蔵卿は何の書冊何の証書を披いて其仕払を探知し国民の問に答へん歟。[24]

すなわち、他日「開化の進歩大に拡充し」た暁には、国民の代表者を集めて議院を開き、国の会計を過去にわたってまで審議させなければならず、そのために今のうちから政府の公金出納の記録をきちんと残しておくことが不可欠と説かれている。将来の国会開設を見据えた上での制度改革が唱えられている。来るべき立憲主義の定立に向けて、漸進的に国家の制度改革を進めていくことをこの時期の伊藤は、アメリカでの調査を通じて抱懐するに至ったのである。漸進主義の立憲指導者・伊藤博文の誕生をここに認めることができる。

以上のように、幕末から明治初年にかけて、伊藤はアメリカをモデルとして自らの国家構想を育んでいったといえる。ところで、伊藤によるアメリカのモデル化は、一過性のものだったのではない。後年になっても、伊藤は国家建設の一つのあるべき姿をアメリカに求めている。そのような継続するアメリカへの関心を次に跡づけていこう。

3 United Statesの受容——持続する関心

◆伊藤博文とトクヴィル

伊藤は後年になってもアメリカの政治システムへの関心を維持し続けていたと考えられる。その例証として、伊藤とアメリカ政治論の二つの古典との関係を挙げておこう。

まずはアレグザンダー・ハミルトン、ジョン・ジェイ、ジェイムズ・マディソンの共著になる『フェデラリスト』である。金子堅太郎によれば、明治憲法の起草過程で伊藤は、このアメリカ政治思想の金字塔を常に座右に置いていたと言われる[25]。そもそも伊藤が『フェデラリスト』を知ったのは、先述の明治四年のアメリカ視察においてであった。この時ワシントンでこの名著を購求した伊藤(金子によれば、ときの国務長官フィッシュから贈与されたという)は、それを通じて、従来小版図の国にしか適用されないと考えられていた共和政体がアメリカのような一大連邦国家に施行されるにあたってこの三人の著者の非常な努力があったことを知り、眼を開かされた旨語っている[26]。

次に、アメリカを対象としたもう一つの政治学の古典にまつわるエピソードである。津田梅子によれば、伊藤はアレクシス・ド・トクヴィルの『アメリカのデモクラシー』の英訳版を愛読していたという。英文で書かれた追想文において、津田はかつて伊藤家に住み込みで家庭教師をしていた時のことを回顧して次のように記している。

伊藤は常に偉大な能弁家であったのと同じく、偉大な読書家だった。彼は多くの英書を読んでいた。ある日、彼はド・トクヴィルの『アメリカのデモクラシー』の英訳本を携えて来てそれを私に見せ、「アメリカについての最良の本を書いたのは、フランス人だ。読んでみよ。面白いぞ」と言った。[27]

周知のように、トクヴィルの『アメリカのデモクラシー』は、アメリカという国と社会を総体的に論じた書であると同時に、デモクラシー論の白眉でもある。伊藤はこの書をどのように読んだのだろうか。

トクヴィルはこの本のなかで、決してデモクラシーを礼賛しているわけではない[28]。「多数者による専制」というキーワードでしばしば特徴づけられるように、本書は全体としてペシミスティックなトーンでデモクラシーを語っている。デモクラシーがもたらす社会の平準化によって、人間の精神性にいかなる負の作用が生じるのかをむしろ説き明かすものといえる。伊藤はそのような民主主義観をトクヴィルから受け継いだのだろうか。

だがしかし、デモクラシーへのスタンスということでは、伊藤とトクヴィルとの間には径庭がある。憲法制定の際、民権的要素を加味するよう腐心したとは伊藤の後年の述懐であるが、それが決して伊達でないことは、明治憲法発布の直後に伊藤が皇族や華族を集めて行った演説が証している[29]。そこで彼は、国の独立を保ち、国際競争に打ち勝っていくためには国民の知力を高め民度を上げていくことが肝要であるとし、次のように述べている。

人民の学力、智識を進歩さして、文化に誘導さして参りますと、人民も己れの国家何物である、己れの政治何物である、他国の政治何物である、他国の国力何物である、他国の兵力何物であると云うことを、学問をする結果に就て知って来るので、其れが知って来る様になれば知って来るに就て、支配をしなければなりませぬ。若し其の支配の仕方が善く無いと云うと、其の人民は是非善悪の見分けを付けることの出来る人民で有るから、黙って居れと言って一国は治まるもので無い。［30］

ここで伊藤が語っているのは、国民の開化は国力の基本だとしても、それは支配者にとって両刃の剣だということである。開かれた知性は国力の増強のみならず、現実の統治を批判する精神をもたらすからである。

しかし伊藤は、あくまでそのような人民を礎とする政治のあり方を唱える。なぜならば、人民の開化は文明諸国にとって「普通ノ道理」だからである。伊藤にとって、立憲主義とは国民一人一人が身分的制約を受けずに教育を通じて自己の能力を開拓できるという社会的平等の理念、そしてそのような開化された国民に政治参加の道を開きつつ、その行き過ぎを防御するための制度構築を意味していた。それは、低い社会的出自にもかかわらず、旺盛な知的向上心で出世の階梯を昇りつめていった自らの半生に裏づけられた信念だったであろう。

このようにデモクラシーへの信念を抱いていた人物が、トクヴィルを愛読していたのは何故なのか。一つ推察できるのが、トクヴィルの書を通じて、伊藤はデモクラシーが時代の趨勢であるとの確信をもったのではないかということである。『アメリカのデモクラシー』の基調をなすものとして、北米大陸において叢生《そうせい》したデモクラシーの精神が世界史的な必然となって拡張しているとの認識がある。トクヴィルは、そのような潮流が人間の精神文化に及ぼす断絶をネガティブな観点から論じるのだが、伊藤はトクヴィルの示す現実認識をむしろポジティブに捉え直したものと考えられる。それは、トクヴィルが旧体制の人間であるのに対して、伊藤が出自的にはデモクラシーの申し子と言ってもよいという両者の立ち位置の違いに起因する岐路だといえる。

◆制度への信仰

以上のように、伊藤の政治家人生においてアメリカの国制は無視し得ないモデルとしてあったことが指摘できる。後年になっても、伊藤は公の場で次のようにアメリカの制度を引きつつ述べている。

> ナショナリチー〔国民《ナショナリティー》〕は、米国の例に依れば、必しも同種族の民たるを要せずといふべく、又、種族同一なればとて、必ずしも一国民を成すといふべからず、同一種族必しも同一国家を成さず。国家は組織されたるものならざるべからず。是に於てか国家の組織といふこと至要至重の問題たるなり。ナショナリチーの単純を欲し、種族の同系を望むも、所詮は此の組織の難易より来る問題のみ[31]。

これは明治三〇年四月一七日に台湾会の場でなされた演説の一節である。ここで伊藤は、アメリカを引き合いに出しながら、国民と民族（種族）の相違を論じている。すなわち、同一民族が同一国民をなすわけではないし、一つの国家は単一の民族によって構成されるわけでもない。国家を国家たらしめるのは制度であるとされる。

伊藤が言わんとしていることを忖度すれば、彼は自然的な人的紐帯としての民族に対して、国民の人為性ならびに制度的性格を指摘しているのだと考えられる。同一民族が一つの国民をなすのは、国民国家としての制度的単純さを希求する上では望ましいことではあるが、国家として制度的に完備していれば他民族との共存も不可能ではないとの思想の表明である。伊藤にとって国家とは、とりわけ民主的な国民国家とは、人為的な構築物、技巧の賜物としての制度体であったといえる。

その例示として、ここでもアメリカ合衆国という多民族多文化の国制が挙げられている。アメリカへの制度的関心の持続が認められる。そのことは、同じ演説のすぐ後で、彼が次のように言葉を継いでいることからもうかがえよう。

国に組織ありて而して後国始めて活動す。欧羅巴諸国即ち是なり。此等の諸国は活気あり。故に其の勢力は、即ち世界の勢力となり、其の思想は、即ち世界の思想となれり。然るに東洋の半面は死せり。これ東洋の国家には組織なきに因る。組織なきもの安んぞ生命あらん[32]。

組織＝制度が国家を作る。欧米諸国はそのような精緻なる国制を構築したが故に、今日、世界に君臨しているのだ、と説かれる。幕末にヒコの話を聞いて以来、国家という制度を希求する際の導きとして、伊藤の脳裏には常にアメリカの存在があったことを示唆していよう。

最後に、アメリカ合衆国という制度と伊藤のアメリカ観の異同についても言及しておきたい。そもそもUnited Statesは何故に「合衆国」と訳されるのか。

この問題について幕末明治初期の文献を博捜された斎藤毅氏は、United Statesを訳すにあたって、二つの異なった観点があったことを指摘されている。一つは、国家の構造や組織に着目してそれを直訳しようとするものであり、アメリカの連邦国家としての性格を言い表すために、合同国、列国一統、合国、合数国、系維邦国、聯邦（国）、合邦といった訳語が試みられた。他方で、アメリカの政治形態に注目して名づけられた呼称があり、それらは共和政治州、共和政治国、合衆議定国であり、合衆国もその一つであるとされる[33]。

つまり、「合衆国」の語は、「衆人の力を合して此の国を成す」との定義もあるように[34]、「「合衆」制度の「国」」、すなわち「世襲的君主のいない民主国家または共和国を意味することば」というのが斎藤氏の結論である[35]。もっとも、斎藤氏も認めているように、衆の字は諸と通じても用いられ、実際、諸国の意味で衆国の語を用いた例もあり、だとすると合衆国は「衆国（諸国）」を「合」した国という意味でまさにUnited Statesの直訳との可能性も残されているが、少数例にとどまるようである[36]。

以上の点を踏まえて、伊藤の「合衆国」観を整理してみたい。既述のように、幕末維新の時期の彼にはstates（藩）の閾を越えて人心が一致し、一つの統一国家が形作られるという像が色濃くある。その意味で、伊藤のなかには、United Statesとしての国民国家（Nation State）形成のモデルとして、アメリカは明確に位置づけられていた。

他方で、伊藤には既存のstates（藩）を廃し、一つのNationを形作ろうとする中央集権化のベクトルが強くあったことにも留意する必要がある。United Statesが有する連邦制の意味合いは切り捨てられ、むしろ人心の一致による一つの国家という側面が強調される。「合衆国」としてのアメリカは、「（民）衆と国の合体」として解釈替えされていたと言えよう。その意味で、伊藤のアメリカ観にはUnited Statesと「合衆国」の二つの契機が混在していたといえる。別の言い方をすれば、伊藤のアメリカ国制像は、漸進的な進化をはらんだものとして見なされていたのではなかろうか。人心の高まりのなか、既存の邦（藩）を超え出て一つの統一国家が現出される。そしてそこからさらに民と国の合体を推進させ民主的な国民国家を漸次的に実現させていくという理念の化体としてのアメリカである。政治家伊藤は一貫して、そのような理念のための制度設計を模索していたのである[37]。

おわりに——伊藤のアメリカ観に反映された知と制度

本章では伊藤博文のアメリカ観を抽出し、その制度哲学を再構成してきた。幕末にジョセフ・ヒコを通じてアメリカ建国の史話に接し得た彼は、人心が一致することで従来の国(州)境を超え出て一つのNationが立ち現れたことに国民国家としての日本の創成を重ね合せたことと推察される。伊藤は、明治四年に実際にアメリカを訪れ、国制調査に従事する。具体的な彼の任務は同国の幣制ならびに財政の調査であったが、この時彼は制度の自生的生成と立憲主義という国制一般を通貫する制度哲学を修得した。この哲学に沿って、伊藤は立憲体制を布き、議会を通じての国民の政治参加を推進する民主的な国制を漸進的に導入していこうとしたのである。

後年の明治三〇年になっても伊藤はアメリカを引き合いに出しながら、多民族が共存できる人為的制度としての国民国家を希求した。一つの国民になろうという意識と合理的な制度設計があれば国民国家は可能と伊藤は考えていた。民族の単一性を国民の要件とは見なしていなかったのである。

もとより、そのような発言の背景には、日清戦争の戦果としての台湾領有があり、ここでの伊藤の言論は植民地の取得を正当化する帝国主義的臭気をまとったものとの評価も成り立ち得る。だがその一方で、伊藤はさらに後の韓国統監時代に一貫して韓国の併合に消極的であったという事実もある[38]。一つの国民になろうとする人心の高まり(ナショナリズム)と国民を作り出す合理的制度の兼ね合いのなかで、植民地帝国の現実性は慎重に衡量されたのである。

政治家としての伊藤は、制度の美学に生きていたといえる。国民に制度をもたらすというのが、彼の使命感だった。彼を政局志向の政治家たるpoliticianではなく、「立法者」型のstatesmanと称した所以である。

とはいえ、伊藤のなかにpolitician的要素が皆無だというわけではない。冒頭で引いた伊藤の政治家としての〝甘さ〟を指摘する幾多の同時代の声にもかかわらず、彼の権力者としての地位は盤石だった。それは若き日の「剛凌強直」な行動力、そして明治中期以降に天皇の絶大な信頼を獲得し、天皇との近しさで他の追随を許さなかったことに起因する[39]。それによって権力の階梯を昇りつめることができた伊藤は、政局を横目で見やりながら、制度の構想と設計に専心できたのだといえる。

最後に、politicianとstatesmanの違いをもう一点挙げておこう。長期的持続的な制度への関心は、政治家としての〝賞味期限〟を格段に引き延ばすであろう。政友会草創期にあれほど伊藤を見下した原敬は、後に政友会を率いて政権を窺うようになってから、しきりに伊藤を懐かしむ言辞を日記に綴っている。たとえば、大正四年八月に山県を小田原に訪った原は、元老没後の政治体制について山県の抱懐するところを探るも、「殆ど確たる意見なし、何分の考もなし居ると云ひたるも果して何等の考あるやも疑はし」との断を下した上で、次のように記している。「此等の点は伊藤とは大違の事にて国家並に皇室の事に関して深き考慮なきもの丶如し」、と[40]。

原は伊藤のなかにある確たる国家観に想到したのである。そこには原自身のstatesmanへの脱皮が端的に認められると言えないだろうか。

「制度の政治家」としての伊藤最晩年の姿を伝える史料に最近接し得たので、紹介したい。ベルリンのドイツ外務省政治公文書室(Das Politische Archiv des Auswärtigen Amts)所蔵の外交文書のなかに、伊藤の死に際し、当時の駐日ドイツ公使が本国に書き送った書信があり、そこでは次のように記されている。

日本の対外政策について言えば、伊藤公とともに東西の結び目のひとつが失われたのです。彼は西洋諸国の状況を広範に独自の観点で知悉し、世界を開かれた透徹した目で見ていた政治家でした。ひとつの例を挙げたいと思います。当地のオーストリア・ハンガリーの大使が私に最近話してくれたことなのですが、伊藤公は彼との会談の折に、オーストリア・ハンガリー銀行の制度のような非常に細かいことまで知っていたそうです[41]。

右の書面によれば、晩年の伊藤は、オーストリア・ハンガリー帝国の制度に関心を抱き、同国の中央銀行制度の細部にまで知識を蓄えていたらしい。このことは、オーストリア国家公文書館(Das Haus-, Hof- und Staatsarchiv)所蔵の一九〇九年一〇月二九日付駐日オーストリア公使Freiherr von Callの本国宛公信が明かすところでもある[42]。同年三月に着任したCall公使のもとを伊藤は訪れ、オーストリアによるボスニア・ヘルツェゴビナの併合に祝意を述べ、オーストリア・ハンガリー銀行の設立とその通貨政策を称揚したという。

これは、伊藤が終生諸外国の制度について旺盛な関心をもって研究に努めていたことを示す挿話と言える。この当時伊藤は韓国統監の辞任を控え、日韓の間を行き来し、座の暖まる暇のない生活を送っていた。その合間の在日中に、わざわざ新任のオーストリア公使のもとを訪れたというのである。その真意は何だったのか。ここで想起したいのは、近時注目されているある史料である。宮内庁所蔵の伊藤の女婿末松謙澄の遺文書のなかに、伊藤筆として、韓国の政体改革や併合の方法について書き留めたメモ書きがある[43]。そのなかに次のような〝植民地議会〟を構想した一節がある。

韓国八道ヨリ各十人ノ議員ヲ撰出シ衆議院ヲ組織スルコト
韓国文武両班ノ中ヨリ五十人ノ元老ヲ互撰ヲ以テ撰出シ上院ヲ組織スルコト
韓国政府大臣ハ韓人ヲ以組織シ責任内閣トス《ママ》為スヘキコト
政府ハ副王ノ配下ニ属ス

韓国に韓国人からなる独自の議会と内閣を設けることが記されている。韓国併合以前にこのような提言がなされた例はない。極めて先鋭的な意見と言ってよい。当の伊藤もそのことを弁《わきま》え、結局は公にすることを控えたのだろう。論者のなかには、この史料はタイプ打ちの写しであり伊藤の書いたものであるか疑わしいと説く者もあるが[44]、このような内容の文書がなぜ伊藤の女婿である末松のもとに伊藤の筆として伝わっているかについて説明できておらず、説得力に欠ける。遺文書全体の性格から考えて、伊藤の筆になる原史料を写したものと考えて差し支えないだろう。

それにしても、併合後の韓国に独自の議会と内閣を設けるとの発想をどこから伊藤は得たのか。一九〇九年の統監辞任前後に伊藤がオーストリアの制度に関心をもっていたことは、一つの貴重な示唆を与える。当時のオーストリアはオーストリア・ハンガリー二重君主制として、ハンガリーとの間に極めて特異な統治体制を布いていた。ハンガリーにはオーストリアとは独立したハンガリー人による議会と政府が認められ、オーストリアとの間はAusgleich（調整、妥協）と呼ばれる同君連合で結ばれていた。同国の中央銀行制度の細部まで知っていたという伊藤は、当然この二重君主制のことも知悉《ちしつ》していたはずである。当時すでに併合やむなしと考えていた伊藤は、併合後の少しでも軋轢のない体制のモデルを他国の制度に探求していたものと推測される。そのようななか、ハンガリーの民族主義に〝妥協〟するかたちで認められた一国制下での二つの議会の存在（あるいは、ふたつの別個の国制の一人の君主のもとでの連合）が、彼の視野のなかに入ってきたのではないか。

くり返すが、このメモは伊藤個人の一種の理想論として筺底《きょうてい》に秘された走り書きと考えられ、翌年の伊藤の死もあって実際の韓国併合政策に反映されることはなかった。しかし、ここに投影されていると考えられる晩年の伊藤のオーストリア国制の研鑽は、「制度の政治家」伊藤の最後の面目を髣髴《ほうふつ》とさせる。

第3章

参戦外交再考

——第一次世界大戦の勃発と加藤高明外相のリーダーシップ

奈良岡聰智 *NARAOKA Sochi*

はじめに

第一次世界大戦は、近代日本が行った対外戦争の中で、特異な位置を占めている。それは、日本が紛争当事国ではなく、戦争に加わる必然性がなかったにもかかわらず、時の政権の政治決断によって参戦がなされているからである。日本と交戦国ドイツの間には、日露戦争前の日露間、太平洋戦争前の日米間に横たわっていたような外交懸案は存在しなかったが、日本政府は大戦を権益拡張の好機と捉え、大戦勃発後わずか二週間ほどで参戦を決定している。外交問題の悪化によってではなく、時の政権の強力な政治意思によって参戦がなされているという点で、参戦に際しての政府のリーダーシップは、他の対外戦争に比して際立っている。ここに、近代日本における政治的リーダーシップを考察する素材として、第一次世界大戦への参戦外交を取り上げる意義が存すると言えよう。

それでは、日本の参戦はどのように決定されたのであろうか。時の大隈重信首相、加藤高明外相は、いかなる論理や見通しをもって参戦を決断したのであろうか。

先行研究においては、大隈内閣が加藤外相の強力なリーダーシップのもとで、国内の一部に存在した慎重論や同盟国イギリスの制止を押し切って、半ば強引に参戦したことが指摘されてきた[1]。この構図は、基本的に間違いではない。しかし、大隈首相、加藤外相に関する一次史料が不足していることもあって、彼らの政治的リーダーシップに対する考察は、従来十分に行われてきたとは言い難い。本章は、大隈内閣の中枢にあって参戦を主導した加藤外相のリーダーシップについて、内在的に考察することを目的とする。

そのために本章では、大戦が勃発した一九一四年七月二八日から日本が参戦した八月二三日までの同時代史料を集中的に検討する他、一九一七年に加藤高明が京都帝国大学で行った講演記録[2]など、新たな一次史料を用いる。また、以下の三つの観点から検討を行う。第一に、日本が参戦を決断する背景となった国際情勢について検討する。第一次世界大戦は、協商国（イギリス、フランス、ロシア）と同盟国（ドイツ、オーストリア＝ハンガリー）の対立を軸に展開したが、これら列強五ヵ国以外にも、多くの国が様々な形で関わりを持った。中立を堅持するか、事態を見守った後で参戦した国が多かったにもかかわらず、日本は即時に参戦するという思い切った行動を取ったが、それはなぜだったのか。本章では、大戦勃発直後の国際情勢を検討し、加藤外相が即時参戦を決断した背景として、参戦理由が消滅することへの懸念と中国の抵抗や列強の介入を封じ込める意図が強く働いていたことを指摘する。

第二に、参戦とその翌年中国に対して提出された二一ヵ条要求の問題が、どのように結びついていたのかを検討する[3]。従来の研究では、この両者は別個の問題として分析されがちで、二つの問題が密接に結びついた問題であることが十分に捉えられてこなかった。本章は、加藤外相が参戦を決断した最大の理由が、満洲問題を解決するための日中交渉の開始にあったとの解釈に立ち、参戦外交と二一ヵ条要求をめぐる外交交渉との連続性について、検討を行う。

第三に、日本国内の諸政治勢力や世論の動向を検討する。元老井上馨が大戦勃発を「天佑」と評したように、日本国内では大戦を権益拡大のための好機と捉える見方が強かったことが知られている。しかしながら、日本国内の諸政治勢力や世論が、大戦勃発をどのように捉え、いかに反応したのかについては、従来具体的な検討がなされているとは言い難い。本章では、大戦勃発当時の国内政治や世論について分析し、不安定な政治情勢や沸騰する世論が参戦を後押ししたという解釈を示す。

1　大戦勃発直後の各国の反応

一九一四年六月二八日、オーストリア＝ハンガリー（以下オーストリアと略記）の皇位継承者フランツ・フェルディナント（Franz Ferdinand）夫妻が暗殺された。このサラエヴォ事件がきっかけとなって、七月二八日にオーストリアがセルビアに、八月一日にドイツがロシアに宣戦布告を行うと、八月四日にかけてフランス、ベルギー、イギリスが次々と参戦することになり、バルカン半島の局地紛争は、ヨーロッパ全土を巻き込む大戦へと発展した。ここに第一次世界大戦が勃発した。

大戦勃発に際して、多くの国は中立の立場を取った。各国の事情は実に多様であったが、開戦時における選択は、概ね以下の二つに大別された。

第一は、協商国、同盟国のいずれの側にも与さず、中立を維持するという選択であった。西欧諸国（オランダ、スペイン、スイスなど）、北欧諸国（ノルウェー、スウェーデン、デンマーク）、アメリカ大陸諸国（アメリカ、メキシコ、アルゼンチン、ブラジルなど）、中華民国、タイなどが、この「中立堅持路線」を取った。大戦中、これらの国々には、協商国、同盟国双方から、様々な働きかけが行われた。ドイツと国境を接するデンマーク、スウェーデンは、両陣営から特に大きな外交的圧力を受け続けたし[4]、一九一七年に起こったツィンメルマン電報事件(同盟国側に引き込むためドイツ外相がメキシコに送った電報が、イギリスによって傍受され、アメリカで公表された結果、アメリカが対独参戦を決断する契機となった事件)[5]は、両陣営からの働きかけが長期間世界大で繰り広げられていたことを示している。大戦末期にアメリカ、中華民国などが協商国側に立って参戦することになったものの、終戦まで中立を維持した国は、西欧・北欧を中心として、かなりの数に上った[6]。

第二は、ひとまず中立を宣言するものの、国内の政治的調整や権益獲得のための外交交渉を行い、参戦の機会を見定めるという選択肢であった。この「参戦準備路線」を取った代表的な国は、協商国側ではイタリア、同盟国側ではオスマン帝国であった[7]。この両国は、両陣営と国境を接し、かつどちら側に参戦する選択肢も持つという意味で、悩ましい立場にあった。

イタリアは、三国同盟の一員ではあったが、大戦勃発の好機を活かして、オーストリア領内に残されていた「未回収のイタリア」(一九世紀にイタリアが領有権を主張していた地域のうち、イタリア統一戦争後もオーストリア領とされていた南ティロル、フューメなどの地域)の回復を目指すべきだという声が国内に根強く存在していた。そのためイタリア政府は、八月二日に中立を宣言した後、それらの地域のイタリアへの帰属をオーストリアに要求したが、満足のいく回答は得られなかった。そこでイタリアは、ひそかにイギリス、フランスと交渉を行い、協商国側につく見返りにトレンティーノ、トリエステなどを獲得する確約を得た後、三国同盟を離脱し、一九一五年五月にオーストリアとの戦争に突入した[8]。

オスマン帝国では大戦勃発当時、親独派が実権を握っており、八月二日に独土同盟条約が締結された。他方で協商国側はオスマン帝国に中立維持を要求し、その報償として領土保全を約束した。これを受けてオスマン帝国は、中立維持の代償として、治外法権の即時撤廃、ギリシャが併合したエーゲ海諸島の返還などを逆に要求したが、協商国側はこの要求を過大と見なし、交渉はまとまらなかった。その後ドイツが、軍艦や将兵、兵器を送り込むことによって、オスマン帝国陸海軍の指揮権を掌握したため、オスマン帝国は一一月に協商国に宣戦布告するに至った[9]。日本では、イタリア、オスマン帝国両国がどのような立場を取るかについて、大戦勃発直後から強い関心が持たれていた。特に、イタリアが三国同盟を裏切る形で、なりふり構わず自国の権益拡張追求に乗り出したことは、日本のメディアに鮮烈な印象を与え、大々的に報じられており、参戦論の高まりに影響を与えたとみられる[10]。

日本は、紛争当事国ではなく、主戦場となったヨーロッパからも遠かったため、いずれの立場を取ることも可能であった。第一の「中立堅持路線」を取れば、大戦初期こそ不況に悩まされたであろうが、やがて海運業、造船業や化学工業が牽引する好景気が訪れ、アメリカなどと同様に、経済的には大きな利益を得たであろう。日本は、大戦中の好景気によって、日露戦争以来の債務を解消し、債務国から債権国に転じることになったが[11]、この状況は、日本が参戦しなかった場合にも訪れていたであろう。軍事的行動を一切行わず、経済的利益の獲得に専心するという選択肢は、論理的にはあり得た。

もっとも、この場合、大戦前から日英同盟、日露協約、日仏協約を結び、三国協商の陣営に組み込まれていた日本が、これら三国からの協力や出兵の要請を果たして断り切れたかという問題が残る。未曾有の総力戦となった第一次世界大戦では、協商国、同盟国が共に死力を尽くして人的・物的資源の総動員を行っており、イギリスでは、インド、オーストラリア、カナダなど帝国内自治領から百万人を超える兵力が動員された。大戦中、イギリス、フランス、ロシアからは再三出兵要請が行われ、日本もこれに応じ、小規模ではあるが海軍を地中海に派遣したし、一九一七年以降にはイギリス、アメリカと共に、シベリア出兵も行った[12]。こうした協商国側からの要請を退けて、中立(厳正中立または協商国側に好意的な中立)を維持するのは、日本にとって容易ではなかったはずである。日本は、仮に開戦当初中立を維持したとしても、最終的には、協商国側に立って参戦することになった可能性が高いのではないかと思われる。

第二の「参戦準備路線」を取ったイタリア、オスマン帝国のように、しばらく事態を見守った後で参戦するということも、あり得た選択肢であろう。ただし、これら両国と日本の置かれた状況が著しく異なっていたことには注意が必要である。イタリア、オスマン帝国の場合、中立維持か参戦か、あるいはどのような形で参戦するかをめぐって多様な選択肢があった上に、列強から様々な軍事的・外交的圧力を受けたために、国内で深刻な政治対立が生じ、参戦を決定するのに時間がかかった。これに対して日本の場合、中立を維持するのでなければ、協商国側に立って参戦する以外に選択肢はなかった。しかも、仮に参戦するとすれば、東アジアにおけるドイツの兵力は僅かなものであったため、参戦に伴うリスクは極めて小さく、事態を静観する必要性はあまりなかった。むしろ日本国内では、時間が経てば参戦の口実を失い、権益拡張の好機を逸するのではないかという危機感の方が強かった。逆説的なことだが、紛争当事国との直接的利害関係が薄いがゆえに、かえって日本では情勢をゆっくり見守るのではなく、即時に参戦すべきだという意見が強くなっていったのである。

2 日本の参戦決定

周知の通り、大戦勃発に際して実際に日本が取ったのは、前節のいずれの選択肢でもなく、即座に協商国側に立って参戦するという「第三の道」であった。日本は、大戦に最も早く参戦した国の一つであり[13]、かなり思い切った選択を行ったと言える。それでは日本は、なぜ、どのように、このような選択を行ったのであろうか。以下では、中心的役割を果たした加藤外相の外交指導に着目しながら、参戦決定の経緯を見ていこう。

八月一日にドイツがロシアに宣戦布告した後、大隈首相は新聞談話を発表している[14]。大隈は、「其戦闘は実に吾人の想像も及ばざる激烈のものとなるべし」と語り、未曽有の大戦争になるという見通しを示したものの、「我国は今回の動乱には恐らく何等の関係なかるべしと信ず」と述べ、この時点ではまだ、戦争が日本に波及するという考えは示さなかった。

しかし、ドイツが三日にフランスに宣戦布告を発して、戦局がさらに拡大すると、日本政府内では危機感が強まった。大隈内閣は、六日に予定していた定例閣議を繰上げて、四日に永田町の首相官邸で臨時閣議を開催した。新聞報道によれば、閣議の場では加藤外相が一時間余にわたって戦局の前途と日本の取るべき方策について意見を述べて、首相以下閣僚たちの賛同を取りつけたという。加藤外相は、戦局が拡大し、イギリスもやがて宣戦布告に至るという見通しを示した上で、戦争の影響が東アジアにまで波及してきた場合、日本が日英同盟を基礎として行動し、イギリスを支援することを主張したようである[15]。これは具体的には、当時ドイツが租借・領有していた中国の山東半島(青島など膠州湾周辺)と南洋諸島(グアム以外のマリアナ諸島、マーシャル諸島など)を攻撃、占領することを意味していた。

この前日(三日)、加藤外相は既にイギリスのグリーン(Sir Conyngham Greene)駐日大使と会談し、いまだ日英同盟を適用する事態に至っていないのは幸いであるが、「万一其適用を要する場合あらば、英国政府の請求を待て帝国政府は必要なる手段を執るに躊躇せざる」考えであることを伝えていた。四日の閣議中、グリーンから、英独が開戦に至るかもしれないので、香港や威海衛がドイツから攻撃されるような場合には日本の援助を期待するという趣旨の文書が外務省に届くと、加藤外相は閣議を中座して、再び彼と会見した。加藤は、前日に伝達した考えが閣議によって了承されたことを明らかにし、その趣旨を改めて繰り返すと共に、香港や威海衛がドイツから攻撃された場合、直ちに日英同盟を適用すること、その他の微妙なケースが起きた場合（公海上でイギリス船が拿捕されるなど）、日英で協議を行いたいことを伝えた[16]。すなわち加藤外相は、八月四日にイギリスから軍事協力を要請されたのを奇貨として、日英同盟を名目に日本を参戦させる決意を固めたのである。

このことは、四日に発表された外務省公示からも窺われる。日本政府はこの公示の中で、ヨーロッパ情勢に対する憂慮の念と平和解決の希望を示すと共に、「帝国政府は厳正中立の態度を確守し得べきことを期待するものなり」と表明したが、公式に中立を宣言することはなかった[17]。翌々日にこの公示の意味を解説した外務省当局者によれば、日本政府が中立を宣言しなかったのは、万が一の場合に「日本が日英同盟によって必要の措置をとるのは当然」であるため、すなわち日英同盟を理由として、日本が参戦する可能性があるためであった[18]。実際加藤外相自身、七日の閣議後に寺内正毅朝鮮総督らに電報を発して、イギリスが参戦し、日英同盟の目的が危殆に瀕した場合には、日本は「協約上の義務として必要の措置を執ること」を既にグリーン大使に伝え、かつその趣旨の公示を発したこと、日本は当面中立を維持するものの、今後の形勢の推移を慮り、中立は宣言しない方針であることを伝えている[19]。

八月四日（日本時間では八月五日）、ドイツはベルギーの中立を侵犯し、大軍を同国からフランスに向けて進めた。フランスと協商を結び、ベルギーの中立を保障する立場にあったイギリスは、ここに至って参戦を決意し、ドイツに最後通牒を発した。最後通牒の期限は四日深夜一一時であったが、ドイツからの回答がなかったため、イギリスはついにドイツに宣戦布告を発した。同盟国イギリスが戦争に突入すると、日本政府の動きはいよいよ慌ただしくなった。八月五日、グリーン大使が加藤外相を訪問し、イギリスが対ドイツ参戦を行ったことを通告すると、この事実は直ちに日光に避暑中の大正天皇、山県有朋をはじめとする各元老、各大臣、軍に知らされた[20]。また加藤外相の命により、外務省の小池張造政務局長が、鈴木貫太郎海軍次官、島村速雄軍令部長、大島健一陸軍次官、明石元二郎参謀次長を相次いで訪問した。さらに、大隈内閣の閣僚たちは、蔵相官邸で大石正巳ら同志会幹部と会合を持ち、意見交換を行った。翌六日には、首相官邸で開催された防務会議で大隈首相、加藤外相と陸海軍の首脳が顔を合わせた他、岡市之助陸相の邸宅で長谷川好道参謀総長、大島陸軍次官らが協議を行った[21]。

こうした中で、陸軍内部では急速に参戦論が高まっていった[22]。陸軍上層部の中で最も積極的に参戦を唱えたのは、明石元二郎参謀次長であった。明石は、早くも七月三〇日付の寺内朝鮮総督宛書翰の中で、オーストリア・セルビア間の戦争は、成り行きによっては「我国東支に於ける権威確立之好機」を生じると述べ、中国大陸で何らかの行動を起こす必要があることを示唆した。参謀本部では、八月七日に「日支協約案要領」を作成して外務省の小池政務局長に送付し、日中共同による欧州禍乱の波及防止、中国の領土保全、南満洲・内蒙古の自治承認、条約国の既得権承認、兵政・行政・幣制改革の日本委任などを実現すべきだという案を示した。この案は、翌年一月の二一ヵ条要求の原型となる構想が、参謀本部内で早くもこの時期から練られていたことを示している。この頃陸軍に近い政治運動家の杉山茂丸は、「帝国の覇権を東洋に確立するには、今日に優れる機会なし」という考えのもと、元老山県有朋、大隈首相や陸海軍、外務省の中堅幹部に参戦を説いてまわっていた[23]。このように陸軍内部では、参戦によって中国権益を拡張しようという考えが急速に浮上していた。

八月七日、首相官邸で大隈首相と会談した加藤外相は、①参戦を決行する、②戦域を限定しない、③参戦理由を具備するという三つの方針を示し、同意を得た。その後、イギリスのグリーン大使が加藤外相を訪れ、グレイ(Sir Edward Grey)外相からの指示に基づいて、日本にドイツ極東艦隊の駆逐を要請した。加藤外相は、日本の役割をドイツ艦隊の駆逐のみに限定することに難色を示しつつ、検討の上で回答することを約した。このイギリスからの参戦要請への対応を決定するため、同日夜、大隈内閣は早稲田の大隈邸で再び閣議を開いた。この場で加藤外相は、好意の中立という立場を取るのも一案だが、①日英同盟の情誼と、②日本の地位向上のため、この際参戦が合理的であると提案し、一同の賛成を得た。閣議は深夜二時まで及んだが、反対論は出されなかった[24]。元老山県、岡陸相、山崎直三首相秘書官が証言している通り[25]、この早稲田邸で行われた閣議こそが実質的に参戦を決定した。加藤外相は、さっそく翌八日早朝に日光に赴き、参戦方針を天皇に上奏している。

八月八日午後、永田町の首相官邸で、三元老(山県、松方正義、大山巌)臨席のもとで閣議が開催された(井上馨は欠席)[26]。この閣議は、前日既に決定していた参戦方針を元老に伝え、彼らの了解を得るためのものであった。閣議前、大島陸軍次官から内閣の様子を聴取した山県は、従来親交国であったドイツと即時に開戦するかのような「余りに穏当を欠く」議論がなされていることを知り、愕然とした。そこで山県は、閣議の場で、参戦という「国家の重大事」を決するためには、まず対中政策を決定しなければならないと迫った。しかし加藤外相は、それは「目下考究中なり」とかわした。これに対して山県は、参戦するとしてもドイツに誠意を示す必要があり、直ちに宣戦布告するようなことは断じて不可であること、この際対中政策を確立する必要があることを重ねて主張し、松方もそれに同調した。

山県は、人種間の競争が激しくなっていることに注意を促し、イギリスとの協同作戦の実を挙げる必要があると指摘するなど、政府に繰り返し慎重な対応を促したものの、参戦自体には異を唱えず、途中で退席した。松方も、英米の意向を十分に確かめないまま参戦しようとする内閣の姿勢に不安を感じたものの、参戦自体には強く反対しなかったようである[27]。こうして、内閣の示した参戦方針は承認された。閣議を欠席した井上馨は、一〇日に大隈首相に意見書を送付し、政府を激励した。意見書中の以下の有名な一文からも明らかな通り、井上は参戦による権益拡張に賛成であった[28]。

「今回欧州の大禍乱は、日本国運の発展に対する大正新時代の天佑にして、日本国は直に挙国一致の団結を以て、此天佑を享受せざるべからず。」

加藤外相は、八月の閣議後、若槻礼次郎蔵相らと共に対ドイツ最後通牒案を練り上げた。それは、軍事的脅威を除去するため、ドイツに山東半島の武装解除を迫るとともに、山東半島の中国への返還を要求する内容であった。ドイツに対する誠意を示し、通信事情(大戦勃発後、ドイツとの通信は途絶していた)も考慮したため、最後通牒の回答期限は、約一週間という異例の長さに設定された[29]。その後加藤は、八日から九日にかけて、イギリスのグリーン大使と参戦方法について協議を進めた。加藤はこの協議の中で、日本は香港、威海衛の防備やイギリス船の保護といった役割にとどまらず、より広範な協力を行う用意があるという積極姿勢を示した[30]。

ところがここで、イギリスが日本の参戦に待ったをかけた。グリーン大使が、一〇日に加藤外相にイギリス政府の覚書を提出し、日本への参戦依頼自体を取り消したのである。元々グレイ外相は、日本からの協力を極力限定し、大戦の影響が東アジアに波及するのを防止したい考えであった。しかし、日本がイギリスの意図を越えて、露骨に中国権益の拡大に乗り出しかねない様子なのを見て、参戦依頼を取り消すことにしたのである。これに対して加藤外相は、参戦の正式決定をいまさら覆す訳にはいかないとして、グリーン大使からの申し入れを断固拒絶した。その後の日英間の交渉で、加藤外相は一貫して早期参戦と日本陸海軍の行動の自由確保を要求する一方で、参戦目的をめぐってイギリスとの間に齟齬が生じないよう、最後通牒の形式を整えることに努め、最終的にイギリスを押し切ることに成功した[31]。閣内では、尾崎行雄法相が最後通牒提出にこだわらず即時に参戦するべきだと主張していたが、加藤外相はあくまでイギリスの了解を取りつけながら参戦を進めた。このような加藤外相の強気で巧妙な外交の進め方が、早期参戦を実現させた。こうして、日本は八月一五日にドイツに最後通牒を発し、二三日にドイツと交戦状態に入った。

この間元老は、参戦に至る経緯を、懸念をもって眺めていた。特に強い不安を抱いていたのが山県で、彼は一三日に大隈首相と会談した際、対中政策が確立しない以上は「兵を動かすも実は無用の事なり」とまで語っていた。山県は、対ドイツ最後通牒が発せられた翌日には、同志会代議士の望月小太郎に対して、「もーだめだ。外交もたたきこわされた。加藤は一体其眼中自分一人のみで、国家と云ふ感念《ママ》が無い。実に残念な方法を以て最後通牒を発した」と嘆じている[32]。井上は、参戦には前向きだったものの、加藤外相が元老に外交文書を示さず、フランス・ロシアとの同盟締結、中国への特使派遣や財政支援といった井上の提言を聞き入れようとしなかったため、強い不満を抱いた[33]。元老は、八月一四日の元老臨席の閣議、一五日の御前会議、二四日の大隈首相との会談の機会を通じて懸念や不満を伝えたが、大隈内閣側に寄り切られた。一六日には、大隈内閣が枢密院、貴族院、衆議院、メディア、実業界の代表者に最後通牒に至った経緯を説明したが、各界はむしろ好意的に内閣の説明を受け容れた。

大隈首相は、一貫して加藤外相を支持し、元老や世論の批判から彼を庇い続けた[34]。大隈首相は、八月一〇日に各新聞社の代表を首相官邸に集めて、政府への協力を要請し、一六日の各界代表者への説明でも率先して演説を行うなど、加藤が不得手とするメディア対策に多大な力を発揮した。一二日には、新聞記者からのインタビューに応じ、日本の行動はあくまで東洋の平和と中国の保全を目指すためのものであり、「火事場の泥棒」的行動をしているのではないと訴えている[35]。大隈首相は、加藤の人望のなさを嘆息しつつも、その外交手腕には全幅の信頼を寄せており、来るべき総選挙で同志会を勝利に導いた後は政界を引退し、加藤に後を譲る考えであった[36]。第一次世界大戦への早期参戦は、加藤外相のリーダーシップを大隈首相が巧みに後押しする形でなされたと言えるであろう。

3　加藤高明外相の外交指導

前節では、加藤外相が参戦を主導した経緯を具体的に見てきたが、以下ではさらに二つの問題について踏み込んで考えてみたい。

まずは、加藤外相が早期参戦によって何を実現しようとしていたのかという問題である。加藤自身が文案を練った対独最後通牒(八月一五日)では、「極東の平和を紊乱すべき源泉を除去し、日英同盟協約の予期せる全般の利益を防護するの措置を講ずるは該協約の目的とする東亜の平和を永遠に確保するが為めに極はめて緊要の事たるを思ひ」、ドイツ政府に東アジアからの退去と山東半島の引き渡しを要求するとされ、極東の平和と日英同盟の利益を守るため、ドイツの軍事的脅威を除去する必要が強調されていた。宣戦の詔書(八月二三日)でも、対独参戦の止むなきに至ったのは、ドイツの軍事行動によって「極東の平和は正に危殆に瀕せり」がためであるとされていた[37]。のちに加藤は、一九一七年に行った講演で、参戦時の「日本の任務は東洋に於ける独逸の力を駆逐するといふにあったのであります」と述べ、やはりドイツの軍事的脅威除去が直接の参戦目的であったことを強調している[38]。

確かに、ドイツが山東半島や南洋に持っていた植民地は、日本に一定の軍事的脅威を与えていた。特に、一八九七年の占領以来、ドイツは青島を急速に要塞化しており、日露戦争で凄惨を極めた旅順要塞攻防戦の戦訓に照らしても、日本は山東半島に強い軍事的関心を抱かざるをえなかった。もっとも、東アジアにおいては日本が兵力量でドイツを圧倒していたことを考えると、ドイツの脅威はいわば「のどに刺さった小骨」のようなもので、日本がそれほど深刻視していたとは考えられない。日本がドイツの脅威を強調したのは、一種のレトリックであり、日英同盟を参戦理由として掲げるための口実という意味合いが強い。

それでは、ドイツが山東半島や南洋に持っていた権益を奪取することが参戦目的であったかというと、それも主因とは言えないだろう。確かに日本では、日露戦後から山東半島の経済的価値やドイツの山東半島経営に対する関心が徐々に高まってはいた。江木《えぎ》翼《たすく》（法制局参事官、第二次大隈内閣の内閣書記官長）が一九〇七年に公刊した『膠州湾論』（読売新聞日就社）は、その代表例である。しかし、後述する通り、日本で山東半島に関する出版物が増加するのはむしろ参戦後であり、大戦前から山東半島に対する関心が高かったとは言えない。南洋に関する関心も同様である。山東半島（青島港）は、無視し得ない経済的重要性を持っていたものの[39]、その獲得が参戦の主目的であったとは考え難い。

注目すべきは、大隈内閣が山東半島を中国に返還することを目的に掲げて参戦したという事実である。対独最後通牒（八月一五日）における日本政府の要求は、「独逸帝国政府は膠州湾租借地全部を支那国に還附するの目的を以て」「無償無条件にて日本帝国官憲に交附すること」となっており、山東半島の「還附」はいわば国際公約となっていた。岡陸相によれば、大隈内閣が山東半島の「還附」を明言したのは、アメリカが日本による領有を承認しないと考えたからであったという[40]。大隈内閣が、参戦を決定するにあたって、山東半島をいずれ中国に返還するつもりであったのは間違いない。

九月二七日の井上馨との会見で、山東半島は「結局は返すも之を色々の道ぐ〔具〕に使ひたい」と語っている通り[41]、山東権益を来るべき日中交渉での「取引材料」として活用するというのが、加藤外相の意図であった。岡陸相も、山東権益に関しては「名を避〔け〕て実を取るの方針」を取ることで一致していた[42]。もちろん、加藤は山東半島を無償で中国に返還する気はなく、青島の自由港化、鉄道・鉱山の合弁化、専管居留地の設定などを、返還の代償として要求するつもりであった[43]。しかし、加藤にとってより重要なのは、これらの権益を確保することよりも、山東半島を最終的に返還するという「好意」を中国側に示すことによって、より大きな利益を獲得することにあった。

加藤外相が獲得しようとしていた「より大きな利益」とは何か。それは、懸案となっていた満洲権益の租借期限延長を実現することであった。日本は、日露戦争の勝利によりロシアの満洲権益を継承し、遼東半島の租借権、南満洲鉄道の経営権などを獲得していたが、その返還期限は最も早いもので九年後(一九二三年)に迫っていた。一九一一年の辛亥革命以降、中国では列強の権益を回収しようとする動きが強まり、日本の満洲権益の維持は危ぶまれていた。そのため加藤は、一九一三年一月にイギリスから帰任した際、グレイ外相に満洲権益の租借期限延長への理解を求め、原則的な合意を取り付けていた。また、同年春には中国視察に赴いて、袁世凱、孫文らと会見するなど、中国情勢の把握にも努めていた[44]。このように既にいくつかの布石を打っていた加藤にとって、大戦勃発はまさに好機であった。山県が、懸念を抱きつつも参戦を是認したのも、参戦が満洲問題解決の好機になり得ると考えたためである[45]。加藤の伝記も強調している通り、この満洲問題の解決こそが、加藤外相を参戦に向かわせた最大の動機であった[46]。

加藤は、前述の一九一七年の講演で、二一ヵ条要求を提出した経緯を公にした際、山東問題と満洲問題の関係について以下のように説明している[47]。

「山東省全体に渉って従来独逸が得て居った所の権利を後日いかにするかといふ事を取極めるのが此の談判

の一の目的、それから全く方面は違ひますが、南満州並に之と接壌の地たる東部内蒙古に於て、我が権利及地位が疾に確定して居るべき筈であって尚確定せず、後日果していかに成行くか分らんといふやうな憂ふべきの状態にあるものがあったのであります。此の事は早期解決をしなくてはならない。どうで〔せ〕支那と斯ういふむづかしい談判をする以上は、度々するよりも一時にした方が宜い。南満州並に東部内蒙古に就ても此の際支那と談判を遂げて、我が国の地位に就て支那政府の確認を得て置くことが宜からう。〔中略〕非常に多岐に渉ったる目的を以て談判を開始することに決定致した次第であります。」

こうして加藤外相は、早期参戦を行ったいわば必然的帰結として二一ヵ条要求を提出し、山東問題と満洲問題について、中国と交渉を開始することになる。

次いで、加藤外相がなぜこれほど参戦を急いだのかという問題について考えていきたい。結論的に言えば、加藤が参戦の名目が消滅することを懸念していたことが最大の理由であったと考えられる。日本では、大戦勃発直後から、この戦争は未曽有の大戦争に発展する、戦況はドイツに不利、戦争終結は遅くても一年以内という見方が一般的だった[48]。加藤外相も、イギリスの勝利を確信し[49]、戦争が短期で終結すると考えていた[50]。加藤は、外交の責任者として、戦争が早期に終結する可能性とそのリスクを考慮しないわけにはいかなかったはずである。

もし日本が中立を維持し、事態を静観していれば、大きな外交問題は生じないであろうが、大戦が早期に終わってしまえば、日本は権益拡張の好機を逃すことになる。もちろん、ここで日本が強引に早期参戦すれば、英米や中国との間に軋轢が生じるだろうし、最悪の場合、協商国側が敗北する危険性もある。しかし、「早期終戦リスク」と「早期参戦リスク」を天秤にかければ、前者の方が遥かに大きい。これほどの権益拡張の好機は滅多にないだろうし、逆にこの機会を逃せば、満洲問題の解決はますます難しくなるだろう。とすれば、リスクを覚悟の上で早期に参戦すべきである。加藤はこう考えて、参戦を急いだのではないだろうか。

中国では、日本が権益拡張のために参戦する可能性が早くから懸念されていた。八月二日、上海で発行されていた日刊紙『申報』が、大戦勃発によって日本が中国でフリーハンドを握る可能性が高いので、ヨーロッパ列強は戦争突入を思いとどまって欲しいと社説で訴えたのは、その好例である[51]。中国政府は、八月六日に中立を宣言した後、イギリスのジョーダン(Sir John Jordan)公使に山東半島の無条件返還への助力を働きかけた。他方で中国は、ドイツにも山東半島の購入または引き渡しを求めたが、ドイツ側はこれを了承しなかった。そこで中国は、山東半島をドイツからアメリカなど中立国に引き渡してもらい、その後に中国がそれを受け取るという奇策まで考え出したが、これもうまくは行かなかった。このように中国が列強に様々な働きかけを行っているうちに、日本は八月二三日にドイツに宣戦布告を行い、中国の外交努力は最終的に水泡に帰した[52]。日英両軍の青島への総攻撃は一〇月三一日に開始され、わずか一週間ほどでドイツ軍は降伏することになる。

このように見ると、加藤の早期参戦論は、中国の抵抗や列強による介入を封じ込めるという意味では、合理的な計算が働いていたことが分かる。加藤の参戦外交については、しばしば強引さや性急さが強調されるが、必ずしもそうとは言えない。大隈内閣の参戦決定が遅れた場合、イギリスの対日警戒の高まりや中国の列強に対する働きかけによって、日本の参戦自体が困難になった可能性も十分にあったと言えよう。

加藤が参戦を急いだ背景としては、日本国内の政治状況も無視し得ない影響を与えていたと思われる。そもそも大隈内閣は、大正政変後の政治混乱の中で、元老が苦し紛れに世論受けの良い大隈を担ぎ上げてできた弱体政権であった。大隈首相は政策の目玉として、二個師団増設の中止と減税を打ち出したが、実現できるかどうかは不透明だった。同志会を中心とする与党が衆議院の過半数以上を占めていなかったため、来るべき通常議会で予算が成立する見通しも立っていなかった。加えて同志会では、内相人事、与党合同、党首加藤の地位などをめぐって、内紛が続いていた[53]。

大隈首相はこのような状況を糊塗すべく、「大正維新」「東西文明の調和」といった抽象的スローガンをぶち上げていたが[54]、政局打開のための道筋を具体的に示すことはできなかった。そのため七月末には、大浦兼武内相が現内閣は「一一月末迄には或は瓦解すべし」と漏らしていると報じられるほど、政局の行き詰まりは明らかになりつつあった[55]。もしこのまま年末を迎えていたら、大隈首相は衆議院を解散すると見られており、加藤外相ら同志会幹部も解散の可能性を示唆していたものの[56]、与党の勝利は覚束ない状況であった。

第一次世界大戦が勃発したのは、まさにこのような時であった。大戦に参加すれば、挙国一致という旗印のもとで国内の政争は棚上げされ、政権が求心力を回復することは容易に予想された。日清戦争、日露戦争の時が、まさにそうであった。参戦をきっかけとして、大正政変以来の陸軍への反発が和らぎ、懸案の二個師団増設も世論の反対なしで実現できる可能性が出てくるし、戦争中に衆議院を解散すれば、与党有利になることは明らかであった。井上馨は、権益拡張の好機と見て大戦を「天佑」と評したが、大隈内閣にとって、大戦は政権のデッドロック状態を打開するための「天佑」でもあったのではないだろうか。参戦を急ぐ大隈内閣の姿勢にこうした意図を看取した原敬は、八月一二日付の日記に「察するに大隈は此外交問題を利用して廃減税の問題を始めとして之を片附けて内閣の基礎を固ふせんと企てたるならんが、是れ国家を弄ぶものなり」と記している[57]。同様の観測から、大隈内閣を「幸運」と評する新聞、雑誌も多かった[58]。裏を返せば、早期に参戦していなければ、大戦への対応をめぐって対立や混乱が生じ、大隈内閣が一層政治的に追い込まれることになった可能性が高いであろう。

4　日本国内における参戦熱

大隈内閣が参戦を決定したのは八月七日であった。この決定は、大隈内閣が主体的に行ったもので、世論に突き上げられたというわけではない。とはいえ、八月七日には参戦を求める声が出始めていたのも事実で、世論が参戦にまったく影響を与えなかったわけでもない。むしろ大隈内閣は、参戦論が強くなるのを見越し、その後押しを期待しながら、参戦を迅速に決定したように思われる。それでは、日本国内における参戦論は、どのように高まっていったのだろうか。

大戦に対する日本国内の反応は、①積極論、②慎重論、③反対論に大別されるが、圧倒的多数の反応は、①積極論であった。陸軍において、大戦勃発直後から参謀本部を中心に早期参戦論が台頭したことは前述したが、参戦や権益拡張を求める声は、当局者以外にも急速に広がっていった。寺内正毅朝鮮総督は、八月七日付の後藤新平宛書翰で「東亜の大局を支持するものは何人にも無之、我帝国ならざる可らず」「我の権利を確保し、益満蒙及支那に展開之途を開く事当局の急務には有之間敷や」と記し、積極的な権益拡張を主張していた[59]。中国では、袁世凱政権の顧問をしていた支那通の陸軍軍人・坂西利八郎が同様の考えを持っており、八月七日付寺内宛書翰で、大戦勃発を機として「東洋覇者之実を挙げ、更に一層之国威を増進」させたいと述べていた[60]。ドイツに留学中の前田利為中尉は、七月三一日の日記に「此の機を利用して帝国の利権を拡張すべきなり」と記していた[61]。

与党同志会は、大戦勃発を機に結束を固めた。同志会は、一三日に評議員会を開催し、大隈内閣の参戦方針を支持することを確認した。前日に党を代表して大隈首相と会談した大石正巳総務は、参加者約五〇名に対して、政府の方針は既に決定していると伝え、「同盟の誼としても共通の敵として欧州の強国に当らざる可らず」「我党は飽迄も現政府を督励して国歩を誤らしめざるの覚悟を要す」と訴えた[62]。

同志会の機関紙的存在であった『報知新聞』は、八月四日までは事態を慎重に見守っていたが、イギリスの参戦を機に、日英同盟の義務を「最も忠実に履行」し、「帝国の武力」によって「東洋の局面を負擔する」ことへの意欲を示した。その後同紙は、八日に、平時の対中政策を転換し、中国の治安維持のため日本が積極的な役割を果たすべきだと主張する社説を掲げ、一六日には社説「東洋の平和」において、国民に開戦の覚悟を求めた[63]。

同志会系の『名古屋新聞』は、大戦が勃発すると参戦に前向きと取れる記事を多く掲げ、八月一一日のエッセイ欄では、次のようなことを述べている。

「大隈さんのやうな世界的大平民が出て総理大臣なんかになるものだから、天道様も何か一つ世界的の仕事をさせ給はんとして一寸悪戯を遣るのかも知れぬ。何だか知らぬが面白くなってきた。」

同紙は、対ドイツ最後通牒が発せられた後に参戦支持を明確にし、八月末以降、対中強硬論を唱えるようになっていった[64]。これら同志会系の新聞の積極的参戦論は、同志会党人派の姿勢を反映していると考えられる。

大隈周辺や同志会の反応は、大隈主宰の月刊誌『新日本』の論調によっても知ることができる。大隈は、同誌九月号（九月一日発行）の巻頭に談話を掲げ、「日本も亦英国に対し、其同盟の義務を全うする為に、決然たる態度に出で、以て東洋に於ける秩序の維持に任ずるは当然である」と述べ、参戦への理解を求めると共に、日本が「東洋平和の保障者」として「堂々たる活動をしなくてはならぬ」と主張した。同号は、特集「思想問題として観たる現代戦争論」を組んで世論を盛り上げ、同誌編集主任で、この頃大隈のスポークスマン的役割を果たしていた永井柳太郎（早稲田大学教授）も、政府の参戦外交を擁護した[65]。大戦勃発当時ヨーロッパ巡遊中だった高田早苗（早稲田大学学長）が、日本参戦の報をイギリスで聞いて「密かに首相、外相の英断に感服」し、のちに大隈の三大功績の一つとして「対独開戦の廟議を決して、世界大戦の場合に国家の方針を誤らしめなかった功績」を挙げているように[66]、大隈周辺や同志会は参戦をこぞって支持していた。

大戦勃発直後、財界の有力者は、しばらく事態の推移を見定めようとした。八月八日、東京商業会議所は、中野武営会頭の発意により臨時議員会議を開催し、渋沢栄一（前会頭）、和田豊治（富士紡績専務）、志立鉄次郎（日本興業銀行総裁）、加藤正義（日本郵船副社長）ら十数名で今後の対応を協議した。会議の場では、阪谷芳郎（東京市長、元蔵相）が財政論の観点から参戦慎重論を唱えたが[67]、この際日本の参戦は免れない、財政経済の動揺が予想されるという予測が大勢を占めたようで、中野を委員長とする臨時調査会が設置されることになった。一〇日午前、渋沢が大隈首相と面談し、会見の模様は直ちに中野委員長に伝えられたが、その日の午後に開催された調査会では、「政府の態度は未だ表向き言明する能はざる」状況であると説明されたため、航海の危険、為替の閉塞などに対して政府に必要な措置を求めることを決定するにとどまった[68]。

しかし、八月一五日に対ドイツ最後通牒が発せられると、財界の雰囲気も参戦支持へと向かっていった。翌一六日、大隈首相は主な実業家を首相官邸に招待し、加藤外相と共に時局について説明した。これに対して渋沢栄一は、実業家を代表して挨拶を行い、以下の通り政府を支持することを表明した[69]。

「今回の事件は財政経済上より論ずれば日本の為めに一時悲観の行はるるは止を得ざる事なり。併しながら国家の発展上より見れば却て楽観して可なり。〔中略〕予等は挙国一致国運隆盛を図るべし。」

財界に幅広い交遊関係を持っていた茶人高橋義雄（箒庵、元王子製紙専務）のように、参戦を支持しつつも、格別の利益が得られないと観測し、かえって後日国内世論の失望を招くのではないかと懸念する者もいたが[70]、財界ではむしろ、権益拡張を期待する声が高まっていった。このことは、経済雑誌の論調から確認できる。自由主義的経済論で知られた旬刊誌『東京経済雑誌』は、八月八日発行号では、社説で日本経済への影響に懸念を示す一方で、「時事評」中の「日本の対支政策」と題する記事で、日本が中国に歩を進めるのは「何人も思い出づべき」政策であると論じ、中国での権益拡張に期待感を滲ませた。八月二二日発行号の社説では、三国干渉を行った「乱暴者」のドイツが膠州湾に拠るのは「支那の為に危険なるのみならず、我が帝国の為にも亦寒心せざるべからず」と論じ、東洋からのドイツ勢力の駆逐に理解を示した。また、「時事評」においては、大隈内閣の参戦外交に異議を唱える政友会を、挙国一致を妨げるとして批判した[71]。

旬刊誌『実業之日本』は、八月一五日発行号では明確な社論を示さなかったが、九月一日発行号では、巻頭言「帝国も終に起つ」を掲げ、国民に挙国一致を要望し、日本が「東洋の局面を掃清」することに期待感を表明した。同号には、添田寿一（中外商業新報社長）、渡邊専次郎（三井物産常務）、堀越善重郎（堀越商会主）、山本唯三郎（松昌洋行主）らが論説を掲げ、戦時経済への楽観的見通しを示し、大戦が対外貿易発展の「千載一遇の好機」であるとの論陣を張った[72]。月刊誌『経済時報』も、九月一日発行号に、参戦によって日本が「世界的強国」になるという利益を得たとする満川亀太郎（暁峰）の論説「大戦乱と将来の国際政局」を掲載し、参戦を積極的に支持した[73]。管見の限り、経済雑誌で参戦積極論を取らなかったのは、旬刊誌『東洋経済新報』（後述）と旬刊誌『日本経済新誌』程度であった[74]。

メディアは、陸軍、与党、財界の参戦積極論を強力に後押しした。日刊の全国紙は、論調に差はあったものの、政友会系の『中央新聞』（後述）を除いて、全紙が参戦積極論であったと言っても過言ではない。主要全国紙が参戦支持を初めて表明した社説のタイトルと日付を列挙すると、以下の通りとなる。

「日本帝国の任務　英国の戦争参加と絶東」(『東京日日新聞』『大阪毎日新聞』八月七日)
「我国の体度(速に蹶起すべき)」(『万朝報』八月七日)
「英国遂に起つ《帝国の武装を要す》」(『報知新聞』八月七日)
「我国蹶起の理由(寧東洋均勢の為)」(『東京朝日新聞』『大阪朝日新聞』八月九日)
「協同動作の時機」(『時事新報』八月九日)
「元老会議と支那問題」(『読売新聞』八月九日)
「帝国の地歩」(『国民新聞』八月一一日)
「対独最後通牒　時局漸く一進展」(『中外商業新報』八月一八日)
「八月廿三日」(『中央新聞』八月二三日)

参戦を積極的に支持した『大阪朝日新聞』『大阪毎日新聞』は、八月二一～二二日に、日本政府が「日支新議定書」締結の交渉を開始しつつあるという記事を掲載し、権益拡張への期待感を醸成した[75]。

主要な総合雑誌、政治雑誌も、ほぼ全てが参戦を支持していたと言って良い。支持の強弱や主張の内容に違いはあるが、各誌が大戦勃発後に発行した号で参戦支持を初めて表明した論説(社論や編集部執筆の論説)のタイトル、号数と発行日(判明する場合、執筆日も)を列挙すると、以下の通りとなる。『雄弁』『新世紀』『サンデー』のように政府決定よりも早く参戦を主張する雑誌が存在したこと、外交専門誌『外交時論』や自由主義的論調で定評のあった『中央公論』でさえも躊躇なく参戦を支持していたことが注目される。

黒頭巾「喫煙室より」(『雄弁』五巻九号、九月一日発行、八月四日執筆)
林包明《かねあき》「此の大乱を利用せよ」(『新世紀』二巻八号、八月五日発行)
木菴「全欧州の大戦乱」(『日本及日本人』六三六号、八月一五日発行、八月七日執筆)
主張(無離生)「欧州戦乱と日本国」(『サンデー』二五四号、八月九日発行)
社説「全欧動乱と帝国政府の態度」(『外交時報』二三五号、八月一五日発行、八月一一日執筆)
滄溟漁史「戦局大観」(『太陽』二〇巻一〇号、九月一日発行、八月二二日執筆)
社論「嗚呼膠州湾」「欧州の大乱を論ず」(『中央公論』三〇九号、九月一日発行)
鶫澤總明「戦争と国家」(『国家及国家学』二巻九号、九月一日発行)
周東老人「欧州大戦の由来及其結果」(『大正公論』四巻九号、九月一日発行)
社説「先覚者の着眼点」「時局批判」(『世界之日本』五巻九号、九月一日発行)

こうして日本国内の世論は、参戦支持に統一されていったが、②慎重論も存在していた。その中心となったのは、衆議院第一党の野党政友会であった。大戦勃発時、政友会の原敬総裁は盛岡に帰省中だったが、党本部からの要請を受けて八月一二日に東京に戻り、情報収集に努めた。原は、一四日の山県有朋との会談で語ったように、ドイツと敵対することよりも、山東半島を占領した後に浮上する外交問題や経済問題を懸念していた。日英同盟に基づく義務を免れることはできないものの、日本は同盟上の責任の範囲内での行動にとどめるべきだというのが、原の考えであった。原から見れば、対中政策の見通しを欠く参戦は拙速であり、政権維持のために人心を外に向かわせる「小策」以外の何物でもなかったのである[76]。

高橋是清(前蔵相、政調会長)は、参戦に慎重というよりも反対論に近かった。その根拠は、ドイツが勝利を収めるという見通しと、日露戦争で日本を支援したユダヤ人資本家のジェイコブ・シフ(Jacob Schiff)が日本参戦の報を聞いて日米協会の副総裁を辞任するなど、日米関係悪化の兆候があるのを懸念したためであった[77]。この他党内で総裁に次ぐ地位とされた、大岡育造(元衆議院議長)、奥田義人(元文相)、元田肇の三総務も、参戦慎重論であった[78]。原以下幹部の慎重姿勢を反映してのことであろう、政友会の機関紙『中央新聞』は大戦勃発以来、参戦に慎重姿勢を取り、全国紙の中で異彩を放った。同紙は、八月五日の社説「欧州禍乱と日本」において、大戦の隙をついて中国で活動を拡大すべきだとする大石正巳(同志会総務)の意見を批判し、慎重姿勢を取るべきだと説いた。その後も、大戦の東アジアへの波及はやむなしとし、日英の提携を重視すべきだとしつつも、「火事場泥棒」的態度を取るべきではないと主張し、対ドイツ最後通牒が出された後も、慎重に事態を見守る姿勢を維持した。『中央新聞』の社説が参戦方針に同意し、挙国一致を主張したのは、参戦直前の八月二三日になってからであった[79]。

八月中、政友会は大戦に対する態度を明確にしなかったが、九月二日に政友会議員総会を開催し、ようやく大戦に協力姿勢を取ることを明らかにした。原は、この総会で「外交は遺憾なれど今は云うに忍びなし」と述べ、早期参戦への不満を表明しつつ、「この際はとにかく戦争の目的を達せしめざるべからず」と述べ、政府に協力する姿勢を示した。そのため政友会は、臨時議会(九月四〜九日)においても参戦を批判せず、戦費を含む予算を承認した。このような慎重姿勢を見て、同志会系の『報知新聞』は、九月九日に社説「敢て国民に問ふ　政友会の非戦論」を掲げ、政友会を厳しく批判した[80]。

財部彪海軍次官、前首相の山本権兵衛など、海軍にも参戦慎重論が存在した[81]。また、前外相の牧野伸顕も、開戦以来の日本の外交振りに懸念を抱いていた[82]。こうして見ると、政友会与党の第二次山本内閣の中枢を担った人物が、いずれも参戦に消極姿勢を示したことが分かる。もしシーメンス事件が発生せず、第二次山本内閣が存続していれば、日本は即座には参戦しなかったかもしれない。

以上の積極論、慎重論に比べ、③反対論はきわめて少数であった。よく知られている通り、最も明確に反対の論陣を張ったのは、旬刊の経済雑誌『東洋経済新報』である。当時『東洋経済新報』では、三浦銕太郎主幹の指導の下で、石橋湛山ら自由主義者が、帝国主義外交や軍拡を批判していた。同誌は、八月一五日発行号の社説「好戦的態度を警む」、八月二五日発行号の社説「戦争は止む時無き乎」などで、参戦は財政的にも経済的にも見合わないという主張を繰り返し、その後日本国内に蔓延した権益拡張熱からも距離を取り続けた[83]。この他、主張に力強さと一貫性を欠いたものの、茅原華山主筆率いる雑誌『第三帝国』や若宮卯之助が主筆を務めた雑誌『ナショナル』が、参戦や権益拡張に批判的な論調を取った[84]。

かねてから日露戦後の日本の膨張に警鐘を発していたアメリカ在住の歴史学者朝河貫一(イェール大学助教授)は、大戦勃発後、参戦へと突き進む日本の様子を見て憂慮を抱き、八月二二日に旧知の大隈首相に書翰を送った。この書翰の中で朝河は、アメリカでは対日不信感が急速に高まり、「東洋の平和の為」という日本の参戦理由は「最も冷笑され」、膠州湾を中国に返還するという日本の言明も「一般に深く疑われ」ていることを伝えた。朝河は、大隈に「将来の大利の為に目前の小利を捨て」るよう提案し、戦争区域を厳に限定し、膠州湾を確実に中国に返還することを求めた。そして、もし日本が膠州湾を返還しなかった場合、「世界における日本の名誉は急に下落」することを指摘し、「禍害の種子を貴内閣時代に播かれざらんことを」祈念した。朝河は、九月六日にも大隈に書翰を送り、アメリカの対日不信感に配慮するよう、重ねて要望している[85]。大隈内閣は、朝河が懸念した膠州湾領有の考えは持っていなかったものの、翌年に二一ヵ条要求を提出して、アメリカとの対立を深めていくことになる。

大逆事件以降「冬の時代」を迎えていた日本の社会主義者たちは、日露戦争時と異なり、非戦論を表明し得なかった。大戦前にノーマン・エンジェル（Norman Angel）の著作『大いなる幻影（The Great Illusion）』を翻訳して、人道的非戦論を唱えていた安部磯雄（早稲田大学教授）も、大戦勃発後、日本の参戦には一切異を唱えなかった[86]。社会主義者たちの活動が活発化するのは、大戦景気による労働者階級の増加とロシア革命を経た、第一次世界大戦後のことである。

おわりに

本章では、第一次世界大戦への早期参戦を主導した加藤高明外相のリーダーシップを、同時代史料に基づいて検討してきた。加藤は、一九一四年八月四日に、参戦する可能性が高まったイギリスから軍事協力の要請を受けると、日英同盟を名目として日本を参戦させる決意を直ちに固め、早くも八月七日に大隈内閣の意思を参戦論で統一した。その後イギリスは、正式に日本に参戦を要請したが、日本の権益拡張への積極姿勢を懸念して、それを取り消した。また、日本国内では山県有朋ら元老が拙速な参戦に懸念を表明した。しかし加藤外相はそれらを押し切り、日本は八月一五日に対ドイツ最後通牒を発するに至った。このように加藤外相は、日本の早期参戦にあたって、強力なリーダーシップを発揮した。大きな政治的混乱なしに早期参戦が実現したのは、加藤外相の果断な政治指導によるところがきわめて大きかった。八月二三日に日本が参戦するまでは、加藤外交は順調に進んでいたと見ることができよう。

加藤外相の狙いは、参戦によって獲得する山東権益を取引材料として、中国との間で外交交渉を行い、懸案の満洲問題を解決することにあった。もし加藤がこれを成し遂げていれば、加藤は陸奥宗光、小村寿太郎と並ぶ名外相として高く評価されることになったであろう。しかし、その後の外交交渉は、加藤が期待した通りには進まなかった。

最大の問題は、加藤が肝心の日中交渉の具体的方法について、確たる見通しを持っていなかったことにある。八月七日の元老が臨席した閣議の場で、山県有朋がまず対中政策を決定すべしと迫ったのに対し、加藤外相が「目下考究中なり」とかわしたことは、前述した。その後八月二六日に、日置益駐華公使が日中交渉の開始を具申してきた際も、加藤外相は、時期尚早なので「今暫く形勢の推移を看望」すべしと回答し、まだ方針を固め切れていなかった[87]。加藤外相、松井慶四郎外務次官は、いずれも中国在勤経験がまったくなく、当時外務本省の局長以上で中国在勤経験を有するのは、小池張造政務局長ただ一人であった。加えて、この年五月には、北京の日本公使館で山座円次郎駐華公使、水野幸吉参事官というトップ二人が相次いで死去しており、新任の日置公使が北京に着任したのは、参戦直前の八月二〇日であった。加藤外相の強い意欲に反して、当時の外務省には、満洲問題という難交渉をまとめ上げるための人材と準備が不足していた。

これに加えて、国内における強硬論の高まりが、加藤外交を制約した。八月二三日に日本政府が参戦の詔書を発表すると、日本国内では、参戦を支持し、権益拡張を求める声が澎湃として沸き起こった。メディアは、かつて日本が三国干渉によって大陸進出を妨害されたという事実を書きたて、ドイツに対する復讐心を煽った。山東半島や南洋の権益獲得に対する期待感も急速に高まり、参戦から一九一四年末だけに限っても、山東半島や南洋に関する文献が数多く出版された[88]。陸軍では、明石元二郎参謀次長が中国の保護国化を構想し、寺内正毅朝鮮総督が、列強の介入を排除する「アジアモンロー主義」を唱えるなど、大陸への進出論が日増しに強くなっていった。一一月七日に青島が陥落した後、大隈内閣は日中交渉の準備を急いだが、その後も世論の沸騰は止まなかった。この頃、国粋主義者の内田良平を中心とする対支連合会は、様々な政治グループと連携しながら対中強硬論をエスカレートさせていったが、一一月二七日に開催された対支連合会の懇親会には、与党同志会からも数十名にのぼる代議士が出席した[89]。こうして、加藤外相の予想をはるかに上回る「対外進出圧力」が、各方面から政府にプレッシャーをかける事態が現出した。世論をリードする形で早期参戦を実現した加藤外相は、参戦後は逆に、暴走し始めた世論に突き上げられることになったのである。

本来であれば、加藤外相はこうしたプレッシャーに負けず、対中強硬論の抑制にリーダーシップを発揮するべきであった。しかし、加藤は国内各方面から持ち込まれた要望の取り扱いに苦慮し、それらを十分に緩和できないまま、対中要求を二一項目にまとめ、翌年一月に袁世凱政権に提出した。いわゆる二一ヵ条要求である。二一ヵ条要求は、加藤が当初主眼としていた満洲問題や山東問題だけであれば、それほど難航することはなかったと思われるが、漢冶萍公司への資本参加問題や中国保護国化につながりかねない雑多な要求を盛り込み過ぎたため、中国の激しい抵抗と欧米の反発を招き、交渉は難航した。こうして、加藤の参戦外交におけるつかの間の「成功」は、たちまち二一ヵ条要求提出後の無惨な失敗へと転回していくことになる。

第4章

戦間期の世界における政治指導の課題

――浜口雄幸を中心に

フレドリック・ディキンソン　*F. R. Dickinson*

今度の講和会議は、一九世紀文明の総勘定を済ませて、二十世紀文明の綱領宣言に進むべき重大事である。

――姉崎正治（一九一九年）〔1〕

はじめに

近代日本における指導者像を再考するにあたり、まず考慮すべきはこの三〇年間、世界における歴史学の流れが二つの意味で大きく変わったことである。一つは古典として長く続いて来た国家中心の歴史的観点(national history)から徐々にグローバルな歴史分析(global history)へと変わったことであり、もう一つは伝統的な政治史から「新政治史」へと推移したことである。

近代の歴史学は近代国家とともに生まれ、一九世紀から国家と密接に結びついている。近代歴史学の父、レオポルト・フォン・ランケ(一七九五～一八八六年)は名作Geschichte der romanischen und germanischen

Völker von 1494 bis 1514（『ラテン及びゲルマン諸民族の歴史』）〔2〕において、ゲルマン民族の必然的上昇を語り、以来、次々と創設されて行く近代国家には必ず国家基礎の歴史（神話）が作り上げられてきた。国家建設時代には国家史がふさわしかったものの、グローバル化の進展とともに、それに見合う観点に立った歴史が求められるようになった。近年、歴史家は一国の歴史、文化、社会に集中するのではなく、その一国を大きな文脈、すなわち近代世界の流れのなかに位置づけるようになり、歴史分析の目的も国家の肯定から世界的な現象の解明へと徐々に移りつつある〔3〕。

このような歴史学の潮流の変化に伴って、個別のテーマにおける分析の変化も著しくなっている。とりわけフランスやアメリカにおいて、政治史や外交史は社会史や文化史に圧倒され、変容を迫られている。ランケは初期近代の歴史家に多く見られた政治外交史の専門家だったが、当時、指導者や組織に集中して語られた政治外交史は、今日、より広範囲にわたる文化的背景や国民の動きからの分析を求められるようになってきている〔4〕。

この二つの大きな流れを踏まえたとき、近代日本の指導者像を分析する意義は奈辺にあろうか。近年の不安定な政治状況を背景にその由来や解決方法を探ろうとする研究者は多いが、それだけでは研究の意義を十分発揮することはできないように思われる。日本の近代史は世界の動きを反映しており、指導者像の分析もまた、より大きな世界史の課題を解明する可能性を持っているはずである。ゆえに指導者の是非だけでなく、彼らの行動に反映される同時代の政治的、社会的、文化的な動向を明らかにする研究こそ有意義だと考える。

筆者は戦間期日本を長年の研究テーマとしており、もともと加藤高明の分析にたずさわり〔5〕、最近では浜口雄幸に研究の手を伸ばしている〔6〕。戦間期日本と言えば、国際連盟、ワシントン軍縮会議、大正デモクラシーなど、悲惨な世界大戦後にあって、比較的自由が花開いた「戦間期」として知られるが〔7〕、ほどなく戦争が繰り返されたことから、不安定な時代と紹介されることも多い[8]。浜口雄幸については、議会政治対軍国主義という文脈のなか、議会政治や国際平和協調を「もっとも推し進めた」人として知られている[9]。

戦間期という時代や浜口という政治家についての従来の評価は、満洲事変から太平洋戦争までの日本の歩みを探るためには役立ったが、一方で日本独自の戦争体験に関心が集中するあまり、独特な日本というイメージを乗り越えられなかった。あたかも日本の近代は世界の近代とまったく離れているように考えられ、日本の歩みを検討することによって西洋中心の世界史学の幅を広げようとする試みは残念ながら行なわれてこなかった。以下では戦間期の日本と浜口を中心に、この時期の世界における政治指導の課題を探ってみたい。

1 戦間期の世界

戦間期の世界を解明するためには、まず、第一次世界大戦に触れなければならない。近代史において第一次大戦は、一般的に日本が明治以来の近代化の歩みから挫折し始める段階と理解されている。日本は同盟国イギリスに続いてわずか三週間後にドイツに対する宣戦布告をし、終戦まで連合国の一国としてドイツの敗北に大きく貢献しているが、武器援助や経済的援助を行なったり、地中海におけるドイツ潜水艦の掃討に参加しながら、アジア・太平洋においては相当程度、自国中心的政策も追求している。たとえば、ドイツ領南洋諸島(マリアナ諸島、カロリン諸島、マーシャル諸島)の攻略や、「対華二一ヵ条要求」、七万人規模のシベリア出兵などである。この大戦における帝国日本の軍事的上昇を、ある学者は「日本の地域主義」と定義し、アメリカの「ウイルソン主義」と対比して、太平洋戦争の起源を見いだしている[10]。

一般的な二〇世紀の歴史においても、第一次世界大戦を第二次大戦と結びつける傾向は昔からある。たとえば、一九一四年から一九四五年の間を「第二の三〇年戦争」と見る研究があるが[11]、この四〇年間、戦間期を第二次世界大戦と分離して語る流れが強まっているように思われる。元ケンブリッジ大学のヨーロッパ外交史専門家、ザラ・スタイナー博士によると、「一九二〇年代は一九三〇年代やヨーロッパの新しい対立の序章ではなく、第一次世界大戦後の文脈からみるべきである」[12]。帝国日本と比較分析されることの多いドイツ研究においても、近年「ワイマール共和政を単に第三のライヒ(第三帝国)の前奏曲として見るのは悲劇である」と主張する研究者もいる[13]。

第一次世界大戦が、日本の近代化の挫折の始まりでないならば、それは何だったと理解すればよいのだろう。大戦と戦間期が第二次世界大戦への前奏曲でなければ何だったと言えるのだろう。この時期の日本の歩みを突き詰めると、世界的な潮流が明らかになってくる。第一次大戦後の世界においては、それまでになかった新たなトレンドが数多く見受けられた。たとえば、多国籍機関や通商重視、国際協調外交、ジャズ、あるいはモダン・ガール等々。これらを別個に分析する研究はいくらでもある。しかし、日本のなかに同様のトレンドを探ることで、戦間期日本を世界史のなかに位置づけて検討することが可能になるだろう。

2　国家再建の大事業

日本は戦争中、連合国の一国としての役割を担っているが、主たる戦線からは遠く離れ、ヨーロッパが戦慄したような徹底的な破壊に直面していない。その遠く離れた日本に欧米と同じトレンドが訪れるというのは、戦後、世界というものが統合に向かったことの重要な証拠である。多国籍機関、通商重視、国際協調外交、ジャズ、モダン・ガールは、みな個別的な現象ではなく、すべて戦後世界が目指した根源的潮流の表出である。国家再建の大事業と換言することもできよう。

では第一次世界大戦の災禍をほとんど免れた日本人にとって、なぜ国家再建が重要だったのか。ヨーロッパのような破壊こそ経験しなかったが、日本は当時の先進国同様、大戦による文明の破壊に危機感をつのらせていた。東京市長、阪谷芳郎は「今度の戦争は……世界文明の中心、世界金融の中心、世界交通の中心点は交戦状態にある……」と早い段階から大戦の世界的脅威を認識しており[14]、雑誌『太陽』編集部の浅田江村も戦争の恐るべき破壊力を強調していた。「彼等(欧米人)は多年誇称したるその高度の文明生活を戦慄すべき兵火の猛威を以て容赦なく迅速に破壊しつつあり」と[15]。近代世界の中心が破壊される結果、まったく新しい世界が現出する可能性は東京帝国大学教授の吉野作造が一九一七年の段階ですでに認めるところであった。今度の戦後処理は「戦後の文明の進歩」を誘導するものだと吉野は指摘している[16]。

第一次世界大戦は、日本にとって新しい世界文明の登場を示唆すると同時に、近い過去に経験したもう一つの大きな出来事、すなわち明治維新を思い出させるものでもあった。政友会総裁、原敬は一九一七年、日記に「維新以来五十年、国家の刷振を要する時機となれるに国外には大戦争あり。世界の形勢一変する事明か」なりと記したが[17]、それはつまり、帝国日本が見習った一九世紀の欧米文明が破壊されるならば、日本国内においても根本的な「刷新」が求められるということだった。

どのような刷新が必要かについては様々な論者が唱えているが、一九一九年の段階で、明治維新に言及したり、それを想起させる言説が多く見られたことは注目に値する。革命的変化を求める幕末の日本人は、福沢諭吉が「暗く閉じられた生活」と述べたごとく、過去のすべてを「闇」のように見なしていた[18]。第一次世界大戦後の活動家もこれに等しい。吉野作造によると、「従来の侵略的軍国主義から先づ大体に於て民心が覚めたと云ふことに帰着して、さうして今度の平和と云ふことになった」[19]。ジャーナリストの中野正剛は「上下に漲る老廃的気分を排して、世界の若い思潮を提携する用意をせねばならぬ」と強調している[20]。

明治初期の日本人は世界と活発な交流を図っていたが、第一次世界大戦後においても「開国」が熱心にアピールされた。宗教学者の姉崎正治は「日本国民の最も覚醒すべき点は、軍品の自給や、経済の自立といふ如き鎖国的傾向の気風でなくて、世界的気運に乗じ、此調を保つといふ雄大な開国進取の精神にある」と主張している[21]。憲政会総裁の加藤高明は、「明治維新以来既に五十二年、此間幾多の困難に打勝ちて、今日の如く国威を振興するを得たるものなれば、将来に於ても政治に、産業に、智徳に芸術に、又は思想に慣習に世界最良の文明を探り用ひ、今後に処する計画をなさんか、優勝劣敗の中に於て最良の適者として、益此国を大ならしめ得べき」と確信していた[22]。

幕末の志士が抱いていた未来に向かう大きな希望は、大戦後の日本人の胸にもあった。姉崎は「世界的大舞台の夜明けは近づきつつある」と喜色を隠さず[23]、一九一八年に黎明会を創設した吉野作造、福田徳三といったリベラルな学者たちも興奮を押さえきれない様子であった。吉野等によると、「今回の戦争は、専制主義、保守主義、軍国主義に対する、自由主義、進歩主義、民本主義の戦争でありまして、今後に於ける全世界の諸国民は、此光輝ある戦捷と平和とに依って、初めて真正なる文明的生活に入るの希望を有している次第であります」というのである[24]。

明治維新は天皇による「五箇条の御誓文」によって公的に始まったが、第一次世界大戦後の日本の国家建設も「平和克服の大詔」で宣言されている。一九二〇年一月一〇日、大正天皇は次の通り布告している。

今や世運一展し時局丕に変す宜しく奮励自彊、随時順応の途を講すへきの秋なり爾臣民其れ深く之に省み進みては万国の公是に循ひ世界の大経に依り以て連盟平和の実を挙けむことを思ひ、退いては重厚堅実を旨とし浮華驕奢を戒め国力を培養して時世の進運に伴はむことに勉めさるへからす……臣民一心協力に……文明の風化を広敷し……[25]

大詔は戦後の新しい世界に適応して、日本が明治並の国づくりに取り掛かっていく熱意を表明しているが、それは総理大臣、加藤高明が言うように「新日本」の建設事業だった。「国民はこの際精神方面の根本的欠陥を匡救し、且列強に遅れた整理時代を速に切り抜け、更に国際間の競争に打勝つよう新日本の基礎を築くに一致協力一大決心と努力とをせねばならぬ」と加藤は促している[26]。

3　二〇世紀国家へ

以上が示唆するように、大戦後の国家再建事業は主に文明の破壊や戦争の悲劇に対応して現れたものであった。しかし、そこに潜む、より根本的な要素も見逃してはならない。つまり戦争がもたらした構造的変革である。欧米近代史の専門家はかねて第一次世界大戦を二〇世紀の始まりと見なしているが、それは政治、外交、経済、社会、思想や文化、あらゆる分野において、一九世紀の世界から離れた新しいパターンを示しているからである。日本においても、戦争が特に三つの分野において、大きな変革をもたらしている。それは経済、政治、外交においてである。

まず経済を観察すると、日本は第一次世界大戦の時期、農業国家から産業国家への変換を図っている。これは、戦争中、ヨーロッパ諸国が調達できなくなった貨物船、武器、綿織物などを日本が大量に供給するようになった結果であるが、一九一〇／一四年から一九二〇／二四年までに日本の輸出は三倍拡大し、一九一三年から一九二二年の間、国内総生産の成長率も五・二一%伸びている[27]。輸出における加工品の割合が一九二〇／二四年までに九〇%まで増加し[28]、一九一〇年から一九二〇年の間に農業から非農業産業へ転換した労働者は日本史上最大の数、二九〇万人(八二・七%)に達している[29]。

第一次世界大戦は日本にとって、社会が大衆化した時期でもある。産業化とともに都市化が進み、一九一六年から一九二一年の間、東京府の人口は二八九万人から三八一万人まで三一・八%も増加した。一九二五年までには大阪の人口は二〇〇万人に達し、世界で六番目に大きな都市となっている[30]。一九二四年の段階で全人口に対する日本の市部人口の比率は二〇%に達している[31]。都市化とともに教育施設も拡大し、一九一五年から一九三〇年までに高等学校／専門学校が九六校から一九四校に、二〇二・一%増加し、大学は四校から四六校、一〇五〇%という爆発的な拡大をみている[32]。

高い水準の教育を受けた都市人口に対応するため、メディアも拡大していく。一九〇五年から一九二四年の間、全国の新聞の一日当発行部数は一六三万部から六二五万部まで、二八三・四%増加した。『中央公論』のような伝統ある雑誌は一九〇五年から一九一九年まで、毎回発行部数が平均で五〇〇〇部から一二万部、二三〇〇%も拡大しているが[33]、大戦後に新しく登場した雑誌も相当数にのぼる。たとえば『改造』(一九一九年)や『解放』(一九一九年)、『我等』(一九一九年)、『大衆運動』(一九二一年)などがその一例である。さらに新メディアが大きな存在感を見せるようになり、全国のラジオの数は一九二六年から一九三二年まで二八八・九%拡大して、三六万台から一四〇万台を超え[34]、映画の観客数は一九二六年までに一五三七万人に達した。

第一次世界大戦が日本にもたらしたもう一つ大きな変化は世界大国(world power)への仲間入りである。日本は日清戦争、日露戦争において、アジアの主要覇権国の地位を確立したが、大戦中、連合国の勝利に貢献したことからパリ平和会議では、戦勝した五大国の一国として認められ、世界的規模の戦後処理に初めて参加するようになった。その戦後処理の一環として一九一九年に創設された国際連盟の加盟国になり、一九二一、二二年のワシントン軍縮会議、一九三〇年にはロンドン軍縮会議にも参加した。参加しただけでなく、これら戦後の新しい国際機関・国際会議において日本はリーダーの立場に立っていた。国際連盟においては四つの常任理事国の一国となり、ワシントンやロンドン会議では世界三大海軍の一つに認められた。すでにパリ平和会議の段階で日本全権西園寺公望は日本の顕著な世界的新地位を喜び、「我国は講和会議に於て善く列強と協調を保持することを得たるのみならず、同会議を機会として国際政局における帝国の位置が著しく向上したのであります。即ち我国は今回の講和会議に於て世界五大国の班に列して、欧州の問題に関与するの端を啓」いた、と強調している[35]。そして、ロンドン条約においては「世界平和実現の範を世界大小列国に示した上に日本帝国の世界三大国としての有力な地位を確認せしめ」たと同時代人は認めている[36]。

4 戦間期におけるリーダーシップの問題——浜口雄幸を中心に

前述のように、戦間期のリーダーシップ問題を考えるに当たっては、この時期の日本が経験した歴史的変換を念頭におかなければならない。これまで大戦後は不安定な時期としてみられることが多く、経済面では労働争議、米騒動、戦後不況、金融恐慌などの印象が強い。政治面では伸長した政党の「党利党略」「汚職」や、治安維持法とそれに伴う三・一五事件や四・一六事件の混乱がよく指摘される。外交においても国際協調を志向した幣原外交が「弱腰」という批判を浴びた。これらは確かに戦間期日本の一断面を表しているが、第一次大戦後の日本の弱体や不安定を示したものとまでは言えない。むしろ巨大な歴史的転換点に視座を取れば、これらの事象は産業化し、大衆化し、世界大国になっていく近代国家の道程そのものではなかったか。言い換えれば、あたかも二〇世紀に急速な拡大を遂げた新興国家を襲った成長痛であった。

大戦後の世界が、主に二〇世紀の潮流に適応していく時代にあるとするなら、戦後の指導者を評価するにあたっても、各指導者がこれらの要素に適応できた程度を計るべきであろう。この規準でいくと戦間期日本において、浜口雄幸ほど適切な指導者はいなかったように思われる。実際、同時代人は浜口を二〇世紀のための総理大臣として歓迎しているが、その理由の一つは前任者田中義一と対照的な評判にあった。田中のもと、先に挙げた二度の共産党弾圧事件のほか、三回にわたる山東出兵や満洲某重大事件がおこり、一九二八年六月には、田中政権は「驚くべき時代錯誤的反動思想」の根源とまで呼ばれていた[37]。

世界大国に名乗りを上げたばかりの日本は戦後世界の新しい波——議会政治や国際平和協調——に乗って登場していたにもかかわらず、これらの田中の政策は獲得した国際的地位を危殆にさらすものだと見られたのである。『東京日日新聞』は「欧戦以後十余年にわたって、わが政府国民の苦心努力により、広く内外にわたって、自由平等の主義政策を確立するに努めて来たものが、田中内閣の反動政策により、一朝にしてこれを十余年の昔に、復帰せしめたことであった」と論じていた[38]。

「反動政策」の田中に代わって登場した浜口政権は「暗い政治から明るい政治への典型的な過度期」として歓迎された[39]。同じく『東京日日新聞』によれば「今後における政府国民の努力は、主として、先ずその失われたる自由平和の政策を、回復することに注がれねばならぬ……」として、時代の精神に回帰する大きな期待が寄せられた[40]。

5 大衆化時代における浜口雄幸のリーダーシップ

この驚くべき歓迎ぶりは浜口や民政党の政策が新しい世界の精神によくフィットしていただけでなく、浜口自身が二〇世紀の要素に最適な人材だと見られたからである。大衆化時代において、浜口は望ましい民衆指導者だった。むろん東大出身の元大蔵省官僚というエリートではあるが、生まれは比較的平凡と言える。高知県長岡郡で山林業を営む家の三人兄弟の末子である。大蔵省に一七年間勤めるが、一九一三年に立憲同志会に入党し、一九一五年に衆議院議員に当選してからは政治家の生活を送っている。要するに浜口は、特権的出自の恩恵を受けず、努力の積み重ねで出世し、さらには大蔵官僚という特権的地位を放棄した上で政治家になった、民衆の時代においてはきわめて望ましい経歴の持ち主だったのである。彼の伝記作者は以下のように描写している。

宰相浜口雄幸氏は人も知る如く、一世の風雲に乗じたるにあらず、始終一貫その少年時より奮励努力、身を捨て、身を削る低の苦心惨憺、以って今日の地位を勝ち得た人である。或は亦閥族といふにあらず、権力、金権の政治家といふにあらず。常に謹厳寡黙己れを持すること聖の如く、且つ事に当って公明正大国家の政治を思ふ外更に私心なき人、そは将に偉大なる人格者である。尚、一面時代を知り、時代の推移と共に己の学殖をも進展せしむる博学者であり経世家である。決して、名のみ世に高き老骨政治家ではない。この意味に於ても浜口氏は現代唯一の大政治家である[41]。

この「現代唯一の大政治家」が追究した政策も大衆化時代によく合ったものだった。一九二九年七月に出された内閣の十大政綱は「国民の為の政治が念頭」にあったと『大阪毎日新聞』は伝えている[42]。その一つ目は「政治の公明」であり、「政治をして国民思想の最高標的たらしむる」ことだった。二つ目が「民心の作興」で「輓近世相の変遷に伴い民心ようやく軽佻放縦にながれ」ているとされた。三つ目に挙がった「綱紀粛正」では、「政府は深く自ら警めて官紀を厳粛にし、敢えて犯すなからんことを期す」と宣言しており、第九と第十は社会政策と教育改善の優先を約している[43]。

浜口内閣の十大政綱が「民心」を念頭に出されたものだとすれば、その政党優位政策は時代の精神に適合的であった。民政党の前身である憲政会を含む護憲三派が成立させた一九二五年の普通選挙法によって政党優位の基礎が築かれるが、これを背景に一九三〇年二月の第二回普通選挙では民政党が圧勝する。政界を政党、とくに民政党のものにした浜口は、ロンドン海軍軍縮会議に日本としては初めて、軍人ではない政党内閣の代表(若槻礼次郎)を全権として送ることに成功している。さらに、枢密院には反対の声が多かったにもかかわらず、国民の支持を受けて一九三〇年一〇月にロンドン条約を枢密院に可決させた。このことは民政党の力や日本における政党内閣の定着を十分証拠付けている。

浜口自身の言葉を借りれば、「今日に於ては、政党政治は少くとも世界多数の文明国に於ける政治の形式」であった[44]。自己の経歴や民政党の政策だけでなく、浜口はメディアの使い方においても大衆化時代に適した指導者だったといえる。国民のための政策を追求するには国民を政策に巻き込んでいかなければならない。そのために浜口は旧メディアも新メディアも十二分に活用している。旧メディアとしては、たとえば大戦以来広範に普及していたパンフレットやリーフレットが用いられた。浜口は首相就任直後から「全国民に訴う」というリーフレットを二万円かけて印刷し、全国一三〇〇万戸へ郵送している[45]。前述のように、一九二〇年代はラジオや映画といった新メディアの時代であるが、浜口は「全国民に訴う」を出すと同時に四〇〇万の聴取者を前に三〇分のラジオ放送を行っている。この時期の通常の聴取者が六〇万人前後だったことを考えれば、この浜口政権最初の放送は大成功だった。以後、この放送の実況が、銀座街頭のモボ、モガの映像と一緒に映画にされ、東京、大阪の松竹や日活の映画館で上映されている[46]。

6 産業国家時代における浜口雄幸のリーダーシップ

ここまで、浜口と大衆化時代のリーダーシップの姿を見てきたが、本節では彼が戦後日本のもう一つの大きな転換であった、産業化にも適応した総理であったことを明らかにしたい。日本は、大戦中経済規模が大幅に拡大したばかりではなく、戦後においては軍備拡張が抑えられ経済成長が促進された。世界的にも一九二〇年代は経済中心の時代であり、そこに大蔵省出身の総理大臣が登場したことは時機を得ていた。大蔵省での一七年間を経て、第三次桂内閣の逓信次官(一九一二〜一三年)、第二次大隈内閣の大蔵次官(一九一四〜一五年)、同内閣の大蔵参政官(一九一五年)、そして第一・二次加藤内閣や若槻内閣の大蔵大臣(一九二四〜二六年)などを務めるなど、浜口は一九二九年の段階で経済専門家としての政治経験を積み上げていた。彼が総理大臣に決まると「一般経済界が大小深浅の差こそあれ、とも角、一様に歓迎の意を表し」たのはそのためである[47]。

そうした期待に応えるように、新内閣の十大政綱は経済政策を中心に据えていた。まず対中関係改善の核心として外交姿勢を軍事的目的から経済的目的に戻すことを掲げている。この第四項目は「軽々しく兵を動かすはもとより国威を発揚する所以にあらず」として、「政府の求むる所は共存共栄にあり。殊に両国の経済関係に至りては、自由、無害の発展を期せざるべからず……。帝国と列国との親交を増進し、併せて相互通商および企業の振興を図るは政府の重きを置く所なり」と主張している。そして「政治関係の見地に偏して経済関係の考察を軽んずるは、深く戒めざるべからず」とも結論付けている[48]。

この対中外交は経済中心主義の新しい精神に沿うものだったが、浜口の経済政策のより重要な目的は大戦による日本経済の膨張に応えることだった。「緊縮」という言葉は浜口政権のスローガンのようなものになったが、それは終戦以来日本が悩まされたインフレの解決に取り掛かろうとする意欲のあらわれだった。これは日本のみならず、イギリスやアメリカにおいても追求された結果、一九二〇年から二九年の間にイギリスの卸売物価指数は五五・六%、アメリカでは三九・四%の減退をみた[49]。この緊縮政策の一環として、浜口は「非募債と減債」（十大政綱の第七項目）を訴え、戦争以来蓄積されてきた六〇億円にもおよぶ膨大な債務を一気に削減しようとしたのである。

浜口政権の経済政策として最もよく知られるのが金解禁であろう。世界が大恐慌に突入する時期に実施され、日本経済を不安定化させたため悪評が高い[50]。しかし、金解禁は緊縮財政と同じく、大戦がもたらした問題の解決策として世界中で実施されたものだった。金本位制をとっていたほとんどの主要国は金の国外流出を恐れ、戦争の勃発とともに次々と輸出禁止を実施している。そして戦後は世界経済の回復のため、次々と金解禁が行われた。一九二八年までにはアメリカ（一九一九年）、スウェーデン（一九二二年）、ドイツ（一九二四年）、イギリス、オーストラリア、カナダ（一九二五年）、イタリア（一九二七年）やフランス（一九二八年）も金本位制に復帰し、世界市場に十分接続していない主要国は日本だけとなっていた。一九二九年の『大阪毎日新聞』は「金解禁も無論わが経済界を正道に引戻す重大案件に相違ない」と述べたが、それは金の自由化が日本経済を正道化させる最低条件である、という主張であった[51]。

7 世界大国時代のリーダーシップ

筆者は、浜口が大衆化や産業化が著しく進展した戦後の新しい時代に適応する力を持った指導者だったと考えるが、戦後のもう一つ大きな変換――日本の世界大国化――の観点から見ても妥当なリーダーであったと思われる。浜口は海外経験こそなかったものの、初の明治生まれの総理大臣であり、世界と密接に関わりはじめた日本に育ち、近代化の柱石とも言うべき大蔵省に長年勤めた経験から、世界の潮流を十分意識していた。そして加藤高明や尾崎行雄といった憲政会の先輩等と同様、浜口は戦後世界の規準に日本を適合させようと懸命に努めた。第三節で引いた西園寺公望の言葉にも見られる戦後日本の世界的責任を重く受け止め、それを十分果たすべく外交政策を検討していた。では金解禁を日本が「国際経済の常道」に戻る方法と考えていた浜口は[52]、そもそも、なぜ国際規準を気にしていたのだろう。

先ほどの内閣の十大政綱には、外交に関して「今日帝国の列国間における地位に顧み……」から始まり、その考察から戦後世界の中心施設や原則に忠誠を誓っている。すなわち、「進んで国際連盟の活動に協戮し、以って世界の平和と人類の福祉とに貢献するは、我が国の崇高なる使命に属す。政府は国際連盟を重視し、その目的の遂行に鋭意努力せんことを期す」と[53]。そして軍縮を「世界的大事業」とみて、その「大事業の完成決して難事にあらざるべきを信ずる」と断じている。

浜口は一九三〇年一〇月までにロンドン条約だけでなく、緊縮財政や金解禁、その主要政策のすべてを実施し、おまけに一九三〇年二月の第二回普通選挙で圧勝している。一九三〇年一一月に銃撃される前まで、浜口は要するに、戦後の新日本の頂点に立ち、日本の二〇世紀入りを確かなものにしている。当時、浜口を批判した者は、逆に、社会から追放される立場に立たされていた。ロンドン条約に最初から抵抗していた枢密院はたとえば、『大阪毎日新聞』によって反動的施設のように描かれている。「枢密院が現在国民大多数の要望していると思われる海軍条約の審議に当たって、昨今のごとき態度を取っていることは、これは取りも直さず枢密院自らその近代政治思想に逆行していることを、最も分かり易き実例によって国民に示しているもの」と[54]。

おわりに

日本近代史において戦間期は「転換期」であり、不安定な政治、経済、外交に直面した結果、戦争へと乗り出す転機となったというのが通説である。浜口雄幸もまた、議会政治や国際平和協調の促進者として認められつつ、結局「党利党略ありき」のイメージを免れ得ず、不安定要素の一つに数えられている。この第一次世界大戦から戦後の不安、満洲事変、太平洋戦争と続く日本近代史の年表は、もっぱら日本を二〇世紀という新外交の時代の脱落者とみなし、同じく後発帝国主義国家たるドイツやイタリアとの類似点を除けば、二〇世紀初頭における世界との親和性がきわめて薄いかのように語られることが多い。

しかし注意深く観察すれば、戦間期日本の姿には当時の世界との相違より類似点の方が多く見受けられる。第一次世界大戦の悲劇をほとんど免れたにもかかわらず、戦後日本はヨーロッパ諸国と同じように大きな国家再建事業に着手している。ヨーロッパ諸国と違って日本における国家再建は物理的なものより政治的、制度的なものであったが、それは明治維新並みの熱意と努力を要するものだった。なぜならば、第一次世界大戦は一九世紀から長年続いてきた世界文明の規準を「兵火の猛威を以て容赦なく迅速に破壊」したからである。戦間期日本が直面したのは、第一次世界大戦後の世界に巻き起こった新世界文明建設時代という現実だったことがよくわかる。

以上のように、大戦は旧世界文明を破壊したのみならず、日本に二〇世紀という時代の要素ももたらした。このことは第一次世界大戦が世界に及ぼした経済的、政治的、外交的変換の規模の大きさをより明白に物語るだろう。あわせて戦間期の世界におけるリーダーシップの問題が「自由主義」対「軍国主義」といった近視眼的なことではなく、より普遍的意味を持っていたことを示唆する。

満洲事変勃発直前に成立した浜口政権は、どうしても「失敗」の気配から逃れがたい。しかし、時代と向きあったリーダーシップの問題から大局的に考えると、浜口の強力な指導者像がはっきりと見えてくる。第一次世界大戦は日本に産業化、大衆化や世界大国化をもたらし、浜口はこの三つの大変換に十分対応することができた。一九三〇年一〇月の段階で、浜口は新日本の新しい経済、政治や外交政策を実施することに成功しているのである。しかし、だからといって浜口が全国民に歓迎されたわけではない。むしろ、この変換を好まない社会の構成者もいた。それはかつての日本社会において権益を持ち、新日本に馴染まなかった農民層であったり、エリート層であったり、軍人たちであったりした。

むろんこうした立場（戦後日本の新しい方向性を歓迎しない）の人々が少数派であったからこそ浜口は選挙に圧勝し、新日本の頂点に立ったが、法的手段でこれに対抗できないと悟った少数派は一九三〇年一一月から暴力に訴え始める。一九三〇年一一月から一九三二年五月までの銃乱射事件（浜口銃撃、三月事件、満洲事変、十月事件、五・一五事件）は結局、新日本の軌道を大きく変えることになるが、これは二〇世紀初期の日本のリーダーシップの問題というより、さらに大きな世界史的教訓を持った事件であるように思われる。それは、一九世紀から二〇世紀世界への移行がいかに困難だったかということであり、二〇世紀初期の政治指導の課題がいかに複雑だったかということでもあった。

第5章

海軍軍人としての鈴木貫太郎

黒沢文貴 KUROSAWA Fumitaka

はじめに

「鈴木の心境は、よく分る。しかし、この重大な時にあたって、もう他に人はいない」「頼むから、どうか、まげて、承知してもらいたい」[1]

昭和天皇のこの言葉を受け、海軍大将鈴木貫太郎は一九四五(昭和二〇)年四月七日、内閣を組織した。内閣総理大臣就任時の年齢としては、史上最高齢の七七歳と二ヵ月であった。

「政治についてはまったく素人」であり、侍従長や枢密院議長として天皇に奉仕してきたが、「自己の政治的手腕」を考えたこともなければ、政治的「野心」をもったこともないと自任する鈴木にとって、みずからが首相に就くなどとは予想だにしない出来事であった。しかし、戦局がますます危うさを増すなかで総理を引き受けた以上、彼の心中には強く期するものがあった。

それは、「少なくも余の政治指導原理は、陛下の思召に基礎を置く」という決意であった。なぜなら鈴木のみるところ、昭和天皇が世界平和とすみやかな戦争終結を希望されているにもかかわらず、これまでの政治家が「陛下の思召を体する」ことなく、「事務的な政略政策のみに忠実であった」がゆえに、「国家発展の大道を見喪って来た観がある」と思われたからである。

しかも戦争終結という「陛下の思召」を実行に移すには、「最も周到なる戦局把握」と「平和への機会を掴むための絶えざる自己反省」とが必要であり、さらには殺されることをもいとわない「異常の覚悟」をもって、「いったん機会を掴んだ上からは一瀉千里に事態を処理する」ことが必要と認識されたのであった。

このように日本が国家存亡を賭けた大戦争をおこなっているにもかかわらず、いわゆる官僚政治が跋扈し、有効な政治的リーダーシップが失われているという日本政治の現況にたいする的確な認識と、昭和天皇を政治的資源とするみずからの政治的リーダーシップのあり方にたいする自覚的態度をもって、鈴木貫太郎は終戦に向けての政治指導を展開したのである。

さらに鈴木がみずからの政治指導に必要と考えた、冷静で的確な情勢判断と、死をも恐れない決断と実行力は、まさに軍人としての経歴をもつ自分にこそよくなしうるものと、最終的には思いいたったのかも知れない。ましてや鈴木は二・二六事件で青年将校から弾丸を撃ち込まれた経験をもち、「一度死と面と向かった人間」でもあったからである[2]。

しかし、そうした「異常の覚悟」をもちながらも、実際には沈着冷静かつ粘り強い政治姿勢のもと、長くつづいた戦争の敗戦というかたちでの幕引きを、首相の暗殺や内戦のような大きな混乱を引き起こすこともなく、彼はなしとげたのであった。それはまぎれもなく、彼の大きな功績であり、鈴木貫太郎という政治指導者を太平洋戦争の最後の局面でえられたことは、日本国民にとってきわめて大きな幸運であった[3]。

鈴木貫太郎は周知のように、一九二九(昭和四)年海軍軍令部長を最後に軍職を退いた、生粋の海軍軍人である。そのとき彼は六一歳。以後、昭和天皇の侍従長に転じた彼は、やがて枢密院副議長から議長を経て、内閣総理大臣に任ぜられたわけである。

常々「政治嫌い」を公言し、本来非政治的な人間であったはずの鈴木貫太郎が、その晩年に見事な政治的リーダーシップを発揮しえたのはなぜか。本章ではその理由の一端を、海軍軍人時代にまでさかのぼることによって、いささかなりとも明らかにしようとするものである。少なくともその前半生に、鈴木のリーダーシップを考察する際のいくつかの重要な側面があると思われるからである。

1　非藩閥系としての出自

鈴木貫太郎は、一八六八年一月一八日(慶應三年一二月二四日)、関宿藩の飛地和泉国(現大阪府)久世村伏尾の久世家陣屋で、鈴木由哲《すずきゆうてつ》・きよの長男として生まれた[4]。ちょうど鳥羽伏見の戦いの戦端が開かれる直前の出生であった。鈴木由哲が代官として仕えた久世家(千葉県関宿藩主)は譜代の幕臣であり、幕末の第七代藩主久世広周《くぜひろちか》は、桜田門外の変後に老中首座となり、安藤信正とともに公武合体政策を進めた人物であった。

戊辰戦争において藩内は、いわゆる佐幕派と尊王派に分裂し、貫太郎の伯父たちは彰義隊に加わり、新政府軍と上野で戦っている。しかし、父由哲はそうした行動には与みせず、第八代藩主の久世広文が戊辰戦争の罪を許された一八六九(明治二)年に、大阪から東京に移り住んでいる。そして翌一八七〇年には、小石川関口の久世山(久世家の持ち地であったことが名称の由来)にあった藩の下屋敷に住み、そこで弟の孝雄(のちの陸軍大将)が生まれている。こうして貫太郎は、非藩閥系の関宿藩(千葉県)出身者として、明治という新時代における立身出世をはからなければならなかったのである。

一八七二(明治五)年、一家は郷里の関宿町に帰り、貫太郎は久世小学校に入学した。しかし、父由哲の熊谷県庁への出仕にともない群馬県に移り住んだため、一八七七年前橋の桃井小学校に転校した。子供たちの教育のことを考え、教育の評判の高かった群馬県に転居したといわれている。

さらに一八八一年、同じく前橋にあった利根中学校(のちの群馬中学校、現前橋高校)に進学し、英語を大いに学ぶとともに、漢文の先生から教えられた『日本外史』に大きな思想的影響を受けることになった。鈴木は後年、みずからの「国体の思想はこれで作られた」[5]と回想している。

また、こうした子供時代に父親から聞かされた「人間は怒るものではないよ、怒るのは自分の根性がたりないからだ、短気は損気ということがある、怒ってすることは成功しない、皆自分の損になるばかりだよ」[6]という何気ない言葉に、貫太郎は強く心を打たれ、それがその後の修養をはかる上での大きな糧となった。鈴木の我慢強く、粘り強い性格は、そうした父の教えにもとづくものでもあったのであろう。

なお、同じく教育熱心であった母親きよの躾も、貫太郎の幼少年期を振り返る上では重要である。きよは「一家の内は秩序を保つことが大事である。長男は家の大黒柱となる。……絶えず心を磨き、学問に精励して立派な人間にならねばならぬ。これが親に対する何よりの孝行である」[7]と、常々戒めていたからである。のちに海軍という人間集団における秩序と調和に腐心し、みずからは自己修練を怠らず、学問にも精励して立派な海軍軍人として組織の中心人物になるという貫太郎の生き様、そして終生もちつづけた両親への厚い孝行と報恩の念の根底には、そうした母の躾が大きく影響していたのではないかと思われる。

ところで、父由哲は貫太郎を将来医者にするつもりでいたが、彼自身は日本海軍の軍艦がオーストラリアで大歓迎を受けたという新聞記事に心を躍らせ、洋行への憧れから海軍軍人を志すことになった。しかし、由哲の許しはなかなかおりなかった。父親のみならず、中学校の同窓生や周りの人たちにも、薩長閥でなければ陸海軍では立身出世できないし、ましてや海軍兵学校への入学すらできないだろうという反対の声が多かったからである。

だが貫太郎は、「そんなことはあるものか、いやしくも天下に公告して募集する以上、体力が強く学問ができれば入れぬということはなかろう」[8]と純粋に考え、その決心をぐらつかせることはなかった。やがて由哲の許しがおり、一八八三年に中学校を退学、東京に上京して芝新銭座の近藤塾(攻玉社の前身、海軍兵学校の予備門)に入学し、いよいよ海軍兵学校受験の準備をすることになったのである。

2 純武人タイプの海軍軍人として

一八八四(明治一七)年九月、鈴木貫太郎は海軍兵学校に第一四期生として入学した。兵学校が築地にあった時代の最後の卒業生となった期である。その当時の生徒は、三年全体で約一〇〇人いたが、関東出身者は貫太郎ただ一人であった。同期には、佐藤鉄太郎(のち海軍大学校校長、『帝国国防史論』を執筆するなど戦史研究の大家)、小笠原《おがさわら》長生《ながなり》(のち裕仁親王の東宮御学問所幹事、子爵、東郷平八郎元帥の神格化に尽力)などがいたが、海軍大将まで昇進できたのは、鈴木貫太郎一人だけであった。

じつは海兵一四期の前後の期からは、のちに海軍首脳となる逸材が多く輩出し、また薩摩出身者も多かった。その意味で第一四期生は、結果的に割りを食ったといえるのかもしれない。ちなみに海兵一三期には、野間口兼雄(のち横須賀鎮守府司令長官・軍事参議官、薩摩出身)、栃内曾次郎(のち海軍次官・第一艦隊兼連合艦隊司令長官・軍事参議官)、黒井悌次郎(のち舞鶴鎮守府司令長官)ら三人の大将がおり、海兵一五期からは、財部彪《たからべたけし》(のち海相、山本権兵衛の娘婿、薩摩出身)、竹下勇(のち第一艦隊兼連合艦隊司令長官・呉鎮守府司令長官・軍事参議官、薩摩出身)、小栗孝三郎(のち舞鶴鎮守府司令長官)、岡田啓介(のち海相・首相)ら四人の大将が輩出している。なお日露戦争の軍神となった広瀬武夫も、第一五期生である[9]。

このように非藩閥系である鈴木は、かつて父親をはじめ周囲の人たちが心配していたように、海軍内での出世を夢見るという点からは、やはり困難な状況におかれていたといえよう。それゆえ彼自身も、「兵学校に入る時は、大将になってやろうくらいに思っていたのだが、事情が判るにつれて、これは大尉くらい、ひょっとすると少佐になれば運がよいくらいに考えるようになっていた」[10]のである。

そうした彼も一八八七年七月、順調に海軍兵学校を卒業し(成績は同期生四四名中の一三番[11])、海軍少尉候補生となった。その後ただちに木造の古い練習艦筑波に乗り、実地訓練としてサンフランシスコ、サンディエゴ、アカプルコ、パナマ、タヒチ、ハワイなどをまわる初めての遠洋航海を経験、その際の海外における見聞が、世界へのしっかりとした視野の必要性を感じさせることとなった。

一八八九(明治二二)年六月、鈴木は海軍少尉に任官し、やがて軍艦高雄の分隊士に補せられた。艦長は山本権兵衛大佐、副長は斎藤実中佐(のち出羽重遠に交代)であり、後年薩の海軍の最高指導者として重きをなすことになる山本、斎藤との出会いは、鈴木にとってきわめて幸運なことであった。とくに山本艦長の薫陶を受けたことは、「生涯忘れ得ない思い出」[12]となった。

山本艦長の訓えは、「浪費するな、自分も若いうち酒をのんだが、それはいかん、自分の説を主張するには内に後顧の憂いがあってはならない、やめろといわれたらいつでもやめるという気にならねばならぬ」[13]というものであり、節制・質素を旨とし、しっかりとした職責観念をもって職務に精励することを求めるものであった。そうした山本の薫陶は、鈴木の胸に深くしみるものであった。また「部下の細かい点までもよく温情をもって見透している」という、山本の厳格な反面、部下思いの人柄も、鈴木を引きつけてやまない点であった。なお山本の鈴木評は、「正直者」というものであった[14]。

一八九〇年、鈴木は海軍の最新鋭の兵器である水雷を学ぶため、山本艦長の許可をえて水雷術練習生として水雷練習艦の迅鯨《じんげい》に乗り組むことになった。そして翌年七月、水雷術練習艦尉官教程を卒業、以後、水雷が海軍内における彼の専門分野となった。

ちなみに日本海軍における水雷艇の導入は、一八八〇年にイギリスのヤーロー社に発注したのがはじまりである。経済力の乏しい日本としては、高価な大型戦艦の購入はむずかしく、それゆえ水雷艇は安価で強力な兵器として注目されていた。日清戦争までに二四隻、日露戦争までにさらに六五隻が配備され、大いに活躍することになる。

一八九一(明治二四)年八月、鈴木は朝鮮警備を担当していた鳥海の分隊長に補せられた。鳥海は一番小型のガンボートであり、鈴木が元来船酔いしやすかったこともあり、「実にがっかりして、もうたまらん」という気持であった。しかも警備という暇な職務であったため、気を許せば遊惰に流れてしまう恐れもあった。しかし「それもいいこともなし、友だちに時々碁を教わったが熱心ではなし、酒の方もそう私には飲めず、むしろ苦しむ方」であったこともあり、「こんな時には本でも読め」とばかり、コロムの『海戦論』やマハンの『海上権力史論』、孫子などの多くの兵法書や史書を読破した。

さらに艦隊の戦闘陣形に興味を抱いた彼は、独自に研究を重ね、誰にみせるわけでもなく自分の考えをまとめていたが、それがのちに海軍大学校の入試に際して大いに役立つことになった[15]。難関の海軍大学校への入学は「後年の幸運の一つの動機」[16]となったが、こうして「暇な時、不平な時、それは勉強するに限る」[17]というのが、鈴木のモットーとなったのである。なお、この間の一八九二年一一月に海軍大尉に昇進している(当時は中尉の階級はなかった)。

その後、一八九三(明治二六)年に横須賀水雷隊攻撃部艇長に補せられ、翌年七月対馬水雷隊攻撃部艇長に転じて、日清戦争(一八九四～一八九五年)を迎えることとなった。戦争中の一八九四年一〇月、常備艦隊付属の第三水雷艇隊艇長となり、旅順戦や威海衛攻略(水雷艇による海戦史上初の夜襲)などに従事、「鬼貫太郎」の異名をとる勇猛果敢な働きをなし、見事戦後に金鵄《きんし》勲章を受けた。

こうして軍人としての功名をあげた鈴木ではあったが、現実の海軍部内においては非藩閥系のゆえか、英国で建造中の日本初の駆逐艦叢雲《むらくも》の回航委員になるという、以前に聞かされ、密かに心待ちにしていた話が実現せず、がっかりすることになる。

このとき彼は、「つまらんと思った時はむしろ学問した方が良い」という持論にもとづき、難関の海軍大学校入りを志願した。それはまた、海大卒業といういわば出世のための資格をえるということでもあったのであり、海軍部内で生き抜いていくためには自分の力量以外に頼るものがない非藩閥出身者の、切実な思いの発露でもあったのであろう。

かくして一八九七年三月から翌年五月まで海軍大学校将校科学生(第三期八名、竹下勇と同期)、一八九八年一二月に同校将校科甲種学生(第一期五名、竹下勇と同期)を卒業し、ただちに海軍軍令部第一局局員兼海軍省軍務局軍事課課僚を命じられ、海軍中央での初めての勤務を経験することになった。

なおこの間、一八九七年四月に出羽重遠大佐(福島県出身)の媒酌で、会津藩出身の大沼とよ(出羽夫人の妹)と結婚、翌一八九八年六月には海軍少佐に任じられている。以前には、「ひょっとすると少佐になれば運がよいくらい」に考えていた鈴木ではあったが、日清戦争における活躍や海大卒業などにみられるみずからの努力が、ひとまず実を結んだのである。

一八九九(明治三二)年に入ると、海軍軍令部の本職を免じられ、あらためて海軍省軍務局軍事課課僚に任じられた。ただし同時に陸軍大学校兵学教官となり、さらに海軍大学校教官を兼務し、学習院教授も委嘱された。「これは随分ひどいことをするなと思った」が、「自分の修養にもなるし、やるだけやって見る」[18]と激務をこなした。案の定、痩せ細るほどの忙しさではあったが、鈴木はそうした任用をめぐる不平不満を口にしたり、みずから弱音を吐くことはけっしてなかった。

ちなみに当時の軍事課長は、のちに海軍大臣、内閣総理大臣となる加藤友三郎大佐であった。時間を無駄にしないために人力車を自腹で雇って出勤する鈴木の姿に、その加藤もさすがにみかねて、陸海軍の交換教官の職務にかぎって車代として賞与をだしている。

ところで、この軍事課在職中の一九〇〇年のはじめ頃、ロシアの戦術家マカロフ海軍大将の水雷戦術に影響された海軍軍令部の発案で、海軍は遠距離低速度魚雷を開発することになった。しかし、この魚雷性能の標準を改変する方針(速力三〇ノット射程千メートルから速力一二ノット射程三千メートルへの改変)をめぐっては、海軍省軍務局の主務者であった鈴木が、日清戦争の実戦経験と「このような計画は有害無益にして、いたずらにわが勇敢なる軍人を卑怯者にするばかり」[19]という理由を掲げて、真っ向から反対論を展開した。そして加藤友三郎軍事課長のみならず、諸岡頼之軍務局長までもが鈴木の考えを支持した結果、海軍省と軍令部とが対峙することになった。

この魚雷論争は結局、斎藤実海軍次官が解決に乗りだし、山本権兵衛海軍大臣の決裁により決着することになった。しかしそれは、軍務局関係者の承認の捺印をえないままの決済という、前代未聞の解決の仕方となった。

斎藤次官の説得にもかかわらず、鈴木が首を縦に振らなかった理由の一つには、「平生執務に大臣に過ちのないように心掛けておりますが、この問題は他日必ず大臣の責任に関することと思いますから反対するのであります。この問題の非なることを自ら知りつつこれに捺印するということは良心が許しません」[20]という強い職責観念があった。

このように鈴木には、軍事専門官僚としての自負から、海軍首脳部の判断であろうとも、正しいと思ったことはどこまでも筋をとおす、向こう意気の強さと気骨さとがあったのである。自分の立身出世のために、権力者や上司にとり入ったり、媚びへつらうような態度とは無縁な世界に、鈴木はいたのである。

そしてじつは、この水雷論争で鈴木の主張した近距離高速度魚雷の優越性は、のちの日露戦争の実戦経験で証明されることになり、水雷戦術の専門家としての鈴木の卓越した識見の高さを示すものとなった。またそれと同時に、鈴木の主張に留意して、実際には遠距離低速度魚雷のみならず近距離高速度魚雷の開発をも命じていた山本海軍大臣の判断力の正しさをもあらわすこととなったのである。

ただし、鈴木自身が「私はいっこうに頭を下げないから時に損をすることがある」[21]と自覚していたように、媚びへつらうことなく正論を貫こうとする鈴木の、裏表のないある意味では不器用な頑固さが、ときには不利益をもたらすことにもなった。それが、海軍中佐への進級をめぐる問題である。

一九〇一（明治三四）年から一九〇三年にかけて、鈴木はドイツ海軍の教育を調査するためにドイツに留学した。そこで公使館付武官の瀧川具和大佐から、キール軍港に常住してドイツ海軍の状況を偵察するよう求められた。しかし、それにたいして「スパイをやるのは私の性分にあわぬ」し、本来の任務とも異なるので「ご免を蒙る」と返事をしたところ、瀧川大佐の感情を害してしまい、それがもとで一九〇二年に予定されていた進級が一年遅れることになった。「なかなかいうことを聞かない奴だというふうにとられ、上に対して評判はよくなかったんだろうと思う」と、鈴木自身も述懐している[22]。

結局彼は、一九〇三年九月に海軍中佐に進級することになったが、じつはこの問題は一年遅れにとどまらないものであった。進級の序列が、それによって海軍兵学校で一期下のクラスであった財部、竹下、小栗の次に位置づけられることになったからである。

鈴木はこの人事を、理由のないことと「非常に憤慨」した。何を基準にして進級をおこなっているのか、「海軍でもこんなことをするなら馬鹿げている、国家に尽くすことはどこにいてもかまわん、盲目の下で働くよりほかの方面で働いた方がいい、病気と称して帰国」[23]すると激怒し、海軍にほとほと愛想を尽かしたのである。このとき鈴木には、これまでの海軍生活が走馬灯のように思いだされたのかもしれない。また薩摩出身者の後塵を拝することになる進級順序の変更に直面して、やはり非藩閥系ゆえの処遇なのかとの思いが頭をよぎったのかもしれない。

しかし、そうした一時の感情を救ったのが、進級を祝う父親からの手紙であった。無心に進級を喜び、日露の国交が緊迫しているなか国家に尽くすことの大切さを説いた手紙に接し、鈴木は「鉄の棒でなぐられたような」衝撃を受け、初心に帰って、国家にたいする至誠奉公を誓うこととなったのである。「進級が遅いなどといって小さなことをいうことは間違っている、自分が海軍に入ったのはこういう場合に力を尽くすべきだと、父の手紙を見ていかにも自分のたりないのに気がついて、自分の不幸は飛んでしまった」[24]のである。「人間は怒るものではないよ」という幼少期に聞かされた父親の言葉が、あらためて蘇ったことであろう。

こうして鈴木はこの進級問題を機に、あらためて一身の利害利益に拘泥することなく、海軍・国家・天皇への忠誠と奉公とを尽すことを、その行動基準として自覚することになったのである。

一九〇三（明治三六）年末帰朝を命じられた鈴木は、日露戦争（一九〇四～一九〇五年）に備えてアルゼンチンから購入した二隻の軍艦日進と春日を、建造地のイタリア・ジェノバから回航するという重大な任務を受けた。かつて実現せずにくやしい思いをした軍艦の回航という大役に喜び、翌年二月の日露開戦直後に無事横須賀への入港を果たした。そしてただちに明治天皇に拝謁し、「ご苦労じゃった」とのねぎらいの言葉をかけられ、大いに感激している。

なお日露戦争中は、春日副長、第五駆逐隊司令（不知火に乗艦）、第四駆逐隊司令（朝霧に乗艦）として黄海海戦や日本海海戦に参加し、その冷静かつ闘志あふれる活躍で、司令としての力量を十二分に発揮した。とくに駆逐隊司令に任じられた背景には、遠距離からの水雷攻撃が思うような戦果をあげられずにいたため、鈴木流の近距離攻撃の水雷戦術への大転換を、艦隊首脳が期待したという事情があったのである[25]。

日露戦後の一九〇五年一一月、鈴木は海軍大学校教官となった。さらに翌年、陸軍大学校兵学教官と海軍教育本部部員を兼務し、また駆逐隊水雷艇隊訓練法調査委員と水雷に関する諸規程調査委員（一九〇七年）にも任じられた。こうして水雷攻撃の勇であった鈴木は、約三年におよぶ陸上勤務のなかで、実戦にもとづく水雷戦術を体系化し、その確立に大きく貢献することになったのである。世界で初めて水雷を実戦に用いたのが日清戦争であったこともあり、鈴木たちの日清・日露の両戦争における実績が、水雷戦術を新しく作りあげていく上で大いに役立ったのである。

当時海軍大学校の学生として鈴木から教えを受けた山梨勝之進（のち海軍次官、学習院長、海兵二五期、海大甲種学生第五期）は、「鈴木さんはどちらかといえば、曾国藩《そうこくはん》のような人でして、水雷戦術、肉薄戦術、夜戦、すなわち部隊としての……牢固とした用兵戦法を確立された……あまりうまそうなことも言われない。賢そうなことも言われない。……静かであって、それに押しがあった」と述べている。すなわち、鈴木の兵学思想は曾国藩と同じように、「用兵は道徳を基礎とする」というものであり、修身・修養・徳義と兵学とを一体のものとし、その基礎としての克己・犠牲的精神を重視するものであった[26]。

なお一九〇七年九月、鈴木は海軍大佐に進級したが、その際に序列が鈴木、竹下、小栗の順に戻ることになる。

一九〇八（明治四一）年九月、鈴木は明石艦長（第二艦隊所属、のち南進艦隊所属）を命じられ、久しぶりの海上勤務に服した。ところが、呉ドックでの修理が終わった明石を、海上にだしたとたんに広島湾で座礁させてしまうという大失態を犯してしまった。鈴木が海図室で書類に目をとおしているすきの出来事であったが、鈴木は艦長としての責めを負い、謹慎一日の処分を受けた。

しかしそれが、上に立つ者としての大きな教訓を、彼に与えることになった。それは艦長としては、航海のことを信頼して任せている「航海長に干渉はしないが、始終そのやることは頭に留めて、二重の安全装置」でやっていくということであり、そのいわば現場主義が「艦長になり司令官になり司令長官になっても、このことだけは頭を離れな」い、鈴木の指導者としてのスタイルになったのである[27]。

翌一九〇九年一〇月、鈴木は練習艦隊の宗谷艦長に補せられた。一九一〇年二月から七月にかけて、練習艦隊は南洋諸島、オーストラリア方面への遠洋航海にでた。宗谷には、前年一一月に海軍兵学校を卒業した第三七期生のうち井上成美（のち海軍次官・軍事参議官）、草鹿任一（のち海軍兵学校長）、小沢治三郎（のち軍令部次長・海軍総隊司令長官）らの士官候補生が乗り組み、指導官には高野（山本）五十六大尉、古賀峯一中尉らがいた。つまりのちに海軍を背負って立つ多くの人材が乗艦していたのである。

鈴木は、練習航海の本質は座学的なことではなく、実地訓練にあると考え、努めて実際の活動を元気にやることを奨励した。そして指導する側にも垂範実行を求めた結果、それは「魂と魂の結ばれて行く指導」[28]

となった。

さらに鈴木は、みずからの経験にもとづき実践してきたことを「奉公十則」としてまとめ、「議論より実践を先にせよ」という「不言実行」を終始一貫した指導精神とした。ちなみにその十則とは、つぎのとおりである[29]。

一、窮達を以て節を更ふべからず、一、常に徳を修め智を磨き日常の事を学問と心得よ、一、公正無私を旨とし名利の心を脱却すべし、一、共同和諧を旨とし常に愛敬の念を存すべし、一、言行一致を旨とし議論より実践を先とすべし、一、常に身体を健全に保つことに注意すべし、一、法令を明知し誠実に之を守るべし、自己の職分は厳に之を守り他人の職分は之を尊重すべし、一、自己の力を知れ驕慢なる可からず、一、易き事は人に譲り難き事は自ら之に当るべし、一、常に心を静謐に保ち危急に臨みては尚ほ沈着なる態度を維持するに注意すべし

そして鈴木は宗谷乗艦の士官候補生にたいして、教育の成果は「短日月の間に表われるものではない、われわれはそんな教育はしなかった」、今回の教育の良し悪しは一〇年後、二〇年後に証明されるだろう、「一生懸命にやれ」と激励したのであった[30]。

一九一〇年七月、鈴木は海軍水雷学校長に転じた。水雷の改良進歩をはかるためという、斎藤実海相の意図によるものであった。その後、将来将官になるためには一等巡洋艦勤務が必要ということで、敷島艦長となったが、妻の病気が重くなったため、予備艦筑波の艦長に転じた。しかし夫人のとよは看病の甲斐もなく、一九一二(大正元)年九月に他界している。

一九一三年五月、海軍少将に任じられた鈴木は、同時に舞鶴水雷隊司令官となり、その後八月に補された第二艦隊の司令官を経て、一一月再び舞鶴水雷隊司令官となった。舞鶴鎮守府司令長官には、彼がのちに海軍次官として仕えることになる八代六郎海軍中将(愛知県出身)が、九月に着任したばかりであった。なお、この当時の艦隊勤務が「一番記憶に残って」いるほど、「実に愉快」であったと、のちに回想している[31]。やはり水雷隊勤務が、一番性に合っているということなのであろうか。

3　海軍の中枢に

一九一三(大正二)年一二月、鈴木は海軍省人事局長となり、再び海軍中央で働くことになった。人事局長には公明正大で公平な人が適任とされたが、組織への忠誠心をもち、かつ私心のない鈴木の人柄を見込んでの、斎藤実海軍大臣による抜擢であった。ときの首相は山本権兵衛、海軍次官はその娘婿の財部彪であった。このように鈴木にたいしては、その正直で筋をとおす執務ぶりが、一部には「使いにくい」[32]と敬遠する向きを生んだものの、海軍の最高首脳からは、むしろそうした働きぶりによって高く評価されていたのである。

ところが一九一四年一月、海軍将官の収賄事件であるシーメンス事件が発覚した。三月にはついに山本権兵衛内閣が瓦解し、そのために斎藤海相、財部海軍次官も辞任するという、まさに海軍に激震の走る事態となった。そして慣れない海軍省勤務に服したばかりの鈴木も、その荒波に巻き込まれることになったのである。

新たに成立した大隈重信内閣で、斎藤実に代わって海軍大臣に就任したのは、非薩摩閥の八代六郎であった。鈴木はその八代に懇望され、人事局長を兼務したまま四月に海軍次官に転じ、シーメンス事件の後始末というわば火中の栗を拾う役回りを果たすことになった。

もとより純武人タイプの鈴木としては、「行政上のことは嫌いだから断わる」ということで、次官への就任を再三固辞したのであるが、脳溢血で倒れた父親の「それだけ人に頼まれたら次官になったらよかろう。二、三ヵ月でお前がやめるとしても何も私は悔ゆるところがないから」[33]という言葉に接し、思い直すことにしたのである。

そして八代大臣の「国家のため海軍のため身を犠牲にしてやらなければならぬ」という「決死の覚悟」を受けて、鈴木も「逃げるわけに行かない。自分もともに倒れる覚悟を決めて遂に承諾した」[34]のであった。

こうして八代海相の手によって、薩摩閥の巨頭である山本権兵衛、斎藤実の両大将の予備役への編入（ともに一九一四年五月）が断行されたのである。

なお、海軍次官という不得手とした政治的手腕を必要とする行政職に就くにあたり、鈴木は一つの条件をだしていた。それが、「私には待合政治はできません。それをやらなくてよければやりましょう」[35]ということであった。それはまた、一九一五年八月に、八代の後任として新しく海相となった加藤友三郎にも示した、海軍次官継続にあたっての鈴木の一貫した条件であった（一九一六年二月から六月にかけては、軍務局長も兼務）。

鈴木は後年、その当時を振り返り、「友だちがいうには、お前は正直で偽言がいえないから政治家には不適当だと評したから、私は政という字は正文と書く、正直でできない政治はおれが悪いのではない、世の中が悪いのだと笑ったことがある」[36]と述べているが、それはまさに、待合での接待や密室での談合という悪しき慣行を嫌った鈴木ならではの述懐であった。鈴木はあくまでも、正面から正々堂々と正論をもって相手と議論し説得するという、正攻法のスタイルを貫こうとしたのである。「正直」と「誠実さ」と「粘り強さ」とが、鈴木の次官としての身上であった。

その結果、海軍の熱望していた駆逐艦の建造や八八艦隊実現に向けての予算獲得において、鈴木は縦横無尽の働きをなし、多大なる貢献をしたのであった。たとえば彼は、内閣の反対党である政友会幹部の大岡育造衆議院議長や軍事費予算の増額に難色を示す大蔵省の浜口雄幸次官らと堂々とわたり合い、海軍の要求がいかに国家のため、海軍のために必要であるかを正面から力説し、その説得に成功したのであった。若槻礼次郎蔵相をはじめとする「大蔵省全体の空気が海軍は（第一次世界大戦の勃発によって――筆者注）火事場泥棒であるというふうに見ていた」[37]なかで、交渉相手である大蔵次官が浜口雄幸という、鈴木と同様に「正直」と「誠実さ」と「粘り強さ」を身上とする、正攻法でも話のわかりあえる人物であったことも、鈴木にとっては幸いであったといえよう。

しかしここでは、そうした政治的根回しが、鈴木の独断専行的な動きであったことにも注目したい。つまり彼は大岡育造や浜口雄幸との折衝を、八代海相の承諾をえずにおこなっており、八代からはのちに注意を受けている。ただし彼の行動は、八代海相の予算獲得に向けての辞職をもいとわぬ強い姿勢を承知した上でのものであった。そうした上司の意をよく汲んだ上で、次官の職責としてなしうることを、批判をもいとわずにあえて独断専行的にでもなそうとする果断な行動力と職責観念とが、鈴木には備わっていたのである。

みずからの職責を果たすために、必要と思ったことは独断専行的であったとしても、批判を恐れず、機を逸せずにおこなうという手法であり、それはかつて山本権兵衛から訓えられた「やめろといわれたらいつでもやめるという気」を内に秘めたものであったのかもしれない。

こうして政策目標の実現に向けて可能な限りの努力を怠らない彼の職務スタイル（リーダーシップ）が、見事に良い結果をもたらすことになった。権謀術数を排し、愚直なまでに政策の実現に向けて努力を惜しまない正攻法スタイルと必要に応じた独断専行的な手法とが、鈴木のリーダーシップの原型となった。そして、このときの経験（いわば成功体験）が、その後参照されるべき、鈴木にとっての初めての「政治の世界」の経験となったのである。

ところで鈴木の海軍次官在職中、その身辺では二つの大きな出来事があった。第一は、一九一五（大正四）年六月、加藤貞吉海軍大将の仲人で、裕仁親王（のちの昭和天皇）の哺育係を務めていた足立たかと再婚したことである。昭和天皇は後年、「たかとは、本当に私の母親と同じように親しくした」[38]（一九七八（昭和五三）年一二月須崎御用邸での記者会見時の発言）と述懐しているが、たかにとっては、奇しくもその昭和天皇と同じ一九〇一（明治三四）年生まれの息子（鈴木一、のち侍従次長）をもつ鈴木との結婚であった。

第二は、一九一七年六月鈴木が海軍中将に任じられ、たいそう喜んでくれた父由哲が、その同じ月に癌で亡くなったことである。由哲は当時、故郷の関宿町長を務めていたが、死期を悟った穏やかな逝去であった。

4　連合艦隊司令長官から海軍軍令部長へ

一九一七（大正六）年九月、鈴木は練習艦隊司令官に転じることになった。もともと「行政の方面は不得手というよりはむしろ嫌い」であり、海軍次官としての務めを立派に果たしていたとはいえ、政治権力への関心をもたない彼にしてみれば、そうした思いが変わることはなかったのである。

加藤友三郎海相からは、その大臣就任時に、海上勤務に「お前が行ってしまうと海軍の方がいっこう判らなくなるから一年ばかりいてくれ」ということであったが、その約束の一年後には、さらに八八艦隊建設という「重大な問題の目鼻のつくまでおってくれ、君が海上を望んでいることはよく承知しているんだから、その時機はよく時を見て選定するから僕に任しておけ」[39]ということで、のびのびになっていた希望であり、それがようやく実現することになったのである。

もっとも鈴木の希望は、水雷戦隊司令官としての転出であったが、いまさら次官を経験した海軍中将の就くポストではなかった。しかしいずれにせよ、鈴木にしてみれば、三年九ヵ月におよぶ海軍省勤務からやっと解放されるという、すがすがしい気持ちであったのである。

第一次世界大戦末期の一九一八(大正七)年三月から七月にかけて、鈴木司令官の率いる練習艦隊は、北米および南洋への遠洋航海にでた。前年一一月に海軍兵学校を卒業した、第四五期生を引き連れての航海であった。四五期には富岡定俊(のち軍令部第一部長)、岡田為次(のち翔鶴艦長・第四南遣艦隊参謀長)、中村勝平(のち支那方面艦隊参謀副長・大本営参謀)、古村啓蔵(のち武蔵艦長・第二水雷戦隊司令官)、森下信衛(のち大和艦長・第二艦隊参謀長)などが属し、のちに日中戦争から太平洋戦争の時期にかけて活躍する世代であった。

練習艦隊は、訪問先のいたる所で大歓迎を受けたが、アメリカにおいては当時さかんに日米戦争論が取りざたされていた。そうした空気のなか、鈴木はサンフランシスコ市の歓迎会の席上、日米戦争は「やってはならぬ」「太平洋は太平の海で神がトレードのために置かれたもので、これを軍隊輸送に使ったなら両国ともに天罰を受けるだろう」とテーブル・スピーチをし、大きな喝采を浴びた。「日本人は平和を愛好する国民だから……敵から挑戦されて止むを得ずやる」[40]ことはありうるが、あくまでも太平洋を平和の海とする日米不戦こそが、鈴木の願いであったのである。

一九一八(大正七)年一二月、鈴木は江田島にある海軍兵学校長となり、学校長としての立場から、引きつづき将来の海軍を担う人材の育成に努めることになった。鈴木は日々学生と接するなかで、とくに彼らの日本歴史に関する知識の欠乏を痛感し、学生の精神を作興するためには歴史教育と武士道教育が必要と考え、力をいれた。

さらに徳育を重視し、「足るを知るものは富む」（分に安んじて満足できるものは、たとえ貧しくても精神的には貧しくない）と、『老子』の教えを学生たちに説いた。また「鉄拳によってしか部下を心服させ指導しえない士官は、士官たるの資格はない」[41]という考えから、鉄拳制裁を厳禁した。

こうした鈴木の指導方針は、当時の滔々たる大正デモクラシーの流れのなかにあって、軍人としての核となる素養と心構えとをしっかりと会得させるとともに、ゆくゆくは将校になる者として「温情」と「理知」にもとづく部下との交わりを求めたものといえる。それはまた、鈴木が常日頃から実践していることでもあった。

そして鈴木は軍人の本分として、「軍人は軍人で、御勅諭のままに専心本分を尽くして行くばかりで他の問題には頭をまげない。軍人が政治問題などに頭を突っ込むのは二心を抱くようなもの」と説き、「縁の下の力持ちで、至誠もって君恩に報い奉るばかり……国家の防衛に任ずる職務は日本建国の歴史を永遠に伝えるところの重大な職責で、政治などという権力の一時的な争奪などということとはちがい、はるかに高尚な重大な任務があるのであるから、一心不乱に軍人としての本務に邁進しなければならん」[42]と、専心軍務に精励することを学生たちに求めたのであった。

当時は、軍人にも幅広い常識と知識とが必要であると高唱されはじめていた時代であり[43]、若いころからよく読書をしていた鈴木も、その点について異論があるわけではなかった。ただそれが、「政治の世界」への過度の関心に向かうことを危惧していたといえよう。鈴木自身が厳しくその身を律してきたように、軍人はあくまでも軍人勅諭、とりわけ「軍人は政治に干与すべからず」という精神を大切にして、「政治の世界」とは一線を画し、軍事専門職としての自負をもち、軍務に精励することを要求したのである。

一九二〇（大正九）年一二月、二年間におよぶ江田島生活に別れを告げ、鈴木は初めての親補職となる第二艦隊司令長官に補せられた。第一艦隊の司令長官は、海兵で一期上の栃内曾次郎大将であった。

一九二一年一二月には第三艦隊司令長官に転じた。摂政となったばかりの皇太子裕仁親王が、摂政宮としておこなう初めての親補式に鈴木は臨んだ。侍立《じりつ》したのは、これまた就任したばかりの高橋是清首相（暗殺された原敬首相の後継）であった。なお、そのころ開催されたワシントン海軍軍縮会議の結果にたいしては、艦隊を預かる現場の司令官としては、不満であった。

一九二二年七月、皇太子の北海道行啓があり、お召艦に第三艦隊の日向が選ばれた。そのため、鈴木は行啓に随伴することになった。船のなかでは、鈴木がいつもお相手を仰せつかり、親しく皇太子と接する機会をもつことになった。鈴木にとっては、大変光栄なことであった。

その北海道行啓随伴のお役目が終了した直後の七月下旬、鈴木は呉鎮守府司令長官に転出した。第二艦隊、第三艦隊の司令長官時代には、「海軍の力のあるのは艦隊の実力のあることである、艦隊の訓練が基である」[44]との信念から、艦隊訓練に力を入れた鈴木であったが、江田島に近い呉の地に赴任することになったのである。そして翌一九二三年八月には、ついに海軍大将に進級している。

呉時代の大きな出来事としては、一九二三年九月に起きた関東大震災への対処がある。震災による通信の不具合のため、海軍中央との連絡がなかなか取れないなか、鈴木は東京救援の必要性をいち早く認識した。そして「中央の命令を待っていたのではいつ来るか判らない、これは呉鎮守府司令長官として独断専行するよりほかはない」との判断の下、ただちに呉に停泊していた各艦の艦長に出港準備を命じ、鎮守府所蔵の食料や衣料品などを積んで救援に向かわせたのである。

本来であれば、海軍倉庫にある物品は、海軍大臣の指示がなければだせないことになっており、勝手に長官が命令するのは法規違反になる事案であったが、鈴木は「司令長官が全責任を負」うという断固たる決心の下、迅速な救援措置を取ったのである。この鈴木の行為はのちに「機宜の処置」として認められ、幸いにもお咎めを受けることはなかった[45]。

なお一九二二年六月に、高橋内閣瓦解の後を受けて、海相であった加藤友三郎が新たに内閣を組織することになり、そのまま海相を兼務した。しかし、職務を兼ねることはあまりにも多忙であったため、専任の海軍大臣をおくことになり、翌年春に鈴木に白羽の矢が立った。しかし彼は、「戦争することだけは専心努力して来たが、政治的のことは嫌いなんだから、せっかくですがとお断りした」のである。その返事を聞いた加藤は、「鈴木はそういうだろうな」[46]と笑いながら答えたという。海相には結局、財部彪が就任した。

ところで、艦隊の司令長官を二つやり、呉鎮守府司令長官をも務め、大将にまで昇進できた鈴木にしてみれば、もうそろそろ「お役ご免になってもいい頃」と思っていた矢先の一九二四(大正一三)年一月、はからずも第一艦隊司令長官兼連合艦隊司令長官の職を仰せつかることになった。竹下勇大将の後任であり、鈴木に代わって竹下が呉鎮守府司令長官に転ずるという人事であった。

鈴木としては、まったく予期しない人事であった。後年彼は、「竹下君は私の下級であるし、もはや私がそこへ行く途はないわけであるが、どうした都合であったか、まあ運でしょうか。この位置こそは海軍軍人として兼ねて望んでもかち得られぬ最も光栄の位置であったから、私はこの位置につくことを意外に思いました」[47]と述懐している。

まさに地位に執着しない鈴木の、偽りのない心境であったといえよう。いずれにせよ純武人タイプの鈴木にとっては、第一艦隊司令長官兼連合艦隊司令長官の職こそが「海軍軍人最高の栄位」で、海軍大臣以上の重みをもつポストであったのであり、それだけに望外の喜びであったのである(第二艦隊の司令長官は加藤寛治中将)。

鈴木は司令長官としての責任を、司令長官は「自分の眼で見て即座に命令を下さねば間に合わぬ。この点は海軍と陸軍はたいそう違うところで、陸軍は自分で見ることができないから人に聞かねば判らぬが、海軍では自分が最も困難な時においていつも先頭に立って命令を下す」[48]ことと述べている。

こうした鈴木の現場主義のスタイル、すなわち他の者の報告をうのみにせず、実際に自分の目で見て確認するというやり方は、とくに日露戦後の明石座礁事故以来、彼が常に心がけ実践してきたものであったが、全艦艇の最高の司令長官となることで、あらためて自己の責任の重さを痛感し、再認識していたのである。

鈴木の長官在職時は、ワシントン海軍軍縮条約の締結を受けて戦艦などの主力艦に制限が加えられる一方、一九二三年には第一次世界大戦後の情勢変化を踏まえて帝国国防方針が改定され、アメリカが第一の仮想敵国となった時期にあたる。そして国内にあっては、政党が政治の中心に座り、陸海軍ともに軍事費の削減を求められていたときでもあった。

こうした状況下において海軍では、「たとえ軍備に制限があっても、訓練に制限はない」という考えから猛訓練を積み重ねていたのであり、一九二四年には対米作戦を重要な研究課題とする大演習をおこなうなど、鈴木も司令長官としてそうした猛訓練を指導したのであった。

なお憲政会の加藤高明が内閣総理大臣となり、海軍の進級会議で集まった各司令長官を総理大臣官邸に招待した際、鈴木はお礼の挨拶として、「日本艦隊はいついづれの国に対しても、それを防禦し得る十分の力があるからご安心ください」[49]と力強い答礼をしたが、日頃の訓練の成果が、鈴木にそうした自信をもたせていたのである。

一九二四(大正一三)年一二月、鈴木はいったん軍事参議官となったのち、ただちに翌一九二五年四月、天皇の幕僚長として海軍の作戦用兵をつかさどる海軍軍令部長に就任した。純武人タイプとしては、海上ポストの最高峰である連合艦隊司令長官につづき、ついに陸上勤務の最高ポストにまで昇りつめたのである。次長には斎藤七五郎中将(のち野村吉三郎、末次信正)、一班長は鳥巣玉樹少将(のち原敢二郎、百武源吾)、二班長に安東昌喬少将(のち鳥巣玉樹の兼務、高橋三吉、浜野英次郎、松山茂)、三班長に中村良三少将(のち米内光政、河野薫吾)という軍令部の陣容であった。

こうして約三年九ヵ月の長きにわたり、鈴木は海軍軍令部長の要職にあって、大正から昭和へと時代が移り変わるなかで、財部彪海相や後任の岡田啓介海相とともに、海軍のかじ取りを担うことになった。英米艦隊にたいする守勢方針を軸とする年度作戦計画を作成し、天皇の上奏裁可をえたほか、行財政改革が求められるなかでの代艦建造予算の獲得などで、大きな実績をあげた。

また一九二八(昭和三)年に再開された中国国民政府の蒋介石による北伐にあたり、当時の田中義一内閣が山海関に一個師団を上陸させようとした際には、つぎのようなエピソードが残っている。すなわち、軍令部としては、その閣議決定の是非は論じえないが、決定となれば中国駐在兵力の増加に関する欧米列強との内約に抵触するので、英米との戦争をも覚悟しなければならず、その場合にはその備えとしての艦艇整備等のための軍事費の即時支出が必要になると正論を主張し、結果として出兵を中止に導くことになったのである。

さらに万が一の戦争に際して陸海軍の連合作戦が円滑に進められるよう、日頃から陸軍の参謀本部とも親交をはかり、お互いの意志の疎通にも大いに努めた。参謀総長(当時の河合操、鈴木壮六はいずれも古くからの知己)との腹蔵ない意見交換をはじめ、参謀本部・軍令部の懇親会や相撲見物の開催など、鈴木はそうした両者の交流を「明朗に大ぴらに」やり、「従来あった待合本位のひそひそ話の悪例をさけるように努め」[50]たが、それはいかにも公明正大を旨とする鈴木らしいやり方であったのである。
そうしたなか、一九二七年秋に海軍大演習が催され、即位したばかりの昭和天皇が演習を統裁した。鈴木はその幕僚長として、ともにお召艦比叡に乗り組み、終日そのお側にあった。鈴木は、大演習の最後におこなわれた青軍、赤軍両軍主力の激突時の昭和天皇の様子を、つぎのように述べている[51]。

夜明け前でした。陛下はいち早くご起床になり、暗いうちに艦橋にお立ちになる。……早朝なのでお付きの牧野内大臣も一木宮内大臣もその他の侍従もだれもブリッジへは見えなかった。私は幕僚長なのでお供していたが、……戦いの初期から最終までもれなく、陛下がご観察になったことは誠に有難く感激に堪えなかった。……連絡の視察をズーッと通して遊ばしたのは、ただ陛下お一人だけ、ご熱心に演習をご指導になったことは感激するのみである。

さらに後年、昭和天皇の侍従長となった鈴木は、そのきっかけがこの時の海軍大演習にあったのではないかと述懐している[52]。

その時に私は数日お伴を申し上げ、陛下もご遠慮なしに船の中でご活動なされた。この時私が他日侍従長になる多少のご因縁になったのかも知れんと、これは私の一存ですが密かに思い浮かべることなのです。

かくして鈴木は一九二九(昭和四)年一月二二日、海軍兵学校入学以来四四年五ヵ月におよぶ海軍生活に別れを告げ、昭和天皇の侍従長というまったく未知の世界に飛び込むことになったのである。ときに六一歳の誕生日を迎えた直後のことであった。

おわりに——鈴木貫太郎の人とリーダーシップ

これまで、主として海軍軍人としての鈴木貫太郎について簡単に触れてきた。非薩摩閥にもかかわらず、その軍人としての半生は、大いに功成り名を遂げた人生であった。その半生を振り返るとき、「正直」「学問」「気骨」「筋をとおす」「頑固」「媚びない」「強い職責観念」「至誠奉公」「献身」「修養」「克己」「徳義」「不言実行」「質実剛健」「勇猛果敢」「粘り強さ」「無私」「ポストに執着しない」「職人気質」「現場主義」「公明正大」「正攻法」、そして「武士道」「政治嫌い」など、いくつものキーワードをすぐに思い浮かべることができる。

それらをリーダーシップという観点から簡単な文章にしてみると、鈴木貫太郎は、「設定した目標・課題の実現に向けて、正攻法で粘り強く努力するタイプ、ときには独断専行的に行動する、それが鈴木流のリーダーシップを支える仕事のスタイル」、さらに「軍人としてのすぐれたリーダーシップとバランス感覚に秀でた能吏、沈着冷静な判断力と豪胆な決断力とを併せもつ軍人」として、おおよそ思い描くことができよう。

ところで、もともと官僚は法律・規則に則った発想、つまり権限内で何ができて何ができないかを判断するものであるが、その点では鈴木貫太郎も、軍事官僚として職務に則ったすぐれた行政能力を発揮したといえる。それは一面では「足るを知る」、すなわち分をわきまえる精神に通じるものであり、鈴木の禁欲さの基底には、そうした精神が流れていたのである。

また閥外にあって、藩閥的なものに価値をみいだしたり擦り寄ろうとするわけでもなく、昇任・昇進上のある種のハンディや不満は「足るを知る」精神や、海軍という組織、さらには国家・天皇というより上位の価値への至誠奉公・献身によって精神的に安定させていたといえる。

もちろん海兵・海大出として海軍内における相応の立身出世を望まないわけではなかったが、前述した精神や派閥関係などもあり、権力や地位に固執しない禁欲さ・恬淡さが養われ（もちろん両親の教えや性格的にもその素質はあったものと思われる）、まずは職務を公正無私に着実に遂行し発展させることに、軍人としてのより大きな価値をみいだしていたものと思われる。

いわば派手さはないが、じつに堅実な信頼できる仕事人であり、かつ戦時にあってはきわめて剛直で勇猛果敢な軍人らしい軍人であったのである。そして、そうした海軍・国家・天皇への忠誠心と、無私でまっすぐな精神をもつ古武士的な職人気質の人物であるということが、鈴木にたいする大きな信頼感の基になっていたといいえる。

さらに軍人・将校が一般の官僚と異なるのは、常に戦時を想定していることであり、戦場・現場での的確な状況判断と瞬時の決断が求められる存在であるということであろう。また軍人には、状況に応じた独断専行も認められており、以上の意味において、将校には強いリーダーシップと冷静な判断力、腰の据わった胆力、決断にともなう責任を引き受けるだけの気概とがとくに求められているのであり、そこが文官のたんなる能吏とは異なるところといえる。

水雷艇の艇長から軍艦の艦長を経て連合艦隊司令長官にまで昇りつめた豊富な海上勤務の経験、そして練習艦隊の艦長、司令官、海軍兵学校長として携わった軍人教育の経験、さらに海軍中央の一官僚から海軍次官・海軍軍令部長までをもこなした軍政と軍令にまたがる幅広い行政実務の経験など、鈴木は海軍軍人として、実に多くの経験を積んできたのであり、その意味で先に触れた判断力、決断力、胆力、責任感、気概などを十二分に兼ね備えた軍人であったのである。

潔く堂々と大道を歩く、まさに古武士的な軍人であり、また危機や非常時に際して的確なリーダーシップのとれる人物であった。そうした人間関係のしがらみのない、まっすぐな精神をもつ大人とした古武士的な風格が、鈴木貫太郎への大いなる信頼感を生み、それが彼をして昭和天皇の側近へと導き、やがては非常時の宰相にと請われる所以となったのである。

第Ⅱ部

危機の時代

——岐路に立つ指導者たち

第6章　宇垣一成待望論の実相

戸部良一
TOBE Ryoichi

はじめに

宇垣一成は本来、軍事指導者である。一九二四年に陸軍大臣に就任して以降、五つの内閣で陸相を務め、陸相在任期間は通算五年におよぶ。長州閥が凋落した後の陸軍に宇垣時代を築き、四個師団を廃止する宇垣軍縮を成し遂げた。

その業績と陸軍内での指導力を買われ、やがて宇垣は政治指導者としての役割を期待されるようになる。一九三一年、予備役となり朝鮮総督に就任すると、以前の臨時総督代理と合わせ約六年にわたる植民地統治の経験を積んだ。その間、政変が起こるたびに宇垣は首相候補の一人と目され、「政界の惑星」と呼ばれた。宇垣自身、旺盛な権力欲を隠そうとしなかった。

なぜ、宇垣はそれほどまでに指導者として期待を集めたのだろうか。当時の人々は、宇垣のどこに指導者としての資質を認め、何に望みを託したのか。期待すべき指導者を語るとき、なぜ宇垣でなければならなかったのか。こうした問いは、当時の日本人がどのようなリーダーを望んだのかという問題を解明する手がかりともなるだろう。

本章は、主として一九三〇年代のマス・メディアで採り上げられた宇垣待望論を通し、当時の日本人が求めた指導者像を抽出することを目的とする。

1 軍人政治家として

宇垣が政治指導者として期待されるようになった最大の理由は陸相時代の軍縮を中心とした実績にある。困難を極める陸軍の軍縮を成し遂げた彼のリーダーシップに、一般社会に通じる指導者としての資質が認められたと言えよう。たとえば鶴見祐輔は、軍人時代の宇垣について次のように論じている。

日本はいま、経済上社会上の過渡期に立つてゐる。その急激に来た変化に戸惑ひして、大勢の国民が精神的に非常な不安を感じてゐる。それがそのまゝ写真のやうに出てゐるのが、今日の畸形的な政状だ。さうゆう時に大勢の人が、暗中に模索するやうに求めるのは、頼りになる人物、どつしりとして動かない男だ。それに丁度誂へたやうに出来上つてゐるのが、宇垣一成といふ人の風貌だ。会つての感じだ。今までの仕事ぶりだ。／そこで何時ともなしに、宇垣だ、宇垣だ、といふ評判が出てきて、インキが吸取紙に拡がるやうに、日本中にひろがつていつたのだ。／それは今日の日本の政界が、いかにも人材払底だからだ。今まで国民の嘱望してゐた人が、或は死し、或は老いて、世間視聴の外に没してゆくと、後に残つた僅かばかりの人々が、夕方の星のやうに、急にきらきら光り出すのだ。／そのひとつの星が宇垣一成氏だ。[1]

鶴見が急激な社会・経済的変化とそれに伴う不安定な政情、宇垣の実力と政界の人材払底にその要因を求めて一般大衆レベルの宇垣待望論を説明したとすれば、ほぼ同じ時期に、政界から湧きあがった宇垣待望論もある。政界では「新時代の軍人政治家」として宇垣を担ごうとした者が少なくない。宇垣は政友会にも民政党にも、さらには政党以外の勢力にも受けがよい。彼は「この雄大な政治的潜勢力」をどのように行使するだろうか。「サーベルにしては、珍らしく大きな謎を持つ男だ」[2]。

後に読売新聞の社長を務める馬場恒吾も政界の宇垣待望論について語っている。「陸軍大臣宇垣一成は今の政界に於ける問題の人物になつてゐる、各方面の政客が彼れが門に出入りする。其中の或る者は彼れを将来の総理大臣に担ぎ上げんとする、其間に立つて彼れは一体どうしてゐるか、どうしやうとしてゐるか、それが皆んなの知り度いと思つて居る所である」[3]。さらに、宇垣が現役を引退した後の論評だが、陸相時代の宇垣について、荒木武行《ぶこう》はその政治的存在感を次のように描写している。「誰かゞ『宇垣は今にヒンデンブルグになる』と云つたものだつた。彼が単なる軍人ではなく、まるで政治家だ、と云ふ評判が高くなつた頃の『宇垣景気』と、云ふものは素晴らしいものであつた。宇垣時代が来た観があつた。内閣なども彼の考へ一ツで潰れもすれば興りもすると思はれた」[4]。

ただし、これだけ待望論ないしその傾向が語られながら、宇垣の指導者としての資質を論じたものはあまりない。鶴見が、「彼[宇垣]は日本民族が、今殆んど無意識に要求してゐる三つのものを持つてゐる」として、その三つを「勇気・実行力」「頭脳」「包容力」に要約しているくらいである[5]。

荒木武行は、宇垣の「人気」の理由として、「彼の風貌から受ける鋼鉄の如な感じ」と「政治家肌の機略」

と「金を撒じた」ことを挙げ、さらに元老西園寺公望の宇垣に対する信頼を指摘している[6]。風貌と、金と、西園寺の支持は、宇垣の「人気」の源泉、あるいは政治的資産としてしばしば言及されることになる。注目されるのは、宇垣が政治指導者に転じた場合のリスクとも言うべき点が、すでにこの時点で示唆されていることだろう。この点を鋭く指摘しているのは、やはり鶴見祐輔である。彼は以下のように論じている。

然るに彼は一面、非常に有利な地位に居るやうで、また他面非常に危険な地位に居る。その一つは、彼が評判がよ過ぎるといふことである。……民政党によく、政友会にも悪くなく、元老にもよく、貴族院にも同情者多く、財界に後援者がある。……その結果は、自重してどちら付かずに居るうちに時機が去つてしまふ。……うつかりすると、自重して万全を策してゐるうちに好機が去つて、彼よりも若い人の舞台に転換してゆかないとも限らない。[7]

彼は欠点の少ない人間だ。それは往々にして、平凡に堕し易い。民衆は超凡を渇仰する。玄人は地味な平凡を好む。……今のところでは、宇垣氏は玄人の評判で出さうな模様だ。ところが民衆政治の時代は、少数の玄人だけの思ふやうにはゆかない。どうしても大向の人気が必要だ。この欠陥を宇垣氏はどうして補はうとするのか。[8]

要するに、政治指導者として安定した支持基盤を構築しようとすれば、とくに相互に対立する勢力から支持を得ようとすると、どうしても時機を逸したり、あるいは立場や主張が不鮮明となってしまったりする。また、政治家や官僚など政治のプロに評価されるには政治の「常識」の持ち主であることが必要だが、「民衆政治」にあっては、民衆あるいは世論の支持を得るために、「常識」を超えたパフォーマンスが求められる。この点は、馬場恒吾も、「現在の日本は政党政治に依つて支配されてゐる。政党政治は較々ともすれば民衆に迎合し、輿論に付和雷同する政治である。それは宇垣の性情とは余りに行き方が違う」と指摘しているところであった[9]。

2 「政界の惑星」の軌跡

上述したように、予備役に編入され朝鮮総督に就任した宇垣は、政変が起きるとつねに首相候補に挙げられ、「政界の惑星」と呼ばれた。ただし、「政界の惑星」と呼ばれたのは宇垣だけではない。たとえば政治評論家の御手洗辰雄は宇垣、平沼騏一郎、安達謙蔵の三人を、東京日日新聞の主筆を務めたジャーナリスト阿部眞之助は宇垣、平沼、鈴木喜三郎の三人を、黒旋風というペンネームの時評家は宇垣、平沼、安達、床次竹二郎、久原房之助の五人を「政界の惑星」としている[10]。これら六人のうち、実際に首相になったのは平沼だけで、あとの五人は結局「惑星」に終始したが、三人の評論家が挙げた「惑星」の中に平沼と宇垣が共通して入っていることに、ここでは注目しておきたい。

満洲事変直後の宇垣人気を示す論評を紹介しよう。たとえば評論家の斎藤貢は、「ブル[ブルジョワ]政界での第一の人気男宇垣一成は朝鮮総督となつて人気は正に百二十パーセントである」とし、かつて幅をきかせた陸軍大将の肩書きが今やハンディキャップとなった「軍閥逆境時代」を、「宇垣はうまうまと漕ぎ抜けて行くだけの手腕力量と識見がある」と述べる。斎藤は宇垣を「恒にサムシングを抱かせる男である」と評している[11]。御手洗辰雄は、西園寺が宇垣に「総理の折紙をつけたとの噂」に注目し、「頭は良し、度胸はあり、人物もまた立派、無論現在の政界では第一流の首相級人物に違ひない」と論じている[12]。

宇垣の人気が高まり彼が首相候補と目されたのは、満洲事変の過程で五・一五事件により犬養毅内閣が崩壊した後、政党内閣への復帰が困難とされたからである。御手洗によれば、「日本の非常時風景が続く限り憲政常道への復帰はちょっとまだ難しい」と判断され、こうした状況下で最も可能性の高い首相後継者として考えられるのは平沼と宇垣だが、「宇垣、平沼の順位の方が、より現実的であり、常識的だ」とされた[13]。

政党内閣への復帰が困難なのは、政党に有力なリーダーがいないことに理由の一つがあった。阿部眞之助は「昨今の政党首領の不作」を強調し、鈴木喜三郎（政友会総裁）も町田忠治（民政党総裁）も「御粗末を極めたもの」であるので「党首のスゲ替へを思ふものは、一応誰しも、宇垣推戴《すいたい》を考へつくものらしい」と皮肉り、「これは、夫《そ》れ程《ほど》宇垣が偉いと解するより、それ程現在の政党総裁が低劣だと解するを至当とする」と述べている[14]。政党内閣の凋落と政党指導者の不在とが、宇垣待望論を強めたのである。

宇垣への期待は、彼が朝鮮総督をソツなくこなした事実にも支えられていた。朝鮮総督の統治実績が、政治指導者としてのテストに合格した証だと見なされたのである。ある評論家は、宇垣の朝鮮総督赴任後、「朝鮮の山は青く、田は黄色くなつた。だから鮮人間の評判もよい。之等は皆彼の政治家たるの資格を語るものである」と述べ、かつて寺内正毅も斎藤実《まこと》も朝鮮の統治を担当した後に首相となったわけだから、「宇垣の前途光明なしとは誰も言はれまい」と指摘している[15]。

統治の実績に加え、幅広い支持基盤があると見られたことも宇垣に対する期待を高めた一因である。佐々弘雄は次のように観察している。宇垣の政界への勢力は、民政党、政友会、さらには国民同盟の一部にも及んでいる。元老や牧野伸顕など重臣筋の覚えもよく、大阪実業界方面からも少なからぬ期待を持たれている。無産政党や転向派にも連絡があり、浪人政客にも支持があるから、「相当広汎に亘《わた》る勢力圏」が構築され、「その扶殖《ふしょく》せる地盤は相当の範囲に及ぶ」[16]。

このように期待と人気と支持が高かったにもかかわらず、しばらくの間、宇垣は「惑星」にとどまり続けた。政変のたびに次期首相候補者とされながら、首相の声がかかることはなかった。こうした事情を馬場恒吾は、過去数年間、政界上層部が「何にもしない総理大臣」を求めており、「斎藤［実］がスロー・モーション、岡田［啓介］がノー・モーションと云ふのはこの空気の要求する理想的な態度であつた」、これに対して「宇垣は総理大臣になれば何かするであらうと思はれた」、つまり「何かをすれば危険だ」と思われたことが、宇垣に首相の声がかからなかった理由であると分析している[17]。

宇垣が危険視されたのは、その支持層の広さに問題があった。広範な支持層の中には、現状変革を目指す、いわゆる革新勢力も含まれていた。これに対抗する現状維持勢力の間では、政権を握った宇垣が革新勢力をバックにして急進的な政策をとる可能性が警戒された。また、陸軍の中堅幹部が画策した軍事クーデター、三月事件との関わりも宇垣を危険視する見方に関係していただろう。陸相時代の一九三一年三月に予定されたクーデター計画に一旦は同意を示しておきながら、その後、政党総裁に担がれる可能性が出てくると、これを否定し裏切ったという噂が広がっていた。この噂自体が問題だったうえに、陸軍が三月事件への関わりを理由として宇垣排斥を主張していた。

しかしながら、やがて現状維持勢力の間では宇垣を危険視する傾向が後退していく。佐々は、宇垣擁立を図る運動の共通点として、「①統制方針の徹底。②満洲建設についての資本家の協力を可能にし且つ速進すること。③対連盟、対列強強硬外交の緩和。④ファッショ団体運動の抑制。⑤議会政治擁護、政党復活の方策」の五つを挙げ、これらは「中間層急進運動の抑圧」を目指す「政界、財界、官界の一般的空気を表現するものである」と分析した[18]。

佐々とは対極的な立場から、同じ結論に到達した論者もいた。この論者は、宇垣内閣が登場したならば「対満政策に就いては、資本家との提携協力を積極的に行ふであらうことが考へられるし、外交方針は軟化し、ファツショ団体運動の弾圧、議会政治の擁護、政党政治の復活等が予想される。現在の政界、官界一般の空気を代表した政治の確立を見るであらう」と予想し、警鐘を鳴らした[19]。

現状維持勢力が宇垣に最も強く期待したのは、満洲事変以降、政治的影響力を大きく高めた軍部を抑えることであった。陸軍部内の抵抗を排して軍縮を実現した宇垣ならば、軍部を何とか抑制できるはずだと考えられたのである。佐々が挙げた「統制方針の徹底」とは、軍部に対する統制を意味していた。岩淵辰雄は、「宇垣に対する期待は、つまり宇垣ならば、政治的手腕もあり、軍部に対しても貫禄を持つてゐる。衰へたりと雖も、未だ部内に相当の支援を有してゐるから、彼ならば…………〔伏字〕、非常時を平時に帰すことが出来るだらうと云ふ所にある」と述べている[20]。また、馬場恒吾によれば、宇垣が政界の評判になる理由は、「彼れならば軍の統制を行ひ得ると期待されたからである」とされている[21]。

三月事件についても、少なくとも現状維持勢力の間では、事件との無関係を弁じた宇垣の説明が受け容れられていった。三月事件への関わりを理由として宇垣の登場を喜ばないのは陸軍であったから、それゆえかえって、陸軍を抑えるために宇垣を擁立しなければならないと考えられることになった。御手洗は、宇垣の「政界入りに大きな敵が控へてゐる。死争も敢て辞せずといふ凄い相手である。而もそれが彼れの本城たるべき××だから意外ではないか」と述べたが、この「××」が陸軍ないし軍部であることは明らかだろう。御手洗は、「この××の強行軍を抑へ得る者は、平沼でなく、政党でもなく、宇垣ならばといふのである。……このまゝ過せば恐るべき不治の重症たるべき情勢さへ見えるに至り、宇垣ならば斎藤より力もあり押しも利くといふ観察も行はれはじめた」と指摘している[22]。

一方、宇垣への期待が高まるにつれ、彼に対する批判が強まることも避けられなかった。もともと宇垣については、その自信過剰や権力欲を批判する声があった。そうしたなかで宇垣の人格を激しく批判したのは阿部眞之助である。阿部は新聞記者時代に宇垣と何らかの悶着があったらしく、その批判はきわめて辛辣であった。阿部は、宇垣という人物の「複雑性」を、「投げやりに見せて、細心であり、豪傑を気取つて、神経質であり、温情家の如くして、エゴイストであり、見え坊で、気取屋で、人一倍功名心に燃えてる癖に、無頓着で、平民的で、枯淡の風格の持主であるかの如く、振舞つたりする。一口には、「喰えない男」といふに尽きやう」と描写し、「試みに、宇垣に、鶴見祐輔の首を置き替へたなら、彼の政治的価格は半減することでもあらう。詐欺師が詐欺の看板を担いでゐては、商売にならないと、同様だからである」と、宇垣のシンパである鶴見をも一緒くたにして批判した[23]。

阿部の批判には、やや悪意がにじんでいる。ただし、その批判には一面の真理も含まれていた。まず、彼が批判する宇垣の性格の「複雑性」「喰えなさ」は、宇垣を有力な首相候補者とする主要な理由であった。阿部は言う。もし「次の内閣が、絶対的に政党的のものであれば、勿論宇垣は問題にならない。同様に、それが絶対的に非政党的のものであれば、宇垣は候補者たる資格を持たないものである。ところが昨今の政界は、政党のものとも、非政党のものとも、力の分野が明瞭でないので、宇垣のやうな、どつち附かずの存在が、有力視される所以なのであらう」[24]。

阿部は、宇垣の「複雑性」あるいは曖昧さ、二面性が彼を「有力視」させる理由だと指摘したが、それは同時に阿部が厳しく批判するところでもあった。

われ等は、宇垣が政治的野心を持つて、様々の政治的行動を採りつゝあるのを、目にし耳にするのであるが、どんな政治をやるかについては、噂話にも聞いたことがないのである。／……彼がある機会に云つたことがある。「何事をやるにも確信を持たねばならぬ。確信は力だ。政治も、確信さへあれば、立派にやつて行かれるものだ」と。それはその通りであるが、確信は無方策からは生じない。無策から生じた確信は、確信でなくつて誇大妄想だ。でなければ、世間を胡麻化す、インチキ精神である。[25]

宇垣の主張あるいは政治的立場については、かねてから、その曖昧さを指摘する声があった。たとえば、宇垣内閣がありうるとすれば、民政党総裁としての場合と「所謂ファツショ内閣の主班としての場合」との二つがある[26]、といった見方がそうである。ほとんど相容れない対極的な可能性が示唆されたのである。宇垣の曖昧さは、彼の支持勢力の中に相互に対立する分子が含まれていることに起因していた。次のような見方は、その点をついたものと言えよう。「宇垣と雖も既成政党を引具して旧き議会主義の夢をもてあそぶことは許されない時代である。と云つて、宇垣その人に新しい革新思想と政策の鮮やかな血のしたゝるやうな生物の持ち合せがあるとも思へない。……宰相としての宇垣一成も、結局は現状維持勢力と躍進勢力との均衡のうへに立つて独占資本が操作する上からのファシズムの舵手を承るほかないであらう」[27]

宇垣の朝鮮総督時代に政務総監を務め、彼のブレーンとも言うべき今井田清徳は、同じことを別の角度から語っている。

大将を現状維持派の自由主義の最後の一人だと見るものもあるやうであるが、他の一面には、又非常に革新的な意見を持ちその思想はファツショであると云ふ向もある。／斯様に、同時に相反する見方があるのは、大将が一方に偏せられざることを物語るものであると共に、誰にでも会つて率直に話をせられる所から誤解も生ずるのではないかと云ふことが思ひ当るのである。／大将は大勢を達観する先見の明を以つて、中道を歩まるゝと云ふ行き方である。[28]

今井田の言う「中道」は曖昧さに通じた。「誤解」は宇垣があえて仕向けた結果かもしれなかった。曖昧さを批判するのは、阿部だけに限らなかった。革新勢力寄りの来間恭は、「現状維持か、改革か。――それは、宇垣に対する重臣連の疑問であると同時に軍部の革新派が、彼に抱く疑惑であり、更にまた、国民一般が彼に問はんとする課題でもある」と述べ、「陸軍部内に、宇垣を支持する分子があるのは、革新派の頭目としての宇垣を信じてゐるから」だが、「重臣や、政党方面に対しては、宇垣は現状維持派としての、自らを然るべく表現してゐる」と指摘し、「この巧みな、手さばきが、実際政治家としての彼の手腕であるかも知れぬ。事実、彼の有する広汎な勢力は、かかる手腕の賜物だらう」と、なかば揶揄《やゆ》気味に論じた。来間によれば、宇垣の曖昧さは、「政権が今一息といふところまで来てゐながらいつも、彼を素通りして去つてしまふ原因の一半」でもあった[29]。

一九三六年の二・二六事件の後、ようやく宇垣内閣の気運が高まっていく。ただし、このときもその性格については、対立する二つの可能性が予想された。岩淵辰雄は、「宇垣に与へられてゐる途は、いま、二・二六事件を契機として澎湃《ほうはい》として漲《みなぎ》つてゐる、所謂庶政一新の潮流に乗るべきか、議会政治、政党政治の復活に力点を置くべきかの二つにある。宇垣はその何れを選ぶかである。これまで政界、殊に政党が宇垣に望みを嘱したのは、宇垣が政党を理解し、議会政治の復活に努力するだらうと思ふからである」と論じた[30]。馬場恒吾も二つの可能性を認め、政党の頼りなさを慨嘆しながら、「宇垣が英雄であるか否かは知らないが、世間にはかれを英雄視するものが多い。平凡政治に倦いた国民は英雄政治に誘惑を感じ易い。英雄政治がファッショであつては考へものだが、政党に活を入れる意味の英雄政治ならば、何人も反対すまい」と[31]、宇垣が現状維持勢力の側で政党政治を改革することに期待を表明した。

一九三七年一月、ついに宇垣に組閣の大命が降下した。しかし、よく知られているように、陸軍の横槍によって宇垣は組閣を断念せざるをえなくなる。対立する勢力を支持基盤に抱え込もうとしてきた宇垣の鵺《ぬえ》的な曖昧さが、政治の表舞台への登場を遅らせ、最終的にはそこからの退場を余儀なくさせたと言えよう。それは、彼の支持者の鶴見祐輔がかつて憂慮したとおりであった。

3 同情論

宇垣に組閣の大命が降ったとき、メディアはこれをおおむね好感をもって迎えた。『東京朝日新聞』は、「組閣者が他の勢力に操らるゝ単なるロボットであつてはならぬことは勿論、矯激なる時勢の緩和剤的存在に止まり、矛盾衝突する各種勢力を調和するだけの役を果してゐたのでは、確固強力なる政治を行へないことは、前三代の内閣によつて国民が明かに経験したところである。……宇垣氏の如きは僅かに数へらるゝ首相級人物の一人たるをことを否めないのである」と論じ、『読売新聞』は「宇垣大将は従来屢々首相候補にあげられ、その閲歴手腕力量については既に定評のある所であり、難局打開の適格者として何人の脳裡にも描き出される候補者である」と述べた。また、『東京日日新聞』は、「宇垣氏こそ後継内閣の首班たるべき最適任者の一人といふを妨げないであらう」とまで持ち上げた[32]。

馬場恒吾によれば、政党も財界も、国民一般も宇垣内閣を歓迎した[33]。九州帝国大学教授を経て読売新聞論説委員となった石濱知行はメディアの宇垣支持に着目し、「一般言論のかゝる宇垣氏支持は、絶対的に宇垣内閣を歓迎するといふよりも、むしろそれによつて急進ファッショの実現を阻止せんとする相対的態度と評すべきであらう」と観察した[34]。結果的には、そうした宇垣支持のありようが内閣流産につながったのかもしれない。宇垣嫌いの阿部眞之助は次のように分析している。

これは私の想像であるが、宇垣が超然として、超然内閣を組織すべく志したのであれば、軍部の人々も、ああまで猛烈に、反撃を加へることはなかつたと思ふ。しかし宇垣は、……政党と深い因縁を持つて居るのであつて、彼が全政党の勢力を背景として立つた時、これに脅威を感ずるもの説明を要せずして明白だ。この意味で、宇垣がのるかそるかは、政党主義の関ヶ原だつたのである。然るに宇垣は、あのやうに、無惨の敗北を味はざるを得なかつた。これはまた、政党の敗北だつたのだ。[35]

阿部によれば、宇垣は「全政党の勢力を背景として」組閣を試みた。それは、馬場の表現を使えば、「急進ファッショの実現を阻止せんとする」とする試みであった。それゆえ「急進ファッショ」勢力と衝突し、宇垣の試みに「脅威を感ずるもの」＝軍部の妨害に直面したということになる。

宇垣内閣への期待が高かっただけに、それが流産すると、宇垣のもとには大きな同情が集まった。組閣の大命拝辞後の数日間だけで、四二〇〇通ほどの激励文が寄せられたという[36]。こうした傾向を見て、「人間宇垣への世間の同情は、宇垣内閣の出現を、二三年後に必ず具体化させずには置くまい」との観測を述べる評論家もあった[37]。

宇垣シンパの鶴見祐輔は、この同情を積極的にとらえ、失敗に終わった組閣工作のなかから「国民的指導者」としての宇垣が生まれたと論じた。鶴見は次のように述べている。「民衆は何日の時代に於ても、強いものを信ずる。太い線を引いて、明瞭な輪郭を描くものを信ずる。独逸の民衆がヒットラーに牽かれたのもそれであり、亜米利加の民衆がローズヴェルトに牽かれたのもそれである」。「何かしら新しい改革の途を切り開いて、せつぱ詰つた今日の生活苦から脱出したいといふ大衆の要望は、いづれかの日にある個人の姿を借りて、一個の指導者として結晶するのだ。／さういふものを、今日の大衆は求め探してゐる」。宇垣の前に開かれているのは、「この民衆の懐の中に入る道である」[38]。

鶴見は、宇垣が軍事指導者から植民地統治者を経て「国民的指導者」に生まれ変わろうとすることに展望を見出し、明確なヴィジョンを描いて国民を力強く指導するリーダーになりうると鼓舞した。これに対して岩淵辰雄は、「同情」の意味を取り違えるべきではないと説いた。岩淵は以下のように言う。宇垣内閣流産に対する輿論の同情は、まるで「民意宇垣に在り」と思わせるものがあった。しかし、宇垣や彼の支持者が、「国民の輿望我れに在り」と信じているとすれば、それは間違いであり、もう一度反省する必要がある。宇垣流産の本当の意味は、民意や輿望の所在ではなくて、「強いものゝ正体をハッキリと国民の前に指し示した」ことにこそある。宇垣自身、それに敗れて引き下がったのである、と[39]。

この岩淵の指摘は、一九三七年一〇月、近衛首相が内閣参議を設置したとき、宇垣がその一人に選任され、またぞろ宇垣内閣期待論が出てきことに対する警告であった。「強いものゝ正体」、すなわち陸軍中枢との関係がしっかり構築されない限り、あるいはその勢力を弱めない限り、国民指導者としての宇垣の復活は無理だと岩淵は示唆したのであった。

4 安堵と期待

支那事変（日中戦争）が勃発して、その長期化の様相が見えてきた頃、宇垣は内閣参議に起用された。内閣参議は、政府批判勢力になりうる有力者を取り込もうという思惑と、大臣候補者をプールして今後の内閣強化に備えようという目的をもって設置された。そして翌一九三八年五月、事変解決を目指した近衛首相は、外相、陸相、蔵相を更迭するという内閣の大改造に着手する。この改造により、宇垣は広田弘毅に代わって外務大臣に就任した。後藤新平以降では初となる外交畑以外からの専任外相であった。

参議、そして外相に就任した宇垣に対する期待と評価はかなり高い。たとえば、「宇垣の参議としての意見は、さすがに一時陸軍の大御所といはれたゞけに、戦略的にも要所を衝いてゐたと云はれる」と〔40〕、彼の戦略的判断力を高く評価する声があった。また、「未だに政界にも財界にも宇垣の出馬に期待してゐるものが少なくない。宇垣ならば、必ず何事か為すであらうと思つてゐる」と〔41〕、依然として漠たる期待もあった。杉山平助は、宇垣人気の理由として、以下の四点を挙げている。①「大局が見えるといふ期待」、②「あまり馬車馬的に突進して、却つて国家を誤るといふやうな憂ひは絶対にあるまい、といふ安堵」、③「決して現状に満足せず、必ず何等かの局面打開と改革を遂行するだけの閃きがあるだらうといふ期待」、④「自己の所信を行はんとするにあたり、それだけの力と、智慧と、情とを、兼ねあはせて具へてゐるであらうといふ彼の人物に対する信頼の念」〔42〕。安定感への「安堵」と改革への「期待」は、しばしば矛盾をはらみながら、つねに宇垣に寄せられてきたものであった。

宇垣に対する期待は彼の実務能力や政治能力の評価のほかに、政治のマンネリズム、「倦怠感」から脱却を求めるムードのせいだとする観察もあった。この観察によれば、日本国民は「政治の当局者に対して直ぐ飽きつぽくなるせいなのか、とかく内閣が少しでも長続きすると、それに対して一種の倦怠を覚えて来る傾向がないでもない」。したがって、国民が一時意外の感に打たれながら宇垣外相の登場を拍手喝采して歓迎したのも、それが「政治的倦怠症に陥つて居た世間の情勢に甘く投合したせいと考へられるのである」とされている[43]。

むろん、こうした安易なムードに投じた期待や人気だけだったのではない。事変解決の糸口すら見えなくなった事態に外交指導者としての能力発揮を期待する声も小さくなかった。野方頑という評論家は、「外相としては全くの未知数」の宇垣が、まだ何もやらないうちから好評をもって迎えられたのは、彼が「素人」だからだと指摘している。つまり、宇垣ならば外務省の因襲や情実に捉われないで、白紙の上に新しい計画を立て、「それを素人らしい率直さでぐいぐいと推し進めて行くであらう」と期待されたからである、と[44]。同じように外交評論家の清沢洌も、「日本は久し振りに外交を持つた。外交には素人である宇垣外相によつてである」、「廣田といふ外交界出身の専門家が、聡明ではあり、保身の術はあるが、歯がゆいほど勇気がなくて尻餅をついてゐた後を受けて、かれには確かに外交がある」と、宇垣外相への期待を語った。さらに清沢は、「宇垣外相の出足は確かにいゝ」と宇垣外交の船出に満足の意を表したのである[45]。

岩淵辰雄によれば、宇垣外相に期待されたのは、事変解決と外務省の人事刷新であった[46]。とくに重視されたのは後者である。「彼の外相就任によつて、霞ヶ関から欧米追随主義外交が一掃されるであらう」と期待されたからである[47]。先に紹介したように、宇垣に対しては「あまり馬車馬的に突進して、却つて国家を誤るといふやうな憂ひは絶対にあるまい、といふ安堵」と、「彼は決して現状に満足せず、必ず何等かの局面打開と改革を遂行するだけの閃きがあるだらうといふ期待」が寄せられた。しかし、こうした「安堵」と「期待」は必ずしも両立せず、むしろ矛盾・対立する場面が予想された。

かつて鶴見は、「民衆政治」のもとで政治の「玄人」の評価と「民衆」の期待とが、しばしば矛盾する可能性を指摘したが、外交についてもほぼ同じことが当てはまったのである。列国との協調を重視する「玄人」の現状維持勢力は宇垣に「安堵」したが、「民衆」を代表すると称した革新勢力は「期待」を語った。「安堵」と「期待」が交錯する焦点となったのは外務省人事であった。外務省人事刷新に対する革新勢力の典型的な期待は、「宇垣ならば、伝統と因習に固まつた霞ヶ関外交を清算することが出来るであらうし、欧米追随、和協主義の旧殻をぶち破つて、真に自主的な日本外交を展開することも出来るであらう。又、部内大臣では出来なかつた外務人事の大刷新を断行し、親英民主々義者の巣窟であつた外務省に清新潑剌たる空気を注入するに違ひないと考へられてゐた」という指摘に見ることができよう。「外務大臣宇垣に対する世上の好評」には、「歴代腰抜け外交への不満が反映して」いた[48]。

しかし、こうした期待はまもなく失望に変わった。「宇垣人事には、第一に幣原イズムの復活が指摘される。幣原イズムは、和協主義であり、保守主義であり、現状維持、親英民主々義である。霞ヶ関が従来腰抜け外交の罵声を浴びて来たのも、主として此の幣原イズムを清算出来ないところにあつた」と批判され[49]、また、「〔人事〕異動の蓋を開けて見たら、素人らしさのやり過ぎではなく、玄人流の平凡さに、先づ驚いた。……一向変り映へのせぬ異動に内心失望を禁じ得なかつたことは事実である。……宇垣の人事を以つて、日本の必然的方向に逆行するものだとの批評が勃りかけてゐる」とも評された[50]。

こうした失望や批判を、清沢洌は、「外務省は無論として、どこの省だつて、人事行政に弊害はあるが、行詰つてなどはゐない。これを行詰つてゐると感じ、宇垣外相がその辺に手をつけないことに失望してゐる者は『出世主義』の役人と、それから不思議に役人心理で物を考へたがる新聞記者だけである」とたしなめたが[51]、その言に耳を貸すものは少なかったようである。

その後、宇垣はほとんど見るべき実績を挙げることもなく、一九三八年九月末、突如外相を辞任してしまう。在任わずか四ヵ月に過ぎなかった。外務省による対中外交の一元化を求めていた宇垣が近衛首相の興亜院設置に抗議しての辞任とされたが、実際のところはよく分からないというのが一般的な印象であった。「宇垣には、その個人に勇断を与へ、その外側上下に冷静なる支持を求め、さうして難局を処理させて見たかつた」[52]と惜しむ声もなかったわけではないが、多くが辞職に批判的だったことは疑いない。「彼の辞職はその理由に於いて名分を欠き、その時期に於いて慎重を欠いてゐると云ふ点は衆評の一致してゐるところである」とされた。有馬頼寧農相は宇垣の辞職を「灯火管制中の火事」と評したという[53]。

元老西園寺は宇垣の外相起用に反対だったという。近い将来いずれ宇垣内閣に登場してもらわなければならないが、そのためには宇垣にこれ以上傷をつけてはならない。外務大臣は最も傷がつきやすいし、「傷がついたら再び使ひ物にはならぬ」というのが西園寺の判断であると推測されている[54]。事実、西園寺はほぼ同じことを秘書の原田熊雄に語っていた[55]。西園寺が懸念したとおり、傷ついた宇垣がその後、期待される政治指導者として復活することはなかったのである。

宇垣辞職の原因について、ある政治コラムニストはそれを「宇垣の信ずる所と、内閣の行き方と言ふものが根本的に違ふて居る事」に求めている。つまり、「宇垣は現実主義の政治家、従つて保守的色彩を抜け切れず、その政策は現状から飛躍する事は出来ん。堅実な政治家として西園寺の信任を博するのも、財界や政界に多年輿望を負ふて居るのもすべてこれがために外ならん。然るに、近衛内閣は、内政も外政も未曾有の大革新政策を行はねばならん運命にある」。近衛内閣の「大革新政策」は「時の勢、時局の圧力がさうさせて居る」ものであり、「宇垣が凡庸な政治家なら、この大勢に黙従して調子を合せた」だろうが、「宇垣は結局名利を撰ばず信ずる所に殉じた」[56]というのである。

もともと宇垣は、「現実主義」と「大革新政策」の交錯したところに自らの立場を位置づけようとしていた。だが最終的に彼が選んだのは「現実主義」であり、それが内閣流産をもたらし、外相辞任にもつながったのである。

おわりに

宇垣一成待望論をタイトルに掲げながら、本章で扱ったのは大部分が雑誌メディアに掲載された宇垣一成の人物論である。雑誌に掲載された宇垣論のすべてが宇垣待望論だったわけではない。宇垣論の少なからぬ部分は待望論の解説であった。また、阿部眞之助のように、言わば宇垣拒否論を展開した論者もあった。

にもかかわらず、本章で取り上げた宇垣論が、当時の人々はどのような政治指導者を求めていたのか、政治指導者に何を期待していたのか、を率直かつ雄弁に語っていることは明らかである。昭和戦前期の日本人が指導者を語る際に、宇垣と同じくらい、あるいは彼を上回る頻度で俎上にあげたのは、おそらく近衛文麿だろう。近衛は三度、首相となったが、宇垣は一度もなれなかった。

冒頭で述べたように、宇垣は通算五年陸相を務めた。陸相経験者が首相となった例は、宇垣以前に四例ある。山県有朋、桂太郎、寺内正毅、田中義一である。これだけでも、宇垣が首相候補者とされる理由は十分にあった。さらに、宇垣以前の朝鮮総督四人のうち、二人(寺内、斎藤実)は首相となった。この点でも、宇垣は首相候補者となる条件を備えていたと言える。

職歴上の資格だけではない。さらには、宇垣には軍縮実現という実績があった。朝鮮統治の成績は、抜群だったとは言えないまでも、少なくとも合格点は獲得した。軍政指導者として、植民地統治者として、宇垣は折り紙付きであった。

昭和戦前期に宇垣待望論が登場したのは、このような宇垣の能力や業績に対する高い評価とそれに基づく大きな期待があったからである。しかし、それだけではない。冒頭に紹介した鶴見祐輔の観察に示されているように、社会・経済の変化に伴う人心の動揺や、党利・党略の横行と見られた政情不安、さらに政界の人材払底が、宇垣への期待を強めた。部内の強力な抵抗を排して軍縮を成し遂げた宇垣の胆力、実行力、組織把握力が、強靭で新鮮な政治指導者としての魅力と受け取られた。

鶴見の観察によれば、宇垣に対する期待は、政治の「玄人」と「民衆」の双方から寄せられた。政治の「玄人」たる政党政治家は、二大政党の政友会と民政党のどちらも、宇垣を担いで政権の維持あるいは獲得を目指そうとした。元老や重臣の間でも、あるいは財界でも、三月事件にまつわる噂を気にしながら、宇垣の安定感あるリーダーシップに魅力を感じ、西園寺のように[57]、宇垣に一度、政権を取らせてみたいと考える者が少なくなかった。

一方、「民衆」の側では、政党政治の「倦怠」と「凡庸さ」からの脱却を宇垣に託した。それは「英雄待望論」に一脈通じるところがあり、澱んで不安な現状に変化を求めるものであった。現状からの変化を志向する点では、既成政党に挑戦していた無産政党も同じであり、これも宇垣支持勢力の一部であると見られた。急進的な「ファッショ」勢力さえ、宇垣による抜本的な変革を望んでいると観測された。宇垣に対して幅広い支持があるとされたことは、人々の宇垣に対する期待をさらに高めた。

しかしながら一般に広範な支持があるということは、確固とした支持基盤が不在であることを意味しがちである。しかも宇垣の場合、支持層の中に、現状維持と革新という相互に対立した勢力が含まれていた。対立する支持勢力をつなぎとめておくために、宇垣の立場や主張はことさら曖昧となった。阿部眞之助はしばしばそこを攻撃したわけである。

結局、最終的に宇垣が依拠しようとしたのは、政治の「玄人」であり、その点で現状維持を志向する勢力であった。もともとこうした勢力のほうに宇垣の政治的立場や体質が近かったからだろう。「民衆」が渇望する常識を超えたパフォーマンスを演じることもできなかった。変化ないし変革を求める「民衆」や革新勢力はやがて、曖昧な立場を取り続け、最終的には現状維持勢力に傾斜した宇垣に失望を表明していく。宇垣内閣流産の際、「民衆」が示したのは、政治に横車を押した陸軍の横暴に対する無言の反発であり、それに屈せざるをえなかった宇垣への同情であった。鶴見が望んだような「国民指導者」への脱皮や復活への期待ではなかったように思われる。

革新勢力に属する評論家は、宇垣が外相を辞したとき、次のように論じている。

宇垣は確かに大政治家である――もつと正確に云へば――であつた。だが、過去の時代に於いて大政治家であつた者が、今日の時代に於いてもまた大政治家であり得るとは限らない。大政治家とは、最も文字通りの意味に於いて「時代の児」であるし、またあらねばならぬ。大政治家たるの第一の要件は、常に時代の先頭に立つてその流れを明察し、それを正しい方向に導いて行くに足る正しい認識と実力とを具備してゐることである。／宇垣が、かう云ふ意味での大政治家であるかどうかと云ふことは、先般の組閣失敗の経緯に照らして既に充分に証明せられてゐたことである。あの時既に宇垣は政治的には一個の廃人として烙印を押されたのも同様であつた。[58]

かつて一〇年ほど前、宇垣は有力な首相候補者と見なされ、政治指導者として彼を待望する声が広がった。宇垣は「時代の児」的な扱いを受けたとも言えよう。だが、それから一〇年経って、「政治的廃人」というのはともかく、もはや宇垣待望論は聞かれなくなった。

その後、政界の一部では、吉田茂などを中心として、宇垣を擁立しようとする工作が試みられる。それは、破局に向かって進みつつある国家の暴走を食い止めるために、あるいは破局としての日米戦争突入後は早期和平達成のために、宇垣を擁立して陸軍を抑えようという工作だったが、こうした工作がマス・メディアによって取り上げられることはなかった。陸軍の厳しい統制の下で、メディアは宇垣擁立工作を取り上げたくても、できなかったのかもしれない。しかし、おそらくは政界の大部分でも、「民衆」の間でも、そしてメディア自身にも、もはや「宇垣待望論」は存在しなかったがゆえに、擁立工作は取り上げられなかったのだろう。

戦後、宇垣は主権回復後の初の参議院議員選挙で最高得票を得て当選したが、これも彼に対する期待というよりも「同情」によるものであった。「宇垣一成待望論」は一九三八年段階でほぼ消滅していたのである。

第7章 日英交渉とリーダーシップの逆説
——一九三〇年代の日本外交を事例に

武田知己 *TAKEDA Tomoki*

はじめに

対英米開戦直前の一九四一年一一月、日本外務省調査部の手になる『外交政術綱要(假案)』と題された調書が、外交史料館に保管されている。おそらくは研修教材たることを想定して作成されたものと思われるこの調書には、興味深いことに、二世紀半近く前のフランスの外交官カリエールが纏めた外交論の名著『外交談判法』(一八世紀初頭)と一つの共通点を見出すことができる。それは、どちらにおいても、「交渉」という言葉(前者では「折衝」、後者ではnégociation)がキーワードとされていることである[1]。

もっとも、交渉を自国に有利に進め、首尾よく妥結に導くという共通の目的を掲げる両者であるが、前者は「個人」の能力・技術の向上を、後者は「組織」の確立を目指したという違いはある。つまり、カリエールは「主権者と交渉する技術はきわめて重要な事柄」であり、その為の「すぐれた働き手」、即ち外交官を養成し、用いるべきだと訴えた[2]。対する『外交政術綱要』においては、「外交機関ノ主トスル所ハ折衝ナリ。故ニ百事皆折衝ヲ以テ基準トスヘシ」[3]とされ、「訓練精倒ニシテ必成ノ信念堅ク官紀至厳ニシテ主動精神充溢セル外交機関」[4]が必要だとしたのである。しかし、高い交渉技術と専門的能力を有する交渉家個人の存在と組織の確立は原理的に対立するものではない。『外交政術綱要』でも、結局のところ組織の「運用ノ妙」は「一ニ其ノ人ニ存ス」るものと認識されていた[5]。正確にいえば、『外交政術綱要』は、優れた交渉能力を持つ「個人」とそうした交渉家を擁し、彼らを援護する「組織」とが相互補完的に協力することを目指していたのである。もちろん、そこでは両者を有機的に結び付ける「リーダーシップ」の発揮も当然求められていると考えられる。つまり、『外交政術綱要』には、優れたリーダーに率いられた、専門性の高い有能な交渉家集団としての外務省という外交の一つの完成形が描かれていたのである。

日本外交がまさに崩壊の危機に瀕していたこのとき、外務省が「交渉」という外交官の生業に立ち返りつつ、「専門外交」(Career Diplomacy)の最高度の発揮を思い描いていたことは、一九三〇年代の困難な日英交渉を支えていた外交官たちを論じるにあたり、とりわけ深い含蓄を感じさせずにはおかないものがある。

周知のように、三〇年代の外務省は、日本を「東亜の安定勢力」と規定し、極東に二〇年代とは異なる新秩序を形成するという政策を明らかにしていく。それは英米ら大国との摩擦を必然的にもたらした。しかし、以下、みてゆくように、外務省にはイギリスとの協調は必要でありかつそれが可能であるという認識が脈々と流れていた。

とはいえ、対英外交にかかわった日本の外交官を皆「親英(米)派」と呼ぶことは適当ではない。なぜなら、彼等は「日英協調」を至上目的としていたとはいえなかったからである。彼等は、多くの場合、日英(米)の協調と「新秩序構築」との両立を目指していた。その困難は想像に難くない。こうした交渉には、確かに、卓越した専門性を有する交渉家の存在と、彼らを擁し、援護する組織の確立が必要不可欠であった。三〇年代を通じて、アメリカとドイツでは「軍人大使」が誕生したのに対し、相次いで駐英大使を務めた松平恒雄（一九二九～三六。括弧内は駐英大使としての在任期間）、吉田茂（一九三六～三八）、重光葵（一九三八～四一）らがみな「職業外交官」出身者であったのは、外務省がそうした日英交渉の困難さを認識していた証拠かもしれなかった[6]。

しかし、だからと言って交渉の成功が約束されていたわけでもなかった。交渉の相手方のイギリスは、日本を極東の脅威ととらえつつも、ドイツを震源地とするヨーロッパ情勢や中国ナショナリズムへの不信感、そして極東軍備配置の遅れやアメリカ外交への不信感などから、日本と妥協しようと働きかけた。いわば二正面戦争を回避したいイギリスとの「利益の交換」や「共通の利益」の発見が、三〇年代の日英交渉を妥結させるには不可欠の要素だったのだが、問題はここにも存在した。というのは、イギリスにおいてこうした対日妥協論を有していたのは主として大蔵省であり、外務省では、日本の野心への強い警戒心や日本との妥協がもたらす対米関係・対中関係への悪影響を懸念する声が強かったのである。こうしたイギリス政府の極東政策の分裂は、時に「二重外交」的な展開すらみせることとなる[7]。他方で、日本にも、よく知られた外務省と軍部との「二元外交」が存在していただけではなく、日英交渉に関わった外交官たちの間の戦略的な亀裂や個性の競合がみられた。こうした状況は、以下みるように、事態の進展と複雑に絡みあい、日本における「専門外交」の実践を困難にしていっただけでなく、外務省内部において「個人」と「組織」との幸福な調和を破壊する危険もあったのである[8]。

本章は、以下で満洲危機以降の日英交渉（一九三一～一九四一）に関わった松平、吉田、重光を中心とした外交官たちの具体的な交渉をめぐる言動を考察してゆく。そして、これを事例として、一九三〇年代の日本外交における個人と組織の問題、さらにリーダーシップの問題を考えてみたい。

1　満洲危機の収束と日本外務省

◆満洲危機における松平・吉田・重光

本章が扱う激動の三〇年代の到来を告げたのは、いわゆる第二次幣原外交期末期におきた満洲危機であった(三一年九月)。一般に、一九二二年に日英同盟が廃棄され、「ワシントン体制」成立以降の日本外交史において高い評価を受けてきた幣原「対英米協調」外交がここで崩壊し、以後、三〇年代の国際的孤立の時代が始まったとされている。

しかし、近年、幣原外交は、必ずしもイギリスとの協調を重視してはなかったという見解が出されている。つまり、幣原外相期は日米関係重視の時代であり、日英間には相互不信や競合関係が存在したのであって、むしろ幣原を継いだ田中外交のほうが対英協調を模索していたというのが実態に近かったというのである[9]。

それを前提とすれば、満洲危機の勃発は一面では日英関係を接近させる方向にも作用したと言える。なぜなら、日本同様に中国ナショナリズムに苦慮しつづけた経験を有するイギリスは、満洲危機の勃発に際し、様々な場面やルートで日本に同情的立場を示し、積極的に紛争の仲介者としての立場に立とうと試みたからである[10]。

この間、現地でイギリスとの交渉に従事したのが松平大使であった(二九年二月着任)。満洲危機における松平の活躍には見逃しがたいものがある。たとえば、松平は、三一年一一月、国際連盟の調査団の現地派遣をJ・サイモン外相と共同で提案することに成功する。翌年二月に決定されたリットン調査団派遣は、日本にとっては、国際的合意を前提に満洲危機を解決する最大のチャンスだった。勿論イギリスは日中あるいは日本と国際連盟を仲介することでその利益と威信を保とうとしたのだが、松平はそうしたイギリスの企図も理解しつつ両国の了解達成に成功した。その際、二〇年代を代表する「親英米派」であった松平の人脈が物を言ったことはいうまでもなかった[11]。

　また、そうした松平と常時連絡を取りあっていたばかりか、リットン報告書を基礎としたイギリス仲介による連盟との妥協を本国政府に断固として主張し続けたのは、吉田駐伊大使（三〇年一二月着任）であった。吉田は、日英が接近を試みた田中義一内閣期、外務次官として中国をめぐる日英協調を模索した経験を有していた。吉田も二〇年代を代表する「親英（米）派」であり、イギリスとの協調を重視する路線は、二〇年代より一貫してぶれることなく続いていく[12]。

　また、西側の利害が錯綜する上海において新たな危機が勃発して満洲危機が新たな段階に達した際（上海危機、三二年一月）にも、イギリスには日本の行動を擁護する意見が存在した。そのような中、停戦協定の非公式協議がイギリス総領事館で行われた。それ以降、重光公使（三一年八月着任）は、同年天長節の爆弾事件で負傷するまで、日本に対して強い不満と不信感を持ちはじめたイギリスとの協調に細心の注意を払った。しかし、その重光は、二〇年代半ば以降の中国在勤時代、中国市場をめぐる競争相手として幣原以上にイギリスを強く意識していた。満洲危機勃発直後からは、国際連盟や英米の仲介を極力回避して、満洲危機を日中二国間に「封じ込める」事を意図した代表的人物でもある。しかし、その重光も、危機が頂点に達したこのとき、イギリスの仲介を日本外交にとって最善の策と考えたのであった[13]。

◆外務省の新体制

　しかし、その後の日本外交は、石井菊次郎の東亜モンロー主義演説（三二年六月）や内田康哉の焦土演説（同年八月）などのセンセーショナルな対英米自主路線を主軸とするようになってゆく。その後、国際連盟総会に派遣された松岡洋右率いる全権団も、三三年二月、リットン報告書を基礎とした報告書の採択を拒否して会場から劇的に退場したが、国民はその松岡に喝采を送った。外務省は排外的な輿論に支えられた日本外交の行方に大きな危機感を持ちはじめるが、外務省内部でも、それまでの日本外交への強い反発が生まれた。のちの「革新派」の母体となる「僚友会」の結成（三三年一月）は、従来型の省幹部への不満を背景とした外務省機構改革問題を契機とした[14]。そして、「白鳥騒動」と呼ばれたこの事態を収拾できなかった有田八郎次官が、一連の騒動の中心人物であった白鳥敏夫、そして白鳥と対立した谷正之アジア局長共々、国外転出を余儀なくされると、新次官には、上海での右足切断手術からわずか一年で奇跡的な復活を遂げた重光が、弱冠四六歳で大抜擢されることとなる（同年五月）。

拙稿で論じたように[15]、この重光の次官就任は、外務省の新体制の発足を告げることとなった。重光は、「アジア派」と呼ばれた積極的な大陸進出を構想する人物の一人であった。重光戦略は、満洲危機以後の新状況に適応した新戦略の一つであったが、それは、省内に戦略的な亀裂を生んだ。その亀裂は、満洲危機のダメージコントロールを重視した穏健的な戦略を立てた東郷茂徳欧亜局長（三三年二月就任）との間で特に大きかった。

しかし、重光は、こうした省内対立を封じ込めるべく、局長クラスを集めた幹部会を開催する。それは省内の意思統一を図るためであった。また、重光は訓令を徹底し、在外公館の意思統一も試みる。後述する「巡閲使」なる新制度の創設もその手段の一つであったと思われるが、重光は、満洲危機の最中にあった中国公使時代、中国の出先の意見を聴取し、国際連盟に調書として提出した経験を有していた[16]。次官時代の重光の出先の統一行動に対する関心はこうして継続していく。本省の一致協力、本省と出先の意思統一を目指す重光は、「組織外交」の信奉者であり、その最大の実践者であった。

◆日英協調の合意と駐英大使館

ところで、こうした戦略的な亀裂の存在は、三〇年代の日本外交の大きな障碍たり得るものであったことは言うまでもない。

しかし、実際には、三〇年代の外務省を代表する「穏健派」の東郷でさえ、満洲国の開発と育成が満洲危機以降の最大の外交課題であると考えていた。つまり、重光も東郷も（もちろん「革新派」も）共に極東新秩序の構築を前提としていたのであって、その意味での亀裂は存在しなかったといえる[17]。

また、本章においてより重要なのは、両者がともに日英の了解達成が可能であると考えていたことである。ソ連への対抗やアメリカとの勢力分割を企図する攻勢的な戦略を立てていた重光が「英国トハ出来得ル丈協調関係ニテ進ム」と考えていたことは意外な感すら与えるものであるが、重光は三〇年代を通じて一貫して日英関係に深く関与した人物であった。また、重光と同じグループ（「アジア派」）に属していた天羽英二や谷正之、そして有田らも、様々な場面でイギリスとの協調を模索していたことが確認できる。対する東郷も、イギリスとは、中国をめぐって「我方ト相当共通ナル利害関係ヲ有スル」から、協調の余地は「他国ニ比較シ極メテ多シ」と考えていた。また、東郷は、対英関係の改善から、スティムソンの不承認決議（三二年一月）以降、日本に「モーラル・プレシュア」をかけ続けるアメリカとの関係の連鎖的改善も期待できると考えていた。こうした考えは、駐伊大使を辞め待命中となった吉田は勿論、外相である広田弘毅[18]、また、来栖三郎通商局長（三二年七月就任）や林銑十郎内閣の外相となる佐藤尚武（三七年三月就任）にも共通していた[19]。以上のように、外務省内で、新秩序構築と対英協調に関しては組織的な合意が成立し得たことは、三三年秋、陸軍側からもイギリスの中国本土の権益の保護を確約すれば対英妥協は可能であるとする判断が提示されたことと相俟って、翌三四年より日英交渉が積極化する前提となったことは疑い得ない[20]。

さらに、目をロンドンの出先に転じてみると、二〇年代を代表する「欧米派」たる松平が異例とも言うべき八年もの長きにわたり駐英大使に任じられているのが印象的である。また、開戦までの駐英日本大使館では、あるイギリス人の対日協力者が重要な役目を果たすことになる。名をA・F・H・エドワーズというそのイギリス人は、二〇年代の中国海関で総税務司代理にまで上り詰めた人物であった。おそらくはそのころ中国在勤であった吉田や重光と知り合っている。しかし、日本との密接な関係を疑った国民政府のネガティブキャンペーンによってエドワーズは排斥され、三〇年代初頭には一転して満洲国の財政顧問となってロンドンに事務所を構えた。エドワーズの満洲国顧問就任には不明な点も少なくないが、イギリス上流階級の出身であり、ランプソンやR・A・バトラー(のちの外務政務次官)とも縁戚関係にあったエドワーズに日本が期待したのは、こうした出自と人脈を生かしてイギリス政府中枢へのアクセスを得ることだったのは間違いない[21]。そして、こうした本省の組織的な合意とロンドンの大使館の万全の布陣を整えて、外務省は、翌三四年から対英交渉を本格化させてゆくことになるのである。

2 日英交渉の展開と挫折 一九三四〜一九三六

◆バーンビーミッションの実現と頓挫

一九三四年九月、満洲国とイギリス産業界との交流の可能性を模索するFBI(Federation of British Industries)使節団(団長バーンビー卿。以下、バーンビーミッション)の訪日と訪満が実現する。それはリットン調査団派遣をめぐる交渉以来、初めての本格的な日英間の接触であり、同時にその後四一年まで断続的に試みられる日英交渉の幕開けを告げるものであった[22]。

バーンビーミッションは、前年末から、イギリス側、特に大蔵省を中心に対日妥協が検討される中で構想され、三四年五月頃から本格的な検討と準備が進められた。イギリス側資料をみると、このミッション計画をFBIに最初に持ちかけたのはエドワーズであり[23]、W・フィッシャー大蔵次官と松平大使との間を盛んに往復し、さらには大橋忠一満洲国外交部次長らと具体策を練り上げたのも彼であった[24]。このミッションの性格としてとりわけ重要なのは、外務省が認識していたように、「満洲国承認ノ輿論ヲ促進スル」という「隠された使命」を有していたことであるが、こうした点もエドワーズを通じた工作により進展したものとみられる[25]。

また、このミッション計画には外務省本省も深く関与していたが、特にエドワーズと重光との強い連携が見られたことを示唆するものに、谷正之満洲国外交部参事官が使節団の訪満直後に重光に送った書簡がある。谷は次のように述べる。「小生の観察に依れば今回の「ミッション」は大成功にて……(一〇月)二十一日よりは彼等は更に日本の客となり可申、又々御指導に骨の折るる事と奉存候。但し云ひだしたるは閣下なれば致方も無之候」[26]。すでに旧知の間柄であるエドワーズと重光との間でこのミッションに関する裏面の合作があったとしても不思議ではないし、ミッションに同行したエドワーズが重光とは特に二度面会していることも両者の強い結びつきを示唆する。また、来栖通商局長も満洲市場を開放することで日英協調を達成するという観点から、このミッションの成功に尽力した。その間、エドワーズとの連絡もあった模様である[27]。他方、イギリス側では、H・ウィルソン政府首席産業顧問やN・チェンバレン蔵相が、このミッションを対日妥協の大きな足がかりとすることを考えていた。イギリスを代表する親日派の一人であった『モーニングポスト』の編集長、H・A・グウィンを通じた世論誘導の準備もなされている。このミッションは、その当初は、日英の全般的な妥協を促進する可能性を秘めたものであったといえよう[28]。

しかし、程なくして、イギリス外務省はこのミッションに強い警戒を示しはじめる。イギリス外務省は、諜報活動の成果もあって、当時の外務省が「死活の利益」というべき満洲国の安定と開発促進、そしてそれを前提とした極東情勢の再構築をめぐって、どれほどイギリスの協力を欲しているかを十分理解していた[29]。また、フランスやベルギー、そしてドイツなどが満洲国との経済提携や投資計画の可能性を探っていた当時、イギリスがそうした動きから孤立することは避けたかった[30]。他方で、イギリスが不用意に日本の東亜モンロー主義を承認したり、それを援助したりといった羽目に陥ることは、対米関係また対中関係からいって、是が非でも回避しなければならなかった。そして、外務省にとっても満洲国および日本の情報、そして大蔵省の対日接近の動きを捕捉するためにも貴重な情報源であったエドワーズは、やがて「能力もなく、信頼もできない」[31]人物として忌避され、バーンビーミッション自体が警戒の対象となる。エドワーズは、機微な外交交渉を担うにはあまりにナイーブすぎ、エドワーズを通じた日本の対英工作に対応することはイギリスの利益に反すると判断されたのである。

以上のような、バーンビーミッションに対するイギリス外務省の静かな、しかし断固とした反対は、クライブ駐日大使を通じて、ミッションの来日直前にミッションの天皇への謁見反対という形で伝えられた[32]。しかしエドワーズと松平はこうしたイギリスの機微な動向を事前に具体的に知ることは出来なかったようである。重光ら外務省中央もイギリス外務省の強烈な対日警戒心に特別な関心を寄せた形跡はない。当時の日本の世論もミッション来日による「日英同盟論の台頭」を歓迎するムードに満ちていた。磯谷廉介参謀本部第二部長にいたっては、このミッションは「英本国ノ対日満親交ニ資スルヲ目的トナス」もので、「(満洲)

事変発生以来英国政府当路者全般ノ支持ノ下ニ派遣セラルル最初ノ秘密使節」と認識し、おそらくはこうした過程の蚊帳の外におかれていた外務省の東郷への全面協力を依頼している[33]。こうした日本側の認識は、エドワーズのルートに偏った情報収集がもたらした弊害であったと思われる。そして、結局のところ、満鉄側の強い反対もあり、使節団は英国実業界と満洲国との共同開発に「総論で合意」したとする声明（一〇月一三日）のみを成果に、具体的な協定締結もできずに、帰国しなければならなかったのである[34]。

◆日英不可侵協定問題の挫折とリースロスミッションへの不参加

さて、こうしたバーンビーミッションの展開と前後して、日英不可侵協定締結に関するやりとりが交わされている。

この問題は、サイモン外相が、一九三三年一二月、F・リンドレー駐日大使の帰任に際し「日英同盟の誼」を確認するメッセージを広田に与え、広田がそれに積極的に応えたことに端を発する[35]。この応酬は、特に対日接近に積極的であったチェンバレン蔵相に大きな期待を感じさせるものであった。そして、翌年三月から、チェンバレンのイニシアティブで不可侵協定問題が検討されるに至る。

しかし、当時、日本との綿花問題も紛糾しており、また第二次ロンドン海軍軍縮会議を控えていたこともあり、日英間に協定成立をめざすチェンバレンは、モーリス・ハンキー官房長官や外務省、海軍などからの慎重論に直面する。他方、日本でも無条約時代の到来に向けての危惧から、ワシントン条約廃棄問題、ロンドン軍縮会議の予備協議の開始と言った事柄と平行させて、日米共同宣言とともに日英不可侵協定の可能性が省内で検討されるが、省の決定には至らなかった[36]。

そうした中、三四年七月、新任のクライブに「イギリスとの不可侵協定を結ぶ用意を日本は持つ」と伝えた広田外相の発言がイギリス側に伝えられる。勢いを得たチェンバレンは、同年九月二五日の閣議で日本との討議に入る了承を得、慎重な態度をとり続ける外務省との協議の上、イギリスの権益の保証、日米不可侵協定の平行、軍縮問題に対する条約延長の確約といった前提条件の上で、内容的にはパリ不戦条約と同じ内容を意味する協定案の作成にこぎ着けた(一〇月一六日)。それは丁度バーンビーミッションの使命もほぼ終わりに近づいた頃であった[37]。

その間、極東部の強い反対を受けつつもチェンバレンと協働していたサイモンは、日本の態度が明確でなかったことを気にしていた。サイモンは、クライブから広田へのアプローチを通じて(九月二八日)、自身は松平を通じて(一〇月八日)、日本側の態度を質した。しかし、広田からは明確な答えを得られず、松平も明確な回答を避けた。そしてその後開催された日本外務省の幹部会では、広田メッセージとは一転して軍縮問題との連関で中国問題を討議することに強い警戒心が示された(一〇月二〇日)。結局、一〇月二九日に松平宛に出された訓令では、日英間の不可侵条約にはまったく触れることなかったばかりか、この件に関してイギリスとの交渉において「将来ニ亘リ東亜ニ於ケル我方ノ地位ニ拘束ヲ来サザル」よう注意を促し、同時に日英間での秘密取り決めがあるような印象をアメリカに与えないよう指示された。それは広田メッセージを実質否定する意味を持ったが、こうした外務省の態度の一転は、バーンビーミッションで来日したエドワーズに不可侵条約よりは「紳士協定」程度のものが望ましいと伝えていた重光のイニシアティブによるものであった。こうして三四年秋以降、不可侵条約協定問題は、時折議論に上るものの、協議は進まず、結局立ち消えとなってしまうのである[38]。

だが、中国幣制改革をめぐる日本との共同借款案がイギリスで本格的に持ち上がるのは、こうして不可侵協定問題が立ち消えとなるころであった[39]。

もっとも、アメリカの銀政策が引き金となった中国経済の混乱は、以前から問題視されていたものであった。一九三四年一二月、中国がようやくイギリスに借款要求を行ったことがこの問題の端緒となった。しかし、このときのイギリス大蔵省は中国が通貨政策に根底的な改革を加えない限り、いかなる借款も効果はないと考え、その要求を拒否した。他方で、大蔵省は、単独借款では極東で低下し続けるイギリスの勢力回復にはつながらず、アメリカを利するだけであることも懸念していた。その際、アメリカへの対抗上、またイギリスの国益維持の観点から言っても実現可能性もあり、有効でもあると考えられたのは日本の参加であった。翌年一月、フィッシャーが中国からの借款要求は日英間の協調の絶好の機会であると松平に語ったのには、このようなイギリスの利害観があった[40]。

しかし、同年二月にイギリスが中国の財政難打開のための列国協議案を提起した際、日本は、このような施策は中国の欧米派の強化につながるものとして反対した。それ故、イギリス大蔵省は当初の案にあった中国への財政専門家派遣の実現を目指すこととなり、六月にはリースロスの派遣が決定される。イギリス外務省はこうした経緯を捕捉することが出来なかったが、それは日本も同様であった。そして、日本の参加の目処も立たぬまま九月に来日したリースロスは、中国の銀本位制離脱、スターリングとのリンク、中央銀行による紙幣発行権独占、日英共同援助のいずれに対しても、重光等外務省からも津島寿一や高橋是清等大蔵省からも同意を得られないという結果となった。

こうした日本政府の対応に接したロースロスは、中国指導者の腐敗と非効率さ、極東に大きな利益と発言力を持つ日本の不参加と言った悪条件にも関わらず、最終的な決断をすべきだとフィッシャーに訴え、一一月四日、幣制改革はイギリス単独で断行された。しかし、R・ヴァンシタートが要約したように、それは当初フィッシャーが構想していたものとさえ「完全に矛盾する」結果だったのである[41]。

◆日英交渉の停滞と失われた可能性?

さて、以上みてきた二年間の日英交渉の展開と結末を整理すると、一つの原則のようなものがあることに気がつく。それは、日本外務省は、西側諸国の満洲国の(実質的)承認、日本の東亜の盟主としての地位の確保、日中以外の第三国の極東への介入の拒否という新秩序構築の原則と矛盾する提案には同意しないという方針をとっていたということである。そうした観点に立てば、日本が積極的に対応し得たのがバーンビーミッションだけであったことには一応の筋が通る。

しかし、イギリス側からみれば、バーンビーミッションは民間使節にすぎず[42]、国家間交渉としての性格は薄かった。閣議で主義として了承された不可侵協定案や政府の正式のミッションであったリースロスミッションこそ(イギリス外務省のミッション自体への強い警戒心があったとはいえ)、日本側が真剣に対応すべきものであったのである。

また、リースロスミッションは、チェンバレン等との調整を経て、中国との交渉において満洲国承認を日英共同借款案の取引材料とするという案を携えていた。イギリス外務省はこうした案を中国が受け入れるはずはないと判断し、その極東政策全般への悪影響を心配していたが[43]、六月には大蔵省やチェンバレンの考え方と近いS・ホーアが外相となっていた。この時期は、三〇年代を通じて唯一と言ってよいほど、イギリスの「二重外交」が収斂し、対日妥協の可能性が生まれていた時期でもあったのである[44]。

しかし、この間、日本外務省で対英交渉の中心に位置した重光は、のちに回想し、リースロスミッションが日満中の間を取り持とうという方針をもっていたことは、松平からもクライブからも「なんの報告もなかった」ため、「東京ではなんらの準備工作もできていなかった」といっている[45]。原田日記に散見される広田や高橋是清らの証言をみても、日本がミッションの性格を把握していなかったのは事実のようであるが、逆に言えば、既にエドワーズのルートでは、もはやイギリス政府中枢に接近することができなかったことになる[46]。こうしてイギリスの意図が不明なままリースロスミッションを迎え入れた日本では、その役割を疑問視する声が外務省でも聞かれる有様であった。三五年秋、日英接近を希求してやまない松平は、西園寺に次のように不満をぶちまけている。「イギリスだって支那に非常に大きな権益をもってゐるんだから、イギリス人がイギリスの権益を維持しようと思ふのは当然なことである。だからイギリスにも(日本を)十分利用させ、そうしてまたより以上に日本がイギリスをも利用するという風にして、協調的に行けばそれで済むことを、実際の事実を突き止めもしないで……かれこれ言ふ。……外務省あたりが先に立って……落付いてゐてくれればいゝものを」[47]。これはイギリスとの「利益の交換」によって関係修復を模索していた「親英(米)派」の松平らしい述懐であったといえる。

◆リースロス再来日

しかし、三六年に至り、外務省は熱心にリースロスの再来日を要請するに至る。その背景には、広田が言ったように、リースロスを「親日的傾向のあるグループの中心人物」として認め[48]、改めて彼を通じた日英妥協の可能性を探るという意味があった。しかも、当時、ドイツとの防共協定を進める陸軍がイギリスの協定参加の可能性を打診することを了解し、華北工作の失敗や広田協和外交の失敗が認識され、外務省や財界でも外交転換を求める動きが生まるなど、日本の対英外交の刷新という意味がそこには込められていたのである[49]。他方で、信頼する松平が熱心にリースロスの再来日を勧誘したこともあって[50]、イギリスも、リースロスの二度目の訪日を検討し始める。また、リースロスは日英の具体的な経済問題が協議されることを期待していたが、同時に「満洲国承認」を取引材料とした日中共同投資案を追求することへの未練も依然として持っていた。外相はホーアからA・イーデンへ交代していたものの（三五年一二月）、日英関係には新しい展開への兆しが感じられるようになっていた。

だが、それでも日英間には大きな懸隔があったように思われる。印象的な挿話は、再来日決定以前の三六年一月、上海で行われた磯谷廉介駐在武官との対談である。ジャーナリストの松本重治の仲介で行われたこの会談では、磯谷自身も日英経済協定の可能性を考えていた。しかし、磯谷は、リースロスに対し、イギリスが中国に資本を投下し、日本を「大工」として中国に「家」を建てると言う比喩で日英共同開発案を提示した。これに対し、リースロスは、「家の持主」に相談すべきであろうと答えている[51]。また、外務省側でも、たとえば有田八郎中国大使（三六年二月着任）が日英協調の可能性を探っていた。だが事情は似通っており、有田も「日本の支那に於ける発展を長期に亘り拘束することなく且日本の『プレスチージュ』を害せざることを条件」とした「日英協議」の開始を主張していたに過ぎなかったのである[52]。こうした方式はイギリスの犠牲の上に日本を利するものであり、イギリスが受け入れるはずのないものであったし、華北分離工作を推進していた日本と共同することが対中関係（および対米関係）を刺激することへの強い警戒心もあった。このような方針では、各論に入った瞬間に、日英交渉が頓挫することは明らかであったが、果たして、リースロス再来日を控えた同年六月、外務省で応答集が協議された際にも従来の方針が再確認されたに過ぎず、結局リースロスの再来日も成果を見ずして終わったのである。

3 未完の日英交渉と日英親善使節団計画 一九三六〜一九四一

◆吉田巡閲使とリースロスミッション

前節で述べたリースロス再来日の失敗以後、イギリス政府の対日態度は、大蔵省を含めて相当程度硬化していくことになる。親日的と言うよりも政治的には中立であって、金融政策を通じて帝国防衛を意図していた有能なテクノクラート・リースロスが、日本に頑強な抵抗を示す中国を精神的に支持するようになるのはそうした変化を象徴していた[53]。

この厳しい環境において、開戦に至るまでの現地交渉を担ったのは、吉田と重光であった。既に示唆してきたように、戦略的に競合する関係にあった吉田と重光の相違は、三五年前後には日英交渉の継続性を乱すほど目立ちはじめていた。それは吉田の訪英とリースロスミッションに関わる挿話から端的に窺うことができる。三四年秋、駐伊大使を辞めて待命中であった吉田は、「巡閲使」として訪英していたことが知られているが、一一月のロンドン滞在中、吉田はイギリス政府にある重大な提案を行ったといわれている。つまり、そのときの吉田のイニシアティブで、リースロスミッションが実現したというのである。筆者は、波多野澄雄氏が紹介している富田勇太郎駐英大使館付財務官の書翰の内容から、吉田の提案はむしろ二月に提案されたイギリスの列国共同借款の原型となった可能性があると考えるものであるが、確かに三四年一一月にエドワーズがフィッシャーに無署名の覚書を手交し、日英協調の必要性を訴えている事は記録によって確認できるし[54]、それがリースロスミッションまでの日英間の往来の始まりであったことは事実である。そして、吉田がこの覚書作成に関与したこともおそらく間違いないと思われる[55]。

ところで、このとき吉田が任じていた「巡閲使」とは、省中央がその方針を在外公館に周知徹底させ、本省と在外公館との「精神的連絡」を確立することを企図した新しい制度であった。管見の限り、この巡閲使制度がその後継続した形跡はない。しかし、こうした構想には、重光の「組織外交」確立の企図が色濃く反映されているように思える。また、吉田は、新たな「多邊的取極」を避けることや日本の「東亜ニ於ケル地位・使命・責任」の維持拡大、さらには「支那ニ於ケル外国ノ勢力殊ニ日支関係ヲ悪化スルモノハ極力打倒スルコト」と言った方針を在外公館に徹底させる任務を背負っていた。そこにも重光色が強く刻印されているといえたのである[56]。

以上のことを前提とすれば、吉田が行った(と推測される)リースロスミッションに通じる対中共同借款案(あるいは国際借款案)の提案は、重光からすれば「想定外」にほかならなかったように思われる。他方で、吉田の独断専行とそれによる日本の対英外交の乱れは、松平には大きな問題と認識されたようで、松平は吉田の対英提案にはまったく関係していないどころか、むしろ吉田を諫める側にたっている。松平はあくまで本省の意向に忠実な「能吏」であり、そうした態度を貫徹しようとしたのだろう[57]。

そして、これを最後に、松平は、一九三六年三月には宮内大臣に就任して対英外交の表舞台からは手を引くこととなった。その松平を継いで駐英大使となった吉田は、その後日本外務省で最も強硬かつ半ば強引に日英間の共同を模索する人物となっていく[58]。その吉田が、一九三六年六月の着任後、ほぼ一年を掛けて試みた日英交渉は、「吉田＝イーデン会談」として知られている。以下その様相を見ていくこととしたい[59]。

◆吉田－イーデン会談の性格

一九三六年七月一七日、大使に着任の翌月にイーデン外相と会見した吉田は、おもむろに、日英の中国をめぐる経済協力のための会談を申し出た。その際、吉田は、日本が中国の法と秩序を維持し、イギリスが灌漑事業を担当するとした日英の経済協力の一つの形を例示している。イーデンはさらに具体案の提示があることを希望すると示唆した。これが吉田－イーデン会談のはじまりである。その後も吉田なりにイギリスの要路への打診が行われ、一〇月二六日には私案の作成にこぎつけた。この「一〇月案」が、吉田時代の本格的な日英交渉の始まりを告げることとなった。

ところで、日本の研究では、この一連の会談には、吉田らしい「経済的アプローチ」の性格が強いという評価がある。またその交渉が「秘密交渉」であったことを強調するものも少なくない[60]。しかし、日英間の経済関係に着目し、そこから日英関係全般の改善に進もうとする発想は、二・二六事件の余波を受け、待命中となった重光にもみられた。同年七月、重光は、エドワーズに対し、日英貿易関係の改善を求める書翰を出した。それはやがて日英間の貿易摩擦をも議題とすることになる「吉田－イーデン会談」の露払いという意味を持っていた[61]。また、イーデンとの初会談における吉田の提案は、すでに述べた同年一月の磯谷との対談にある日本が「大工」として中国を再開発し、イギリスがそれに金銭面で協力するという発想を想起させる。こうしたことを考えれば、吉田の独断専行や秘密交渉としての性格が強調されてきた吉田－イーデン会談には、むしろリースロス再来日以降、日本政府が模索していた日英経済協議の延長という性格が強かったといえる。

逆に、吉田は、最初のイーデンとの会談から二ヵ月後、ヴァンシタートやA・カドガンと会談した際に、共産主義の脅威を強調し、極東において共産主義の拡散を防止している日本とイギリスとの反共産主義戦線形成（それは同年一一月の日独防共協定への参加を示唆するものである）の可能性を打診した[62]。反共主義においては人後に落ちぬ吉田であったが、このころ、重光ら外務省の主流であった「アジア派」は、日本のアジアにおける覇権を前提としつつ、国際的な共産主義の脅威を説いて国際協調を再建しようとしていた[63]。反共戦線への参加を打診したことは、吉田がこうした当時の本省の意向にまったく無関心であった訳でもなかったことを意味する。

以上を勘案すれば、一九三六年一一月六日、吉田自身がイーデンに対して示唆しているように、吉田は日英経済協議を開始する(正確には継続する)という原則論に関する指示を受けており、実質的な交渉内容についてはフリーハンドで行動したという解釈が最も真実に近いように思われる[64]。そして、こうした交渉手法自体は、まさに「巡閲使」当時の吉田のそれと同じく、「組織外交」からは逸脱した独断専行にほかならないのであった。

◆「交渉家」としての吉田

ところで、こうして吉田によって担われた日英交渉の問題点として、さらに以下の二つの点を指摘することができる。第一の問題は、この交渉の間中、吉田が中国の主体性をほとんど認めていない点である[65]。それは必ずしも吉田のみの特徴ではなく、当時の政府の日英協調論者の多くがそうであったように思われるが、対中関係に配慮をみせはじめていたイギリスとの妥結はそれだけ難しかった。

しかし、それより大きな第二の問題は、その稚拙な手法にあった。一年にわたる交渉を概観すると、吉田は、日英間で日英経済協調のための会談を進行させるとの総論的な声明を出し、その後各論に入るという方法を考えていたように思われる。他方、既に三年にわたり日本との種々の交渉を進めてきたイギリスは、むしろ個別具体的な利益の交換を模索していた。こうした中、吉田はイギリス政府内の「二重外交」に十分な配慮をせず、「一〇月案」をチェンバレン蔵相を通じて外務省に送付させるという手段を取った。C・オード極東部部長以下、極東部は、正式な外交交渉を提起しつつ外務省の裏から手を回すような吉田の行為に激怒した。また、事柄を「思いつき」に従って並べたようなその案には当惑し[66]、この案が日本政府からどの程度の指示を受けているものなのかを疑う始末であった。結局、イギリス外務省は、東京からのG・サンソム商務官やクライブの報告によって、吉田が外務省や政府の一定の支持を受けてはいるが、相当程度自己の判断でこの案を提示したと判断し、この案に本格的な検討を加えるか否かの判断にすら困る有様であった。吉田の外交手法は、「組織外交」とは、実に遠く離れており、交渉の危機をもたらしかねなかったことが明らかである[67]。

その吉田がイーデンに会い、回答を督促したのは一一月であった。極東部が本格的に回答を準備できたのは一二月末、その回答を、吉田は翌一月一八日にイーデンから手交される。だが、今度は、その三日後、吉田はこのイギリスの回答は自分を「当惑させる」ものであって、自分は総論としてイギリスは日本と協調するという一般的な回答を要求するとした。カドガンらはこうした吉田の言い分に再び激怒したが、さらに二三日、吉田が極東部が数ヵ月の激論の末不承不承に作成した文書を反故にするような「新提案」を持ち出したことにはむしろあきれ果てた。二五日、カドガンは吉田にこのような新提案をもとに総論的な声明は出せないとした。吉田の日英協調の試みは、ここで一旦頓挫するに至ったのである。

しかし、佐藤尚武が林内閣の外相に就任すると(三七年二月)、イギリス外務省は日本外交の変化に好感を持ちはじめる[68]。五月頃までにイギリスは吉田との数ヵ月におよぶ会談を本格交渉のための「非公式会談」と位置づけるようになっていた。こうした中、六月には吉田からの第二次提案(以下「六月案」)が外務省に提案された。その案は、一〇月案とは趣を異にし、対中経済開発から日英貿易摩擦問題までの幅広いテーマを扱う、まさに日英関係全般の改善を目指す基礎案の名にふさわしいものとなっていた[69]。

だが、近衛文麿内閣で再び広田が外相となってから(三七年六月)、この案をめぐって吉田と東郷欧米局長との間に交渉の進め方に対する対立が生まれていく。東郷は以下のように回想している。「(この時期の)英国との了解には支那問題の外、日英両国間の通商上の一般的利害調整をも必要とするので、軍部は素より、外務省に於てさへ躊躇するものがあって甚だ難渋であったが、……まず北支および中支における利害関係を調節し、漸次国交全般に及ぼすこととし、ようやく訓電を発するところまで漕ぎつけた。然るに吉田大使からは、この際すみやかに支那問題全般に関し協定すべしとの意見の上申があったから、一挙に全般的交渉に入り難き東京の実情を説明し、直ちに訓令所載の事項につき交渉を開始し、逐次広きにおよぼすべしとの趣旨で数次電報を往復した」[70]。つまり、日英関係全般の一挙解決を狙う吉田と、華北での陸軍の行動を前提とし、中国中南部における日英の協定を優先的に処理しようとする東郷との間では、交渉の根本をめぐる調整が不可欠となっていたのである。しかし、むしろ驚くべきは、事ここに至るまで本国政府との政策調整を行っていなかった吉田の独断専行の方であろう。

そして、イギリス側が本国の訓令を受けた吉田からの正式の交渉の申し入れを待っていた同年七月、盧溝橋事件が勃発し、吉田時代の日英交渉は遂に終焉を迎えたのである。

◆重光の対英交渉の打診

これに対し、三八年一一月、吉田を継いだ重光はどのように対英交渉を行ったのだろうか。

重光が日英関係の全般的解決をイギリスに提起した形跡は、同年一二月のイギリス外交記録にある。重光は、日中戦争が泥沼化しはじめる中で出された東亜新秩序声明(三八年一一月)を背景に、イギリスが日本の東亜における「固有の地位」を承認し、日英関係全般の調整を友好的平和的手段により協議する方針の下、上海に個別協議に関する委員会を設け、問題解決にあたるとする提案をチェンバレン内閣でイーデンを継いで外相となったハリファックス卿(三八年二月就任)に手交した[71]。

攻勢的な大陸進出論を唱えてきた重光らしいともいえるこうした提案は、しかし、重光独自のものではなかった。三八年一〇月、ソ連大使であった重光は(三六年一一月就任)パリにおいて吉田との引継を行った際、吉田時代の日英交渉に関しても内談を遂げ[72]、吉田時代にも日英交渉に側面援助をしていた来栖ベルギー大使を対英工作に参加させることとし[73]、来栖がエドワーズとの間で重光提案の基礎となる日英協定私案を練り上げていたのである。来栖は以下のように回顧している。「一九三八年に至って、吉田大使は遂にロンドンを去ってしまい、重光大使がその後任になったが、自分は両大使の希望によって、引き続き対英工作を援助することになり、パリにおける両大使の事務引き継ぎにも立ち会わされたのである。(中略)(そのとき)自由の立場にある自分が(日英協議の)瀬踏みをすることになり、永く中国にあって極東の事情にも精通し、従来英国側とわが在英大使館との連絡を援けてきた英国人E氏(エドワーズのことと思われる)と自分が、この問題につき、忌憚なき意見交換を試みることになった。そこで同年一一月中旬、わが在英大使館で会見し、三時間にわたって議論を尽くすことにしたのである」[74]。その結果作成されたこの会談の要領(来栖はこれを「日英協定の私案」と呼んでいる)は、翌月の重光提案の内容そのものである。つまり、重光の提案は、「吉田・来栖提案」でもあったことになる。さらに、重光はこの案が本国政府に受け入れられるかどうかにも慎重な配慮を示したと来栖は回想している[75]。つまり、駐英大使となった重光は、依然として「組織外交」の実践者だったのである[76]。

◆重光の交渉手法

ところが、重光は、ハリファックスがこの提案を受け入れないことがわかると、それ以上、交渉の開始を深追いしなかった。その理由は推測するしかないが、おそらくは外務省を激怒させ続けた吉田の「負の遺産」を抱える駐英日本大使館には、具体的な交渉に入るに先だって、イギリス外務省との信頼関係の構築が必要であると重光は考えたのであろう。

重光の駐英大使時代の手記には、着任後イギリス側から「談《はな》し相手になる大使が来た」と歓迎された旨を回顧する一節がある[77]。おそらくそれは重光の単なる自画自賛ではなかった。というのは、やがてハリファックスの代理であるR・A・バトラー外務政務次官との間で、重光は定期的な会談を行うようになるからである。

しかも、興味深いのは、この頃の重光も、極東新秩序の構築と日英協調の両立という課題の達成をあきらめてはいなかったことである。重光は、バトラーとの会談でも驚くべき率直さで日本の東亜モンロー主義的な政策構想を伝えている。また、チェンバレン首相とも、日中戦争でイギリスが中国に対する好意的中立を取っていることを非難しつつ、激論も交わしている[78]。

そうした中、イギリス外交に激震が走った。一九三九年八月、ドイツがソ連と突如不可侵条約を締結し、その上でドイツがポーランドに侵攻(九月)、その二ヵ月後にはソ連がフィンランドに侵攻を開始したのである(一一月)。このころには、イギリス外務省の極東政策に強い影響力をもっていたバトラーは、ソ連とともにドイツと防共協定を結ぶ日本をイギリスの潜在的な敵と認識しつつも、また、アメリカからの協力の調達により努力を傾倒しつつも、日本との連携を模索すべきだと考え[79]、同時期の駐英ソ連大使・I・マイスキーと同時に、重光との懇談を積極化してゆく。重光が、そうした転機を見逃すことはなかった。重光は、バトラーとの会談で熱心に持論であった「ソ連脅威論」とそれに基づく日英協調の再構築論を説きはじめ[80]、同時に、このころから、重光はJapan in East Asiaと題する英文パンフレットを作成し、日本が「九ヵ国条約」を批判していること、日本が極東の覇者であるべきことなどを、イギリスの朝野に訴えてゆくことになる[81]。しかし、だからといって、重光がイギリスの極東政策が急展開すると信じていた風にも思えない。状況変化を捉え、自らの主張の正しさをひたすら繰り返す重光の様子は「納得させたいと思うことを交渉相手の頭の中へ、いわば一滴ずつ滴らせる」というカリエールが最も重視している交渉技術を彷彿とさせる。重光は「交渉」の基礎固めに徹していた観がある[82]。

さらに印象深いのは、この頃からの重光が、外務省から忌避されてきたエドワーズに駐英日本大使館顧問の肩書きを与え、大使館 ‒ 外務省間の正式交渉に関与させはじめたことである。エドワーズがバトラーの妻と遠戚であったことも幸いしたのか、バトラーもエドワーズから寄せられる日本の情報を大いに参考にしていく。さらに、バトラーを機軸としたイギリス外務省へのルートが確立されると、イギリス外務省から忌避されていた親日派たちが駐英日本大使館に終結することとなった。後には親日派の代表と言えるF・S・G・ピゴットがこれに加わっている(三九年一一月帰国)。さらに松平時代から大使館の情勢判断や交渉に重要なアドバイスやヒントを与えていたように思われる加納久朗《ひさあきら》横浜正金銀行ロンドン支店支配人もさらに頻繁に大使館に出入りしはじめ、財界金融界の意向が対英交渉に本格的に織り込まれることとなった。重光が始動するべき対英交渉は、こうして多方面から計算され、考えられる限りの陣容を整えるに至ったのである[83]。

◆「交渉」の不在と日英親善使節団計画　一九四〇〜一九四一

しかしながら、結論的に言えば、重光時代には、日英関係全般の改善をもたらす交渉は行われなかったというべきである。このような結論には異論もあるかもしれない。というのは、一九三九年夏からの重光は日英間での経済交渉に従事し一定の成果を挙げているし、天津危機やビルマルート封鎖交渉での重光の成果には目を見張るものがあったからである。また、そうした重光の交渉を側面から援護したり、あるいは独自の工作を展開したりしたイギリスの親日派や加納等の活躍も改めて論じる価値があるものばかりである[84]。

だが、こうした個別案件の交渉の成功は、ヨーロッパでの戦争勃発がもたらした一時的な対日接近の域を越えるものではなかった。しかも、その背景には欧州の動乱にタイミングを合わせるかのような日本の軍事行動の進展や三国同盟の締結などがあった。つまり二正面戦争への恐怖があったイギリスには、重光の交渉は、結果的に軍事的政治的「威嚇」や「脅迫」を背景にした交渉に他ならなかった。そうした状況を巧みに利用してイギリスからの譲歩を引き出したところに、重光の交渉家としての真面目があったのだが、それは「強圧」による交渉であって、永続する国家間協調には結びつくはずのないものだったのである。

また、「ソ連脅威論」に基づく重光の日英協調論にも限界があった。反共主義者でもあった保守派のバトラーは大粛正の直中でソ連大使を勤めた重光の意見に一目を置いていたように思われる。しかし、外務省極東部は、かつて中国大陸での共産主義の脅威を説いた吉田に対し、「日本によって被る損害より中国の共産化による損害が大きいとは限らない」と突き放した見方をしていた[85]。そして、カドガンのこの見方こそ、三〇年代後半のイギリス外務省の極東政策の性格を代表するものだったのである。

そして、期待された日中戦争収拾の兆しもない中、三国同盟が締結され(一九四〇年九月二七日)、イギリスが渋々応じたビルマルート封鎖が終了すると(同年一〇月一八日)、イギリスの対日不信感は頂点に達する。こうした事態をうけた重光は、イギリスから日本に親善使節団を派遣するという計画に執着しはじめた。それは、すでに「利益の交換」も「共通の利益」を発見することもともに不可能となっていた現実を、「友好」「親善」の空気を醸成することによって何とか打開しようという試みであった[86]。

ところで、近年発見された吉田の加納久朗宛の書簡をみると、日本へ親善使節団を派遣する計画は、三九年秋にまだ日本に駐在中であったピゴットによって構想されたふしがある。しかし、それが具体化するのは四〇年三月の加納・吉田の話し合いの中であった。また、吉田は、明石照男や池田成彬、芦田均などの政財界の有力者を集めた日英協会主催の午餐会開催にも成功している。時代が急速に親独伊に傾斜してゆく中、親英(米)派を糾合する中心に位置した吉田の勇気とその手腕には感嘆すべきものがある。他方で、加納と吉田の間では、エドワーズが訪日使節団を率いることが考えられていたが、重光はロイド卿(ブリティッシュカウンシル会長)、ハンキー卿(出納長官)という大物政治家を引っ張り出すことに成功する。この重光の交渉力も同様に印象的であった。若干の行き違いはあったようだが、数年にわたり断続的に続けられた親善使節団派遣計画は、イギリス側ではピゴット、日本側では重光・吉田・加納の共同計画と言う性格を持っていたのであった[87]。

だが、こうした計画も結局実現しなかった。万策つきた重光は、一九四一年二月、訪欧する松岡に、ヨーロッパのどこかで会見し、イギリス情勢を説明するとともに、チャーチルの松岡宛書簡を届けるという奇策を申し出る。チャーチルは、実質的に「敵国」となっていた日本大使の申し出に、異例とも言える全面的な賛意を示すが、結局土壇場での松岡の翻意によって会談は成立しなかった[88]。

こうして、一九四〇年秋以降の種々の計画は、結局、何一つ実らなかった。これに対し、日米間ではこのころからいよいよ本格的な交渉が開始される。そして、アメリカからの情報に乏しいイギリスは、日米妥協が達成されることを恐れつつ、他方で極東におけるオランダやオーストラリアなどとの提携を進めていた。重光との情報交換に最も熱心で、その見解にも一定の理解を示したバトラーが、戦時内閣の小委員会委員長として、イギリスの国際的連携構築の責任者となったことは、イギリスの対日妥協論がほぼ完全に消滅し、もはやアメリカの出方一つで平和から戦争へと事態が変わり得ることを象徴していたのである[89]。

おわりに

一九四一年六月、重光は失意の中で帰国の途に着いた。そして、一九三〇年代の対英外交を支えた重光は、遂に開戦前の最後の駐英大使となった。それは、満洲危機以降の一〇年にわたる日英交渉の挫折を意味するものであった。

しかし、その一〇年間には、これまで描いてきたように、個性豊かな外交官たちが繰り広げたドラマがあった。満洲危機の最中から三〇年代半ばまで駐英大使をつとめた松平は、日英双方の「利益の交換」を目指し、「共通する利益」を発見することにかけては特筆すべき業績を残した。日本外交史上では必ずしも注目されてこなかったかもしれないが、こうした松平がイギリスから最も厚い信頼をうけた大使の一人であったのは驚くに当たらない。

しかし、松平は「能吏」であって「政治家」ではなかった。政治家であったのは吉田である。吉田が政治家であったというその意味は、吉田は「組織」の壁をたやすく飛び越えたからであり、組織を度外視した「独断専行」も厭わなかったからである。とはいえ、吉田の交渉手法は稚拙であり、大使時代にはしばしばイギリス外務省を激怒させた。松平とは違って吉田は能吏ではなく、彼個人の能力で日英交渉がまとまった可能性はゼロに近かった。だが、引退後の吉田は、孤立を厭わぬ勇気と優れた政治的手腕によって、日本の親英米派を糾合することに成功する。そして実質的にはロンドンの重光を側面援護する働きを見せた。実を結ばなかったとはいえ、開戦前夜の吉田の対英工作には一つの挿話としての見逃しがたい輝きがある。

こうした二人の親英米派の大使を継いで開戦前の最後の大使となった重光は、日本外交史研究上、随所に「攻勢的」な言動を残してきた人物の一人として知られている。しかし、重光は三〇年代の外務省をまとめ上げた優れた組織運営手腕をもち、厳しい状況下でも類い希な交渉力を発揮した。重光は、三〇年代において、『外交政術綱要』のいう「専門外交」の理想に近づくことのできた数少ない外交官の一人だったように思われる。

こうした重光の能力やリーダーシップのよって来たるところについては、別稿で論じることにしたいが、一言で言えば、それは重光の個性と時代とがよくマッチし、多くのフォロワーを得た結果であるといえる。しかし、そうした意味での重光外交の成功、重光のリーダーシップの高度の発揮は、実は日英協調の大きな阻害要因となった。重光外交は、繰り返すように、本質的に攻勢的であった。そして、重光がそうした個性を有している限り、そのすぐれたリーダーシップと能力とに牽引される外交によって、イギリスと日本は運命的に乖離していくほかなかったのである。イギリス側も、一方では重光を「鋭敏」(astute)であり、「有能な」(able)な外交官であると賞賛するにやぶさかではなかったが、それは、重光が日本の要求をイギリスに飲ませることにしばしば成功したという意味にすぎなかったのである[90]。

つまり、「個人」と「組織」とを結びつける「リーダーシップ」に関心を持たず、それ故に「交渉」に成功しなかった吉田の言動が「日英友好」の可能性を示唆する一方、そうしたリーダーシップを発揮して「交渉」に成功した重光は、むしろ「日英乖離」を促進したのである。同じような事例は三〇年代の日本政治の随所にあるように思われる。すくなくとも、日英関係におけるこの事例は、三〇年代の日本外交にとっての最大の逆説の一つに他ならなかったのである。

〔追記〕脱稿後、石田憲『日独伊三国同盟の起源』(講談社選書メチエ、二〇一三年)に接した。そこでの興味深い吉田論・重光論については、今後整理してみたいと思っている。

第8章 終戦をめぐる指導者群像
――鈴木貫太郎を中心に

波多野澄雄
HATANO Sumio

はじめに

一九四五年四月八日、組閣をほぼ終えた鈴木貫太郎は、内閣記者団との会見で、開口一番、「自分は元来政治にはずぶの素人で一介の武弁に過ぎぬ」と述べた。その鈴木が首相を受けたのは、長年の侍従長の経験から感得した「陛下の思召」を実現するためであった。「陛下の思召」とは、「すみやかに大局の決した戦争を終結」することであった。それは、天皇の指示であったわけではなく、「以心伝心として自ら確信した」ものであったという[1]。

だが、八月一四日の二度目の「聖断」という形式での終戦を導いたのは、鈴木の強力なリーダーシップによるとは言い難い。天皇の「思召」を探りつつ、抗戦勢力の叛乱や内乱の危機のなかで慎重に聖断のシナリオを練り上げてきた木戸幸一内大臣、米内光政海相、近衛文麿(元首相、重臣)といった指導者、そして昭和天皇の役割が重視されることが多い。後述のように、鈴木も聖断の意義を認める指導者として人後に落ちなかったが、立憲君主制のもとで聖断という国策決定のあり方は最も避けるべき選択であった。このことをよく自覚していた鈴木は、既存の会議体――閣議や最高戦争指導会議――における議論と合意を重視した。その鈴木がむしろ積極的に聖断という決定方式を選択したのはなぜか。本章の一つのテーマである。

鈴木は首相としての政治運営について、こう語っている。「余は閣議をリードすることもなく、もっぱら聞き役に廻り、意見は存分に述べて貰ふこととした。……余がかういふ方針をとったのは、真に国家が危機へ一歩一歩近づいている時に或る者の意見に依って他を押さえるといふことになれば、直ぐにも内閣は瓦解して了ふ。さうなればこの戦争の始末は誰がつけるか、まことに戦争終結への機会を喪ふことになる」[2]。首相在任中の鈴木は、「へたなことをするとクーデターが起こって収拾がつかなくなる。好機を待ってそれを捉えなくてはならない」と常に近親者に語っていたという[3]。従って、鈴木の閣議運営も、抗戦論を排除するのではなく、十分に耳を傾けることによって内閣瓦解を避けつつ戦争終結の機会をうかがうというスタイルであった。こうした迂遠な政治指導のあり方は、老いて強力なリーダーシップを欠き、その立場も動揺気味であったという評価につながっている。

他方、鈴木自身によれば、抗戦論を鼓舞する発言をしばしば行ったのは、「よし終結に導くとしても、国民の士気、軍の士気といふものは最後の段階に至る迄決して落してはならぬといふ信念」の故であった[4]。「国民の士気、軍の士気」を温存したまま終戦を導くという「和平戦略」の意味するところは、国体の破壊や民族の滅亡まで想定された「無条件降伏」を回避し、できるだけ有利な条件での終戦を実現することにあった。当時の内外情勢からすれば最も望ましい終戦のあり方ではあったが、和平条件、方法、タイミングのいずれの観点から見ても最も難しい道筋であった。

本章の目的は、こうした鈴木の和平戦略を念頭に置きつつ、主な指導者の言動の特徴を改めて検討することにあるが、注目すべき点は、未曽有の危機に直面しながら、鈴木が「非常時型」の指導体制を採らなかったことである。公的な最高意思決定機関として閣議を重視し、東条内閣のように首相が複数の閣僚を兼ねることもなかった。閣僚の輔弼権限を尊重しつつ、しかも閣僚の辞職や排除による内閣瓦解を避けることに腐心した。他方、終戦和平という、軍の命運を左右する重大な国策決定の場としては、閣議よりも、統帥部の代表者である参謀総長と軍令部総長を含む最高戦争指導会議がより重要であった。戦局が重大化するにつれ、最高戦争指導会議の比重は大きくなり、鈴木もこれを重視したが、鈴木にとって閣議はそれ以上に重要であった。最高戦争指導会議が憲法上は非公式の会議体であるというだけではなく、総辞職が直ちに未曽有の政治危機を招くという非常時であったからこそ、安定した閣議運営に留意するのである。

1　組閣と「六巨頭政治」——海軍温存・外交重視

◆組閣——海軍の温存

小磯内閣の崩壊(四月五日)と同時に、陸軍省軍務課は、新首班に要望するための組閣三条件を用意していた。それは①「飽く迄大東亜戦争を完遂す」、②本土決戦の為に必要とする施策を躊躇なく実行する、③陸海軍統合の実現に努力する、という三点を骨子としていた[5]。また、「新内閣構成員」として、総理に畑俊六元帥、陸相に阿南惟幾大将、海相には「陸海統合に熱意あるもの」を岡田啓介大将を通じて選任すること、という基準を定めていた[6]。これらの要望を踏まえ、同日の重臣会議では、東条英機大将が畑元帥を首班に推薦するものの、他の重臣や木戸内大臣に阻まれる。そこで、軍務課は、省部の主要局部長、次官・次長の同意を得て、組閣三条件を鈴木に提出する決意を固める。

軍務課からみれば、三条件等の要望は「現役陸軍将官首班」の成立を前提として作成されたものであり、海軍出身首班がこれらの条件(とくに第三項や陸相人事)をすんなりと受け入れるとは考えられなかった。

翌六日午前、新首班の大命をうけた鈴木は、杉山元《はじめ》陸相を訪問して陸軍の協力を求めた。杉山はあらかじめ省内で準備されていた上記三条件を伝えた。しかし、鈴木は「意外にも簡単に其の要望は『誠に結構なり』」と賛意を表したばかりか、自ら阿南大将の陸相就任を申し出る[7]。なぜ、鈴木は簡単に陸軍の要望を受け入れたのであろうか。

鈴木の和平戦略が軌道に乗るための要件の一つは、陸軍が提出するであろう「徹底抗戦論」を受け入れ、しかも陸軍中堅層の信望の厚い陸軍将官、すなわち阿南を陸相に就任させることであった。

第二の要件は、岡田をはじめ重臣間の一致した要望であった米内の留任であった。海軍部内に厚い支持があり、陸海軍統合に一貫して反対してきた米内の留任は、和平をめぐる閣内論議において阿南の発言を牽制・抑制する効果が期待できた。鈴木はただちに米内の留任について木戸の了解を得る。米内は小磯とともに協力内閣を率いてきたという責任から固辞し、井上成美次官や長谷川清大将を推したが、鈴木はこれを退け、米内留任にこぎつける[8]。米内の留任が濃厚となるや、吉積正雄・陸軍省軍務局長は、迫水久常新内閣書記官長と会見して、留任に反対の意思を明らかにしたが、組閣本部は米内留任を譲らなかった。

陸軍省軍務局は次官、大臣の了承を得て、米内留任と陸海軍統合問題との関係を明らかにするよう迫水に申し入れた。四月七日、組閣本部は、米内の留任は「陸海軍一体化実現可能の目途にて行ひたるものなり」と回答し、軍務局も納得せざるを得なかった[9]。こうして、阿南の陸相就任と米内留任という鈴木の構想は実現するものの、その代償として三条件、なかでも陸海軍の統合(第二項)の実現という難題を背負うことになった。

陸軍の立場では、水上艦艇の大部分を失った海軍を陸軍に吸収して、強力で敏速な戦争指導を行わなければ本土決戦の効果的遂行は望みえなかった。小磯内閣の末期ころ、統合は天皇の意向である、との「うわさ」が陸海軍部内に流れ、天皇の耳にも達した。そこで天皇は、統合を天皇自身の発意と思っている向きもあるが、そんなことは全然ないから、と鈴木を諭すほどであった[10]。

鈴木はこの問題で事務レベル折衝を避けていたが、四月二七日、自ら陸海軍首脳を首相官邸に招集して一挙に解決をはかる。珍しく鈴木が音頭を取った会合であった。鈴木は参会者の意見をそれぞれ述べさせた後、長時間にわたり建軍以来の陸海軍並立制の意義を説くと同時に、「ひとたび至尊より御下問ありたればとて、大御心もこの点に存すと早合点するの要なし」と統合は天皇の意思であるといううわさを否定し、陸軍の統合論を退けるのである[11]。この会合後、再び統合問題が議論されることはなかった。終戦の過程において、米内の役割はきわめて重要なものとなるが、「この米内の発言権は統合が実現していれば失われたはず」であった[12]。

つまり、陸軍の要望を全面的に受け入れるという鈴木の「譲歩」は、海軍の力を温存する、という和平戦略の一環であった。鈴木にとって米内留任は、単に一閣僚の選定の問題にとどまらない重要な意味があった。

◆六巨頭会談方式の意義――外交重視

終戦外交の最大課題はソ連の対日参戦の防止であった。中立条約の不延長通告（四月五日）と本土決戦（決号）計画の発令（四月八日）とは、この目標を切実なものとしていた。鈴木には、対ソ外交に通じた広田弘毅（元首相）が念頭にあったとみられる。木戸内大臣は重光の留任を進言したが、鈴木はこれを退け広田を推す。広田が東郷を推薦したため東郷に白羽の矢が立つことになる[13]。入閣を要請された東郷は、戦争の見通しについて鈴木の見方を問いただすが、「二〜三年は大丈夫と思ふ」との返事であったため、「私の考えと非常な差がある」と感じ入閣を躊躇した。しかし、最終的には鈴木から「あなたの言った考でやって貰へばいい」との言質を得て入閣を決意した[14]。こうして終戦外交は東郷一人に託される。

四月二二日、東郷を訪問した新任の河辺虎四郎参謀次長は、参戦防止を目的に「対蘇大工作を放胆果敢に展開することを「勧告」し、陸軍の全面支援を約束する[15]。そこで東郷は、こうした「軍部の希望」を利用し和平に導くことを決意したという[16]。それは、参戦防止を目的とした対ソ交渉を、ソ連を仲介とする和平交渉に転化するという極度に慎重を要する外交を意味していた。元来、陸軍が本土決戦を選択した重要な理由は、米英に「和平屈服」した場合、国体の破壊など過酷な無条件降伏を強要されると見通したからであり、本土決戦を控えて和平を前提とした対ソ交渉はあり得なかった[17]。そこで東郷は、参戦防止という陸海軍の要求を最高戦争指導会議の場において採りあげ、議論を尽すことによって政府・軍部の最高指導者の間に「和平機運の醸成」をはかるため、幹事（陸海軍軍務局長等）を交えない六巨頭会談とすることで構成員（六巨頭）の了解を取り付ける[18]。

実はこの「東郷案」以前に、梅津美治郎参謀総長が最高戦争指導会議の構成について、総理、陸海軍大臣、両総長の五名のみとしたい、との意見を内閣に伝えていた。「梅津案」の特徴は外相を除く点にあったが、その理由は「会議の目的を戦争指導の根本方針のみを議する機関とし、政戦両略の吻合調整は、専ら陸海軍大臣が当たればいい」との考えからであった[19]。しかし、鈴木は、構成員については現状のままとすること、定例化することなく「随時」に開くことで決着させる[20]。

鈴木が梅津案を退けたのは、外交と軍事戦略との補完関係が失われ、外交が本土決戦戦略に従属する地位におかれることを危惧したためであった。

◆対ソ交渉をめぐって

こうして人事と制度の両面において、鈴木の思惑に沿った終戦態勢が整い、最初の六巨頭会談（最高戦争指導会議構成員会議）が五月一一日から一四日まで開かれる。議題が用意されていた訳ではなかったが、東郷の思惑のように、六巨頭は対ソ交渉に関して、（第一項）対日参戦の防止、（第二項）好意的中立の獲得という従来からの交渉目標に、（第三項）戦争終結に関して有利な仲介をなさしめる、という目標を加えることを申合せた。鈴木は、「スターリン首相の人柄は西郷南州と似」たところがあり、「悪くはしないやうな感じがする」と楽観論を述べ、ソ連の好意的仲介に期待を寄せた。東郷はソ連の行動は「常に現実的で辛辣」であり、「日本式の考え」では危険であると窘めたものの、「無条件降伏以上の講和に導き得る外国ありとせば、ソ連なるべし」との考えでは一致しており、これに賛同した[21]。

また、六巨頭会談はこれらの目標にソ連を誘導するために、南樺太の返還、漁業権の解消、津軽海峡の開放、北満における諸鉄道の譲渡などの、大幅な代償提供を決定する[22]。しかし、米英側に提示すべき和平条件について議論が進展することはなかった。その前提である戦局観が陸軍指導者と、東郷とでは大きく掛け離れていたからである。阿南陸相が、「日本は未だ広大な敵の領土を占領しているのに反し、敵は未だ日本領土の一部に手をかけたにすぎない、英米との和平条件はこの現実を基礎として考慮しなければならない」と力説するのに対し、東郷は、「和平条件は現在の彼我の態勢ばかりでなく、将来の戦局推移も考慮して決定されるはずのもの」と応酬するなど、両者の議論は激しく対立した。結局、和平条件が定まらないまま、第三項の実行は当面見合わせ、元首相・広田弘毅をしてソ連の意向を打診することになった[23]。

こうして六巨頭間で対ソ交渉方針は定まるものの、断続的に開かれた六月の広田・マリク会談、七月の近衛（文麿）特使の派遣交渉を通じて、結局、第三項が発動されることはなかった。対ソ交渉は、参戦防止や好意的中立の獲得のための意向打診や瀬踏みにとどまり、近衛特使の任務が戦争終結に関する斡旋依頼であることが明確にソ連側に伝えられたのはポツダム宣言発表の直前、七月二五日であった[24]。

モスクワの佐藤尚武大使は、米英ソ三国が「緊密化の一途」を辿っている現状から、ソ連が日本の戦争継続を支持する行動を採ることはありえないことを再三指摘していた。佐藤から見れば、戦争終結の必要を認めたならば、速やかに終戦の意思を固めたうえ、ソ連に仲介を申し入れることが緊要であり、意向打診などのアプローチは「無益の交渉」でしかなかった[25]。

2 「六巨頭政治」の硬着化

◆「無益の交渉」の背景

六巨頭が戦争終結の意思を固めながら、なぜ、第三項を発動するタイミングを失して「無益の交渉」に三ヵ月近くも費やしたのか。

第一の理由として、阿南と米内に代表される戦局観の相違を挙げなければならない。五月中旬の最初の六巨頭会談における戦局観の対立は前述の通りであるが、同様の対立はポツダム宣言後まで埋まることはなかった。それがために、肝心の和平条件を自ら決定できなかった。たとえば、鈴木と懇意であった下村宏国務相は、五月八日のドイツ降伏後、陸海両相の足並みの不揃いを感じ、「陸海両相の戦局観を一致させ之に基いて総理に肚を決めて貰う」ため、左近司政三、安井藤治両相を誘い、阿南、米内、鈴木の六相懇談を五月末に開催した。だが、この懇談は両者の対立を「直接に総理や私共の前にハッキリさせられた」という結果に終わったという[26]。

この戦局観の対立はソ連参戦後まで続くが、軍事的勝算が失われた最終段階では、戦局観の相違はもはや和平条件を左右する要因ではなく、唯一の和平条件（国体護持）の可否を左右するのは抗戦能力の有無である、という逆転した発想から説かれるようになる。軍指導者は戦争遂行能力に疑問を抱きながらも、軍事組織としての輔弼・輔翼の任務に固執するのである。

第二は、六巨頭がそれぞれ輔弼・輔翼の責任範囲に固執し、相互に意思疎通を欠いていたことである。公的な会議体において指導者が輔弼・輔翼の責任範囲に固執するという傾向は戦時に限らないが、とくに敗戦の責任問題に直結し兼ねない戦争収拾に関する議論においては顕著であった。たとえば、米内は陸軍指導者を評して、「他人の居る前で話をする時と、二人切りで話をするとき時とでは可なり違ったことになって、……大勢の前では真実の腹が明せぬ怨がある。個人として話するときと陸軍として話するとき、まるで違って来る」と嘆いている[27]。

また、退任を控えた及川古志郎軍令部総長（五月末に豊田副武と交代）が、梅津参謀総長と二人だけで懇談した感想をこう述べている。「戦局に就いても非常に心配して、沖縄の補給のこと等も何とか工風は無いものかといふ調子で、相当考へていると思った。所が総理以下皆が集まると急に強くなって来る」[28]。こうした傾向は、六巨頭相互にある種の不信感を生み、意思疎通の欠如をもたらす。下村や左近司が、六相懇談の機会を設けたのは、陸相、海相は「相互に意見を交換し調整しようと云う模様」が見えず、また、「各自の進言に総理特有の茫洋たる反応を自分の都合のいいように解釈しているのではないか」と観察していたからであった[29]。

第三は、鈴木首相が描く終戦への道筋（とくに条件とタイミング）が明瞭でなかったことである。鈴木は戦後の自伝に、「沖縄戦においてある程度先方を叩いたら和議を踏み出してみようと思っていた」[30]と記すが、沖縄戦の敗北が決定的となった六月に入っても、自ら終戦に向けて行動を起こすことはなかった。それどころか、高い調子で戦争継続をうたった「戦争指導の基本大綱」を積極的に受け入れるのである。陸軍側で起案され、内閣が引き取る形で御前会議（六月八日）に提出された「戦争指導の基本大綱」は、「帝国は戦政一致飽く迄戦争を完遂し以て国体を護持し皇土を保衛し征戦目的の達成を期す」ことを「方針」に掲げていた[31]。「征戦目的の達成」という文言は内閣において挿入されたものであるが、鈴木は、「余としては戦争終末への努力の足がかりが出来たやうに思はれた」と記す[32]。なぜなら、戦争目的が国体護持と皇土保衛に限定されたことは、もはやアジアの占領地や植民地（朝鮮が皇土保衛に含まれるかは微妙であったが）の放棄を前提に、国体護持という目的が達成されるまで、戦争を完遂するという趣旨となったからである。

ここに鈴木は、もはや国体護持と本土を残すのみ、という条件で終戦の意思を固めたと思われるが、これを明言することはなく、抽象的に「必勝の信念」を声高に説くばかりであった。沖縄守備隊の全滅に際しての六月二六日のラジオ放送や内閣告諭も「不動の必勝の信念」を披歴するのみで、これを聞いていた芦田均は「率直に言へば一国の首相として何の見識も抱負もない演説であり、……本土で必ず勝つと総理は言ふけれど、国民として何故必ず勝つのか其根拠が聞きたいのである」と記す[33]。

ところで、六月八日の御前会議には「戦争指導の基本大綱」と併せて「国力の現状」が提出されている。鈴木が綜合計画局に調査を命じていたものであった。この「国力の現状」は、船舶輸送力の激減、鉄鋼、船舶、航空機など重要生産の危機、食糧の逼迫など深刻な実情を率直に述べ、「近代的物的戦力綜合発揮は極めて至難となるべく民心の動向亦深く注意を要するものあり」と指摘していた。この判断を基礎とすれば、徹底抗戦を説く「戦争指導の基本大綱」との矛盾は明らかであった。六巨頭会談においても、「国力の現状」

における悲観論と「戦争指導の基本大綱」における強硬論とのアンバランスは構成員の目にとまった。東郷外相は、「国力の現状」が生産の増強は困難としながら、戦争継続の条件として生産増強を挙げている点を鋭くついた[34]。

東郷は、戦争指導大綱における「戦争完遂」の強調は「表向」であり、五月中旬の「構成員会合の申合わせに就きては何も知らぬ幹事連の作文」[35]と自らに言い聞かせた。しかし、そう割り切るには、あまりにも重大な御前会議決定であった。東郷の失望は鈴木首相に向けられる。「鈴木総理が何を考えて居られるか解らなくなった。陸軍は解って居り予期した処だが、総理は一体国をどこに持って行かれるつもりか」[36]。

◆木戸のイニシアティヴと「黙殺」談話

六巨頭政治が硬着状態に陥っているとき、戦争終結に向けてイニシアティヴをとったのは木戸内大臣であった。木戸は、六月八日、「陸軍が本土決戦を呼号して大軍を編成し、国民に声明せる手前、国策の転換、本土決戦に対する見透しにつき、正面から腹を割ることは無理なるべし。従ってかかる際には、政治家が悪者となる必要あり」と語っている[37]。木戸の決意を促したのが、「国力の現状」と「戦争指導の基本大綱」との矛盾であった。木戸は早速、「時局収拾の対策試案」を書き上げる。この木戸「試案」は、天皇に「御勇断」を求め、天皇の親書を奉じてソ連に仲介を依頼し、「名誉ある講和」に導こうとするものであった[38]。すなわち、五月中旬の六巨頭会談の合意のうち、第三項(ソ連への和平斡旋依頼)を直ちに発動することを意味していた。六巨頭間の申合せを知り得なかった木戸が、奇しくも同じ目的のために動き出したのである。

木戸は、米内、鈴木、近衛、東郷、そして阿南と懇談を重ね賛同を得ていく[39]。この過程で木戸は、鈴木と米内も国策転換の必要性について「同じ考え」であること知ったという[40]。難関は阿南陸相であったが、六月一八日の両者の懇談が実現する。木戸は、本土決戦において敵に大打撃を与えることは不可能であるとして「試案」の方向で国策転換の必要を力説した。阿南は「上陸間際に於て敵を叩き度いと云ふ気持ちは捨てなかった」が、「試案」の考え方にはほぼ賛成する[41]。ここに鈴木は木戸とはかって、即日、六巨頭会談を招集した。阿南や梅津は、本土決戦の戦果の上に和平交渉に着手すべきという持論を展開したが、発動の時機と方法に「至大の注意を払う」との条件のもとで第三項の発動について合意し、再びソ連側の意向を打診することになった[42]。

この合意は天皇にも伝えられ、六月二二日には天皇の発意によって六巨頭の懇談会(秘密御前会議)が開催される。複数の情報から、もはや本土決戦が不可能であることを確信するにいたっていた天皇は、戦争継続は尤もであるが時局収拾の考慮も必要、として参会者の発言を促した。六巨頭は、改めて五月中旬の申合せを確認したうえ第三項の発動について合意した[43]。この御前における合意について、木戸は六月八日の御前会議決定を「飛び越ゆる」ものと語ったが、最高決定を覆したわけではなかった。「決戦もやる、外交もやる」[44]という鈴木の理解が六巨頭のそれを代表していた。いずれにせよ、木戸の「試案」をもってする説得工作の成功が「六巨頭政治」の硬着化を打ち破るかに見えた。

しかし、第三項の発動はなおも困難であった。米英に提示する和平条件が定まらないままの対ソ交渉は、相変わらず「意向打診」に目標が置かれていたからである。七月七日には、業を煮やした天皇が鈴木を呼び、対ソ交渉について「腹を探ると云ひても時期を失しては宜しくない故、此の際寧ろざっくばらんに仲介を頼むことにしては如何」と述べ、親書を携えた特使派遣を自ら提案している[45]。ここに近衛特使派遣が目標となるが、ソ連の意向を打診するという交渉姿勢は何ら変わらなかった。

和平条件と対ソ条件とは、近衛の派遣決定とともに改めて六巨頭間の議論となっていたが、最後まで合意にいたることはなかった。たとえば、七月一四日の六巨頭会談では、随員と条件が議題にのぼった。阿南は、日本領土で占領されている地域は硫黄島と沖縄のみであり、「全般的に見るならば戦争は負けていないのだ、その建前を基本として考へてやる必要がある」との主張を繰り返すのみで、東郷や鈴木は特使派遣交渉それ自体の挫折を恐れて条件の議論を避けていた[46]。

さて、七月二六日に発表の米英中の降伏勧告——ポツダム宣言への対応について、外務省や東郷は、その原則的受諾に一致するのに時間を要しなかった。しかし、近衛特使派遣をソ連に打診中の政府としては、その内容とは別に、「ポツダム共同宣言に対するソ連の立場如何」がまず問題であったからである。七月二七日の閣議や六巨頭会談においても、鈴木と東郷は即時拒絶論を押さえて、暫く意思表示をしない方針を貫く[47]。二八日午前、東郷はポツダム宣言への態度表明はソ連の回答を待って行う旨を佐藤大使に打電する[48]。しかし、当面、意思表示をしない方針は、鈴木自身によって破られる。陸軍の主張する拒絶論を抑え切れず、二八日午後の記者会見で鈴木が「黙殺」談話を発表してしまったからである[49]。連合国に対して公式に伝達されたわけではなかったが、事実上の「拒絶」回答として連合国側に受けとめられ、ソ連参戦や原爆投下の口実の一つとなった[50]。

鈴木の黙殺談話は「私は三国共同宣言はカイロ会談の焼き直しと思ふ」と軽く述べているが、実際、カイロ宣言の発表の際、政府はこれを重視せず「黙殺」方針を公表している。それと同じ扱いであった。ソ連に頼る以外に終戦方策について定見のなかった指導者の姿が垣間見える。

3 「聖断」と指導者群像

◆国体護持の条件

八月初旬の六巨頭の関心は特使派遣問題に対するソ連の回答に集中していた。ソ連がポツダム宣言に加わっていなかったことも、その「自主的行動」への期待を高めていた。この頃、米内の腹心であった高木惣吉は次のように記している。「戦局転換の必要性切迫し来れるも、蘇の情勢も判らず、米英支の真意も読めず、全く進退両難の形なり。内閣諸公、殊に戦争指導責任者の歩調揃はず、局面打開の政治的努力も足らず、歯痒きことのみ多し」[51]。戦争指導者のこうした「進退両難の形」に衝撃をもたらしたのは原爆とソ連の参戦(ポツダム宣言加入)という「外圧」であった。二つの「外圧」の重要な意味は、和平方策としては第三国(ソ連)仲介の可能性を失わせ、六巨頭の関心を対米直接交渉によって国体護持という絶対条件をいかに確保するかという問題に収れんさせたことである。

ソ連参戦の報に接した鈴木は、「陛下の思召を実行に移すのは今だと思った」という[52]。このころの鈴木には、和平条件については皇土保衛(本土確保)と国体護持、終戦方策については「聖断」以外、念頭になかった。前者については、ポツダム宣言の解釈について外務省(東郷)に従い、後者については、そのタイミングを木戸の判断に仰ごうとしていた。こうした思惑のもとに、鈴木は八月九日から一四日にかけて、六巨頭会談と閣議を頻繁に開催し、もっぱら「進行役」を務めたかにみえる。

これらの会議の争点は、一〇日未明の御前会議における第一回聖断までは、「国体護持」という絶対条件に他の三条件(①自発的武装解除、②戦争犯罪人の自主的処罰、③保障占領の回避)を付加するか否かであった。東郷、米内が国体護持のみを留保した受諾を、阿南、梅津、豊田が他の三条件を付加する必要を主張し、互いに相容れぬ対立に陥る。鈴木は自らの意見は述べないまま聖断を仰ぐ。天皇は「東郷案」を採用し、国体護持の一条件による受諾を決定した。連合国に対する受諾電では、当初案は、「天皇の国家統治の大権を変更するの要求を抱合し居らざることの了解の下に受諾す」と、一方的に言い放つはずであったが、御前会議を経て、この解釈の正当性について連合国側の意思表示を求める文言が付加される。

八月一二日に到着した連合国の回答(バーンズ回答)は、第一項で、天皇の国家統治の権限が、「連合国最高司令官の制限の下に置かるるものとす」と規定し、さらに第四項では日本国政府の最終的形態は「日本国国民の自由に表明する意思に依り決定せらるべきものとす」と規定していたため再照会論が相次ぐ。とくに第四項について国体は民意に問われるべき性格の問題ではないとする平沼騏一郎枢相や豊田総長、安倍源基内相らであった[53]。鈴木もこうした意見の前に再照会論に傾く[54]。バーンズ回答によって、六巨頭間の争点は国体護持を確実にするために連合国に再照会するか否かに移っていた。そのため、鈴木の「変節」は重大であり、天皇も、その独白録のなかで「心境の変化」を見せてきた鈴木に東郷をして話し合いをさせ、「鈴木の気持を固めさした」とわざわざ述べている。その東郷も、鈴木の「変節」に側近に辞意を漏らすほどであった[55]。後述のように、国体護持にとって、どの選択(受諾か、再照会か、戦争継続か)が最も危険が少ないか、という観点から問題をとらえていた鈴木にとって、再照会も耳を傾けるべき選択肢であった。

◆東郷と阿南

ところで、八月九日から一四日まで断続的に続く六巨頭会談において、目立つのは、一条件(国体護持)に頑なまでに固執する東郷の姿勢である。たとえば、九日の二回目の閣議で、下村国務相は、保障占領や武装解除について「『希望』として申し添えるのであれば差し支えない」と述べたが、東郷は賛同することはなかった[56]。さらに、バーンズ回答への対応が議論となった一三日の六巨頭会談で、豊田総長は、第四項の解釈について意見を述べておく必要を力説するものの、東郷は、それらの注文は外交交渉の妨げとなり、危険であると譲らなかった。また、同日の閣議で、阿南が武装解除と保障占領は交渉の余地あり、と翻意を促しても応じなかった[57]。「東郷と云う人は外交のことは一切他の大臣の干渉を許さぬと云う立場を余りに厳に固執して居た」[58]と評するのは左近司国務相であるが、今日の眼からは、いくつかの希望や条件を新たに持ち出すことは、さらに戦争の結末を困難なものとしたことは確実である。その点では東郷の姿勢が功を奏したことになる。

だが、非妥協的な東郷の態度は六巨頭間の調整や合意を困難なものとしていたことも事実である。戦争継続論を主張していた安倍内相は、「東郷の言うとおりに、無条件にポツダム宣言を呑むということで仮に閣議がまとまっていたということになったら、おそらくクーデターで鈴木内閣は倒されたと思います」と戦後語っている[59]。その意味では、東郷の立場に原則的に与しない指導者の存在は不可欠であったのであり、鈴木が阿南や豊田を議論の土俵から排除しなかった理由の一つであろう。

その東郷と対照的な立場を貫きながら、閣議の機能を崩壊させなかった阿南の言動も注目に値する。鈴木は、阿南が「抗戦のみを主張する人ならば、簡単に席を蹴って辞表を出せば、余の内閣など忽ち瓦解して了うべきものであった」と回顧する[60]。その阿南がクーデター計画にも賛同せず、単独辞職といった行動に出ることがなかったのは、もはや戦争継続は不可能と判断しており、議論の場では「下の方の強硬な意見」に配慮していたから、というのが通説的な解釈であろう[61]。東郷は、第一回御前会議が一条件のみを提出することになったにもかかわらず、阿南がバーンズ回答が不十分であるとの理由で三条件を再び持ち出したことに「前の阿南君とは少し違ふ……下の方から押されている」と思ったという[62]。

ただ阿南は、八月九日の閣議で「皇室保全の確証」がない限り、戦争を継続することについて、鈴木や米内ら主要閣僚の確認をとりつけていた[63]。その阿南としては、陸軍省内の国体護持に関する強い懸念に同調し、再び四条件を主張したものであろう。しかし、阿南は聖断に従い、その後の閣議でも異論を述べることはなかった。

終戦の詔書に「朕ハ茲ニ国体ヲ護持シ得テ」という言葉がある。八月一四日の御前会議後の閣議で「相手方の確認が得られないにしても、詔書のなかに一句を挿入して、みずから宣言すべきだ」と阿南の主張によって残されたものであった[64]。詔書作成にかかわっていた大東亜次官・田尻愛義《あきよし》は、「国体の本義」とは、日本人に培われた「特有の民族感情と意識、国民道徳」であるとし、「国体の『護持』というのは国民の側が使う言葉であって天皇の言葉ではない」として、詔書から「朕茲に国体を護持し得て」の部分の削除を主張した。しかし、阿南は、「軍が部隊の反乱を抑えるのにどうしてもこれを必要とする」と主張して譲らなかったという[65]。なお士気旺盛な内外地軍隊の武装解除と復員を円滑に進めるためには、国民や政府ではなく天皇自身が国体を護持しえたという確信を有していることを詔書に示す必要があった。

終戦後の陸軍は、その解体まで天皇大権が維持されたという自己認識を保持し続けることとなる。たとえば、皇室批判の自由を許容した一〇月四日の覚書について、陸軍はこれをポツダム宣言の逸脱であり、「天皇主権の侵害ならずや」と受けとめたことは、そのことを物語っている[66]。こうした配慮は、陸軍の復員と武装解除の実施に効果があり、終戦処理が平穏になされた重要な理由であろう。

◆鈴木の指導力

鈴木は閣議における閣僚の結束をきわめて重視した。たとえば、国民義勇隊の管轄問題で、鈴木は、内務省管轄を主張して譲らない安倍内相を意識し、「個人の意見では内閣直属が最も良いが、そう発言すると安倍内相は怒って、辞表を出すかも知れない」として、内閣直属案を自発的に撤回することで決着している[67]。その外にも、陸相など重要閣僚の辞職の危機に何度か直面したが、結局、最後まで閣僚の異動はなかった。

最終局面における鈴木の閣議運営にも触れておこう。鈴木は自伝のなかで、ソ連参戦後、輔弼の責任上、総辞職も考えたが「自己一身の全責任をもって、この戦争の終局を担当しようと決意した」とも語っている[68]。実際、八月九日の午後の閣議で、太田耕造文相が、ソ連仲介の外交工作の失敗からも、ポツダム宣言受諾をめぐる不統一からも内閣は総辞職すべきである、と述べたが鈴木は断固として退けている[69]。

他方、和戦に関する鈴木の態度はなお曖昧であった。

だが、八月一三日の鈴木は違っていた。「ほとんど自分の意見をのべなかった」鈴木が、前日までの曖昧さから脱し、午前の六巨頭会談では明確に受諾論を主張し、午後の閣議では、厳然たる態度で全閣僚の意見を順次求め、聖断による決着を明言している。翌一四日午前、天皇自身による招集という形で、六巨頭に閣僚や幹事、枢府議長を参集させた最後の御前会議が開催されるが、その迅速な段取りは、前夜来の木戸と緊密な連携のもとでの鈴木の果敢な行動によるところが大きい[70]。

山場は一三日午後の閣議であった。難解な鈴木の発言記録を読み解くと二つの点で注目すべきものがある。第一は、そのまま受諾、再照会、戦争継続という三つのうち国体護持にとって最も危険の少ない選択肢は何か、という観点から、自身の判断としては受諾を匂わせつつ、「危険あるも御聖断に依るべし」と最終判断を天皇にあずけていることである。この点については後述するが、天皇との深い信頼関係がなければこうした発言は不可能であっただろう。その点では天皇は、そのまま受諾という選択を一貫して保持していたことが政治的分裂と迷走を防いでいた[71]。

第二は、「将来の心配は保障占領と武装解除なり、大阪城の夏陣の危険なきや。不注意なれば此の二の舞を演ず」と述べている部分である。「大阪城の夏陣」とは、徳川家康が大阪の陣の停戦後に約束を正しく履行せずに内堀を埋め、豊臣家を滅ぼしたことを指している。宣言受諾後に連合国が「条件」を正しく履行しなかった場合、抵抗する武力を持たないとすれば国体護持が事実上、不可能となることをおそれていたのである。したがって、宣言からは「米国の悪意」は読み取れない、と述べたのは、「悪意」の有無が重要な判断要素となっていたことを物語る。外務省の解釈への信頼は、結局、米国への信頼を意味したのである。後述のように鈴木と天皇の判断を支えたのは、そうした信頼感であった[72]。

◆「六巨頭政治」の功罪

六巨頭会談方式は、和平問題が国内問題に巻き込まれるのを回避することをねらいとして設定されたものであった。ことに陸海軍の指導者を中堅層の徹底抗戦論から解放して六巨頭間の自由な議論の場に引き入れ、戦争終結の意思を共有させることにねらいがあった。そのねらいは一定の成功を収め、六巨頭の合意が下部機構に漏れるのをある程度防ぎ、「聖断」にいたるプロセスにおいて重要な意味をもった。さらに、ソ連参戦後に連続して開催された六巨頭会談を通じて、国体護持こそが絶対的な条件である、という明快な理解を六巨頭に共有させたことが、速やかな聖断につながったといえる。

しかし、六巨頭政治は、早期和平という観点からすると却って阻害要因となった面がある。その一つは、六巨頭が一致してモスクワに照準を絞ったことで、高木や近衛の念頭にあったような対米英直接交渉や、スイス、スウェーデンなど中立国を通じた和平アプローチを閉ざしたことである。少なくとも六名の指導者がそれらのアプローチを積極的に取り上げることはなかった。さらに重要な点は、ソ連に対する大幅な代償提供こそ合意されたが、肝心の英米に対する和平条件について、六巨頭が互いに牽制しあうなかで合意に至らず、対ソ交渉をきわめて困難なものとしたことである。

これらの欠陥は、六巨頭政治の硬着化を打開する指導者が不在であったというより、とくに軍部指導者が、それぞれ依拠する組織の主張から自由ではあり得なかったことに由来するであろう。例外は米内であり、腹心の高木に支えられた揺るがぬ終戦論は、聖断を導いた立役者の一人であった。

六巨頭のみが国家の最高意思を共有するという決定方式によっても国内的配慮と切り離し得ず、それを克服する唯一の方法として「聖断」の活用が浮上するのである。だが、聖断シナリオ自体は、六巨頭間で案出されたものではなく、組織の論理や輔弼・輔翼の役割から自由でありえた木戸や重光葵、近衛によって密かに検討されてきたものであった。

おわりに――再考・鈴木貫太郎の「和平戦略」

◆鈴木と日米戦争

鈴木は、在米経験がほとんどなく、米国事情にも通じてはいなかったが、日本とともに太平洋の平和を担う海洋国家として、戦争突入後も米国と米国首脳に対する信頼感を失っていなかった。内閣成立直後には、ルーズベルト大統領の死(四月一四日)を悼む首相メッセージを送り、これに対して、ドイツ外務省が遺憾の意を表明し、在ベルリン日本領事が欧米人と日本人の死生観の相違を説明して弁明に努めるという一幕もあった[73]。

鈴木一（鈴木の次男）によれば、議会召集を嫌がっていた鈴木が、六月初旬の臨時議会開催に応じたねらいの一つは、施政方針演説を通じた「米国に対する呼び掛け」であった[74]。この首相演説（六月九日）は、「天皇陛下ほど世界の平和と人類の福祉とを冀求遊ばさるる御方はない」としたうえ、一九一八年に、練習艦隊司令官として寄港地のサンフランシスコにおいて行った演説――太平洋は名の如く平和の洋にして日米交易の為に天の与へたる恩恵である。若し之を軍隊輸送に為に用ふる如きことあらば、必ずや両国共に天罰を受くべし――を引用しつつこう述べていた。日米は戦う理由がないとの演説の真意を米国は了解せず、不幸にも両国は戦争に突入したが、米側が国体を破壊する無条件降伏を要求する限り、日本は戦い続ける、と[75]。議会では「必ずや両国共に天罰を受くべし」とする部分が衆議院戦時緊急措置法案委員会において問題化し、一時は護国同志会を中心に倒閣運動にまで発展したことは良く知られているが、演説の趣旨は、国体護持こそが日本の和平条件であるというメッセージを含意するものとみなすことが可能である[76]。

ちなみに、鈴木演説に注目した米国戦争情報局（ＯＷＩ）のザカリアス大佐は、鈴木演説は「表向きは戦いについて述べているが、内心では平和を考えていることを明瞭に示す証拠であった」と記し、その重要性に注目していたことが解る[77]。

鈴木が様々な形式で発した対米メッセージは、米国と米国人に対する素朴な信頼感に由来していたように思われる。鈴木は戦後の文章のなかで、敗戦国が復活するためには、「国々の信用を回復する」ことが第一と書いている。「信用」や「信義」を失うことを意味する長期の戦争や消耗戦は避けねばならなかった。したがって、鈴木にとって戦争とは、「あくまで一時期の現象であって、長期の現象ではない」。いったん戦端を開けば、「戦うべき時機を十分に策定して戦い、矛を収める時は速やかに収める」という合理的判断が重要であった[78]。

また、鈴木は、戦争に正邪を認めず、アジアの解放や独立といった理念や正義の問題としてとらえることにも消極的であった。国体護持や皇土保衛に戦争目的を絞り、大東亜共同宣言や鈴木内閣時の大東亜大使会議宣言のように、国際秩序の構想を戦争目的に掲げる意味を認めなかった。鈴木が発した幾つかの対米メッセージも、天皇の平和志向と、国体護持こそが日本の戦争目的であることを示そうとしたもので、それ以上ではなかった。

鈴木にとって幸いであったことは、収拾すべき戦争が中国やアジアを舞台とした戦争ではなく、もはや軍事力の戦いに収斂していた終末期の日米戦争であったことである。

◆聖断の「活用」

鈴木は後に、二度の「聖断」について「真に国運を左右するような非常事態に立ち至って、論議が決定せぬときには、国の元首たる陛下のご裁断を仰ぐべきが、真の忠誠の臣のなすべき道である、余はかねがね考えていた」と語っている。また、四月末に陸海軍の並立の意義を説いて陸軍の統合論を退けたとき、鈴木は両統帥部長の「意見が相違して対立した場合には、その決は直ちに大元帥陛下にお願いして御親裁を請う、それでよいではないか」とも述べている[79]。

鈴木は、こうした観点から、政府が開戦を決意した後に「裁可」を仰いだことを批判し、総理は和戦の決断を天皇に仰ぐべきであったという。立憲君主に徹し、最後的決断を求めないことが明治憲法下の政治指導者の行動準則であったとすれば、鈴木のそれは逆であった。ただし、天皇に最後的決断を求めるとしても、政治的責任は補弼者たる総理が負うべきであり、国家意思は「聖断」によって定まったものではない、という法的形式を完全に整える必要があった。鈴木が戦後、極東国際軍事裁判所に提出した「供述書」において、

「受諾の国家意思の最後的決定は何時か」との質問に、「我が国に於いては、〔ポツダム〕宣言の如き停戦勧告の受諾は、内閣の輔弼に依り決せられるものにして、……宣言の受諾は四五年八月一四日の閣議に於ける閣議決定を上奏し、御裁可を経て決定せるものなり」と述べている[80]。この説明が実態とは異なっていることは言うまでもないが、最後まで憲法上の内閣輔弼の形式に固執した鈴木の姿勢を良くあらわしている。

こうした鈴木の終戦指導について肯定的な評価がある一方、輔弼の責任を放棄したものという批判がある。たとえば、徹底抗戦の立場で陸軍を激励していた護国同志会の中谷武世は、こう批判している。明治憲法は、宣戦講和の大権事項といえども天皇の独断専行が許されたわけではなく、必ず国務大臣の輔弼を通じてこれを行うことが厳に規定され、「閣議に於て一人の閣僚にても異を唱うものがあれば、直ちに内閣の総辞職を決行」すべきであった。従って、閣議を多数をもって押し切り、閣内不統一のまま聖断に持ち込んだことは輔弼制度の蹂躙であった[81]。

中谷のような批判は閣内でもなされていたが、鈴木はこれを退け、敢えて「聖断」を選んだ。それによって「静かなる終戦」(鈴木の言葉)が可能となったものの、他方では、明治憲法体制という統治システムは、異例の聖断によってもはや破綻していたことになる。換言すれば、明治憲法体制を逸脱する輔弼制度の運用によってこそ、粛々たる終戦が可能だったのであり、鈴木が聖断の正当化にあたって内閣輔弼の「法形式」に固執した理由もそこにあった。いずれにせよ、多くの指導者にとって、「聖断」という方式が避けるべき選択であったのに対して、鈴木にとっては活用すべき選択であった。最後的決断はいつでも天皇に委ね得るという自覚のゆえに、本土決戦態勢を緩めることなく、他方で和平のタイミングを探るという二面的な和平戦略も可能であったと思われるのである。

第9章

近衛文麿の戦後と「国体護持」

——「家柄」と政治指導

庄司潤一郎 SHOJI Junichiro

はじめに

戦後の近衛文麿の言動については、主な伝記[1]において各々一章が割かれ一定の記述がなされているが、戦後を対象とした詳細な研究はほとんどないと言っても過言ではない[2]。近年の特色は、近衛の自殺に焦点を当てたノンフィクションがいくつか刊行された点である[3]。

戦後の近衛は、矢部貞治が「戦争前は軟弱と侮られ、戦争中は和平論者だと罵られ、戦争が終ったら戦争犯罪人として指弾された『運命の児』近衛文麿」[4]と評したように、戦争犯罪人に指定された側面が強調されてきた。さらに、近衛の自殺の報に接した昭和天皇の「そう、近衛は気が弱いからねえ」[5]との発言、巣鴨拘置所に収監された元商工相の伍堂卓雄の「少し神経が細すぎるな。また責任回避か。こんどはあの世に逃げこんだわけだ」[6]とのつぶやきに見られるように、性格的弱さ、優柔不断、行動力やリーダー・シップ不足という近衛の全人生を通して指摘される従来の近衛像[7]の枠内で語られることが多い。

しかし、終戦から自殺までのわずか四ヵ月の期間ではありながら、ダグラス・マッカーサー連合国最高司令官との二度におよぶ会談や憲法改正など、活発に行動した。その間、国内外から戦争犯罪人といった厳しい批判を受けつつ、これまで見られなかった積極性と強靭さが示されたのである。終戦という近代日本にとって激動の画期点において、こうした近衛の言動が大きな役割を演じたことは否定できない。したがって、法律学（日本国憲法史）の分野では、憲法改正の観点から、戦後の近衛および近衛の関与した憲法改正草案が大きく取り上げられている[8]。

そこで、本章は、終戦から自殺にいたる期間の近衛の言動、自殺の背景などを分析することにより、危機の時代の政治指導者のあり方を検討するものである。

1 マッカーサーとの会談と憲法改正の着手

日本が終戦を迎えるに際して、「国体護持」を目的とする早期講和を目指していた近衛の尽力は大きいものがあった。したがって、当時近衛は、戦争責任は陸軍にあり、戦争の回避と終戦に尽力した自身が戦犯に指定されるとは考えていなかった[9]。確かに、『朝日新聞』が、近衛が国務相（無任所）として入閣した東久邇宮稔彦内閣成立を報じる紙面において、「近衛公の役割に期待」と題して、「近衛公は国務大臣として入閣したが、名実ともに副総理といふところ、今後の近衛公の役割は重い」（八月一八日付）と論じるなど、好感をもって迎えられた。さらに、当初は、米国人の近衛に対する印象も悪いものではなかった。たとえば、同志社大学名誉教授（GHQの民間情報局の一員として進駐）のオーテス・ケーリは、「近衛は、日本に関心を持つアメリカのインテリに人気があった。戦後の日本は、近衛のような人物を中心にして―というような構想を、日本の捕虜に語ったアメリカの将校は少なくなかった」と述べている[10]。

戦中より連合国の対日処理方針を注視していた近衛は、終戦後、ほかの政治家以上に「国体」をめぐる情勢を深刻に憂慮し、GHQ（連合国最高司令官総司令部）の動向に関心を払いながら、「国体護持」のために具体的な行動を探っていた。

第一に、天皇退位による「国体護持」の模索である。退位の検討は、一九四三（昭和一八）年夏以降、具体的に話し合われていた[11]。終戦直前の一九四五年六月にも、「譲位ハ強要ニヨル形ニセズ、其ノ前ニ御自身ノ自発的形式ヲトル。重臣其他モ皆引責スル。……摂政ハ勿論、高松宮カ（秩父宮？）」[12]と語っていた。

こうした思考の背景には、天皇と「国体」とを峻別し、後者をより優先させるという近衛独特の認識が存在していた。ジャーナリストの高橋紘は、「近衛が天皇個人に深い親しみを持つとともに、天皇家の存続のためには、一人の天皇に対しては無慈悲になれるという一見矛盾した両面を合わせ持っていたことがわかる。それは近衛の個人的な資質というより、むしろ千余年にわたって天皇家を守りつづけてきた〝側近中の側近〟としての使命感の現われ」[13]と評している。

近衛は戦後も天皇退位を積極的に主張し、以下のように述べていた[14]。

「こちらがグズグズしていると陛下にも、天皇制そのものにも向こうから手を打たれる恐れがある。国体については国民投票をやって、天皇制を確立するのがよいと思う。陛下は御退位になって、高松宮が摂政になられるのがよいのではないか」

天皇自身も、八月二九日、戦争責任者処罰の問題に関連して、「自分が一人引受けて退位でもして納める訳にはいかないだろうか」と述べ、退位の意向を示したが、木戸幸一内大臣や宗秩寮総裁の松平慶民らは、国内に動揺が生じ却って戦犯とされる危険があるとの現実主義的な立場から反対し、当面は見送られることになった[15]。

第二に、外国人、とくに米国人に対する積極的な接触である。これは、米国側の状況を掌握すると同時に、米国世論を日本に有利に導くことを目的になされた。まず、九月一〇日、軽井沢でフランスのアヴァス通信社のロベール・ギランと会い、日本は将来軍国主義化することなく、民主的で平和な国家になるので信頼して欲しいとしつつ、「私が勝者に望みたいのは、日本の効果的な管理統治で、軍隊の力で無理やり押しつける懲罰と復讐の政治ではない」と忠告していた[16]。

九月一一日には、『ニューヨーク・タイムズ』の記者フランク・クラックホーンと会い、三日後の一四日に、天皇に対する米国の世論を好転させるために天皇が米国民に対して「メッセージ」を出してはとの忠告を受けた近衛は、早速吉田茂外相や石渡荘太郎宮内大臣に働きかけ、最終的に二五日、クラックホーンとUP通信社社長のヒュー・ベイリーが個別に天皇に拝謁、会見を行った[17]。会見は米国で大きく報道されたが、平和主義者で英国のような立憲君主としての天皇を強調する内容であった[18]。

同じ頃並行して近衛は、井川忠雄を介して、近江基督教伝道団のメレル・ヴォーリズ（William Merrel Vories. 日本に帰化、日本名は一柳《ひとつやなぎ》米来留《めれる》）に、「マッカーサーが受け容れるに足る『天皇の一言』を含む詔勅、または宣言文」を依頼、九月一二日にヴォーリズから草案を得、満足したとされる[19]。

米国への接触の最大の相手は、もちろんマッカーサーであった。マッカーサーとの会見実現に向けて、様々なルートで働きかけがなされた。近衛は、前述したヴォーリズに、「マッカーサー元帥との会見の段取りすることと、同時に天皇は連合国が考えているような軍国主義者ではないこと、の二点を伝えてもらいたい」と依頼している[20]。一方、原口初太郎元陸軍中将に依頼、原口は旧知の米国第八軍司令官のロバート・アイケルバーガー中将に面会、会見を要望、最終的に原口ルートにより実現することになる。

こうした、天皇退位をも視野に入れつつ、米国側に迅速かつ積極的に働きかけた点は、当時米国国内では、天皇を戦争犯罪人として裁判にかけるべきとの世論が散見されただけに、注目すべき行動であった。

こうして、九月一三日、第一回目のマッカーサーとの会談が行われた。会談の印象を、近衛は、以下のように述べている[21]。

「米軍は日本の軍閥の外形を破壊したるを以て、近衛公等がその内実を破壊すべき任務を有すと。彼は軍閥に対する徹底的嫌悪を示したるも、その知識は極めて浅薄なるものの如しと」

そのため、近衛が満州事変以来の日本の政情について説明したものの、マッカーサーは興味を示さなかったが、近衛は、天皇が終戦のためにいかに尽力したかも力説した[22]。さらにマッカーサーは、「日本の民主化のため努力することが公のためでもあり、日本のためでもある」と、具体的に憲法改正は明言しなかったものの、かなり踏み込んだ発言を行った[23]。そのため、近衛は、通訳が下手で十分意思疎通が出来なかったこともあり、マッカーサーの意思を確認するために、第二回目の訪問が行われることになった。

一〇月四日に行われた第二回目の会談[24]では、近衛は、軍閥とともに封建的勢力や財閥などを除去すれば、日本は容易に共産化するであろうから、同勢力を一掃することなく漸進的な方法で民主主義に向う必要があると警告した。日本の共産化に対する懸念という主張は、近衛上奏文以来一貫した近衛の考えであった[25]。

これに対してマッカーサーは、「お話は有益で参考になった」と答えると同時に、日本の改革は急速に行う必要があり、さもなければ米国が自ら覚悟をもって遂行しなければならないとして、とくに憲法改正の必要性を主張した。そして、最後に「公は、いわゆる封建的勢力の出身であるが、コスモポリタンである。世界を広く見ておられる。しかも公はまだお若い。敢然として、指導の陣頭にお立ちなさい。もし公が、その周囲に自由主義分子を糾合して、憲法改正に関する提案を天下に公表すれば、議会もこれについてくることと思う」と結んだ。帰途、近衛は、「今日は、えらいことを言われたね」と洩らした。さらに、マッカーサーは、憲法改正の提案を「クリスマスのプレゼントにこれをしたいと思う」とまで言及していた[26]。

この一〇月上旬の時点までに、マッカーサーは、天皇のほか、東久邇宮首相、吉田外相、重光葵外相など政府の要人と会見を行っているが、憲法改正の必要性に言及したのは近衛が初めてであり、かつ早急に行わねば米国が介入するとの示唆がなされ、近衛が驚いたのも無理はなかった。

一方、近衛も、日本の政治家の中では例外的に憲法改正に積極的であり、「憲法改正は先に行くほど、極端な議論に動かされることにもなろう」と危惧していた[27]。

同日、マッカーサーとの会見を終えた近衛は、友人の高橋禎二の紹介で丸山眞男、田中耕太郎、高坂正顕などと懇談しているが、憲法改正などの活動を支援するため、「近衛の周囲に糾合すべき(あたかもマッカーサーが示唆したような)自由主義的分子として丸山に嘱目したのであろう」とも指摘された[28]。また、この頃近衛を担いだ新党の動きが活発化したが、マッカーサーとの会見における示唆も一因とされる[29]。

翌五日、東久邇宮内閣は総辞職、近衛も国務相を辞職するが、憲法改正作業はそれとは別に続けられ、八日には、東京帝国大学教授の高木八尺、松本重治、牛場信彦と、マッカーサーとの会談にも同席していた連合国最高司令官政治顧問のジョージ・アチソンを訪問したところ、アチソンは私案として改正の項目を提示し、早急に改正されるべきと強調した[30]。改正項目の中に天皇の地位に関するものはなく、近衛は、「こういう改正案ならば自分たちは、もちろんやりたいことである」ということで、「非常に元気づけられたよう」に思われた[31]。

同日、近衛は木戸幸一を訪問、アチソンとの面談の結果を報告するとともに、「此儘となし荏苒時を過す時はマ司令部より改正案を突付けらるゝの虞あり、之は欽定憲法として堪へ難きことなる故、速に善処の要ある」と強調した。事態を理解した木戸は、天皇に説明、了承を得て、一一日、近衛は内大臣府御用掛に就任した[32]。一方、近衛は、高木と相談、憲法改正案の起草を京都帝国大学名誉教授の佐々木惣一に依頼することを決め、佐々木も引き受けたのであった[33]。

当時の東久邇宮内閣、およびそのあとを継いだ幣原喜重郎内閣はもちろん、一般の世論を含めて、憲法改正には消極的で[34]、マッカーサーの方針とは乖離していただけに、近衛が早々に憲法改正に着手した意味は大きいものがあった。『朝日新聞』において、「帝国憲法の改正　近衛公、佐々木博士ら　早急に草案を作成　畏き大御心を奉体　広範に大改正か」(一〇月一三日付)と一面トップで報道された。

その後、近衛は、憲法改正の骨子について、アチソンの指摘を踏まえつつ、対外的な発言を精力的に行い広報に努めていた。たとえば、一五日、AP通信東京特派員に対して、「議会の権限が増大しそれに伴ひ天皇の大権は縮小され」、立憲君主制の方向に向かうであろうと述べていた[35]。

一方、この頃、様々な方面から近衛の憲法改正に対する異議が唱えられ始めた。内閣においては、のちに内閣に設置される「憲法問題調査委員会」の委員長に就任する幣原内閣の松本烝治国務相、また宮沢俊義東京大学教授などは、憲法改正は最も重大な国務で内閣の責任で行うべきであるとして、内大臣府での審議は憲法違反であると法律的視点からの批判がなされ、その合法性が問題視された[36]。

さらに、批判は近衛自身の適格性にも及んだ。既に、『朝日新聞』の九月二一日付社説「重臣責任論」は、以下のように指摘、暗に近衛を批判していた。

「独り東条大将に罪を衣せて能事足れりとするやうなことがあってはならないのである。……『蒋介石を相手にせず』などと同胞国民をして顔を赫らめさせるやうな暴言を政府の名において公表した責任は何処に帰せられるべきであるか。……しかも公人として、その地位が高ければ高いほど、その責も重いのである」

2 天皇退位発言と国内外の批判

一九四五年一〇月六日、憲法改正の件で政治顧問部のジョン・エマーソンを訪問した高木は、天皇の将来は日本側に任せるべきであると主張すると同時に、「天皇が自発的退位を考えている」と明かし、米国側の反応を探っていた[37]。このように、近衛は、天皇退位論を放棄していなかったのである。

したがって、その後も、近衛は活発に外国のメディアとの会見を行っていくが、その中で、憲法改正の骨子に加えて、持論の天皇退位にも言及、逆に自らを追い込んでいくことになる。

一〇月一二日、NBC放送の特派員ガスリー・ジャンセンと会見、天皇の大権はほとんどすべて取り離され、立憲君主制を目指すとともに、内閣は天皇ではなく議会に対してのみ責任を負うと述べたが、国内外で反響を呼んだため、一三日夕刻に、天皇の大権に関する自分の真意として、「議会の権限が拡大するかも知れない、その反面において天皇の大権が運用上現在より制限の度を増す結果になるかも知れない」と弁明した。

さらに、憲法改正で天皇が退位されるのではないかとの特派員の質問に対して、「陛下はこの問題について重大な関心を払つてをられる」と回答した。会見は日本でも大きく報道されたため、「この問題」とは何かと朝日新聞の記者に問われた近衛は、「この問題」とは退位ではなく米国世論の動向についてであると述べていた[38]。

こういった近衛の発言に対して国内で違和感を持つ人々はいたものの、大きな問題にはならなかったが、二一日の会見を境に、局面は大きく展開していくことになる。

二一日、近衛は、AP通信東京特派員のラッセル・ブラインズと会見を行った。近衛は、憲法改正は、マッカーサーの示唆を受けその後天皇の命により内大臣府御用掛として実施していると前置きし、草案は一一月中に完成するであろうと見通しを述べたのち、「天皇の御退位に関する規定は現行の皇室典範には含まれてゐない……憲法改正に当る専門家は近く改正皇室典範に退位手続に関する条項を挿入する可能性を検討することにならう」と、天皇の退位についてこれまで以上に明白に言及した。また、草案は、天皇に奉呈したのち、議会に提出する前に米軍の承認を求めることになると付言した[39]。この会見は、国内各紙でも大きく報道され、『読売新聞』の「天皇即位の条項　挿入もあり得る」(一〇月二三日付)とのを見出しに象徴されるように、天皇退位の部分が注目を浴びたのである。

この近衛の発言を受けて、幣原首相は二三日木戸内大臣に抗議、修正を要求、翌二四日木戸は近衛に対してそれを伝えると同時に、憲法改正が政治問題化するのは好ましくないので、内大臣府は改正の必要性の審議とその大綱を報告し、細目は内閣で慎重に検討するように御下命があるようにしたいとの意見書を近衛に提出した[40]。

さらに、松本国務相は、具体的な事項についてメモを渡し、発言を修正するよう近衛に強く要望し、近衛も受け容れた。松本は、「近衛さんの戦争に関する責任については、私は相当重大なものを持っておられると考えておったものですから、それから今度のこともどうもあまりわからなすぎると実は思ったもので、相当強く言ったのです」[41]と回想している。

その結果、二四日近衛は霞山会館において改めて内閣記者団と会見を行い、以下の点について補足説明した。

(1) 議会提出に先立って連合国側に承認を求めるとあるが、非公式にその意向を打診するとの意味である。

(2) 改正皇室典範は退位手続きに関する条項を挿入するとあるが、皇室典範の改正に関する御下命は拝していない。憲法と皇室典範は不可分の関係にあるので、誤解されたと思われる。

そして、天皇の退位については、「陛下はポツダム宣言を受諾して履行の義務を負ってをられるから宣言の遂行前に御退位遊ばされることは国際信義の上からも軽々しく実行できるものではない……少なくとも宣言遂行途上に御退位などは考へられぬとの意味である」と述べた[42]。この釈明会見は、「天皇御退位の論議　現在考へられぬ　近衛公、真意を弁明」(『朝日新聞』一〇月二五日付)といった見出しで、各紙一面トップで大きく報道された。

こうした近衛の発言をめぐる混乱を受けて、近衛の戦争責任を追及する論調も散見され始めた。たとえば、『読売新聞』は、「近衛公とその責任」と題した社説(一〇月二六日付)で、外国人記者との会見に触れつつ、

「国民の一人々々即ち誰が見ても、日本を今日の状態に陥れた重大なる責任者として批評の対象となってゐることを自身自ら承知しつゝなほかつ平然として或は終戦後における重大時局担当の一人となり、或は宮中奉仕の重責に任じてゐるものがある」と指摘していた。こうした状況を、側近の細川護貞(元近衛首相秘書官)は、「然れども日々の新聞は近公攻撃に終始し、殆ど連日、何れの新聞も申し合わせたる様に攻撃しつゝあり」[43]と記していた。

一方、一連の近衛の発言は、木戸内大臣や幣原首相らとの乖離をもたらしていった。木戸は、米国国内の厳しい世論を勘案しつつ、「米国世論に先手を打つことは考へものだ。例へば御退位等のことがあれば、恐らく世論は、更に先を要求するであらう。又議論としては統治権の主体なるが故に、引渡しを要求する様な場合、是を拒否する口実もあるが、既に御退位後では、是も出来ない」[44]と述べ、却って天皇が戦犯に指定されるのではないかと懸念していた。

さらに、天皇自身も、近衛の発言を承知していた。木下道雄侍従次長の一〇月二四日の日誌では、近衛の発言を受けて、万一天皇が退位した場合の種々の問題が議論されており、さらに天皇による「近衛公の人物評」と記されていた[45]。さらに、近衛が外国メディアにおいて盛んに退位問題について言及したことは、天皇の不快感を招いていったと指摘されている[46]。たとえば、天皇は、一一月三〇日、政変があった場合の後継内閣選定の相談相手として、岡田啓介、米内光政、木戸、牧野伸顕、阿部信行の五名をあげ、近衛は漏れているのである[47]。

一方、近衛が外国メディアとの会見において、退位を含め憲法改正に積極的に着手すると頻繁に言及したことは、逆に米国を刺激し、近衛の草案の内容、さらに近衛自身の適格性に対する批判を惹起することになる。

たとえば、二六日には、コロンビア大学教授のナサニエル・ペッファーは、『ニューヨーク・タイムズ』に投書、近衛は日中戦争という中国を侵略した時の首相であり、近衛を現在の地位に留まらせておくことは、「日本の降伏後の極東に起こった事態の中で最も危険なものであろうし、われわれが犯した最悪の失策であろう。それに比べれば、天皇の存置などは、ささいなことである」と述べた[48]。

また、同日『ニューヨーク・タイムズ』は、「強制による自由」と題する社説を掲載、日本でも『朝日新聞』、『毎日新聞』の両紙で紹介された。『朝日新聞』は、「近衛公は不適任　改正憲法の起草者に　米紙論調」(一〇月二九日付)という見出しで、以下のように内容を詳細に紹介した。

「近衛公は何回となく首相に就任し日本の圧迫政治に尽した、近衛公がマックアーサー元帥により戦争犯罪人として牢獄に放り込まれたとしても、恐らく唯一人として驚くものはあるまい、もし彼が日本のため憲法を起草するに適当な人物であるならば、キスリングをしてノルウェー国王に、ラヴァルをしてフランス大統領に、そしてゲーリングをして連合国の頭首に就かしむべきである」

さらに、追及は、近衛を重用したマッカーサーにまで及んだ。『ニューヨーク・ヘラルド・トリビューン』の一〇月三一日付社説は、近衛を登用したマッカーサーの責任を追及して、以下のように指摘した[49]。

「極東においてアメリカが犯した馬鹿げた失敗の中で、もっともはなはだしいのは近衛公爵を日本の新憲法の起草者として選んだことである。それはピストル強盗をして少年院の規則を制定させるに等しい。……日本における民主主義の発展を促進させるためにマッカーサー元帥によってなされた軍のすばらしい行動は、元帥が日本を民主主義に導く人間として近衛を受入れたことによって、全く無効にされてしまっている」

一方、こうした国内外の批判は、近衛を動揺させ、栄爵拝辞をめぐって心が揺れ動いていくことになる。たとえば、『朝日新聞』(一〇月二六日付)は、「近衛公　栄爵拝辞を決意」との見出しで、近衛が栄爵拝辞を決意し木戸に申し出たところ、憲法問題が決着するまでは延期して欲しいと慰留されたと伝えている(正式には、一一月二二日に、栄爵拝辞の上奏文を奉呈)。ちなみに、この動きに関して、『朝日新聞』は、「近衛公遂に栄爵拝辞」と題した社説(一〇月二七日付)において、以下のように論じていた。

「殊に日本人として軽々しく口にすべからざる天皇御退位の問題を無考へに内外の新聞に公表して見た《ママ》り、それを取消して見《ママ》たりする癖のあるのは、心ある人々をして困ったものだと思はせるに十分なものがあったといってよかろう」

3　GHQの絶縁声明と憲法改正の成就

そしてついに、一九四五年一一月一日、GHQは突然声明を発して、憲法改正は近衛個人ではなく、東久邇宮内閣の閣僚として依頼したのであり、したがって同内閣は総辞職したため、近衛の憲法改正の作業とGHQは無関係であると発表、新聞でも「憲法改正における近衛公の役割否定　マ元帥代弁者言明　公を支持せず」(『朝日新聞』一一月三日付)と報道された。

近衛は、この声明に対して、マッカーサーの示唆により始めたのは事実であるが、憲法改正に着手したのは、「日本側の決定」によるものであり、目下のところ一一月二〇日頃には調査結果を奏上できるとの反論の声明を出した。

近衛にとって、この声明の衝撃は大きく、「全く気の毒な位ガックリしてしまった」のであった[50]。近衛とともに憲法改正に従事していた高木は、「一種の裏切りですよ。私にはそう思える」[51]と回想していた。

この声明が出された背景には、これまで見てきたような国内外における近衛自身の戦争責任に関する追及、さらにマッカーサー批判への広がりがあったことは言うまでもない。高木は、近衛が天皇退位について外国人記者団に語ったことが、「ほとんど致命的の打撃になって、近衛たるものそういう軽率な言葉を吐くとはけしからぬというような意味の非難が非常に近いところからも起ったのです。そんなことが重なり、情勢を見て司令部の声明ともなったのだと思いますけれども、近衛氏はほとんど立場のない窮地に立った」と指摘していた[52]。天皇退位発言を契機として、近衛の憲法改正の骨子、さらに近衛自身の適格性、すなわち戦争責任が批判、問題視され、それにより近衛の公的な立場をも脆弱なものにしていったのである。

GHQによる打切り声明後も、米国内における近衛批判は続いたが[53]、近衛は米国人との接触を重ねていた。一一月六、七日の両日、政治顧問部のマックス・ビショップと会見、日中戦争を含め開戦への道程について論じている[54]。

こうした近衛にさらなる衝撃を与えたのは、一一月九日駆逐艦アンコンで行われた、米国戦略爆撃調査団による尋問であった。尋問では、日中戦争から開戦にいたる近衛の責任について、容赦のない質問がなされ、「手ひどい衝撃」を受けた。尋問に通訳として立ち会った牛場友彦(元近衛首相秘書官)は、「実にみじめな、耐えられない空気の三時間だった。二日の覚書(引用者注:GHQの一日の声明のこと)につぐ、この査問で、文字通り近衛は打ちのめされた感じであった」、「いつも泰然たる公爵に似合わず、この爆撃調査団の調べのときは、全くシドロモドロで、はたの見る目も気の毒な位であった。余程こたえたらしい」と述べている。また、尋問直後に会った側近の富田健治(元近衛内閣書記官長)に近衛は、「取り調べは、ひどいものでしたよ。全く検事が犯罪人の調書を取るようなものだった。アメリカも愈々腹を決めたらしい。私も戦犯で引張られますね」と洩らし、自身の戦争責任についても自覚していた[55]。

さらに細川に、「僕自身はどうでもよい。お役に立てば、敢て批難攻撃を恐れない」[56]と述べたが、その後の近衛は、衝撃を受けつつ意気消沈することなく、憲法改正に精力的に取り組んでいる。とくに、一一月八日に日本共産党の憲法骨子が公表され(一二日の各紙で報道された)、かつ内大臣府の廃止が迫っており、より憲法改正の作業は急務となっていたと思われる。

近衛が当時の日本の政治家のなかで、例外的に憲法改正に熱心に向き合った理由は、二点指摘できる。第一に、三度の組閣の経験から、国務と統帥との関係について憲法改正の必要性を痛感していた点である。国務と統帥の関係の問題点については、「日米交渉難航の歴史を回想して痛感せらるることは統帥と国務の不一致といふことである。抑も統帥が国務と独立して居ることは、歴代の内閣の悩むところであった」[57]と、手記などでもしばしば指摘しており、自身の政治経験から必要性を認識していたのである。

第二に「国体護持」である。すなわち、「憲法の改正によって天皇制の安泰を確保しようと決意したもの」[58]であった。一方、自身の戦犯指定の回避が目的ではないかとの指摘に対しては、近衛の関係者は一様に、「全然間違い」と否定している。近衛は常々、「自分の一身はどうなってもいいんだ。ただ、自分としては日本、天皇制がどうなっていくか、これだけが心がかりだ」と言っており、自身が助かりたいためということは、「近衛公の霊に対してすまん」というのである[59]。

また、近衛の憲法改正に対する取り組み方の特色は、米国政府の意向に十分留意しながら行われた点である。そのため、改正作業をともに行った佐々木としばしば議論となった。

すなわち、「基本的に、近衛公は政治的な観点から、また総司令部の意見を考慮しつつ、できる限り大規模な改正を行うべき」と考えたのに対して、「佐々木博士は純粋に学者的な立場から、そのような態度に反対する傾向があった」と指摘された。こうした近衛の姿勢は、幣原内閣の「憲法問題調査委員会」とも大きく異なる点であった。近衛は、限界まで思い切って先手を打って改正を行わないと、GHQに勝手に押し付けられ、「国体」も守れないと考えたのであった[60]。

最終的に各々別個に作成された近衛案(要綱)と佐々木案(憲法草案)は、共同作業の成果であるため全体的にはほぼ同趣旨であるが、前述のような姿勢の相違もあり、かならずしも完全に一致したものではなかった。富田は、主な具体的な相違点として三点を指摘している。第一に、主権に関する問題で、両者とも天皇を元首とすることについては同様であるが、佐々木案は天皇大権を認めているが、近衛案はほぼ認めていない。第二に、枢密院の存続に関して、近衛案は廃止すべきとの意見であった。第三に、国務と統帥に関する問題で、近衛案は、外国同様に両者ともに内閣総理大臣に持たせる案で、佐々木案は、統帥大権を原則的には認めていた。但し、佐々木は、大日本帝国憲法でも、解釈として、国務のうちに統帥が入ると考えていた[61]。

いずれにしても、近衛らの草案は、のちに幣原内閣の「憲法問題調査委員会」が起草した憲法改正案に比べて、「より民主的な内容」であった[62]。

憲法改正作業に当たって、近衛らのグループは、一〇月八日アチソンと会談して以来、米国側と六回にわたり会議を行い、米国の状況や意向を打診したのである。そんな中、一〇月下旬から一一月上旬の米国側との議論は、改正憲法下における天皇の地位の問題を取り上げたが、天皇の問題は外から強要するのではなく、日本国民の意思によって決めるべきで、「実質において民主主義的で責任ある政府が確立されれば、立憲君主制の形の憲法に基く政府である限り、政府の形態に関しては連合国には異議がないという」確証を得たと感じた近衛は、高木に、「これでよかったね」と洩らした。高木は、そのときを回想して、「公は、大なる献身と忠誠を捧げ、自分の身近な人として感じているお方――天皇のことを深く考えているのだということを感じとりました。……近衛は、新しい憲法の下でも天皇の地位は大きな変更は受けないであろうということを信じながら、平然と死についたのです」と述べている[63]。

こうして憲法改正は完了し、一一月二二日改正憲法草案の要綱を天皇に奏上、その役目を終了した。国内外の激しい批判という厳しい状況において、これまでの近衛であれば中途で挫折していたと思われるが、最後まで成し遂げたのである。高木は、「一一月一日以来非常に不遇な立場に追込まれながら近衛公が、できるだけの憲法に関する任務はとにかく果たしていこうとした、その心持を、その当時行われておった近衛公に対する批判なり非難なりとくらべまして、見落としてはいけないと感じました」[64]と回想している。

4 自殺への道

近衛は、憲法改正案の大綱を天皇に奏上した日と同日付で、栄爵拝辞の上奏文を捧呈した。それは、日中戦争の収拾、日米交渉に成功し得なかった自身の内閣を回顧し、「至尊をして独り社稷を憂ひ給はしむるに至る……臣が家歴世宏大の聖恩を辱うし臣が身に及ぶ臣俯仰感慨神明に対して晏如たる能はず茲に謹みて爵位勲章を奉還して涯りなき聖恩を拝謝せんと欲す」[65]と記されており、まさに近衛家の人間として、責任を全うし得なかったお詫びであった。

栄爵拝辞後も、国内外における近衛に対する批判は収まらず、進歩党が提出した「戦争責任に関する決議案」が賛成多数で可決された第八九帝国議会において、一九四五年一一月二八日進歩党の斎藤隆夫は、近衛は日中戦争、三国同盟など、東条と並んで国民が最も恨んでいる戦争責任を有する者で、その責任は看過すべきものではないが、現内閣はどう考えているかと質した。これに対して、幣原首相は、特定の政治家に責任があると政府が表明することは適当ではなく、「国民ノ間ニ血デ血ヲ洗フガ如キ結果トナルヤウナ方法ニ依ルコトハ好マシクナイ」と答弁を行っていた[66]。

近衛は、こうした斎藤の批判に対して、「斎藤君は事実を知らないから、ああいう言い方をされたのだろう。斎藤君の様な真面目な人には、いつかは解って貰へると思っている」[67]と述べた。

こうした中、一一月二七日近衛は軽井沢に行き、朝日新聞記者の小坂徳三郎を招いて、これまで断片的に書き留めていた覚書をもとに口述を行い、「余の政治的遺書」である手記をまとめた[68]。

一二月二日には、梨本宮守正王に戦犯容疑の逮捕指令が発せられ、自ら毛布を持って巣鴨拘置所に赴いたが、近衛は、「これでは、陛下に及んでも、ひっこんでいるのだろう。又宮様も宮様だ。陛下のために、日本のために何故自決して下さらなかったのか」と無念そうに語った[69]。

ついに、一二月六日、GHQは近衛らに逮捕指令を発した[70]。出頭期限は一六日とされたが、出頭日の朝近衛は自殺したのである。

自殺の原因については種々指摘されているが、主な点は以下の通りである。第一に、自殺することにより、身をもって「国体護持」を貫き、天皇を守るという意志である。近衛自身、自殺の直前次男の通隆に、日本は将来共産化する危険があり、「国体護持」が困難になるかもしれないが、「これこそ、自分が全力を尽したことだし、特に近衛家に生まれた者としては、あくまで努力しなければならぬ」との遺言を残していた[71]。

また、高村坂彦《こうむら》（元近衛国務相大臣秘書官）は、側近の一致した見解として、「陛下の前に立ちはだかって、お庇いするという気持」で、「生きて弁解するより死して公の手記を生かそうとした」と指摘している[72]。

一方、この点に関連して、戦争責任との関連で、米国が既に天皇を戦犯として考えているのであれば、むしろ、「結局統帥権の問題になる。従って究極は陛下の責任ということになるので、自分は法廷に立って所信を述べるわけにはいかない」というように、陳述は逆効果であるとの近衛の認識があった点も指摘されている[73]。

第二に、近衛家の人間として、戦争犯罪人として扱われる屈辱に耐えられないといったプライドである。側近の牛場は、「いやしくも、どんな理由からでも監獄に入るなどとは彼には考えられないことだった。彼の体内を流れる血がそれを許さなかったのだ」と回想しているが、それは「摂政関白の誇りを持つ近衛公らしい考え」と評された[74]。側近の風見章（元近衛内閣書記官長）は、「近衛は常に年少の天皇に対する責任と言うか――それを常に痛感して居たと思はれる。私は自決によって日本の天皇は生きて異邦人の裁判にかゝるべからずと言う事を示したものと思ふし、また一つには、生きて異邦人の手に裁かれぬと言う貴族的プライドから来たものと思ふ」と述べていた[75]。

第三に、信頼していた米国に裏切られたという思いである。遺書には、以下の通り記されていた[76]。

「米国の法廷に於て裁判を受けることは、耐え難いことである。……日米交渉に全力を尽したのである。その米国から今、犯罪人として指名を受けることは、誠に残念に思う。しかし僕の志は知る人ぞ知る。米国に於てさえ、そこに多少の知己が存することを確信する」

高木は、理解してくれる多くの米国人がおり、日米両国の和解のために自身献身的に尽力したにもかかわらず、それが米国によって理解されなかったという「致命的ショック」に耐えられなかったと指摘している。すなわち、GHQによって戦犯として逮捕されるということは、「公の心中に圧えがたい憤懣の念を生ぜしめ、それが終には自決による抗議となった」というのである[77]。

とくに、戦争犯罪に対する犯意は自分にはなかったとの認識が強かった近衛にとって、裁判の法廷に立つことは、一層不当と感じていたと思われる。遺書の最後に、「いつかは冷静を取り戻し、正常に復する時も来よう。是時初めて神の法廷に於て正義の判決が下されよう」と記されていたのである。

いずれにしても、自殺をめぐる次男通隆の以下の言葉が、近衛の心境を象徴的に物語っていると思われる[78]。

「父の死によって彼が最も苦慮した日本国体の護持が僅かながらも可能になるであろうという推定、又父自身のプライド、近衛家という家名の誇りのためにも、私は一方の心に父の死を容認していたのである」

一方、近衛の自殺に対して、多くの新聞が論評を行ったが、たとえば、『毎日新聞』(一二月一八日付「硯滴」欄)は、近衛の責任は重いが、性格の弱さと反省的なところが「悲劇的」であり、「いはば柄にない役を演じたのである」と指摘していた。

近衛の自殺に対しては性格の弱さを指摘するコメントが目立ったが、これは戦後の近衛論にも共通するものである。しかし、本章で考察してきたように、戦後の近衛の言動は、積極性と強靭さが際立っている。とくに、一九四五年一〇月以降国内外の批判に晒されながらも、挫折することなく、憲法改正の大綱を奏上するまでにいたった強い精神は、戦前にはまったく見られなかった注目すべき側面である。

おわりに

こうした姿勢をもたらした最大の要因は「国体護持」に対する使命感であった。「降伏して連合国による占領を迎えるという国家的危機の中で、近衛は皇室の前途に思いを馳せる毎に、つねに近衛家と皇室との遠く皇室との遠く古きゆかりを思い返さざるをえなかった」[79]と指摘されるように、そこには天皇と近衛家の特殊な関係——藤原鎌足の嫡流、摂政・関白、五摂家の筆頭の家柄であり、皇室とのゆかりも古い——があった。

また、戦後近衛が国務相を務めた内閣の首相であった東久邇宮は、「近衛公爵といふ人は、私の考では、名門の出身だけあって、陛下を御思ひする気持は非常に敦かったやうに思ひます。そして自分自身の地位とか名誉とかに対しては、決して執着心を持って居らなかったやうで、唯、一途に自分のお務めに向って、お国の為め、陛下の為めに当たられた立派な政治家だと思ひます」[80]と述べていた。

さらに、使命感ゆえに、米国における天皇をめぐる動向に関する厳しい情勢認識に基づいて、「国体護持」に対する危機意識が強く、近衛の行動をより促進していった。「国体護持」に関して、幣原首相、吉田外相らは、米国のことだから話せばわかると「楽観的」に考えていたが、政治家の中で近衛だけが突き詰めて考えており、「極端に悲観論」であった[81]。

そのため、こうした意識に促され、米国の動向を注視しつつ、米国に押し付けられる前に先手を打って行動したのである。いわゆる近衛の政治スタイルの一種である「先手論」[82]がここにも見られる。

その具体的対象が、憲法改正と天皇退位であった。憲法改正は、単なる米国からの圧力への対応ではなく、国務と統帥の関係という近衛自身の経験を通した主体的な問題意識でもあった。

一方、近衛の憲法改正作業に対する評価も、憲法改正が意識されていなかった頃に、率先して着手し、具体案として最も早く完成したものであり、「当時の世論を喚起する上でも大きな役割を果たした。そういった点において、憲法成立史上相当の意義をもつ」といった肯定的な見解もなされている[83]。東久邇宮・幣原両内閣はもちろん、近衛が要綱を奏上したのちに開会した第八九回帝国議会においてさえ、憲法改正問題はほとんど議論の対象となっておらず、その意味において、近衛の作業の先見性は評価してよいであろう。

高木は、近衛の案は、国務省など米国の示唆を織り込んだもので、「政府の委員会が、この(近衛の)改正憲法案を研究し、これから採り入れるところがあったならば、我が国の憲法の運命は、違ったものになっていたことでしょう」と指摘していた[84]。

一方、天皇退位の問題は、近衛家の人間ならでは発想であったが、結局はなされず、却って退位をめぐる発言は近衛自身を追い詰めていったのであった。

このように、近衛は、それまでの三次にわたる内閣の時とはまったく異なった政治スタイルを採った。終戦・占領という国家的危機に際して、国際情勢を適確に把握し、明確な構想をもって積極的に対応した稀な政治家であった。その結果、一定の成果をあげた点は否定できない。もちろん、その最大の目的が「国体護持」――逆にそうであったからこそ強い意思が示された――であっただけに、その積極性は認めつつ、「大日本帝国」という旧体制の維持に汲々としていた「予防的変革」にすぎず、またいずれにしても戦争責任が希薄で歴史の検証に耐えうるものではないといった否定的見解もなされている[85]。

しかし、一般的には、近衛の出身から考えれば、「保守」、すなわち旧体制維持に固執しがちであるが、逆の「変革」に向ったのである。近衛の先見性は、当時のほかの政治家には見られなかった特色である。これはやはり近衛家にとっての「国体護持」の重みに由来しており、「近衛家」の存在を抜きにして語ることはできないと言えよう。皮肉なことであるが、旧体制の危機に際して、その筆頭に位置する近衛が、先を見通した戦後構想を描き、実行したのである。自殺という最後ではあったが、近衛の戦後は、「柄にない」役を演じた戦前と異なり、ある意味「柄にあった」時代を送ったのではないだろうか。

第Ⅲ部

戦後体制の展開

——世界化する日本、そのとき

第10章 安全保障政策の形成をめぐるリーダーシップ
——佐藤政権による吉田路線の再選択

楠綾子 KUSUNOKI Ayako

はじめに

日米安全保障条約に基づく米国の保障と自衛力の漸進的整備を組み合わせる日本の安全保障政策は、講和・独立以降二つの内在的条件と一つの外在的条件によって維持されていたといえる。前者は憲法第九条という規範と日本経済の脆弱さであり、後者は冷戦という国際環境であった。東西両陣営が厳しく対立する国際社会においては、日本を含む西側諸国は米国と安全保障上の関係を結び、その圧倒的な軍事的パワーに依存することで生存を確保せねばならなかった。米国にとっては、西側諸国に安全を提供することが冷戦の一つの局面であった。

そうした条件がはっきり溶融しはじめたのが一九六〇年代であった。憲法は規範として機能していた。一方で、高度経済成長に成功し、一九六八年には西側陣営で第二位の規模をもつまでに発展した経済は、もはや自衛力整備の足枷とはならないはずであった。そしてキューバ危機を境に米ソ間には緊張緩和の状態が生まれていた。西側諸国の経済成長にともなって米国はその相対的国力が低下し、さらに泥沼化するベトナム戦争の軍事的、経済的負担に苦しんだ。西側諸国の安全は重要ではあったが、米国は応分の負担を同盟国に求めるようになった。しかし、日本政府は外交・安全保障政策を大きく変えようとはしなかった。むしろあとから振り返ってみれば、この政策——吉田路線——が定着したのが佐藤栄作政権期であった[1]。

吉田路線を維持するという選択は、安全保障に関するいくつかの政策決定が積み重ねられた結果であった。中心にあったのは、一つは核政策をめぐる決定であり、米国の「核の傘」への依存の表明と核不拡散条約（NPT）への調印、非核三原則と核四政策の表明によって構成された。もう一つは、一九七〇年に一〇年の期限を迎える日米安保条約の自動延長（条文に変更を加えずそのまま維持する）であった。本章は、一連の決定が佐藤内閣によってどのように行われたのかを明らかにするものである。

米国といかなる安全保障関係を構築し、自衛力をどのように整備するかという、講和・独立以来の課題に直結していただけに、これらの決定は日米関係の争点であると同時に国内政治問題であった。自民党内では吉田路線に満足しない右派が、より自立的な軍事力の建設を主張していた。安保条約の期限問題は「七〇年安保」として政治争点化され、野党は自民党政権への攻勢を強めていた。米国は、日本に冷戦戦略への協力と負担分担を求めつつも、その自立志向を警戒していた。佐藤や自民党首脳は、左右の両極端と米国の戦略的要請に制約されつつ、核兵器をめぐる問題と安保条約の期限問題を処理しなければならなかった。佐藤政権の解答は、安保条約に基づく米国との協力関係を日本の安全保障の中心的手段として位置づけ、その枠内で自衛のための軍備を増強することであった。このとき佐藤政権が重視したのは、国民的理解の獲得であり、そのためのことばと論理であった。吉田路線の維持という選択は、知的社会や財界の運動と連動し相互作用したのだった。佐藤内閣における一連の政策過程は、どのようなリーダーシップの成果として説明されるのであろうか。

1　核兵器をめぐる政策決定

◆非核武装の選択

政権発足から間もない一九六四年末、佐藤首相はエドウィン・ライシャワー米大使との会談で、核武装は「常識」である、世論はまだこれを受け入れる状況にはないが、数年のうちに日本の防衛問題は根本的に見直されることになるだろう、憲法改正も必要である、と語った。佐藤の発言はライシャワーを驚かせ、米国政府も少なからぬ衝撃を受けた[2]。

このとき佐藤に核武装の意思が本当にあったかどうかはわからない。「安全保障のないところに自由も平和もない」という感覚の持ち主[3]で、「吉田〔茂〕直系の『保守本流』でありながら、むしろ鳩山―岸とつながる憲法観をもっていたと思われる」[4]佐藤が、核武装を考えていたとしてもおかしくはない。それに、めざましい経済成長を背景に日本人が自信を取り戻しはじめた時期でもあった。岸信介、池田勇人、そして吉田茂といった佐藤の前任者たちはいずれも、安全保障の手段として、あるいは国家威信という観点から、核武装に意欲をみせていた[5]。核実験に成功した中国の脅威に対する危機感の表れとしても理解可能であった。

だが佐藤は、本音はともかく、政策としては核武装を追求しないことを選択した。米国政府から「核の傘」を確実に提供するとの言質をとりつけたことが大きかったと思われる。ジョンソン政権は、日本が地域における安全保障上の役割を拡大することを望んではいたが、それはあくまで通常兵力の範囲であった[6]。

一九六五年一月一二日に行われた日米首脳会談で、リンドン・ジョンソン大統領は核拡散を望まないこと、したがって日本の核保有は容認できないとの意向をはっきり告げた。同時に、米国は朝鮮半島、台湾、ベトナムを放棄するつもりはなく、日本に対して防衛保証を与えることも明言した[7]。佐藤が米国から「核の傘」の保障を得ることをいかに重視していたかは、その後しばしばこのジョンソンの発言に言及し、確認を求めたことに表れている[8]。そして一九六五年一月のジョンソンとの会談後に行われたナショナル・プレスクラブのスピーチで、佐藤は日本の核開発の可能性を否定した。これ以後、佐藤は核武装の意欲をみせることはなく、少なくとも選択の問題としては核武装をしない方針であるとの立場を堅持した。

NPT調印はこれを再確認する意味をもった。ただその決定は容易ではなかった。国際的な核不拡散体制の形成が、核戦争の危険を減じるものとして望ましいことは明らかであった。しかし、原子力の平和利用の権利や核兵器国の軍縮義務、非核兵器国の安全保障などがどのように条約に盛り込まれるのか、懸念材料は多かった。より根本的には、NPTが日本の核武装のオプションを閉ざしてしまうことへの不安が存在したことであった。その時点で加盟を予定されていなかった中国が核軍縮の国際的義務を負わないことを考えたとき、不安はいっそう大きくなった[9]。また、条約がその段階での核保有国と非核保有国を線引きし、その差を永久に固定化しようとしていることへの不満は根強かった[10]。自民党の安全保障調査会を中心とする右派は、NPTを「潜在保有国を一方的に抑圧、平和利用に際しても不公平な統制を長期にわたって強いる」ものだとして否定的にとらえている[11]。NPTの内包する不平等性に、世界第三位の経済大国へと駆け上がった日本は敏感だった。

このころ内閣調査室は「民主主義研究会」(垣花秀武、永井陽之助、蠟山道雄、前田寿、猪木正道などが参加)を主宰し、日本の核武装の可否を検討させている。一九六八年段階では、核武装は可能だが有効な核戦力を維持するには財政的、技術的、人的側面から困難であるとの報告が上がってきた[12]。政策として核武装を追求しないことの妥当性を裏書きする結果であった。それに、唯一の被爆国として国際的な核軍縮を訴えてきた日本が、この条約に調印しないという選択はおそらくとり得なかったであろう。原子力の平和利用が認められ、米国の防衛保証を得たうえに、一定期間後の条約の見直しなど非核保有国の主張がある程度反映されれば、調印を拒否する理由はほぼ消滅したと思われる[13]。米国の推進する核不拡散体制への参加は、対米協力の手段にもなりえた。日本政府が調印の方針を固めたのは一九六九年五月ごろであったとみられる（実際に調印されたのは一九七〇年二月、批准は一九七六年六月）[14]。沖縄返還交渉が大詰めを迎えた時期であった。

◆非核三原則

政治言説空間においては、核兵器を保有しないという方針は、日本本土の非核化と一体で理解された。一九六九年七月末に来日したロジャーズ国務長官との会談で、佐藤は、「日本は非核三原則を堅持しており、沖縄の返還後もそこに核が残ることは日本の政策に反することになるし、また唯一の被爆国たる日本国民の納得し得ないところである」と述べている[15]。その日の佐藤の日記には、「沖縄問題と核拡散（防止）条約とをからませて話し合った積り」で、会談は「成功の部類」と記された[16]。

NPT調印の意思は沖縄返還交渉をにらんで表明された。そして一九六九年夏には、佐藤首相が前年一月に施政方針演説のなかで表明した「非核三原則」――核兵器を「作らず、持たず、持ち込ませず」――が日本の核政策として確立していた。核兵器を「作らず、持たず」は日本の非核武装の方針を確認するとともに、国際的な不拡散の潮流にも合致する。だが、「持ち込ませず」は、日本の意向だけで実現するものではなかった。

国民の反核感情を反映し、核兵器の日本本土への持ち込みを容認しないという日本政府の姿勢は、一九五〇年代後半から国会答弁のなかでしばしば明らかにされてきた[17]。それは法的な拘束力をもつわけではなかったけれど、答弁に反する政策決定を困難にするという点で政府を制約するものであった。安保改定の結果、日米間には事前協議制度が導入され、米軍の配置や装備における「重要な変更」がその対象になることが了解されたが、実際にこの制度を運用することが困難だったのはそのためである。米国が核兵器の持ち込みを協議にかけた場合、日本政府が応諾すれば、国内の反核感情に反し過去の答弁との整合性を欠くことになる。逆に拒否すれば、日米関係は危機に瀕するかもしれない。いわゆる「密約」は、米国の核戦略に支障を来さず、なおかつ国会答弁と整合性を保つための苦肉の措置であったといえる[18]。

沖縄返還交渉の焦点の一つは、沖縄に現存する核兵器の取り扱いであった。非核三原則が表明されたのは、沖縄返還の態様をめぐって日米の当局間で厳しい交渉が行われている最中のことであった。

施政方針演説を起草した総理首席秘書官、楠田實によると、当初は「作らず」と「持たず」のみを演説に取り上げる予定であった。ところが、演説草案を閣議で検討する過程で、「持ち込ませず」が入り込んだ。中曽根康弘運輸相が、「核保有せぬだけではなく、持ち込みなど非核三原則をはっきり書くべきだと強く主張」したことがきっかけであった。閣議も自民党も「非核三原則」として打ち出すことを要求し、佐藤も折れたのだという[19]。

楠田からみれば、「非核三原則はそもそもセンチメントの問題」であり、「作らず」「持たず」ですべて包括されるはずであった[20]。沖縄返還の交渉中に非核「三原則」を表明すれば、日本政府の立場を拘束しかねない。一方中曽根は、「後世に残り、国際的にも影響力を持つ佐藤首相の原則だから、とくに国会の所信表明で言う場合には、中途半端なやり方ではなくして、三原則で堂々とやったほうがいい」との観点に立っていた。「〈持ち込ませず〉を正面から立てておけば、アメリカも、事実上はわからんけれども、少なくとも日本の意見には従っていると言わざるを得」ないであろう。米国に対する日本の自主性を内外に示すために、彼は三原則でなければならないと考えたのである[21]。

「内」に対する必要性は明らかであった。一九六八年一月、米海軍の原子力空母エンタープライズが佐世保に入港する予定が公表されると、野党や労組、全学連は大規模な反対運動を展開し、佐世保一帯は抗議集会や抗議デモで騒然となった。それは「七〇年安保」を予告する光景のように見えた。佐藤や政府首脳は世論の反核感情の強さをあらためて思い知らされ、連日、デモの動向に神経をとがらせた[22]。通常国会を目前に控えて、佐藤首相は野党の機先を制する一つの手段として非核三原則を打ち出すことを決断したのではないかと考えられる。佐藤が沖縄の「核抜き本土並み」返還を決断するのも、こうした国内世論に後押しされるところが大きかった[23]。

しかし「外」に対しては、非核三原則は単なる姿勢の問題だけではすまない。米国の「核の傘」の下で生存を確保する以上、米国の核戦略を妨害しかねない政策を採用することは難しい。施政方針演説からまもなく、佐藤内閣は京都産業大学教授の若泉敬の立案をもとに「核四政策」(非核三原則の堅持、米国の核抑止力への依存、核軍縮の推進、核エネルギーの平和利用の推進)を提唱し、総合的な核政策と日米の安全保障関係のなかに非核三原則を位置づけた。非核三原則を相対化して、非核三原則だけに手足を縛られることを避けようとしたのである[24]。

それにしても、「持ち込ませず」の解釈と運用が問題であった。核兵器を沖縄から撤去するとして、核兵器を持ち込まねばならない非常事態が生じた場合には、事前協議で日本政府が好意的に対応するとの約束を、米国政府は欲した。外務省には、「核抜き本土並み」を米国側に納得させるためには、非核三原則を場合によっては修正することがあるという内容を、なんらかの形で表明する必要があるのではないかという見解もあった[25]。佐藤自身が一九六九年秋になって、「非核三原則の『持ち込ませず』は誤りであったと反省している。この辺で〔日本が〕不完全武装だからどうすべきかと云うことをもっとあきらかにすべきであろうかとも考えている」と洩らしているのは興味深い[26]。非核三原則がもっぱら国内政治上の考慮からつくられたことを端的に示している。

結局、佐藤は非核三原則を修正するのではなく、核の再持ち込みに保証を与える密約を結ぶことを選んだ。密約は佐藤にとっては不本意であった。しかし、三原則を維持するのであれば、「核抜き本土並み」の方針を貫徹するためにはおそらく必要な措置であった。米国の核戦略に協力するという意思表示としても、少なくともこの時点においては、有効であった[27]。

核兵器をめぐる問題は、日本国内においては平和主義のねがいと国家威信の増大の衝動と対米関係の維持という要請が衝突する磁場であった。そうしたなかで、佐藤内閣は、日本自身は核武装をせず米国の核抑止力に依存すること、そして米国の核戦略を支えることを選択した。ただし、後者については暗黙の了解であって、日本はあくまで沖縄を含む日本本土の非核化を建前とする。一連の選択は三つの要請のバランスをとった結果であった。佐藤内閣の核政策は、三つの要請を満たしつついずれかが突出するのを抑制し、左右の勢力の過激化を防ぐことに重点が置かれたのだった。

2　日米安保の自動延長

◆固定延長か自動延長か

一九六〇年一月に調印された新安保条約は、一〇年間効力を存続した後はいずれか一方の意思によって条約を終了させることができると定められていた(第一〇条)。したがって、一九七〇年六月以降、日米安保条約は一方の通告があれば一年で効力を失う状態に置かれることになる。その政治的意味に早くから注意を喚起したのは、自民党安全保障調査会(益谷秀次会長)であった。一九六三年七月に発表された「安全保障に関する調査会」中間報告は、「現日米安保体制の存否をめぐって、社会党との対決を余儀なくさせられる時期が、月に日に迫りつつあることに注目せざるを得ない。……この日米安保体制存否の問題をめぐっての闘争は既に始まっているのであり、勝敗は一日一日の闘争努力の積み重ねによって決せられる性質のものである」と論じ、危機感を煽った[28]。

安保調査会はその後、一九六五年九月からヒアリングを重ね、翌年五月初旬に「わが国の安全保障に関する中間報告」案をまとめた。同案は外交調査会、安保調査会、治安対策特別委員会、国防部会の正副会長会議で提示され、安保調査会総会、安保・外交調査会の合同会議、総務会に上げることが合意された。安保調査会総会での審議と一ヵ月あまりの調整を経て、「中間報告」案は再び安全保障調査会総会にかけられ、決定された[29]。

「中間報告」のねらいは日米安保条約の固定延長であった。すなわち、安保条約を一定期限(一〇年)延長する規定を設けるべきとの主張であり、近い将来に社会党政権が発足した場合でも、安保条約が安定的に維持されるように措置しておくことを目的としていた。「期限を明示しないことによって常時生起する政治闘争の危険性を考えるとき、自動延長論[条文に変更を加えなくても、日米両国が条約を維持する意思をもっておれば条約は効力を変えることなく存続するとの議論――筆者注]の方がわが国の安全保障にとって、より大きな不安を与えるものといわねばならない」[30]。取りまとめを主導したのは元海軍中将で安保調査会副会長の保科善四郎であった。大井篤など旧海軍将校を中心とする調査研究機関、海空技術調査会が、反共思想と防衛力増強を信念とする彼の主張を支えた[31]。「中間報告」案の起草に当たっては、保科が基本構想を示し久住忠男が文章に仕上げたという[32]。安保条約の期限問題に対する一つの処方箋として、安保調査会の主張は党内の議論の中心へと躍り出た。

だが、「中間報告」案が明らかになった段階で、党内からは外交調査会を中心に異論が現れはじめた。小坂善太郎や大平正芳など外相経験者は固定延長方式が安保騒動の再現になるとみて、自動延長方式が望ましいと考えた。小坂が七月に発表した「私の考える安全保障」は、安全保障には静かな対話が必要と呼びかけ、実際に廃棄予告をするような政治情勢が発生すれば、一〇年の固定延長でも意味はなく、また完全な双務性をもたない現行条約を期限延長だけ改正するのは、米国との関係で難しいのではないかと論じている。安保調査会はこうした議論に反発した。賀屋興宣や増田甲子七など長老たちは、自主防衛には長期計画が必要であり、その裏付けとして安保体制の長期安定が不可欠である、米国の事情に基づいて日本の政策を考えるような政治姿勢は許せないとして、断固として固定延長を要求した[33]。

「七〇年安保」は野党も大きな関心を寄せる問題であった。とくに社会党は「一九七〇年闘争」を「一九七〇年に日米安保条約の期限の一区切りが到来することを中心に安保体制の長期固定化・強化・拡大を許すか、それとも条約を廃棄して安保体制を打破するかの岐路をめぐる闘い」と位置づけ、これを通して「護憲・民主・中立の政府」を樹立することを訴えた[34]。自民党と真っ向から対立することは明らかだった。しかし与野党対立に劣らず党内の論戦は激しかった。条約の長期安定のためには安保騒動の再現もやむを得ないと考えるか、日米いずれかの通告によって一年ののちに失効するという不安定さはあるけれども、条文改正の必要がなく混乱を最小限に抑えることを選ぶか。

◆安全保障論議の変容

安保調査会の固定延長論は、安保調査会においては米国との協力関係を前提として日本の安全保障が考えられていたことを意味している。その一方で、「自主防衛」の必要を強く訴えたのが「中間報告」であった。「集団防衛はあくまでも相互依存の原則の上に立つべきものであって、わが国が自主防衛を進めることによって、アメリカのわが国の安全に対する保障もさらに強化されよう。自主防衛が国民に自立の精神をもたらし、国家永遠の生命を護るため、もっと重要なものであることはいうまでもない」。具体策としては、第三次防衛力整備計画の促進や防衛兵器の国産化などが挙げられた[35]。日米安保条約と日本自身の自衛力の漸進的整備を組み合わせるという点で、吉田茂以来の安全保障政策を踏襲しているものの、力点は「自主防衛」にあった。装備の国産化は防衛産業の希望でもあった[36]。そして強烈な反共思想と国家権力の強化への志向、あるいは平和主義と戦後民主主義への反発が、安保調査会の議論の原動力となっていた。

このころ、左右のイデオロギー対立に引き寄せられるこうした安全保障論とは次元を異にする議論が、若手の国際政治学者を担い手に論壇を賑わせつつあった。かれらは、戦前来の哲学や歴史研究の素養のうえにアメリカの政治学、国際政治学の最先端を基礎として新しい安全保障論を展開した。観念論争的か、そうでなくてももっぱら国際法を軸とする従来の安全保障論争が、その質を変容させたのが一九六〇年代であった。

それは、日本で国際政治学が学問領域として成立したことと無関係ではないように思われる。明治以来の国家学、マルクス主義、歴史主義の伝統があったところにアメリカの国際政治学の潮流が流れ込み、日本における国際政治学は一九五〇年代後半ごろから大きく発展を遂げた。日本国際政治学会の創設は一九五六年、前後して大学では法学部を中心に国際政治学の講座が開講されはじめた[37]。

リアリズム全盛期のアメリカの国際政治学の視点と方法は、永井陽之助や高坂正堯、坂本義和などのように、一九六〇年前後に国務省やロックフェラー財団の助成金、フルブライトなどの奨学金でアメリカに留学した若手研究者たちの学問的基礎の一つとなった。小谷秀二郎や桃井真、若泉敬、衛藤瀋吉、神谷不二、前田寿なども、一九五〇年代半ばから一九六〇年代にかけてアメリカに留学した経験をもつか、少なくとも米国大使館や米国広報・文化交流庁（USIS）の職員から情報や資料を提供されるなどの形で、アメリカの国際政治学の研究動向に通じていた。また防衛庁防衛研修所（当時）では、佐伯喜一所長の下で若泉や桃井、小谷など若手研究者によって米国の最先端の核戦略論が研究され、ハーマン・カーンやヘンリー・キッシンジャー、トーマス・シェリング、モートン・ハルペリンなどの諸論考の翻訳が進められた。やはり一九五〇年代に米国に遊学した佐伯が、その知的社会の風土に触れ、安全保障の研究動向への感度を磨いたことが、防衛研究所の調査研究活動に結びついたとみられる[38]。

こうして米国の国際政治学の影響を受けた研究者の多くは、現実主義の国際政治観に立脚して日本を取り巻く環境を分析し、日本の安全保障のありかたを考察した。日米安保条約を堅持しつつ小規模の直接侵略に対応できるだけの防衛力を漸進的に整備することが、かれらの導き出した方策であった。したがって、日本自身の核保有については否定的であった。対米関係を損ないアジア・太平洋地域の安定には資さないこと、そもそも日本の核が抑止力にはなり得ないことなどがその理由であった。すなわち、日本の安全保障政策としては日米安保体制を維持し米国の核抑止力に依存することが、戦略的合理性を満足すると説いたのである[39]。

同じく現実主義の視点に立って日本を含むアジアの国際関係を考察した上で、しかしその世界観を超える方策を日本は追求すべきだと説いたのが、坂本義和や関寛治などである。坂本義和『「力の均衡」の虚構

――ひとつの『現実主義』批判」(『世界』一九六五年三月号)や関寛治「勢力均衡で平和は保てるか」(『中央公論』一九六六年六月号)は、そうした観点から現実主義の国際政治学者を批判した論考であった。講和・安保をめぐる対立に始まる安全保障論議は、一九六〇年代に入っても対立の構図自体は維持したまま、それぞれ現実主義と理想主義の安全保障論として内容を充実させたのだった。

知的社会全体としては、高坂や永井のような現実主義者はまだ少数派であった。その議論に注目し、世に送り出す上で大きな役割を果たしたのが、粕谷一希編集長時代の『中央公論』であった。戦後民主主義と平和主義が知的社会を覆っていた時代に、京都学派への憧憬と、安全保障をめぐるイデオロギー論争への違和感と不満とを秘かに温めていたのが粕谷であった。とはいえ、安保改定に臨んだ岸信介の非民主主義的手法には保守反動の危険を嗅ぎ取り、たとえば小泉信三のようなオールド・リベラルの反共主義には古さを感じる。そうした感覚が、高坂や永井の理論的根拠をもった、脱イデオロギー的な安全保障論と共鳴した[40]。

粕谷編集長の『中央公論』で梅棹忠夫や山崎正和、萩原延壽といった若手の知識人、そして現実主義の国際政治学者は活躍の場を与えられ、論壇に旋風を巻き起こした。高坂正堯は「現実主義者の平和論」(一九六三年一月号)、「宰相吉田茂論」(一九六四年二月号)、「海洋国家日本の構想」(一九六四年九月号)など、永井陽之助は「日本外交における拘束と選択」(一九六六年三月号)、「国家目標としての安全と独立」(一九六六年七月号)といった論考を次々と発表した。それらは吉田茂以来、保守政権が維持してきた安全保障政策に、国際政治における意味を与え意義づけする役割をもった。そして『自由』のような反共知識人の雑誌ではなく、戦前からの伝統を誇る『中央公論』が媒体となったことによって、リアリストの議論の流通力は格段に増すことになった。

◆党議決定＝自動延長

安保調査会の「中間報告」は、知的社会のこうした新しい潮流を反映したものとはいえなかった。高度経済成長を謳歌する社会の空気ともむろん合わなかった。それでも、安保調査会の議論を契機に自民党内で延長論議が盛り上がった背景には、自民党の政策決定システムの制度化というべき現象がある。一九六〇年代は、政策決定の単位が派閥から政務調査会へと移行し、政調会の役割が拡大した時期であった。実際、政調会の開催回数の総計は一九六五年にピークを迎えた。政調会の最高決定機関である政調審議会は六〇年代に入って減少するものの、調査会や特別委員会等、部会小委員会・正副会議の設置数と開催回数は増加した。つまり、政調会の審議がより具体的、実質的になり、それとともに政策決定における派閥の役割は減少したのだった[41]。

安全保障という問題の性質上、種々の圧力団体や官庁が殺到し、「いつの間にか特定集団、すなわち特定の私的利益団体や官庁の走狗的な存在と化してしまう」[42]という要素は少ないにせよ、安保調査会が外務省や防衛庁にとって無視できない存在となり、党内外のタカ派の期待を集めたことは間違いない。また米海軍首脳部から敬意をもって遇された野村吉三郎や保科善四郎などは、日米関係を支える重鎮的存在でもあった。

他方で、自民党の指導者たちにとって六〇年安保はトラウマであった。岸の安保改定が引き起こした騒乱はあまりに政治的コストが大きく、これを繰り返すだけの余裕は自民党にはないと考えられた。石田博英が「保守政治のビジョン」(『中央公論』一九六三年一月号)で描いたように、保革逆転のシナリオがありうるとみられたのが一九六〇年代である。佐藤内閣は、日韓基本条約のような懸案事項は野党の反対を押し切って成立させたが、あえて野党を刺激するような政策は避けたかった。さらに、自民党政治家の相次ぐ不祥事は「黒い霧」事件として世論の厳しい目にさらされ、石田や中曽根など反主流派は「粛党運動」を仕掛けて佐藤批判を強めていた。そうしたなかで佐藤は一九六六年一二月の総裁選挙を戦わなければならなかった[43]。

だから党執行部は、「中間報告」に消極的であった。七月にラスク国務長官が来日した際に、佐藤首相は日米安保条約の継続を希望すると明言したが、条約の改正は国会において困難を引き起こす可能性が高く、期限問題は静かに扱われるべきである、自民党の「中間報告」は政府の方針とみなされるべきではないと語っている。一方のラスクは、期限問題の処理方法は日米間で協議するのがよいとして、いかなる処理方式を望むのかは明らかにしなかった。だが、米国内には義務の非対称性――米国は日本防衛の義務を負うが、日本は同じように米国防衛の義務を負うわけではない――ことに対する不満があると告げ、条約改正が困難であると匂わせた[44]。事実、米国政府は、期限条項の改正は他の条項の改正要求を開放するであろうこと、左派勢力に恰好の抗議運動の機会を与えることなどから望ましくないと考えていた。この方針は、ライシャワー大使を通じて佐藤首相へ、国務省から外務省へ伝えられたとみられる[45]。

田中角栄幹事長をはじめ執行部の佐藤派幹部は、「中間報告」がそのまま党議とはならないよう党内工作を開始した。西村直己政調副会長は小坂善太郎を激励する一方で固定延長論者を個別に切り崩していったという。小坂を中心とする外交調査会は、「中間報告」の検討の必要を名目に追認を引き延ばした。これに対して、安保調査会の固定延長論者もさかんに運動した[46]。

自動延長論と固定延長論で綱引きが続いているうちに、自民党は一九六七年一月総選挙を迎えた。この選挙で保科や山本勝市が落選したことで、安保調査会は有力な旗振り役を失った。四月、安保調査会長は船田中に交代した。防衛庁長官経験者にして安保調査会の設置に関わった船田に、右の抑えと党内調整の手腕を期待しての人選であった[47]。船田会長の下で安保調査会は固定延長論から徐々に撤退することになる。この年六月にまとめられた「日米安保体制堅持の必要性――日本の安定と繁栄のために」は、七〇年以後については「日本の安定と繁栄のためには相当長期にわたって日米安保体制を堅持することが、絶対に必要である」と述べるにとどまり、固定延長論の方針は明記しなかった。そして、抑止力としての日米安保条約の重要性に加えて、「日米安保条約があったればこそ、きびしい世界情勢の中にも日本の安全と国民の安らかな生活があったのである」との議論を前面に押し出したのである[48]。

一九六八年一月号の『外交春秋』に発表した論考のなかでも、船田は「日米安保条約締結後の内外諸般の事実に徴し、現実の国際社会の実情に鑑みるならば、日米安保体制を維持して来たことは、日本の独立と平和を確保し、今日の経済繁栄と民生の安定、向上をもたらし、福祉国家建設を実現する基盤を築いたものであり、将来もなお、日本の安定と繁栄のためには、相当長期にわたって日米安保体制を堅持することが、絶対に必要である」と説いた[49]。それが自動延長に傾いた見解へと踏み込んだのは、この年夏のことであった。参議院選挙を間近に控えて、一九七〇年以後の安保条約の取り扱いについて見解をまとめたいという船田の提案が党役員会で了承されたあと、佐藤首相と福田赳夫幹事長、川島正次郎副総裁など政府・党首脳が協議した結果、外交調査会長でもある川島と船田、大平政調会長、三木武夫外相の四名で基本的な考え方をまとめることが決まった。六月一三日の外交、安保両調査会の正副会長会議では船田の試案が諮られ、これが若干の修正を経て一七日の同会議、さらに党首脳と佐藤首相の了承を得て船田会長の「見解」として発表された。「国連の平和維持機能がいまだ十分でなく、また国際情勢が依然緊張をつづけている今日においては、この条約に変更を加える必要を認めない」[50]。

佐藤は慎重であった。船田の提案を聞いた六月一一日、彼は「安保の自動延長その他につき意見交換。まだ最終的にはきまらない」と日記に記した[51]。四日後、静岡県庁での記者会見では自動延長を示唆した[52]けれども、参院選を通じて自動延長の方針を確約しようとはしなかった。だが、外交・安保両調査会の正副会長会議と党首脳に了承されたことによって、船田の個人的「見解」は事実上の自民党の統一見解であると受け止められた[53]。最終的には一九六九年一〇月、外交・安保両調査会と沖縄問題特別委員会の合同会議において政調会事務局が案文を朗読し、賛成を得るかたちで、自動延長方針は党議決定となった。

日米安保条約の期限問題に対して、佐藤と自民党首脳は、安保条約の維持を基本方針としつつそれが政治上、外交上の争点となることを回避しようとした。一九七〇年以降も米国との安全保障関係の枠組みを安定的に維持できるような措置は望ましかったが、条約改正をともなう固定延長方式は対米関係の懸案事項を増やすだけでなく、革新勢力をいっそう刺激してしまう。とはいえ、条約の安定的維持を必ずしも保証しない自動延長方式を早々に決定すれば、党内右派の反発を招く。他方で米国政府は、佐藤が安保条約の廃棄も改正も望まない旨を公式に表明することを望ましいと考えていた[54]。それは佐藤にとっては無理な注文であった。佐藤と自民党首脳は、右派を走らせつつ引き締め、水面下で自動延長論者を後押ししつつ党内の論議が一定の方向に定まるのを待った。そうして静かに安保条約の自動延長を実現したのだった。左右の過激化を防ぎ対米関係を安定化させることを目指したという点で、それは核政策におけるアプローチに共通していたといえよう。

3　吉田路線の再選択

◆財界、メディア、知的社会

自動延長方式が自民党の方針となる過程で、佐藤内閣と自民党は国民に対する働きかけを重視した。それは、政府から国民への一方通行のキャンペーンというよりは、広く社会を巻き込んだ運動となった。

一九六九年夏、財界の関心は七〇年安保や防衛問題に向けられた。たとえば日本生産性本部(足立正会長)の軽井沢セミナーは、「七〇年代の経営」というテーマに関連して自主防衛論、防衛力増強論を討議した。日本経営者団体連盟(日経連)のトップセミナーは「七〇年代の政治・経済問題の基本課題」に関連して自主防衛問題を議論した。日本商工会議所の総会でも、新任の永野重雄会頭が「日米安保体制の保持など政治的、社会的問題についても積極的に活動して行く」と挨拶している[55]。

財界は六〇年安保の再現を恐れると同時に、日米安保条約の堅持を望んだ。そのために行動するのがこの時期の財界であった。財界のなかでもとくに戦闘的な日経連は、一九四八年の創設以来、労働運動の背景となる社会に対する働きかけを重視し、教育、芸術・文化から思想分野まで反共運動を展開した。自らの生存基盤である自由で民主的な政治、経済、社会を守るための運動であった。一九七〇年前後には革新政権が誕生する可能性があるとの見通しが財界にもあったことが、そうした運動を活発化させたかもしれない[56]。活動の資金源は日経連の秘密組織、共同調査会であった[57]。

舞台の一つは、急速に発達を遂げたマスメディアであった。一九五四年に開局したニッポン放送は、財界の資本金によって設立された。会長に稲垣平太郎元通産相、社長に経団連副会長の植村甲午郎、そして船田中が取締相談役に就任し、専務取締役に就いた鹿内信隆が実務を取り仕切った。一九五三年に放送が開始されたテレビについては一九五七年、ニッポン放送と水野成夫社長の文化放送、東宝、松竹、大映が出資してフジテレビが創立された。こちらは会長に植村、社長に水野、専務にはやはり鹿内がおさまった[58]。

フジテレビが一九六五年に放映を開始した番組に、「ビジョン討論会」がある。当初は土曜昼に一時間半、土曜夜に再放送という時間帯での放送であったのが、翌年には日曜朝に一時間枠、やがて一時間半ないし二時間枠の放送となり、一九七〇年四月まで続く番組となった。高坂正堯や江藤淳など若手知識人たちが出演することも多かった[59]。一九七〇年を前に、的確な対応を基本的な視座から構築する必要があるとの認識から、知識層を対象とする番組が企画されたのだった。信越化学社長の小坂徳三郎が企画の中心となり、鹿内や鹿内の秘書の大和寛が加わることもあった[60]。高度成長とともにテレビがお茶の間に入り込み、人々に娯楽を提供した時代であった。テレビの普及率は一九六六年には年間所得三〇万円未満の家庭でも八割に達し、三〇万円以上の家庭では九五％を超えた[61]。不特定多数への情報発信という点では雑誌よりもはるかに大きな力をもつテレビが、知識人たちの議論を流通させはじめたのである。

「ビジョン討論会」の放映が始まる少し前の一九六五年九月、小坂は植村甲午郎とともにライシャワー大使と会見している。アジアにおける自由主義陣営の利益、とりわけ日本の利益について、日本の指導者は世論に説明し理解を得るように務めるべきではないかと問いかけたライシャワーに、両者は自民党の強化やマスコミへの働きかけが必要であると同意した。小坂はその上で、彼の「組織」が講演や集会などを通じて保守の論理を説明する学者を選んでいるところであり、マスコミとも接触したところだと明かしている[62]。小坂がマスメディアと知識人を動員しようとしていたことがうかがえよう。

冷戦が人びとの心を獲得する戦いという側面をもつ以上、文化は冷戦の重要な局面を構成した。米国政府は、日本においてはＵＳＩＳを中心に文化・広報活動、民間財団などによる研究助成、人材交流、図書館設立、出版活動などを実施した。また反共自由主義的知識人の国際組織である国際文化自由会議の日本支部、「日本文化フォーラム」がハーバート・パッシンと石原萠記《ほうき》の主導で設立され（一九五六年）、高柳健三（会長）や木村健康、竹山道雄、林健太郎、猪木正道、中村菊男などが集った[63]。そうした米国主導の反共運動に対応するような、日本の内発的な文化・情報・メディア戦略の一端を、財界が担っていたことになる。中心的役割を担ったのは小坂や鹿内であり、小坂の下で実際の事業の運営に当たったのは、アメリカ留学から帰国したばかりの山本正や若泉敬であった[64]。ライシャワー大使との会見に登場した「組織」とは、山本正のグループであったろうか。

この山本を推進力として、反共自由主義を掲げる財界の運動は、やがて日米の知的対話へと発展していった。一九六七年九月一四日から一七日にかけて開催された日米関係民間会議（下田会議）は、もともとは日本をテーマに取り上げたアメリカン・アセンブリー一九六四年会議のフォローアップ会議として計画されたものを、対話の規模を拡大して実施された民間知的対話である[65]。山本が集めた参加者は豪華で多彩であった。米国側からはパッシン、ジェームズ・クラウリやロバート・スカラピーノ、ジョージ・トッテンといった日本研究者、政治学・国際政治学ではカーンなどアメリカン・アセンブリー関係者、上下両院の議員や州知事など民主・共和両党の政治家、ジャーナリスト、経済人、元軍人などが来日した。日本側も国際政治学者――小坂に近いリアリストだけではなく川田侃《ただし》や武者小路公秀《きんひで》など左派リベラルも――や国際文化会館の松本、五島昇や石川六郎、盛田昭夫、牛尾治朗などの財界人、各党の国会議員、報道関係ではNHKと主要紙の代表が招待された。基調講演者としてはマイク・マンスフィールド上院院内総務が注目された[66]。

日本社会からさまざまな分野を代表する人材が左右の立場を超えて集まり、米国人との間で日米関係やベトナム問題、中国との関係などの諸懸案を討議する様子は、当時の日本人には新鮮な光景であった。新聞では連日、討議の内容が報道された。さらに会議が討議の結果を「討議要約」という形でまとめたことは、国際関係に対して異なる観点とアプローチをもった人々による議論が可能であることを日本社会に示した点で、画期的であった[67]。対話を重視した山本の手法は、一方で財界の支持を得て資金提供を受けつつ、反共保守色の強い日経連の対決的なエネルギーをよりイデオロギー色の薄い、知的に自由なものと結びつけ、知的対話という場を創り出すことに成功したのだった。そしてベトナム戦争の泥沼化でアメリカへの好感度が低下するなかで、「対話する日米」というイメージは、それだけで反米勢力に対抗する宣伝材料になり得た。

◆知的社会と政治

一九六九年一月に開催された「沖縄およびアジアに関する日米京都会議（京都会議）」は、下田会議と直接の関係はないものの、参加者は高坂、佐伯、永井、若泉といった国際政治学者を中心に重複がみられる。京都会議の基礎となった沖縄軍事基地問題研究会（基地研）が、こうした国際政治学者や久住忠男など軍事専門家をメンバーに大濱信泉《のぶもと》の主導で組織されたのは一九六八年二月、下田会議から約半年後のことであった[68]。また民間の沖縄返還運動を主導した末次一郎は、山本正とは「持ちつ持たれつ」の関係にあったという[69]。末次や大浜は下田会議に直接関係してはいないものの、第一回下田会議の成功を観察していた可能性は高い。日米両国の政策決定に影響力をもつ有力者が民間会議の場で沖縄問題について意見交換をすることによって、沖縄問題の解決を促進することが、京都会議に期待された役割であった[70]。

一九六八年二月から一年間、一八回にわたって開かれた基地研の会合と京都会議を通じて、沖縄に核兵器を置く必要はほとんどなく、したがって「核抜き本土並み」返還は可能であるとの報告がまとめられた[71]。日米の参加者が率直に意見交換をするなかで、互いの観点を理解したことには、それ自体に大きな意義があった[72]。ぎりぎりの交渉に当たる両政府の当事者にとっては、沖縄の置かれた国際環境や戦略状況、全般的な日米関係を検討し互いの考え方を量る機会となった[73]。そして一連の検討と会議の成果は首相官邸に伝えられ、佐藤の判断材料に供されたのである。

佐藤首相が「核抜き本土並み」の方針で沖縄返還交渉に臨む意思を公にしたのは、京都会議からおよそ一ヵ月後、一九六九年三月一〇日のことであった。佐藤首相がいつ決断したのかは必ずしも明らかではないが、日米の安全保障の専門家による会合を通じて核抜き本土並みが一つの方向性として示され、また世論も核抜き本土並みへと収斂するのを見極めた上で、方針を国民の前に明らかにする段階へと歩みを進めたのではないかと考えられる。佐藤は、彼の決断に理論的根拠を与えると同時に、世論を盛り上げる手段として、京都会議とその成果を活用したのであろう。

下田会議や基地研、京都会議に参加した国際政治学者や軍事専門家には、高坂や永井、若泉、衛藤瀋吉、佐伯、久住のように、一九六六年ごろから首相官邸に出入りしていた者が多かった[74]。ほとんどの場合、産経新聞記者から佐藤栄作首相の首席秘書官に転じた楠田實が窓口であった。研究者を多数登用し、新鮮で知的なイメージを与えたケネディ政権に刺激を受けた楠田は、「大衆的なポピュラリティと知的な宣伝力が、今までの党内の指導力、資金力、党内の人間的結合にも劣らない重要性を持ってくる」と予感した[75]。それが佐藤の私的な政策研究機関(佐藤オペレーション、通称「Sオペ」)と自民党総裁選出馬に当たっての佐藤の政策綱領「明日へのたたかい」を生み出し、また知識人の活用へと結びついた。

その場合、反権力的ないわゆる「進歩的知識人」ではなく、しかし過度にナショナリスティックでもない、新しい知的基盤をもつリアリストの国際政治学者たちが、楠田の求める人材であったと思われる[76]。粕谷編集長の『中央公論』で次々と発表される挑戦的な論考は、新聞記者出身だけにいっそうの注意を引いたであろう。『中央公論』系の知識人たちは研究会などを通じて、あるいは個人的に、核政策や沖縄問題、教育問題、中国問題など佐藤政権が直面した諸問題について助言をまとめていった。「核四政策」の立案者が若泉であったことは、楠田の証言によって明らかにされている[77]。日米安保条約を維持し、米国との安全保障協力の枠内で自衛力を整備する――核武装には否定的――ことが戦略的合理性にかなうという高坂や永井、佐伯などの議論も、首相官邸での議論や基地研の検討の基礎になった。佐藤も楠田も「ブレーンの能力を利用するという以上に、学者・知識人を尊敬してくれていた……佐藤内閣は、学者・知識人の言動を政治的説得の手段として利用するのではなく、好きなことをさせ、立派な出番を与え、政策に言葉と形を与えることで満足したように思われる」[78]。メディアを一つの媒体として、政治と知的社会は結び付きはじめた。

日本の知的社会に生じた新しい潮流とその影響を、米国政府は敏感に察知した。外交問題評議会のジェームズ・モーリーは、一九六四年一一月の段階でリアリストたちの議論の動向に着目していた。佐伯喜一や田中直吉、小谷秀二郎などが比較的現実的で合理的な議論を展開していると評価し、これらは日本が戦後史の転換点にさしかかっていることを示す証左ではないかと分析している。そして、佐藤政権の日本が急激に軍事力を拡大し、独立性の強い軍隊を建設する可能性は低いであろうと論じた。この論文は国務省の日本関係者の間ですぐに回覧された[79]。一九六七年一〇月には東京の大使館が、安全保障に関する日本の世論の方向性に大きな影響力をもつ（とみられた）知識人のグループを一覧表にし、一部は詳細な経歴を付けて本省へ送った[80]。米国政府は、日本にいわゆる「進歩的知識人」とは異なるタイプの知識人が安全保障をめぐる論議に新しい潮流を生み出し、かれらが佐藤政権と関係を結ぶなかで、佐藤政権が従来の安全保障政策を再定義しつつあることを感じ取っていたのだった。

◆「国を守る気概」と安保効用論

知識人の安全保障論を活用しつつ、政府・自民党は世論に対してはより簡明直裁で素朴な国民感情に訴える議論を展開した。

自動延長方式が自民党の正式の方針となるまで、安保調査会の「中間報告」からは三年以上、船田見解の発表からも一年以上を要している。この間、大学紛争の嵐が日本全国で荒れ狂い、一九六九年一月には東京大学が入試中止に追い込まれる事態となった。与野党の対決は尖鋭で、八月に成立した大学運営臨時措置法をはじめ国会での強行採決は一八回に及んだ。「七〇年安保」が「六〇年安保」の再現とならぬよう革新勢力を封じ込めるために、佐藤政権は野党を分断し、民社党や公明党を取り込むこともためらわなかった[81]。

この間、佐藤内閣と自民党が取り組んだのが、国民に対する日米安保の啓発運動であった。一九六八年末に「安保推進国民会議」が結成されると、これが翌年に「都・道・府・県民会議」へと拡大した。佐藤首相の訪米を控えた一一月初旬には、日本武道館で一万人を動員して安保体制推進の総決起大会が開催された。銀座のキャバレーで落語家の三遊亭歌奴や講談師の一竜斎貞鳳による「安保ばなしの会」が開かれた(一九六九年九月)り、漫画家の近藤日出造が安保条約を漫画で解説する(『安保がわかる』、一九七〇年)など、庶民の娯楽を手段に「わかりやすさ」が追求された。「安保がわかる」は、国民協会や市長会、風呂屋やパン屋などの組合を通じて百万部が流通したという[82]。

啓発運動に際して議論の根拠になったのは、「安保効用論」というべき論理だった。日米安保条約は日本の安全を確保するとともに、経済成長と国民生活の安定を可能としてきた。こうした議論は、宮澤喜一が一九六五年に著した『社会党との対話』のなかにすでにみられる。だが、「低姿勢」の池田政権を支えたハト派の宮澤だけではなく、安保調査会にこの議論が取り入れられたことがおそらく重要であった。前述の安保調査会の「日米安保体制堅持の必要性――日本の安定と繁栄のために」(一九六七年六月)に続いて、船田安保調査会会長の「見解」(一九六八年六月)は、次のように断言した。日米安保条約が「国連憲章に基づく純然たる防衛的条約として、激動する国際情勢の中にあって、よくわが国の安全と平和を維持し、その間に、わが国の経済発展と国民的生活の向上に著しく寄与してきたことは明白な事実である」[83]。

一九六九年になると、「安保効用論」は自民党の安全保障論の前面に押し出されるようになった。各党代表による討論会での田中角栄幹事長の発言である。「六兆七三九五億円に達する昭和四四年度一般会計予算案の中で、防衛関係費は四八三八億円であり、全体のわずか七パーセントにしか過ぎません。昭和二九年から現在にいたるまで、わが国の国民経済は年率平均、名目で一四パーセント、実質で一〇パーセントを越えて伸長してきたのは、日米安保体制の下で、わが国の防衛費が最小限にとどめられてきたためとも言えるのであります」。だから「日米安保体制を破棄して、自らの力だけで自らを守るとともに、他方で山積する内政上の課題を解決して、国民生活を向上させることは言うに易く、行なうは難いのであります。私はその意味で、日米安保体制の堅持と国民生活の向上とは不離不即、タテの両面であることを強調したいのでありま
す」[84]。

基地の提供をともなう日米安保条約が、けっして日本に不利な内容ではなく、さらに西側全体の安全保障を支えるために必要であるとの議論も展開されるようになった。同じく田中幹事長は、次のように説く。「日米安全保障条約は、日本に憲法第九条があるために、その制約があって、日本が危険に冒された時には、日米安全保障条約で米国は協力する。もちろん守るのは日本が主体であって、自ら守るのは当たり前です。が、米国も補完的な力となって力を貸してくれる。一方、米国が外敵に犯されても、日本は憲法第九条の制約があって、これを軍事力をもって応援をしてやれない。いうならば、米国から言うと非常に片務的な条約だとさえ言われております。これは、歴史上のうえからやむを得ない過程のうえにつくられたもので、日本にとってみると、結果的に、非常にプラスが多いものだと思うのです」。「基地は日本を守るためにあるのであって、米国の極東侵略の基地だと考えることは、ちょっと思い半ばに過ぎるのではないか。なぜならば、〔基地があるのは〕日本だけじゃないんです。……日米共通の目的、利益を守るために、民主主義、自由主義体制を守り、しかも日本を守るための基地ですから〔以下略〕」[85]。

一方、佐藤首相は「国を守る気概」を打ち出した。「自己の能力を正しく把握し、社会秩序を守り、日本人としての誇りと独立の気概を持つことは、民族の若さと活力を永遠に維持する秘訣であり、また国の安全を保持する基本的な条件」であるとの信念に立脚した主張であった[86]。日本各地で催される「一日内閣」は、「国を守る気概」を訴える絶好の機会となった。彼は参加した人びとに対して、素朴なナショナリズムを喚起しつつ「平和と繁栄の道をどうしたら続けることができるか、安全の確保はどう行われるか」を考えるよう求め、国力に応じて自衛力を増強すべきであると説いたのである[87]。

野党はそのナショナリスティックな復古調を批判したが、佐藤は次のように反論した。「いままでは、戦後におきましては、どうも国家というようなことを言うと保守反動だと言われる。昔の軍国主義につながる。愛国心を説くとこれまた昔の軍国主義につながる。こういうことで、戦後は国家だとか愛国心というようなことばは大体禁句になっていたようです。しかし、私は今日になってよく考えてみると、安全保障条約が効果をあげるためにも、こういう点についてはもっとはっきりした、徹底した考え方を持つことが必要だろう、かように思います。そういう意味であらゆる面に総力をまとめあげて、そうしてまずその国を愛し、その国を守るという、そうしてりっぱな国をつくる、そこに独立の気概も出てくるのではないだろうか、かように私は思います」[88]。

ただ、佐藤の議論も「安保効用論」を前提としていた。「吉田元首相が日米安全保障条約を締結し、集団安全保障方式のもとで、平和を確保してきたが、この私たちが選んだ道は正しかったと思う」。その上で、米国だけに安全保障を委ねるようではいけない、国力に応じて自衛力の増強が必要だと論じたのである。さらに、彼のいう国力とは軍事力のみを意味するものではなかった。「国力とは民族性、経済力、科学の進歩、歴史的、文化的伝統など総合的なものであり、さらには世界の進展に寄与する度合いによって決る」[89]。

「国を守る気概」というややいささか古めかしい表現を使いつつ、佐藤は岸や自民党右派の国防論とは「発想的にも表現も違う」と意識していた[90]。佐藤は、米国との安保条約を基礎とする米国との協力関係の枠組みで自衛力の増強を考えた。それが佐藤のめざす「自主防衛」だった。

こうして、安保効用論と「国を守る気概」を組み合わせて展開し、国民に対して米国との安全保障関係を基調に自衛力を漸進的に整備するという安全保障政策への理解を求めようとしたのが佐藤政権と自民党であった。リアリストの国際政治学者たちの議論が、首相官邸に吸収されその政策形成に反映される一方で、マスメディアに乗って社会に流通するようにもなり、佐藤政権や自民党の動きと連動した。そしてこれに並行して、非核三原則と核四政策の表明や核不拡散条約への調印、日米安保条約の自動延長が決定されていった。一九六八年から一九六九年にかけて行われた一連の政策決定の積み重ねは、結果として吉田以来の安全保障政策を確認する意味をもった。

おわりに

既存の政策体系を維持するという選択が、佐藤政権において既定方針だったわけではない。佐藤や佐藤の周囲は、政権構想を考えるに当たって米ソの対立状況の変化をとらえ、冷戦と不可避的に結びついた「戦後」との訣別を志向した[91]。さらに経済力が目にみえて増大し、吉田がその基礎を作った安全保障政策の前提条件が変わるなかで、より自立的な防衛力を建設することを考えたかもしれない。

しかし、核兵器の問題や日米安保条約を基礎とする米国との安全保障関係について、佐藤政権と自民党の実際の選択は、おそらくそうした長期的な見通しや志向に立脚してはいなかった。安全保障は、依然として保革がもっとも対立する争点であった。革新勢力は、「七〇年安保」に「六〇年安保」を投影し、安全保障政策を根幹から転換することをめざして自民党への攻勢を強めていた。自民党内では、吉田路線に飽き足らない勢力が「自主国防」をめざして佐藤内閣に圧力を加えていた。他方で米国政府は、日本に同盟国としての役割分担を求めつつも、自立的な軍事力をもつことは望まなかった。佐藤と自民党幹部は、左右の主張いずれも突出させず、あるいは過激化させることなく、なおかつ対米関係を維持する方策を選んだ。その際、明確な目標を掲げてあらゆる資源を動員するというよりは、自民党内の議論を水面下で誘導しつつ、静かに目標を達成するアプローチをとったのだった。

アプローチにおいても選んだ方策においても、核政策や安保条約の期限問題に関する佐藤政権の選択は国内政治上、対米関係上の争点化を回避することに重点が置かれていた。ベトナム戦争を継続する米国に対する批判が高まり、学生運動が昂揚し、他方で自民党の長期低落傾向が懸念されるなかで、左右の政治対立を激化させて政治危機を発生させてはならない。政権にとっての最大の課題、沖縄返還交渉への影響を最小限に抑えなければならない。そうした考慮が働いて、安全保障政策の決定には慎重にならざるを得なかったのだろう。

そして、佐藤栄作という個性がこうした方法を選ばせたように思われる。「賢い人は、いろいろやろうとして失敗するものでね」と佐藤は漏らしたことがあったという。あるいは兄の岸信介が念頭にあったろうか。佐藤首相を間近で観察する機会に恵まれた高坂正堯は、佐藤が「積極的行為者」ではなかったと評した。「秩序を保ち、自分があずかる国の手綱をしっかりとにぎって、暴走したり、道ばたに突っこむのを防止していれば、あとは国自身が自然に進路を見つけるであろう、という政治哲学も十分成立する」[92]。核政策についても米国との安全保障協力についても、対米関係を考慮しつつ左右のいずれかに傾くのを防ぐことが、佐藤と自民党政権の政治指導であった。その集積が、吉田路線の維持という選択であったと考えられる。

ただ、その選択にことばを与えた点にも、佐藤政権の政治指導が認められるであろう。それは知的社会に生じた新しい潮流によって支えられていた。若手の国際政治学者を中心に、イデオロギー対立とは別の次元で国際政治学の見地から日本の安全保障政策を分析し、吉田以来の外交・安全保障政策に概して肯定的な評価を与える議論が登場したのが一九六〇年代であった。そうした現実主義の国際政治学者は佐藤政権にさまざまな示唆を与え、首相官邸も積極的に吸収した。また財界の反共運動とも結びつき、マスメディアや知的対話を通じて、社会にも流通しはじめた。さらに米国の知的社会との対話の場の成果は、政策形成にも反映された。「安保効用論」は、現実主義者の国際政治学者たちの議論に理論的根拠を得つつ、より平易な表現で国民の理解を獲得することを意図した主張だった。一方で、「国を守る気概」で集団安全保障下での「自立」のありようを説く。佐藤政権は、知的社会や財界と相互作用しつつ、高度成長を実現し、成熟した先進社会へと移行しつつあった日本社会により適合的なことばで安全保障政策を説明し、吉田路線の再選択の正当性を示したのである。

第11章　沖縄返還から見た佐藤栄作の政治指導

黄自進
Huang Tzu-chin

はじめに

戦後日本政治史における沖縄返還の重要性については、ことさらに述べるまでもない。特に沖縄返還は、日米同盟関係の深化をもたらしたが、これによって対外的には、アメリカのアジア反共政策に加担することを通して、東南アジア諸国への経済援助活動が強化され、韓国と台湾のような反共国家との関係はより一層親密となった。対内的には、米軍基地全面撤廃と日米安保条約廃棄を唱える野党に刺激を与え、対外政策をめぐる日本の国内政治の対立図式がさらに深まった。

一方で沖縄返還は、日本の戦後処理を終了させるとともに、外交の基本パターンを定着させることになった。また、日米協調路線および韓国と台湾との善隣関係を今日に至るまで継続せしめる主たる要因となった。こうしたことを考えれば、佐藤栄作の先見性と政治指導力は高く評価すべきであると思われる。

本章では、首相在任中沖縄返還交渉を目指す佐藤の四回にわたる訪米を通して、沖縄返還が実現していく過程を明らかにする。また、佐藤がいかなる仕組みに基づいて、この対米外交の業績をインパクトとして国内政治に利用できたのかを検討する。さらに、彼はいかなるメカニズムを通して、国内政治と国際政治を巧みに組み立て、つねに自身の狙う通りに政局運営ができたのかについて検討する。最後に、かかる政治運営に表れた佐藤のパーソナリティに焦点に当て、彼の政治指導像を浮かびあがらせたい。

1　四度にわたる訪米の実績

沖縄返還が佐藤栄作の選挙公約になったのは、彼が、現職の池田勇人首相に挑戦して自民党総裁選挙への立候補表明のために開いた一九六四年七月四日の記者会見の場においてであった。このとき佐藤は、「政権を担当した場合には、アメリカに沖縄返還を要求する」と明言した。領土問題が片付かなければ戦後が終わったとは言えない、というのがその理由であった[1]。

このように沖縄返還を課題として意識しながら、佐藤は政権獲得を目指した。そして一九六四年一一月九日、首相に選出された翌日には、早くもアメリカのライシャワー駐日大使に早期の日米首脳会談の実現と自らの沖縄訪問とを打診している[2]。

これらの希望は、アメリカ政府の積極的な対応によって実現する運びとなった。佐藤首相は、翌年一月に訪米すると、ワシントンにおいてジョンソン大統領と会談した。

この会談のなかで佐藤はアメリカ政府から次の三点について承諾を得た。第一に、日本が他国からいかなる武力攻撃を受けてもアメリカは防衛する。第二に、旧小笠原島民の代表の墓参を認める。第三に、沖縄における日米協議委員会の機能を拡大させることによって、同委員会は、従来の経済援助にとどまらず、住民の安寧の向上を図るためにも役割を果たす[3]。

佐藤としては、この三点の合意から次のような成果を得たといえる。第一に、日本の非核政策を確立させた。中国が一九六四年一〇月一六日に原爆実験に成功したため、日本としてもそれなりの対応策をとらなければならなかったが、中国の核の脅威に対して、アメリカから安全の保証を得られれば、単に日本が核武装をする必要性がなくなるばかりではなく、さらに日本が「非核三原則」を推進する土台もできたことになる。また、日本がその安全をアメリカに全面依存することによって、両国の同盟関係をより一層深化させることになった。第二に、旧小笠原島民の墓参を取り上げることによって、同諸島の返還問題を今後両国間における交渉の議題とする契機とした。第三に、日米協議委員会の機能を拡大することを通して、沖縄に対する日本の援助を拡大させた。また、これを契機として、本土と沖縄の交流を増加させた。

こうした具体的な収穫を得たほか、この首脳会談を通じて、ジョンソン政権の外交政策のあり方について理解を深めることができた。つまり、中国の対アジア進出政策を脅威と捉えたアメリカ政府の最大の関心は、いかにして中国を封じ込めるかということにあり、したがって、同政策を執行するため、アメリカ政府は、南ベトナム、台湾、韓国という三つの地域を東西冷戦の最前線として扱い、全力を挙げて守ろうとしている[4]ということを佐藤は認識したのである。

言い換えれば、アメリカが上述した地域を東西冷戦下における国際戦略の核心的利益として扱う以上、日本が同地域を重視しない限り、アメリカと緊密な同盟関係を築くことができないことを佐藤はよく理解した。

この佐藤首相のアメリカ訪問の延長線上に実施されたのが、同年八月一九日の沖縄訪問である。沖縄を訪ねた最初の首相となった佐藤は、この訪問を通じて、現場で沖縄の祖国復帰実現を高らかに謳い上げようとした。とくに、那覇空港で、「私は沖縄の祖国復帰が実現しない限り、わが国にとって戦後は終わっていないことをよく承知しております[5]」とのフレーズがその後長く語り継がれていることに象徴されるように、佐藤は沖縄返還を内閣の命運と一体の問題と見なして取り組もうとしたのである。

以上のように内閣の命運を賭けて沖縄の返還を実現させようと決意した佐藤は、一九六七年一一月に再び訪米した。二度目の訪米の成果は、以下の二点に要約できる。第一に、小笠原諸島の施政権を日本に返還すること、第二に、沖縄の施政権返還の問題については、二、三年以内に返還時期を決定すること、である。また、この返還の準備を進める作業として、日米琉三者構成による協議機関を新設することとなった[6]。特に、沖縄主席の公選など、日本本土との一体化の強化事業を開始することとなった[7]。

ところで、沖縄返還の早期実現を促進させるため、日本政府はアメリカ政府に対して以下のような承諾を与えた。第一に、アメリカの国際収支の改善に三億ドルの協力をする[8]。第二に、日米双方によるインドネシアのコンソシアム経済援助に対し、日本が必要額の三分の一を負担する[9]。第三に、ベトナムで教育テレビの制度を推進するため、受信機などの施設を提供する[10]。

ベトナム戦争の泥沼にはまり込んで、国内外において孤立していたジョンソン政権としては、このような日本の支援を特別の感懐をもって受けとめた。そのことは、ジョンソン大統領の記者会見における「今年中にホワイトハスで私が会った八十七人の各国元首、首脳などの政治家のうち、今度の会談ほど実り多く、助けになったものはない」[11]という感想から窺うことができる。

逆に言えば、このように孤立していたジョンソン政権に対して協力という立場を佐藤政権が示すには、それなりの覚悟が必要であった。佐藤としては、こうしたリスクを冒した結果として、沖縄の返還と政権の維持とが不可分の関係になったとも言える。

沖縄返還の時期について決着をつけるため、佐藤は、一九六九年一一月に第三回目の訪米を行なった。このときの交渉相手は、ニクソン大統領であった。一一月二一日に発表された両国の共同声明によれば、沖縄返還は一九七二年に決まった。また、返還後の沖縄米軍基地については、現状が維持され、日米安保条約も適用されるようになる。

以上のように、沖縄の米軍基地と日米安保条約を組み合わせることにしたため、安保条約の期限延長のほか、極東地域におけるこの時点での米軍の持つ役割に対して日本が協力するという新たな合意ができた。この新しい合意は共同声明において次のように表明された。

まず、両国政府は、日本を含む極東の平和と安全の維持のために日米安保条約が果たしている役割をともに高く評価するとともに、同条約を堅持する意図を明らかにした[12]。すなわち、一九六〇年六月二三日に発効した改定安保条約の期限は一九七〇年までであったが、同条約の存廃について期限延長のたびに国政上の論点とすることを避けるため、自動延長の制度としていた。したがって、日米安保条約は一九七〇年には自動延長されるが、この沖縄返還交渉を通して、佐藤政権の日米安保支持の立場を世の中に伝えておこうとした。

また、日本政府としては、極東地域の平和維持における米軍の役割を維持させるため、関係国について、次のような認識と立場を鮮明にした。「韓国の安全は日本自身の安全にとって緊要である」、「台湾地域における平和と安全の維持も日本の安全にとってもきわめて重要な要素である」、他方「南ベトナム人民が外部からの干渉を受けずにその政治的将来を決定する機会を確保するための米国の努力に影響を及ぼすことなく沖縄の返還が実現されるように」、その後の情勢に照らして、アメリカ政府と「十分協議する」[13]。

さらに、基地の態様に関して、とくに核を保有する基地として存続せしめるか否かについては、二段構えの表現が採られた。すなわち、「核兵器に対する日本国民の特殊な感情及びこれを背景とする日本政府の政策」があることに言及した上で、アメリカ政府が、返還後の沖縄基地に核兵器の再持ち込みを必要とする際には、「日米安保条約の事前協議に関する米国の立場」を害さないことを前提に、「日本政府の政策に背馳しない」という原則を尊重すると強調した[14]。

換言すれば、アメリカ政府が沖縄の施政権を日本に返すことによって、これまでに現地に配備された核兵器は撤収すべきであるが、極東における有事の際に核兵器の再持ち込みの必要性が出てきた場合には、日本政府としては前もって相談を受ける権利がある。そして、沖縄への核の再持ち込みに関するアメリカ政府の要望に対しては、日本政府としては、その時点での事態を検討した上で、諾否を決定するということである。

沖縄返還に関する両国の合意は、右のように纏められるが、この合意を発表した当日夜の、ワシントンのナショナル・プレス・クラブでの演説で、佐藤首相は、今後も極東地域において沖縄が十分に軍事的役割を果たせるように、アメリカの東西冷戦戦略において最前線として位置付けられた韓国、台湾、ベトナムの防衛体制に対して、日本は以下のように支持することを説明した。まず、「韓国に武力攻撃が発生し、これに対処するため米軍が日本国内の施設、区域を戦闘作戦行動の発進基地として使用しなければならないような事態が生じた場合には、日本政府としては、このような認識に立って、事前協議に対し前向きに、かつすみやかに態度を決定する」方針であること。また、「台湾地域での平和の維持もわが国の安全にとって重要な要素」であるとの認識に立って、「米国による台湾防衛義務の履行というようなこととなれば、われわれとしては、わが国益上、さきに述べたような認識をふまえて対処してゆく」考えであること。さらに、ベトナムに対しては、「米国の立場に深い理解を抱き、その努力が実を結ぶことを心から期待」していると述べた[15]。

このように、具体的にこうした国、地域名を取り上げ、今後アメリカの極東地域の平和維持活動に日本が支持を与えると述べたことは、それまでアメリカのアジア戦略上沖縄が担わされてきた役割は、沖縄返還が実現すれば、日本が引き受けることを示したものである。また、日本の自主性を強調するため、この新しい方針を、共同声明には入れずメディアへの講演という形で明らかにした。つまり、共同声明に入れた場合、アメリカ政府が日本に強要したという印象を与えることに配慮したものである[16]。

ところで、佐藤の講演した内容は、共同声明を補完する役割を果たしたが、沖縄交渉の裏には、かかる公式の交渉以外に他の取引もあった。すなわち、一九六九年一一月二一日、佐藤は、京都産業大学教授若泉敬によるアメリカとの事前合意を基にして、ホワイトハウス大統領執務室の隣の小部屋で、ニクソン大統領とキッシンジャー大統領補佐官を前に、核に関する秘密合意議事録に署名した。

また、繊維製品の貿易に関する事項を、一九六九年の一二月末までにジュネーブでの両国の討議を通して、アメリカの希望に沿えるようにすると約束した。

密約の主な内容は、緊張時の沖縄への核持ち込みの事前協議に日本側がかならず応じること、また、沖縄に現存する核兵器貯蔵地である嘉手納、那覇、辺野古、並びにナイキ・ハーキュリーズ基地を、いつでも使用できる状態に維持しておくということであった[17]。

日米繊維交渉に関する約束は、五年間にわたって日本は、毛製品には毎年一%、化学合成繊維製品には五%という輸出の年間増加量の上限を設ける、というものであった[18]。

さて、以上のとおり、佐藤内閣の誕生以来、沖縄返還交渉を進めるために三回にわたって訪米が行なわれたが、最後の段取りの詰めのために佐藤は、一九七二年一月六日から七日をかけて四回目の訪米を行なった。ニクソン大統領の故郷にあるカリフォルニア州サン・クレメンテで行なわれた首脳会談の結果として、沖縄返還は同年五月一五日の実施と決まった[19]。予定通りに沖縄返還が行なわれると、その無事執行を見届けた佐藤は、六月一七日に正式に退陣を表明した。沖縄の返還を内閣存続の使命としていた以上、沖縄返還の実現によって、佐藤は、内閣の任務が達成されたと考えたわけである[20]。

2　対米外交の布石

佐藤首相が沖縄返還を実現するため、四回にわたって訪米した経緯を明らかにしてきた。それは沖縄返還に手を付けてから実現するまで、七年もの時間を要したということでもある。沖縄返還を実現するための佐藤の長期にわたる取組が、自民党内からのみならず国民から支持されたことによって、佐藤は長期政権を維持できたとも言える。実際、この七年八ヵ月の任期中に、佐藤は自民党の総裁公選を四回、そして衆議院総選挙および参議院通常選挙をそれぞれ二回経験した。佐藤は、これらの戦いをうまく切り抜けることによって、長期政権を実現したのである。

したがって、この間、佐藤が長期にわたって国民から支持された理由について理解することが重要になる。そしてその理由の一つとして、沖縄返還交渉をめぐって、つねにそれなりの進展があったこと、しかも最後には実現したことが指摘できる。

まず、一九六五年に行なわれた第一回訪米を通じて、日本本土と沖縄との連携関係に次のような変化をもたらした。一九六五年の援助額を一〇〇とすれば、一九六六年は一六二、一九六七年は三八一であるが、一九六八年には実に五九一にまで拡大した。また、援助の金額は、一九六七年以降には、アメリカを完全に上回るようになったのである[21]。

援助が拡大するとともに、日本本土と沖縄との交流も自然に増大するようになった。国民の多くは、長い

表 日米両国政府援助と琉球政府予算（金額の単位は1000ドル）

年度	1957	1958	1959	1960	1961	1962	1963	1964
日本援助（A）						55	2028	3916
米国援助（B）	2090	817	2361	3470	3974	5223	6536	5175
琉球政府予算（C）	23859	24595	24016	25452	27614	35310	44438	51469
A/C						0.2%	4.6%	7.6%
B/C	8.8%	3.3%	9.8%	13.6%	14.4%	14.8%	14.7%	10.1%

年度	1965	1966	1967	1968	1969	1970	1971
日本援助（A）	3992	6476	15237	23594	31443	47959	68263
米国援助（B）	6584	8286	9118	9734	16646	18690	13235
琉球政府予算（C）	55437	66405	95916	113613	132576	165081	200781
A/C	7.2%	9.8%	15.9%	20.7%	23.7%	29.1%	34.0%
B/C	11.9%	12.5%	9.5%	8.6%	12.5%	11.3%	6.6%

間互いに疎遠になっていた沖縄と本土の関係が援助拡大政策を通して、しだいに接近していくことを評価するとともに、こうした政策の継続を望んでいた。

沖縄と本土の距離を縮める政策が、国民に肯定された結果として、佐藤内閣としては、さらに前向きに沖縄返還を進めようと考えることになった。ただし、沖縄の現状を変革するためには、まず、アメリカの支持を得なければならなかった。しかも、アメリカが沖縄を極東の安全保障のための要塞として明確に位置づけている以上、日本は、アメリカの安全保障に実質的に貢献しない限り、アメリカの理解と協力を得られない情勢にあった。

別の言い方をすれば、沖縄返還交渉の進捗の鍵は、アメリカの極東の安全保障政策に対して日本がどのように協力し、支持を与えるかにかかっていた。日本が最初に取り組むべきことは、いかにして韓国との関係を正常化させるかということであった。なぜならば、佐藤首相は第一回の訪米を通じて、アメリカの極東政策が、ベトナム、台湾、韓国という三つの地域を東西冷戦の最前線として扱い、全力を挙げて守ろうとするものであることを理解していたからである。東アジアにおけるアメリカの盟友との関係を強化、尊重することは、日米関係の強化に役立つはずであった。日韓交渉は、一九五一年一〇月から開始され、一四年にわたって継続的に交渉が行なわれていたが、成果が挙がっていなかった。そこに横たわる難問を乗り越えることができないでいたのである[22]。当時、日本政府が抱えていた課題は四項目あった。すなわち、第一に、植民地支配の責任の追及、第二に、賠償金の額とその名義、第三に、韓国政府の代表性の問題、第四に、漁業権の紛争である。

これらの四項目のうち、第三の韓国政府の代表性についての問題以外の三項目は、池田内閣時代の交渉を通して、韓国政府との間で解決の見通しができていたが[23]、韓国内における猛烈な学生暴動を伴う反対により、条約に署名するまでには至らなかった[24]。結局、日韓基本条約に署名ができたのは、佐藤内閣の一九六五年二月二〇日になってからであった。

ところで、同条約は、大韓民国政府を朝鮮半島における唯一の代表的な政府として認め、朝鮮民主主義人民共和国を認めないものであったため、社会党および共産党は、条約締結、批准に対して猛然と反対した[25]。議会での対立が先鋭化するなか、佐藤は、同条約の賛否を第七回の参議院選挙の焦点として、国民の信を問うこととした。

この選挙の結果は、選挙前の状況とあまり変わらなかった。つまり、自民党は、改選された一二五議席中の七〇議席を獲得して、前回選挙より五議席を減らしたが、非改選の議席を加えると、過半数に達する一四〇議席を得たため、佐藤内閣の維持には差し支えがなかった。一方、社会党の議席数は、二八議席から三六議席へと増加し、共産党も二議席から三議席に増えた。

このときの選挙の特徴は、各党の選挙結果に対して、どの政党も、それなりの解釈を行う余地があったことである。したがって、各政党は、ともに自らの政策が国民に支持されたと宣伝した。こうした国民の支持に応えるため、社会党と共産党は、国会において日韓基本条約の審議を徹底的に妨害したばかりでなく、国会の外で、大衆運動を支援した。たとえば、一〇月一二日には全国で一三万一〇〇〇人が統一行動に参加、全国三四行政区で「条約反対のデモンストレーション」を行なった。

これに対して佐藤内閣は、こうした猛烈な反対に対抗するため、衆議院では議長の特権を活用した。つまり、一一月一二日午前〇時一八分、議長である船田中が急に条約に関する質疑の打ち切りを宣告し、いわゆる「強行採決」により、二分間で条約を可決させたのである[26]。

この政府・自民党の強行策に対しては、社会党、共産党ばかりではなく公明党も含む野党側が納得せず、報復として一二日以降の審議を完全にボイコットし、そのため衆議院は麻痺状態に陥った。

日本国憲法第六一条によると、衆議院を可決、通過した条約が三〇日にわたって参議院において議決されない場合は、衆議院の議決をもって国会の議決とすることが規定されている。しかしながら、日韓基本条約は、これによる自動発効の前日、すなわち一二月一一日に、自民党と民社党の議員だけが出席して参議院で採決が行われ、可決された。

日韓基本条約がこうした不正常な経過をもって成立したため、国会の正常化のためにはそれなりの措置が必要となり、衆議院で与野党を和解させるため、議長の船田中と副議長の田中伊三次が辞職するという代償を払うことになった[27]。

いずれにしても、同条約の成立によって、日韓両国は国交を樹立することができ、両国の関係は正常化した。また、これによって日本が韓国の経済発展を支援できるようになり、朴正熙政権の高度経済成長政策に対して寄与することが可能になったわけである。

ただし、国交正常化の相手として韓国を選んだことにより、日本は、北朝鮮との関係正常化がこれ以後長期にわたって不可能になった。このことは、アメリカの極東地域における反共政策に貢献することをも意味した。すなわち、このように反共陣営との連携を強化することによって、佐藤政権の「反共親米」の外交政策の路線が定着していった。

この「反共親米」の外交政策の延長線上に、東南アジア開発閣僚会議とアジア開発銀行が成立することになった。前者は、日本と南ベトナム、ラオス、マレーシア、シンガポール、フィリピン、タイの七ヵ国を中心として設立された組織であり[28]、後者は、日本がアメリカと連名で共同発起国になり、日本人が総裁として運営する金融機関であった[29]。

この二つの組織は、一九六六年に相次いで設立された。その目的は、前者が、日本の資金と技術を利用して、東南アジア地域の漁業の発展と農業の開発に寄与しようとするものであり[30]、後者は、日米両国をはじめとして、イギリス、ドイツ、イタリア、カナダなどの先進国からの資金を集めることによって、アジア・太平洋における開発途上国の経済成長および経済協力を助長するためのものである[31]。

佐藤がこれら二つの組織の創立に関わった背景には、アジアの新興ナショナリズムへの対応という文脈に日本外交を位置づけるという、彼の対アジア外交の中心的思想があった。つまり、アジア・ナショナリズムの発展方向とアメリカの反共政策を調和させようとすることが、佐藤外交の原点にある。

具体的な政策として、まず政治面においては、日本が「アジアの一員」であるという立場を利用して東南アジア諸国へ働きかけ、これら諸国のナショナリズムの穏健化をはかるとともに、「東西の架け橋」の役割を果たそうとした。次に、経済においては、東南アジア諸国が日本の近代化にならい、「アジア唯一の工業国」である日本の後に続いて、農業から家内工業、軽工業へと産業を高度化させる、いわゆる「雁行形態的」発展を遂げさせることによって、日本経済の発展にも役立てると同時に、東南アジア諸国の生活水準を向上させ、社会的安定を図ろうとした。ひいては、これら諸国の共産化を防ごうとしたのである[32]。

アメリカの対外政策、あるいは、アメリカの安全保障政策の原点に反共政策が置かれていたため、あらゆる反共政策がアメリカの国益に結び付けられることになった。このように冷戦期におけるアメリカ外交の特質を把握した佐藤は、日本がアジア諸国の経済成長を支援することにより、共産主義の影響力拡大阻止のための防波堤を築くことで、アメリカの国益に貢献するとともに、アメリカから沖縄返還交渉への協力を得ようとした。

こうした「反共親米」を看板に外交政策を展開した佐藤は、一九六六年一二月に、自民党総裁選を迎えることになった。そして、国会議員の投票による総裁選で、佐藤は二八九対一六九という票数をもって、第二回目の当選を果たした。続いて、翌年一月の第三一回衆議院選挙では、自民党は二七七議席を取り、前回より一七議席を減らしたが、安定的な過半数を獲得して、政権党としての地位を維持した[33]。

これによって、自民党内での信任を得て、さらに国民からも支持された佐藤は、この年の年末までにアメリカを訪問することを計画した。この訪問の目的は、沖縄返還交渉を進めるためであった。佐藤は、この交渉を有利に導くため、以下のような訪問日程を組み立てた。

すなわち、六月には韓国を訪問し、九月の上旬には台湾、下旬にはビルマ、マレーシア、シンガポール、タイ、ラオス等の五ヵ国を訪問する[34]。さらに一〇月には、インドネシア、オーストラリア、ニュージーランド、フィリピン、南ベトナムの五ヵ国を訪問する[35]。つまり、佐藤は、訪米する前に、アジア・大洋州の一二ヵ国を訪問した。これらの訪問を通して、アジアの中心としての日本の立場を浮き上がらせようとしたのである。また、東西対立の西側の最前線である韓国、台湾、南ベトナムを一連の外遊のなかで訪問することによって、冷戦構造のなかでアメリカの同盟国としての立場を堅持する意志が明確であることを示そうとしたものでもあった。

こうした一連のアジア・大洋州歴訪が、それに続くアメリカ訪問に対していかなる意味で布石としての意義をもったかは、佐藤が台湾を訪問した際の蒋介石総統と次の会談内容から知ることができる。

つまり、第一に、佐藤は蒋介石に対して、ベトナム戦争に関する台湾の考え方を質した。すなわち、佐藤は、アジア諸国への歴訪を通して、ベトナム戦争をめぐる諸国の考え方を理解したかったのである。つまり彼は、一一月に自ら訪米する際に、アジア諸国の考え方をとり纏めてアメリカに伝えようとしていた。このことによって、アジア諸国の利益とアメリカのアジア政策が調和するように尽力しようとしていた。

第二は、沖縄返還をめぐって台湾からの協力に期待しており、その代償として、極東地域における安全保障をめぐる沖縄の軍事的な役割を返還後も縮小させないことを保証しようとした[36]。

これら佐藤・蒋介石会談の大要は、その後のジョンソン大統領との会談においても主題になっていることから[37]、佐藤のアジア歴訪は、それなりの成果を挙げたものと考えられる。つまり一連のアジア・太洋州歴訪は、第一に、アジア世界における日本の重要性をアメリカにアピールする効果を持つものとなり、第二に、アジア諸国の経済発展に寄与すること[38]によって、共産主義の影響力拡大阻止のための防波堤を築くことに貢献するものとなった。さらに言えば、佐藤の歴訪は、アメリカに対して日本の重要性をアピールするだけではなく、アメリカに対して日本の信頼性を高めようとする狙いを持つものであった。

ところで、こうしたアジア・大洋州歴訪とは別に、佐藤は大統領との会談を準備するため、若泉敬を密使として、同年一〇月から二回にわたってアメリカへ赴かせ、W・ロストウ米大統領特別補佐官と事前の打ち合わせを行なわせた。同交渉を通して、アメリカは日本に対して次のような期待を持ったと考えられる。すなわち、ジョンソン大統領のベトナム政策とアメリカのアジア政策に対して、日本政府が理解と支持を与えること、ドル防衛に協力すること、さらにはアジア地域への経済援助を促進すること、である[39]。そして、佐藤は、アメリカの要望をうまく満足させたうえ、ジョンソン大統領から二、三年以内にアメリカの沖縄施政権の返還時期について合意すべきであるとの了解を得たのである。

沖縄返還に目途をつけた成果を看板として、佐藤は、一九六八年七月の参議院選挙と、一一月の自民党総裁選挙を戦い、いずれにも勝利を得ることができた。参議院選挙では、改選一二六議席のうち、六九議席を獲得して、前回選挙より二議席を減らしたものの、非改選議席と合わせて過半数を維持し、政権与党としての立場を確保した。また、自民党総裁選挙では、四五三人の投票者のうち二四九票を得て、前回より四〇票ほど減らしたものの、三回連続の勝利となった[40]。

国内政局を無難に運営していた佐藤にとって、深刻な問題となっていたのは、沖縄の政治情勢であった。つまり、一九六七年の訪米を契機として、アメリカとの合意により、翌年から沖縄で行政府の主席が公選されることが決定していたが、これをめぐって沖縄の政治情勢が複雑化した。

すなわち、一九六八年一一月一〇日に行なわれた琉球行政主席の選挙で、「即時無条件返還」を唱えた屋良朝苗が自民党の候補者で早期の沖縄復帰にやや慎重であった西銘順治を破って当選した。屋良が沖縄の社大党を始め、人民党、社会党、労働組合など計一〇四団体によって組織された革新共闘会議の候補者である[41]ことを考えれば、彼の勝利は、沖縄の民意として、現状に対していかに不満があったかを端的に物語っていた。

なお、当時の沖縄における選挙では、革新派の勝利は琉球行政主席の選挙だけではなく、同年一二月一日に行われた那覇市市長選挙も同様であった。すなわち、社会大衆党候補者の平良《たいら》良松《りょうしょう》が、前任市長である西銘順治の助役であった古堅宗徳《ふるげんそうとく》を破って当選している[42]。

この連続した選挙における革新派の勝利によって、米軍基地全面撤廃と即時沖縄返還という主張が沖縄の主流の民意となったため、佐藤としては、こうした基地撤廃の主張が、さらにエスカレートして、日米同盟否定論にまで発展することを警戒した。また、沖縄発の反米の思潮が、日本本土に全般的に蔓延することを防ぐための対処策が必要となった。

こうした事態を考慮した上で、佐藤は、一九六九年三月一〇日の衆議院において、従来からの、返還後の基地の態様はまだ白紙であるという言い方をやめて、沖縄返還は「核抜き、本土並み」であるべきだと宣言した[43]。この宣言によって、佐藤内閣にとって、アメリカとの交渉の余地が必然的に狭められたことになる。つまり、ベトナム戦争の最中において、最前線を支援する役割を担っている沖縄基地が、従来通りに自由に用いることができないことは、アメリカとしては受け入れがたい事態である。このことが、後に佐藤が密使を通じて、有事の際には核を持ち込めるとする密約に署名しなければ返還交渉がまとまらない背景になった。

沖縄返還と日米安保条約の自動延長を念頭において、佐藤首相は、学生運動を中心とする大衆運動によって国政が左右される事態を防ぐため、同年七月と八月には、いわゆる「強行採決」をたて続けに用いることで[44]、衆議院本会議および参議院本会議において「大学の運営に関する臨時措置法」を可決、成立させた。同法が成立したことによって、大学は大学自体で学内の秩序を守る能力を持つことが要求されたため、前年秋から激化していた大学紛争は、それ以後しだいに鎮静化していくことになった[45]。

このように国内外の事態に対する万全の備えを整えた上で、佐藤は三度目の訪米を果たし、一九七二年を期限として沖縄の施政権を日本に返還することで合意を得た。

佐藤はアメリカから帰国すると、沖縄返還政策の賛否を国民に問うことを大義名分として、衆議院の解散に踏み切った。同年一二月に行われた第三二回衆議院選挙では、自民党は二八八議席を獲得して、前回総選挙より一一議席を増加させる「圧勝」となった[46]。

この結果、佐藤内閣は、相対的に政治的安定の状況のなかで一九七〇年を迎えることになった。この年三月には、大阪で万国博覧会が開会となり、六月には日米安保条約の自動延長が決まり、一〇月には佐藤にとって四度目の自民党総裁選挙が行なわれて、ここでも当選を決めるなど[47]、いずれも大きな混乱なく乗り切ることができた。

日本にとって、東京オリンピック以来の大規模な国際イベントである万国博覧会の開催は、日本の経済的繁栄を全世界に向けてアピールするものであり、日本社会は活気づいた。天下泰平を謳歌するような時代を迎えると学生運動は退潮の兆しを見せ、一般学生への動員力が低下して六〇年安保当時のような力を持たなくなったため、日米安保条約の自動延長に反対する大衆運動も、岸内閣を退陣に追い込んだ当時と異なり、佐藤政権を動揺させるほどの力にはならなかった。むしろ、六九年末総選挙で自民党が議席を増やしたことに見られるように、安保条約を維持し、沖縄返還を実現させようとする佐藤内閣に対しては、広範な国民の支持があった。それゆえ在任期間五年を超えてなお、佐藤内閣は比較的安定した政局運営が可能であったわけである。

しかしながら、佐藤政権の盛りは一九七〇年には終わりを告げることになった。翌年、一九七一年になると、日本はニクソン・ショックに見舞われることになる。すなわち、ニクソン大統領が、七月一五日に、翌年には自ら北京を訪問する予定であり、キッシンジャー国家安全保障問題担当大統領補佐官がその準備のために訪中していると発表した。さらに、八月一五日、ニクソンは、賃金物価の凍結、一律一〇%の輸入課徴金、金とドルの一時的交換停止などを骨子とした新経済政策を発表した[48]。

これらが「ニクソン・ショック」として受け止められたのは、いずれもアメリカの対外政策の根本的な変更を意味するにもかかわらず、同盟国である日本に何ら事前の協議も通告もなされないまま、一方的に宣告されたことによる。佐藤内閣の日本としては、積極的に対米協調路線をとっていただけに、その衝撃も大きかった。

二度にわたって「ニクソン・ショック」を現出させたニクソン政権は九月二〇日になると、加えて日本からの対米繊維輸出についての制限を要求してきた。繊維の問題が、日米間の交渉の場に上ったのは一九六九年五月であり[49]、以来、長期にわたって交渉を重ねてきたにもかかわらず、結局、一方的な要求の提出に至ったことを考えれば、両国政府の関係が相互理解と信頼に裏打ちされたものであったとは言えなかった。

このように、佐藤政権の対米外交の行方に影がさしてきたばかりではなく、日本は対中外交についても調整を迫られることになった。すなわち、一九五〇年六月二五日に朝鮮戦争が勃発して以降、いかに中国を封じ込めるかということが、アメリカ政府のアジア政策の要であった。したがって、この封じ込め政策に日本の協力を要求することもアメリカの対日政策の一環であった。

以上の経緯からすれば、日本はアメリカ政府によって対中接近を抑制されてきたのであるが、当のアメリカが、突然に日本政府を抜きにして自ら中国政府との接近を図っていたことは、日本人の目からは、アメリカによる裏切り行為とさえ映った。

「バスに乗り遅れるな」という当時の言葉に示されるように、中国に接近することが、あたかも大きなうねりのごとくに見なされ、佐藤内閣の対中政策の変更を求める声が与野党から湧き上がった。

しかしながら、佐藤内閣は、このように潮目が変わり、中国との関係改善を求める潮流のなかでも、アメリカと平仄《ひょうそく》を合わせて国連における中国代表権をめぐる表決では、台湾への支持を継続した。つまり、佐藤は、中国問題をめぐる外交政策において一貫性を保ち、日本の体面を汚すことなく、台湾に対してできるだけ信義を尽くそうとした。ただし、この年の国連総会では、日米の主張は多数の加盟国からの支持を得られず、中華人民共和国が、中国を代表する政権として認められ、国連への加盟、安全保障理事会における常任理事国の席を与えられるとともに、台湾の中華民国は国連における議席を失った[50]。

国連の中国代表権問題に明らかなように、台湾に代えて中国を迎え入れることが国際社会の多数派となったにもかかわらず、台湾への支持に拘泥した佐藤の対中政策は時代に沿わないものとして非難される結果となった。したがって、対中政策における佐藤の「失敗」の責任を追及する声が、自民党内外から高まることとなった。

対中外交をめぐり失点を喫した佐藤政権としては、局面を打開するための突破口が必要となった。そこで、対米外交において、彼が新しく起用した通産大臣田中角栄の提案を採用した。つまり、日米繊維交渉において、規制期間を三年間として、その間の輸出の伸び率を羊毛一%、化学繊維五%というアメリカ側からの要求を受け入れることとし、その代わりに二〇〇〇億円の予算を用意して、日本の繊維業者の損失を補塡することとしたのである[51]。

対中外交においては、佐藤は、自民党幹事長保利茂の提言に沿って、密かに両国の関係改善への道を探った。すなわち、保利は、美濃部亮吉東京都知事の訪中にあたって、日本が両国関係の正常化を望んでいるとする旨の書簡を託した。しかしながら、中国の周恩来国務院総理は、一九七一年一一月一〇日に、この書簡の受け取りを拒否することによって、佐藤政権と直接接触する意思のないことを世間に公表した[52]。

この結果、佐藤政権としては、対中外交においては完全に打つ手がなくなってしまったが、幸い日米繊維交渉については、一九七二年一月三日対米輸出規制の協定が調印される運びとなった[53]。こうした対米関係が改善したことを背景に、佐藤は四回目の訪米を行ない、沖縄の日本への返還日程を決定し、返還の準備作業を終えたのである。

3　外交戦略と政治運営

以上述べたように、日米同盟関係を深化させ、韓国、台湾、南ベトナムなどの反共国家との協力関係を築くとともに、東南アジア諸国に対して活発な経済援助を展開することが、佐藤の外交政策の三つの柱であった。佐藤は、これらの政策を遂行することによって、沖縄返還の対米交渉を進めようとしたのであった。さらに、彼は返還後の沖縄の軍事的な役割を縮小させないという保証をアメリカに与えるため、有事の際にアメリカが核の持ち込みをできるとする密約にも署名したのである。しかも、この署名を付した文書は、総理大臣官邸に残されることはなく、佐藤の自宅に置かれていた。

佐藤は、この密約を後継総理に引き継ぐつもりはなかったのである。アメリカとの同盟関係を深化させることが日本の利益になると考えていた佐藤は、沖縄返還により極東地域におけるアメリカの軍事活動を拘束することは、日本にとっても無意味であると判断したのである。

このことは、非核三原則が実際に適用される場面を考えれば、理解は容易である。五百旗頭真の研究によれば、三原則の一つである「持ちこませず」については、そもそも日米両国政府は、お互いに相手が異なる解釈を採用することを了解し合っていた。つまり、アメリカの認識では、核兵器の日本国内への常設的配備は禁止されたが、核兵器搭載の艦船や軍用機が日本に寄港したり着陸したりする通過は禁止されないと解釈していた。しかし、日本政府としては、米軍は核兵器の配備もしなければ、核兵器を装備しての通過もないと説明していた[54]。

この場合、日米軍事同盟の趣旨から考えて、また、核戦略においては核兵器の所在を秘匿しなければならないという原則からすれば、核武装をした米軍の艦船、航空機が日本領土を通過することまで禁止することはできない[55]。核を搭載した艦船や航空機の日本への立ち寄りに際して、そのたびに日本政府に事前協議を行なうとすれば、アメリカ軍は、その核戦略の運用を対外的に明らかにするのと同じことになってしまうからである。

この例に明らかなように、問題の本質は、両国の軍事同盟関係を維持させるべきか否かそのものである。つまり、アメリカとしては、軍事同盟関係がある以上、任務達成のために最も効果的な手段を保持していたい。とりわけ、日本に展開している米軍基地は、第二次世界大戦後の日本占領時期から運用され、朝鮮戦争その他に際して活用されてきたものであって、それ以来の「慣行」[56]に沿って使用されていた。この従来の様式をそのまま維持させることが、アメリカにとって、在日米軍基地使用上の希望であり、要求でもあった。したがって、一九五二年四月に発効した当初の日米安保条約はもとより、一九六〇年六月に改定された新安保条約も、こうした従来の慣行を変更させるものではなかった。

非核三原則の「核を持ちこませず」をめぐって、日米両国政府の間で、相互に異なる解釈が存在した背景には、こうした経緯があった。言い換えれば、在日米軍の行動様式は、日米間の条約に基づいて成立したものではなく、アメリカ軍が占領軍であった時代から、日常の積み重ねのなかで軍事上の必要性によって定着したものであった。したがって、日米両国が軍事同盟関係を続ける限りは、後から結ばれた条約によって、その行動様式を変更させることはきわめて困難であったと言える。

このような実態を十分に把握していたからこそ、佐藤は、密約への署名に躊躇しなかった。また、密約の存在を次の首相に伝えようともしなかった。つまり、佐藤にしてみれば、この「密約」は、あくまでも彼とニクソン大統領との間の芝居にすぎないものである。しかし、沖縄はもとより日本本土の世論からしても、米軍が日本返還後の沖縄の基地に核兵器を持ち込むことは、到底支持される状況になかった。自民党内においても、約束を公にして、沖縄返還を実現させることを支持する声は多くなかっただろう。だからこそ、これは「密約」でなければならなかったのである。

このとき密使役を担当した若泉敬によれば、「密約」の原文は、統合参謀本部議長のホイーラー大将によって作成されたものである[57]。つまり、アメリカの軍部の主張を反映するものであった。当時のニクソンとしては、軍部の主張を尊重しなければ、日本への沖縄の施政権返還を早期に実現することは困難であるという国内からの圧力があったわけである。

ここで特筆すべきことは、「密約」の趣旨は、従来の在沖縄米軍の慣行の尊重を求めるに止まっており、新たな要求を付け加えるものではなかったことである。つまり、核兵器の持ち込みを許容しないのは日本の国策である。日本政府は、当該政策が領海ばかりではなく、領空にも適用されると説明しているが、このような説明が虚偽であることは、日本国民の多くが承知していた[58]。

以上について解説すれば、前者のアメリカの軍部の思惑は、軍人の本性が反映したものであり、後者は、日本国民の、平和国家という虚像に埋没していたいという気持ちの反映である。言い換えれば、前者は、既存の路線に則って運営することを希望する一方で、軍事以外のいかなる問題にも関わりたくなかったのであり、後者は、平和のイメージが何より重要なのであって、厳しい現実に直面したくはなかったのである。

こうした表面的な現象に惑わされず、問題の本質を掴んだニクソンと佐藤は、密約という形で問題を解決することに決定した。「非常事態を迎えて、紙切れ一枚に国家の運命を任ねる政府は存在しない[59]」というのが、キッシンジャーの密約に対するコメントである。こうした感覚を共有していたからこそ、佐藤は密約を官邸の執務室ではなく、自宅にある書斎の机の引き出しに置きっ放しにしたのではなかろうか。

こうした密約の本質を掌握していたからこそ、佐藤は、躊躇せずに決断ができたわけである。しかし、両国の国内事情を相互に十分に理解しない限り、密約という形で相互の矛盾を解決する方法を導き出せるはずはない。つまり、若泉とキッシンジャーが事前に長期にわたって意思疎通を図り、双方の事情の擦り合わせがなされた結果として、こうした知恵が生まれたのである。

若泉を密使として起用したことは、情報収集活動を重視した佐藤の姿を彷彿させるとともに、彼が伝統的な官僚世界のルールに拘らない政治家であることを物語っている。密使を使うこと自体、佐藤が原則論に拘束されるタイプの政治家ではなく、目的達成のための手段の選択には柔軟な政治家であったことを示していると言えよう。

そもそも佐藤は「黙々栄作」といわれるくらい寡黙な人であった[60]。この性格を政治の現場に当てはめてみると、大衆受けを狙ったパフォーマンスを行なわない、地味であることが彼の特徴である。彼の演説は一向に魅力がないとの定評であったが[61]、佐藤はどちらかと言えば「雄弁は銀、沈黙は金」という格言の信奉者であり、演説で人々を動かそうとするより、むしろ沈黙を守りつつ来るべき時を待つタイプであった。「極限に近いところまで縮んでいてポンと押し返すことはうまい」[62]というのが、佐藤が難問に対処する仕方であった。沖縄返還交渉において、返還後の米軍基地のあり方については「白紙」をぎりぎりまで続けて、土壇場で核抜き本土並みを切り出したのは、その例の一つである。

また、首相在任中には、衆議院で重大な法案を通すため、強行採決に次ぐ強行採決をも辞さず、衆議院の議長三人と副議長二人を辞職に追い込んだことも前代未聞のことである[63]。彼は信念を貫き通すため、代価を払う覚悟がつねにあった。

ただし、政敵をことさらに挑発することは禁物であると考えていた佐藤は、土壇場にならない限り、あえて対決を行なわないため、一般には辛抱強い政治家としてのイメージが浸透していた。このイメージが、佐藤が敢えて続けざまに「強行採決」を実行させたときには、案外に国民世論から理解を得て同情され、大きな紛争を招かなかった原因の一つになったと思われる。

平時には低姿勢で安全運伝を強調した政局運営を採っていた佐藤は、東西冷戦のなかでの米中接近という激烈な国際政治の変動に直面したとき、従来からの「親米反共」政策を直ちに放棄しなかった。しかしながら、国連の中国代表権問題で台湾を支持し続けたことに対して、一部のマスコミから散々叩かれ、「佐藤内閣では日中関係の打開はできない。早く辞めるべきだ」[64]といった感情的な論調が相次いで表明されたとき、マスコミに対する佐藤の不信感が大いに高まることになった。

佐藤は、新聞は記者の文面を介して政治的事実とそれに対する論評を伝えるため、自分の言動が意図するとおりに国民には伝わらないけれども、これに対してテレビでは直接に自分の声が有権者に届くと考え、ついに引退表明の際には、新聞記者をシャットアウトしての会見という異常事態となった。これは、新聞の報道の権利を否定したものとして、マスコミの反発は強く、佐藤の引退に対して厳しい論調を招くこととなった。

佐藤は首相在任中になされた新聞報道に対し強い怒りを持ち、政権の最後にそうした新聞との対決姿勢を示そうとした。自分の政権が終幕を迎えるに当たり、その実績への評価を新聞の論調に委ねるつもりがないことを明らかにしたとも言える。

佐藤は官邸記者たちとの表面的な付き合いを維持するより、むしろ全面対決を選択し、自身の政治的評価を歴史に委ねようとした。自らの治績に自負するところがあった佐藤は、同時代の新聞論評にではなく、時の試練を経た後の公平な評価によって佐藤内閣の価値が認められると信じていたのである。

おわりに

佐藤の墓誌銘は漢文で書かれている。刻まれた文章の末尾の銘を現代日本語訳すると、「拒まず、追わず、競わず、縁に従い、性に任せ、信命を疑わんや」となる。これは、安岡正篤が佐藤に対する友情を込めて書いた名句であると言われている[65]。

しかしながら、沖縄返還交渉における佐藤の言動を考察すると、この銘とはまったく異なる印象を受けるのではないだろうか。まず、彼は、主動的に沖縄返還を施政の目標にした。また、佐藤は、沖縄返還を実現させるため、民主政治の原則の一つである「公開主義」を破って、密使を使って、密約にも署名した。さらに、重要法案の可決のためには、衆議院で「強行採決」を辞さず、三人の議長と二人の副議長を犠牲にした。

このような言動から浮かび上がる佐藤の政治指導像は、三つの「是」と三つの「非」という原則として示すことができる。「是」つまり実行した原則は、第一に、施政目標を主導的に選択する、第二に、相手の政治動向について熱心に情報収集を行う、そして第三に、目標を達成するためには手段に拘らない、ということである。

「非」つまり禁則としては、第一に、自ら政敵を挑発しないこと、第二に、いくら叩かれても内情を吐露しないこと、そして第三に、土壇場にならない限りは絶対に対決しないこと、である。こうした三つの「非」の原則を忠実に守った佐藤については、待ちの政治家、辛抱強い政治家というイメージが世間に浸透した。

つまり、佐藤の一般的イメージは、彼の積極的な側面、主導的な面より、彼の消極的な面によって形成されているのであり、消極的側面が積極的側面を覆ったかたちとなっている。しかしながら、積極的に日本の戦後処理を完成させようとする使命感を抱いた佐藤は、日本の将来のために、孤独[66]を恐れず、「自ら反みて縮くんば、千万人と雖も吾往かん」とする大勇を内包していたのではないかと思われるのである。

第12章 管制高地に立つ編集者・吉野源三郎

――平和運動における軍事的リーダーシップ

佐藤卓己 *SATO Takumi*

はじめに――「左傾の大本営」のプロデューサー？

論壇ジャーナリズムの衰退が指摘されて久しい。ポスト安保紛争世代（一九六〇年生）の私には、日本の政治や外交に影響を与えるような大論文、あるいは歴史的な大論争にリアルタイムで接したという記憶がない。社会的影響はともかく、個人的に印象に残った最初の論文は、清水幾太郎「核の選択」（『諸君！』一九八〇年七月号）だろうか。そこには「六〇年安保から二〇年　思索の末に到達した結論はこれだ」とリードが付されていた。

清水幾太郎が平和運動のヘルデンテノール（楽劇の英雄役）だった一九五〇年代、つまり戦後論壇の黄金時代を、竹内洋は『『世界』の時代』と呼んでいる[1]。清水幾太郎は中野好夫、河盛好蔵とともに岩波書店発行の月刊誌『世界』で創刊期の相談役をつとめていた。一九四六年一月の創刊以来、『世界』が戦後論壇で果たしてきた役割については別稿に譲り[2]、ここでは編集長・吉野源三郎のリーダーシップを分析したい。

（41）

左傾の大本営・岩波書店の切断図

―吉野編集長とその周辺―

分裂抗争か岩波内紛

戦後創刊以来、雑誌『世界』の編集長としていわゆる進歩的文化人？の名プロデューサーの名を高からしめてきた吉野源三郎はさる六月号を最後に、その責任の位置を退き、バトンを海老原光義に渡した。吉野は重役業に専念し、今後の編集長は交替制になったという。

百五十号を機に若返りを断行したというのが表向きの理由の様だ。編集長の寿命は三、四年というジャーナリズムの常識を破って十年余を続けた彼は超記録保持者だが、ただそれだけの理由で今度の突如の辞任を理解しようとするには、余りにも彼の周辺は複雑怪奇をきわめる。

彼の身辺にはそれ程に尋常ならざる影が常につきまとっていた。

岩波書店に日共党員が多いとは聞いていたが、公安調査庁調べだと正式党員は三、四十名、シンパを含めると、その数はおよそ八十余名、実に岩波全従業員の四割が赤いバッジを襟ろにしているとみられ、吉野源三郎も党員ではないが、消息筋によると日共の重要会議にはよく出席していたという。公安調査庁でも一度、その情報に接し調査してみたが、遂に確証はつかめなかった様だ。

それはそれとして、さらに興味ある点は、岩波内部に内紛があるということだ。一説によれば、吉野一派と塙作楽（現国語小辞典編集責任者）派が主導権をめぐって対立拮抗しているというのである。組織のあるところ、どこも多少の内紛はつきものだが岩波の場合、日共の国際派と主流派の対立とは形を異にした共産勢力内の分裂抗争があったとみられる。

吉野源三郎氏

吉野派六の勢力に対し塙派四の力で、塙勢の多くは営業部その他、重要でないポストに追われるというので吉野にかなりの不満を持っていた。吉野編集長の進退をめぐって、某日、岩波全細胞の秘密討議が某所において開かれたが、その時も吉野は急進的な塙派日共細胞には一顧も与えず吉野の『世界』編集長追い出しの野望を果せなかった。

吉野には目算があった。日共の急進党員、ひいては党本部に楯をついても絶対、編集長の椅子からはボイコットされぬという強い確信があった。というのは、二十九年秋、雑誌編集者としては類の少ない学術文化視察団の一人として中共に赴いた際中共、ソ連では日共を日本における革命の中心勢力といった見方はしておらず、極めて低くしか評価されていないことを知った。そして革命の文化工作は『世界』編集長の吉野一人にまかせるという信任を獲得してきた。従って、吉野は日共のチンピラ党員など眼中になく頑強な抵抗を続けていたという。

いつか、こうした岩波内の暗流は、お家騒動までに発展しかねないとまで一部の者は見ていた模様だが、そうしたニュースを耳にしているとき、吉野編集長辞任という現象が追いかけてきたのである。

これは吉野勢力の後退を意味するのか、或は吉野自らの政治的思惑によるものなのか、とかく真相にはかなり複雑微妙な影が投影し交叉している。

吉野に締め出された小泉信三氏ら

吉野が雑誌『世界』に何を企図していたか、それは創刊当時のいきさつからその後の推移転をみても明瞭である。

最初に雑誌をやろうと云い出したのは岩波茂雄だ。『「吉野君大衆雑誌をやろう」としきりにいった。僕は、われわれのところでは大衆雑誌はむずかしい。やるならせめて総合雑誌ぐらいだという考えで、そこで始まったのが〝世界〟なんです』とある座談会で吉野は語っているが、岩波茂雄がナゼ雑誌出版を目論んだかは、当の『世界』創刊号に寄せた茂雄の辞に、よくその心境が語られている。少し長くなるが、重要なことなので要部を抜萃、次に紹介してみる。

「無条件降伏は開闢以来最大の国辱である。しかもこの屈辱は自ら招けるものでもある。（略）明治維新以来まだ百歳に

特集 岩波書店とそのお抱え学者

吉野は一九四八年九月に平和問題談話会を組織し、一九五〇年サンフランシスコ講和会議を前に全面講和論を掲げ、一九六〇年安保改定の断乎阻止を唱えて反戦平和運動をリードし続けた。一九六〇年安保闘争の路線対立から清水は吉野と袂を分つが、その翌年『朝日ジャーナル』の人物評で吉野編集長を「正直すぎる将軍」と称えている。

「吉野氏が編集長であった『世界』が、また、終始編集長である岩波書店が、起伏の多い戦後の文化と政治の中で果たしてきた役割を考えてみれば、だれしも、そこに全軍を指揮する将軍の姿を思い浮かべないわけにはいかないであろう。それはだれでも気づく。しかし、この将軍が少し正直すぎて閉口するという話は私たちだけが知っていることである。（傍点は引用者。特記なき限り、以下同じ）」[3]

岩波文化人の間では「源さんは今でも軍人だね」とささやかれていたと清水は述べ、「この将校の後を従卒のようについて行った」と回想している。後述するように吉野は治安維持法違反で軍法会議にかけられた予備役陸軍砲兵少尉である。清水は平和運動における『世界』編集長の指導力を高く評価している。

かりに『世界』という雑誌がなかったにしても、平和は戦後の日本の大きな問題であったに違いない。しかし、よく平和が戦争経験という摩滅しやすい平面から救い出され、党派的利害の上にすえられるようになったのは、『世界』編集長の誠実と見識とによることが大きかった。〔4〕

吉野源三郎の論壇支配力については、対立する右翼陣営側でも評価が高かった。『実業之世界』一九五九年一月号は特集「日本の赤いヒモ――『世界』発行の岩波書店とそのお抱え学者」を組んでいるが、その中心に「左傾の大本営・岩波書店の切断面――吉野編集長とその周辺」(右頁の図)が置かれている。岩波書店が「大本営」であれば、吉野編集長は「最高司令官」ということになろうか。この特集のデータは「進歩派文化人の恐るべき仮面――彼らは戦争を謳歌した」〔5〕を含め、『進歩的文化人――学者先生戦前戦後言質集』(全貌社、一九五七年)に依拠している。同書は『学者先生戦前戦後言質集』(内外文化研究所、一九五四年)の増補版であり、「吉野源三郎――進歩的文化人のプロデューサー」が全貌社版で新たに追加されている。「全貌社」レポートは吉野源三郎について以下の経歴を挙げている。

1　法廷に立つ砲兵少尉

明治三十二年東京生。大正十四年、東大哲学科を卒業、三省堂編集部員となり、次いで東大附属図書館目録編集係となつた。その後、山本有三の推薦により新潮社日本少国民文庫編集主任のポストを得たが、昭和十二年、岩波書店に入社、現在同書店常務取締役に納まり、雑誌『世界』編集長として多くの〝進歩的文化人〟を手綱捌きよろしく誌上に動員し、かたわら、日本ジャーナリスト会議の評議員会議長を勤めるなど、戦後のジャーナリズムにおける一方の旗手として活躍している。昭和二十九年十月には中共を訪問した。なお、この間、明治大学文学部教授、日本印刷出版労組中央委員、同書記長、安本（経済安定本部）顧問などをつとめたこともある。主著に『君たちはどう生きるか』『人間の尊さを守ろう』『人類の進歩につくした人』などがある。〔6〕

良くまとまったデータだが、「編集長」吉野源三郎を考える上で決定的に重要な「第一高等学校（以下、一高と略記）留年」と「軍法会議」に関する記述が欠落している。それを中心に細部を補足しておこう。

吉野源三郎は一八九九年四月九日東京市牛込区新小川町に株式取引所仲買人・吉野源吉、くめの三男として生まれた。一九一七年東京高等師範学校（現・筑波大学）附属小学校・中学校を卒業し、翌年一高文科に入学した。一九二二年、二度の留年ののち一高を卒業している。一高野球部で同期だった木下半治（のち東京教育大学教授、以下同じ）が「一高時代の友人たち」（『図書』一九五二年一一月号）で「よき時代のよき学校」の華麗な人脈を披露している。木下は岩波文庫でマルクス『哲学の貧困』（一九三〇年）、ソレル『暴力論』（一九三三年）などを訳出している。その木下がセカンド、吉野がショート、佐分利一武（興銀副総裁）がサードを守っていた。同じ時期、柔道部には水野成夫（産経新聞社長）、志賀義雄（日本共産党中央委員）がおり、非体育会系の同期生には学年首席の灘尾弘吉（文部大臣）をはじめ、久富達夫（情報局次長）、羽仁五郎、西谷啓治、村山知義、戸坂潤、河野密、安岡正篤などが在籍している。留年した吉野は一級下の尾崎秀美、松本慎一、竹山道雄、古在由重や、二級下の迫水久常（内閣書記官長）、河上徹太郎、岩崎昶《あきら》などとも同学年で学んだ。また、東京帝国大学（以下、戦後を含め東大と略記）経済学部から文学部哲学科に転部したことも人脈に幅をもたらした。『世界』の執筆者ネットワークは最高学府での「長い学生生活」の賜物である。吉野自身も後年、ジャーナリストとしての自負をこう語っている。

わたくしが高等学校、大学の頃に同期だった連中が外務大臣〈岡崎勝男＝第三〜第五次吉田茂内閣―カッコ内は引用者註、以下同じ〉になったり、あるいは三菱の会長〈田実渉＝三菱銀行頭取、あるいは藤野忠次郎＝三菱商事社長〉になったりするような時期のことでありました。そこでわたくしは、ジャーナリストとして一つの仕事を預かる以上、報道機関として、あるいは批判の場として、社会的に責任があり、そしてその点でかつて机を並べた諸君に負けてはならないものになろうと思いました。負けてはならないというのは、わたくしの名誉欲ではありません。ですから、わたくしにしてみれば、現実の見とおしにおいて、どっちが正しいかの真剣勝負みたいな形で、戦後ずっとやってきたと思うのであります。［7］

東大卒業後、一九二五年一二月から一九二七年三月まで近衛野砲連隊へ一年志願兵として入隊し、除隊後は友人の松本慎一（一九三二年共産党入党）の紹介で三省堂編集部に勤務した。その後は東大図書館目録編纂掛に採用されたが、一九三一年共産党員にアジトを提供したとして治安維持法違反で逮捕された［8］。予備役陸軍砲兵少尉として臨時召集中だった吉野は普通裁判所でなく軍法会議で裁かれた。なぜ召集中の軍人の「召集前の犯罪」が軍法会議に廻されたのか。この疑問について、北博昭は吉野のような高学歴の一年志願兵に対する「見せしめ或いは歯止めとも解し得るような意図」から陸軍当局が敢えて裁判権を行使した可能性を指摘している［9］。吉野を取調べた陸軍法務官は二・二六事件裁判で首席検察官を務める匂坂《さきさか》春平である。

吉野はガリレイの言葉を引用して法廷でこう述べたという。「きみたちがなんといっても地球が太陽のまわりを回るように、世の中は社会主義に向かって進むのだ」[10]。それでも、第一師団軍法会議の裁判官が吉野に同情的だったことは、執行猶予付の情状酌量理由の記述にうかがえる。

被告人ハ温厚篤実ニシテ態度厳正著実熱心ニシテ進ンデ難局ニ当リ、一年志願兵当時学術科ノ成績優良ニシテ勤務演習期末試験ニ於テハ及第者十五名中第一位ニ在リ、本件犯行ハ判示ノ如ク自己ノ専攻スル哲学ニ関連シテ唯物史観ヲ研究シマルクス主義ニ共鳴スルト共ニ同主義者等ノ熱烈勇敢ナル態度ニ感激同情シタル為遂ニ誘惑利用セラレ、誤テ学術的研究ノ範囲ヨリ逸脱シ漸次深淵ニ陥タルモノニシテ、情状洵《まこと》ニ憫諒《びんりょう》スベキモノアリ、今ヤ深ク前非ヲ悔悟シ将来再犯ノ虞ナキモノト認ムルヲ以テ、被告人ニ対シテハ姑《しばら》ク刑ノ執行ヲ猶予シ改過遷善ノ機ヲ得セシムルニ於テハ、今後純真ナル学者トシテ学術ノ研究ニ精進シ相当社会ニ貢献スル所アルベキニ依リ、刑法第二十五条ヲ適用シ四年間其ノ刑ノ執行ヲ猶与スベキモノトス[11]

吉野が将校としても抜群に優秀だったことがわかる。この判決が下る一九三二年一二月まで一年半の「別荘」滞在でも、吉野は湯浅元禎『常山紀談』や熊沢淡庵『武将感状記』など戦史関連書を読みあさっていた。後年、その学習成果を「〝あきらめ〟と〝見切り〟」（一九六五年）で次のように披露している。

敵の兵力や動静をみきわめ、戦闘の推移や勝敗の見込みについて判断を下すのが〝見切り〟であって、常山紀談などには、ヴェテランの武士のすぐれた〝見切り〟の物語がいくつか記録されている。〝見切る〟こと、あるいは〝見切り〟をつけることは、命がけの場所で最も緊張した精神で決定的な情勢判断を下すことなのであった。[12]

この「見切り」も、「明らかにすること」を意味する「あきらめ」も、本来は決戦時の能動的な行動を意味しており、適切な「あきらめ」と「見切り」こそがマルヌ会戦における仏軍勝利の要因だったと吉野はエッセイを結んでいる。吉野が戦後の反戦平和運動をしばしば軍事的視点から論じたことは、鈴木正も「戦後思想と永久民主主義」(一九八〇年)で指摘している。

彼はたびたび、たたかいの〝山場〟とか〝決戦〟の意義について軍事学的考察を援用して、指導者の賢明な思慮と決断によって、状況にひきずられることなく、自分たちに有利な時と場所を選んで決戦を求める戦術の定石を語っている。皮肉なことに平和主義者吉野が軍事を語って政治的成熟と情況把握を説くのにたいし、若い世代から戦争体験の記憶が遠ざかるに従って、観念的に未成熟な運動が噴出したことである。[13]

吉野が平和運動の指導者となった戦後も軍事学文献を読み続けていたことは、「一九七〇年問題について」(一九六五年)でも明らかだ。吉野は七〇年安保闘争を前に社会党と共産党を幕末の薩摩と長州にたとえ、日米安保体制打倒のための新「薩長連合」を呼びかけているが、そこでフランス陸軍大将アンドレ・ボーフルの『戦略入門』(一九六三年)を引用している。

「勝利の決は、敵に押しつけようとしている条件を敵に受けいれさせるために、それに十分な、敵の精神的解体《モラール・デイスインテグレーション》を生じさせる状況を作り出し、次いでそれを利用することによって獲得される」というボーフルの命題が出て来ます。そして、一九七〇年が保守・革新の重大な対決の年であって、安保をめぐって決戦が避けられないというとき、決戦とはどういうことを意味するのか、私たちは、右の命題によって、はっきりしたヴィジョンを描かなければなるまいと、――運動の外にいる素人ながら――私などは考えるわけです。〔14〕

「運動の外にいる素人ながら」は、「戦闘戦術を超越した戦略家として」と解釈すべきだろう。ボーフル著は英語訳から重訳された防衛研修所『研究資料』第五六号（一九六六年）が存在するが、この執筆時は未刊なので吉野は英語版を読んだはずだ。吉野は言葉の正確な意味で「軍事的教養」を身につけた数少ない戦後知識人だった。だとすれば、戦前の吉野の「レジスタンス」に軍事的戦略があったとしても不思議ではない。

2 鳥瞰する編集者

吉野は日中戦争勃発から間もない一九三七年八月一日に岩波書店に入社している。古在由重は丸山眞男との対談で、吉野より一年早く岩波書店に入社していた粟田賢三から聞いたエピソードを紹介している。粟田も武蔵高校教授在職中に非合法の『赤旗』に寄稿し、治安維持法で逮捕されていた。

定職を失っていた吉野源三郎と粟田賢三の両君を、岩波茂雄さんが西田〔幾多郎〕さんのところに紹介に連れて行ったらしいですね、昭和一三、四年ごろに。岩波茂雄さんは「当局の弾圧のおかげで、岩波書店もこんな優秀な人を獲得できました」と言って。[15]

少年社員からの叩き上げが多かった戦前の岩波書店において、吉野は入社以前に『君たちはどう生きるか』(新潮社、一九三七年)の著者として有名だった[16]。同書は主人公の旧制中学一年生コペル君こと本田潤一と同じ一五歳の読者を想定して書かれたが、『帝国大学新聞』(一九三七年一一月二五日号)、『日本読書新聞』(同一一月二五日号)、『唯物論研究』(一九三八年二月号)など知識人向けの書評でも絶讃されている。当時、東京帝大法学部助手だった丸山眞男も「これはまさしく〝資本論入門〟ではないか」と感嘆した、と回想している。主人公が日常生活での「発見」を出発点として社会科学的認識を獲得してゆく啓蒙小説であり、コペル君という綽名は地動説を唱えたコペルニクスに由来する。それは軍法会議で「きみたちがなんといっても地球が太陽のまわりを回る」と言い放った「ガリレオ」吉野のもう一つの分身だろう。コペル君の経験を通じて吉野は「〝あきらめ〟と〝見切り〟」、すなわち情勢判断への能動的プロセスを示しているともいえよう。丸山はそれを次のように表現している。

世界の「客観的」認識というのは、どこまで行っても私達の「主体」の側のあり方の問題であり、主体の利害、主体の責任とわかちがたく結びあわされている、ということ、――その意味でまさしく私達が「どう生きるか」が問われているのだ。[17]

それを理解した上で、『君たちはどう生きるか』を読んでみよう。冒頭の書きだしは、世界の客観的認識を得るための眼差し、あるいは「管制高地」というポジションを象徴している。

　コペル君がまだ一年生だった昨年の十月×日、午後のことです。コペル君は、叔父さんと二人で、銀座のあるデパートメントストアの屋上に立っていました。[18]

この鳥瞰する視線で大衆社会の細部を洞察することを吉野は読者に勧めている。

　現在コペル君の眼の下に、しかもコペル君には見えないところに、コペル君の知らない何十万という人間が生きているのです。どんなにいろいろな人間がいることか。こうして見おろしている今、その人たちは何をしているのでしょう。何を考えているのでしょう。それは、コペル君にとって、まるで見とおしもつかない、混沌とした世界でした。[19]

「まるで見とおしもつかない、混沌とした世界」を高所から客観的に認識すること、それを吉野は戦中戦後を通じて追求し続けた。吉野が同じ視線で戦後の大衆社会を睨みつづけていたことは、『暮らしの手帖』第一九号（一九五四年）に寄せた次の文章からも読み取れる。文京区関口台町に住む兄を訪れた吉野は、東京を眼下に眺めてこう書いている。

　ただ落着いた住いをもつというだけのことに、人間がこれほどまで苦労を注ぎこまなければならないとは、何事であろう。私は、早稲田大学の建築が戦艦のように大きく見え、そのまわりにハシケのように群つて見える小さな家を見ながら、いつもそう思う。……あの家がもう一度焼夷弾に見舞われるようなことだけは、なんとしてでも喰いとめたい。[20]

戦後九年が経過しているが、砲兵将校の鳥瞰する視線は変わらない。それは大衆を観察する目線であって、大衆の目線ではなかったことは重要だろう。「同時代のこと」(一九七四年)では、こうも述べている。

大衆に関する研究がいくら進んでも、大衆は大衆に関する本などけっして読まない。この種の研究が利用されるとすれば、大衆を操作する必要のある人々によってである。[21]

「大衆に関する研究」の中には大衆社会や大衆運動に関する『世界』論文も入るだろうが、それは「平和のための戦争指揮官」に必要な文献だったのである。吉野は「思想のリアリティと同時代」(一九七六年)で戦術論をこう論じている。

ことごとく情報を得て、戦情、敵情が手にとるように全部わかってから戦略をさだめようと思ったら、なかなか戦争をはじめることができない。ぐずぐずしているうちに敵から攻撃されて負けてしまいます。戦争には待ったがきかないものがあります。わたくしが見習い士官でおりましたときに、砲兵学校の食堂には大きな額が書いてありまして、そこに「用兵ノ害、猶与最大ナリ」と書かれていました。軍人というものは決断が早くなければなりません。決断すべき時に決断しなかったら負けるのです。また日本の戦術の教科書であるところの『作戦要務令』その他には、つねに「為サザルト決セザルハ指揮ノ最大ノ誤リデアル」ということがのべてあります。つまり、無為にして見すごしてはいけないのだ、あるいは失敗するかもしれないが、時がきたら決断しなければなりません。そしてそこからおこった結果によって、また次の手を考えなければいけません。これが戦争の指揮官の重要な問題です。[22]

さらに吉野は「状況」situationとは主体と環境milieuとの関係性であると定義した上で、「用兵ノ害、猶与最大ナリ」を次のように解説している。

つまり主体性を失ってぐずぐずしていると敵にしかけられる。戦争の主導性が敵に移る。後はひきずられていくだけで、主体性を喪失してしまう。こうなったときには、勝利を失うことであります。ですから間違ってもいいから、間違うかもしれないけれども行動をおこさなければいかんということは、主導性を失ってはならんということであります。つまり状況のなかに自分を発見するということは、こういう主体として自分を発見するということであります。[23]

こうした主体的な決断主義は吉野の『世界』編集に貫かれていた。編集長の主導性こそが、戦後の「新興」綜合雑誌の中で唯一『世界』が生き残った理由でもある。藤田省三は吉野没後の追悼文で「戦後日本の中で〝私たちの側〟の論陣を形造って下さった」中心的人物と吉野を呼び、その立ち位置を「管制高地」と評している。管制高地とはその戦場を支配できるような戦略的高地を指す軍事用語だが、それは藤田が吉野に優秀な砲兵将校をイメージしていたことの証しである。

社会的現実の含む核心的問題に立ち向って、謀りを帷幄の裡に廻らすに際しては四囲を絶えず観察し、熟慮と討論を経て綿密な陣立てを行い、役に当るべき者を説得するに際しては身分の上下・年齢の長幼を問うことなく礼を尽くすこと常に三顧、その説得の筋道は常に全面的な理路を詳細にかつ整然と詰めて異論の余地を剰さず、その説得の姿勢において示される全身的迫力に至っては恐らく如何なる余人を以ってしても代えることは出来なかったであろう。調査と塾考の上に立つ不退転の〝意志〟を中心に持った知・情・意の三位一体が完璧な形態を備えて進軍する姿、そこに吉野源三郎が在った。〔24〕

この「完璧な形態を備えて進軍する」編集者が岩波書店で最初に手がけた仕事こそ、「現代人の現代的教養」岩波新書(一九三八年創刊)である。戦前の岩波新書におけるノンフィクションと理系啓蒙書の多さは、吉野が科学的実証主義で当時の非合理的日本主義、その基盤にある「日本人の自然科学的知識と思考の貧さ」を克服しようとしていたことの証しとされてきた〔25〕。だが、吉野が自然科学者の実証主義的精神を無条件に信頼していたわけではない。戦時中に三木清が期待を寄せた自然科学者から「買いかぶるな」と忠告されたエピソードを吉野は紹介している。その科学者は三木にこう語ったという。

われわれはなるほど仮説をそのまま認めないで実験をやっているけれども、実証的精神に貫かれて実験をやっているわけではなく、手続きとしてやっているので、自然科学者はかならずしも実証主義的精神に富んでいるわけではない。〔26〕

むしろ、吉野の実証主義的精神の根底にあったのは、自然科学者というより総力戦体制で必然化する情報分析者《アナリスト》の合理主義だったと見るべきだろう。吉野は戦時の情報統制下で「真の現実をつかもう」とする試みを次のように語っている。

> 乏しい情報や断片的な知識を集めて推理し、その間隙は直観によって埋めてゆかなければならなかった。噂の真偽、流言の源泉、すべて思考の届きかねるところを、或いは構想力で補い、或いは直覚的な勘を働かせて飛び越えてゆかねばならなかった。その努力は、実戦における状況判断に似ていた。しかも、敵に包囲され、友軍との連絡を絶たれた状況の中での判断に酷似していた。[27]

ジャーナリズムがインテリジェンス（諜報）と酷似した活動であることに吉野は終始自覚的だった。この点をふまえると、大内兵衛が「ぼくの兄（予備役海軍少将・大内愛七）のほんやく『今日の戦争』をこの（岩波新書）うちに加えてもらったが、これは吉野源三郎君のこれまたレジスタンスの余滴であった」[28]という一文の意味も理解できる。大内愛七はポソニー『今日の戦争――その計画・遂行・経費』（一九四〇年）を「総力戦の経済学」と呼び、巻頭には訳者による注記を掲げている。

> 「総力戦争《トータル・ウオア》」といふ言葉はルーデンドルフ将軍が始めて作つたものであつて、それは、来るべき戦争においては軍隊と軍隊との敵対ではなくして、国民と国民との敵対が問題だ、蓋し戦争は細分化するので全国民は何等かの方法で動員されねばならぬ、といふ彼の意見を表はすものである。この説は今や一般に受け容れられ、新しき科学を生むに至つた。戦争のために経済を組織する学問、戦争経済学である。[29]

こうした「戦争のために経済を組織する学問」は、大内兵衛ら労農派経済学者も唱えた生産力理論として高度国防国家論にも取り込まれていた。総力戦体制は合理主義を必然化させるのであり、コペル君の客観的認識が戦時下で必ずしも抑圧されていたわけではない。吉野自身が戦時体制を梃子として科学的知識の普及に努めたことは、「少国民のための科学書について」(『少国民文化』一九四二年一〇月号)でも確認できる。

大東亜戦の真唯中に立つてゐるわが国のつぎの時代を担当する少年たちに今日正しい科学的知識を与へ、その頭脳に科学的訓練を与へておくことがどんなに肝腎なことか——これについての自覚が、子供たちのための科学書の書かれる直接のモティーフになるならば、初歩的な事柄を説くといふ、専門家としての熱心になりにくい仕事に対して、新たな源泉から新たな情熱が湧いて来る筈だからであります。[30]

戦時下でこそ良質な子供向け科学書の執筆が可能になるというのである。同誌は一九四二年一月に発足した日本少国民文化協会の機関誌であり、吉野はこの統制団体で出版部会幹事を務めていた。

ちなみに、先に引用した『進歩的文化人——学者先生戦前戦後言質集』(一九五七年)では、戦中の吉野の戦争協力的文章として「子供ものの出版について」(『教育』一九四二年五月号)が引用されている。吉野論文から好戦的印象を与えるような文章を抜き出そうと努めているが、その意図に反して「当時の多数意見への迎合」を読み取ることはむずかしい。むしろ、吉野の分析は極めて客観的であり、時勢へのレジスタンスと評価してよい文章である。吉野はこの論文で「時局便乗」的な出版者の監督官庁に対する「投機的配慮」を批判し、統制側である情報局や日本出版文化協会の指導者にも厳しく自戒を促している。吉野も日本出版文化協会で児童課と海外課の分科会幹事を務めていた。吉野論文は翼賛体制への勇気ある内部批判として読まれるべきもので、「全貌」レポートの解釈には無理がある。

創造の仕事を受持つてゐる者は――書く者も出版する者も――たゞ自己の仕事の成果にすべてを賭くべきであつて、口舌を事としてはならい点では戦場に立つ将士と同じである。指導精神は生かしつゞけても、指導者精神に陥ることは警めねばならない。私の見るところでは、現在のところ、指導精神を語る者の多い割に、黙々と自己の仕事に打込んでその精神を生かす人物が少ないのではないかと思はれる。……ひとの鼻息をうかゞふやうな卑屈な精神のあるところに、期待されてゐるやうな気宇の広潤な逞しい児童文化が生まれるとは思へぬ。[31]

さらに、「全貌」レポートが吉野の戦争協力を示唆すべく「東亜解放の雄叫び」と評して引用した一節も見ておこう。緒戦の戦果に沸き返る当時において、戦局を論じて「勝利」「戦勝」をひと言も使わない例外的な文章であることをまずは確認しておくべきだろう。

現在吾々の同胞は、東はカリフォルニア沖から西はセイロン島にかけて、北は満蒙から南はオーストラリア北岸にわたつて、太平洋を抱く広大な地域に血を流して戦つてゐる。精神に於てこの広大な地域を問題にしてゐるのではなく、現に日本人の肉体がこの広大な地域に延びひろがつて敢闘してゐるのである。英米資本主義からの東亜の解放といひ、東亜に於ける新しい秩序の建設といひ、いづれも一年前までの如き構想や理念に留つてはゐない。それは、吾々が既に着手し文字どほり血塗れになつて達成しようとしてゐる現実の事業となつてゐるのである。[32]

「英米資本主義からの東亜の解放」に吉野の社会主義的志向の連続性さえ読み取ることも可能だが、重要なのはこれに続く一節である。「現在の戦争がどんな形で収まつてゐるにせよ」と、言外に敗戦さえも意識させつつ「世界史的な課題」を提示している。

単なる構想や理念には抵抗がないが、実現の努力、現実の事業には抵抗がある。そして、その抵抗の大きさは、何ものにもまさつて現実がこれを教へ、また、誰にもまさつて実現者自身がこれを知る。それだからこそ、軍の当局は、国民が行手に立塞がつてゐる障碍の容易ならぬことを充分に覚悟して、その障碍が如何に大きからうとも、これを突破せねば止まない決意を堅めるやうに再三要望してゐるのである。また、それだからこそ今日、前述のやうに児童文化の問題までが、国家の総力を挙げての戦ひの中にあつて日程にのぼつて来てゐるのである。吾々は、今日の子供たちが成長して次の時代を担当するとき、現在の戦争がどんな形で収まつてゐるにせよ、ゐないにせよ、この戦争と共に始まつた大事業がまだ中道にあることを予期しなければならない。

これに続く一節にも注目したい。「雄叫び」の熱狂からはほど遠い冷静さで「大東亜戦争に突入した日本の次の時代を継ぐ者」たちに、総力戦とともに始まる社会改革の継続を期待している。

干戈に訴へねばならない障碍がたとへ排除されてゐたにせよ、まだまだ解決されない困難な課題が、政治的にも経済的にも、また文化の上にも、必ず山積してゐることを予期せねばならない。彼等を待つてゐるものは、壮大ではあるが至難な、至難ではあるが壮大な、世界史的な課題である。[33]

はたして、この文章は戦争の勝利を前提として書かれたものだろうか。むしろ敗戦を見据えつつ、戦時下に戦後改革を構想した射程の長い構想力の発露といえるだろう。この「世界史的な課題」は、そのまま戦後創刊される『世界』の課題として引き継がれた。吉野の訃報で『朝日新聞』(一九八一年五月二四日)は「戦前、戦後を通じてその主張に振幅はなかった」と評している。その社会改革要求と戦略的思考において、なるほどその通りである。

3 平和運動の組織者

新雑誌『世界』のコンセプトが固まったのは、三木清の通夜における大内兵衛との対話だったと、吉野は繰り返し述べている[34]。大内は労農派(社会党左派)を代表する知識人だが、世代をともにする安倍能成、津田左右吉など戦前「岩波文化人」の同心会にも所属していた。大内グループは吉野編集長と結びつくことで、オールド・リベラリスト(同心会系)、講座派(共産党系)、戦後民主主義者(清水幾太郎・丸山眞男など)などを主義と世代を超えて「平和と民主主義」陣営に結集できた。共産党に比べて党員数も圧倒的に少ない社会党が、共産党を上回る社会的影響力を持ちえた一因として論壇でのヘゲモニーを考えるべきだろう。その中核は『世界』を足場に吉野編集長が発足させた諸組織、すなわち一九四八年九月に組織された平和問題談話会、さらに改憲反対のための憲法問題研究会（一九五八年六月発足）、六〇年安保改定反対の論理を提供した国際問題談話会（一九五九年三月発足）などである。中野好夫が吉野を「組織づくりの達人」と呼ぶゆえんである[35]。

論壇における「『世界』の時代」は、狭義には「平和問題談話会（一九四八年九月発足から一九六一年三月解散）の時代」ということができる。平和問題談話会（以下、平談会と略記）は吉野がユネスコ本部の発表した「戦争をひきおこす緊迫の原因に関して、ユネスコの八人の社会科学者によってなされた声明」（一九四八年七月一八日付）を入手したことから始まる。核戦争への危機を前提に東西冷戦の融和を求める「ユネスコ声明」に吉野は大きな可能性を見出し、東京と京都で日本の学者による共同声明の発表を計画した[36]。一九四八年九月から東京平談会と京都平談会をそれぞれ組織し、七部会に別れてユネスコ声明について討議がつづけた。各部会参加者として『世界』一九四九年三月号で発表されたメンバーは以下の通りである。

「東京地方文科部会」＝安倍能成、天野貞祐、清水幾太郎、武田清子、淡野《だんの》安太郎、鶴見和子、中野好夫、南博、宮城音弥、宮原誠一、和辻哲郎

「東京地方法政部会」＝磯田進、鵜飼信成、川島武宣、高木八尺、田中耕太郎、丸山眞男、蝋山政道

「東京地方経済部会」＝有澤廣巳、大内兵衛、高島善哉、都留重人、矢内原忠雄、笠信太郎、蝋山芳郎、脇村義太郎

「東京地方自然科学部会」＝稲沼瑞穂、丘英通、富山小太郎、仁科芳雄、渡辺慧

「近畿地方文科部会」＝久野収、桑原武夫、重松俊明、新村猛《しんむらたけし》、田中美知太郎、野田又夫

「近畿地方法政部会」＝磯村哲、岡本清一、末川博、田畑茂二郎、田畑忍、恒藤恭《つねとうきょう》、沼田稲次郎、前芝

確三、森義宣
「近畿地方経済部会」＝青山秀夫、島恭彦、新庄博、豊崎稔、名和統一、福井孝治

この部会メンバーに津田左右吉、鈴木大拙、羽仁五郎を加えた五五名の名前が公開された。そこには「小泉信三、田辺元両氏もこの企てに参加されたが、健康その他の都合により部会総会とも出席せられず、したがつて声明に対しては責任を有されない」と但し書きもあった。この豪華メンバーについて、大宅壮一はこう書いている。

昨年の暮に、岩波の吉野源三郎の肝煎りで、平和問題談話会を開いたときには、学者と名のつくほどの人々は、かつての近衛公の新党運動の場合のように、われもわれもと馳せ参じた。[37]

平談会は第一声明「戦争と平和に関する日本の科学者の声明」（『世界』一九四九年三月号）に続いて、第二声明「講和問題についての平和問題談話会声明」（『世界』一九五〇年三月号）を発表した。ここで唱えられた「全面講和・中立・軍事基地反対・再軍備反対」は平和四原則として総評の決議に盛り込まれた。第二声明の発表媒体は『世界』だけではなく、『世界評論』、『日本評論』、『人間』などにも全文が掲載されている。『新日本文学』での「編輯者まえがき」は吉野源三郎の名前で発表され、参加者の活動が次のように報告されている。

会としても日本教職員組合の夏期講演に協力して、東京、愛知、岩手、青森、山形、兵庫、山口、和

歌山、北海道等各地方の講演に会員が講師として赴き、戦争と平和に関する啓蒙に能う限りの力を注いだ。[38]

この第二声明を契機として、『世界』は講和問題という現実政治と直接対峙する政治運動メディアとなっていった。そのため第二声明の署名者リストからは前回あった田中美知太郎、鈴木大拙、田中耕太郎、津田左右吉、重松俊明、仁科芳雄（翌月死去）の名前が消え、以下の補足が付けられている。「われわれの間では、同じく平和への意志と日本への愛情とに導かれつつ、而も単独講和に少なからぬ意義を認める人々がある。」[39]

一九五〇年六月二五日に朝鮮戦争が勃発し、戦争への不安が日本全土をおおった。その翌日共産党機関紙『アカハタ』に停刊命令が出され、七月二四日から言論機関でもレッドパージが開始された。これを憲法違反と批判する「知識人の会」幹事会の抗議声明が『世界』一九五一年一月号に発表された。声明書起草委員は吉野源三郎の他、清水幾太郎、中島健蔵、戒能通孝、中野好夫である[40]。

朝鮮戦争勃発後、講和条約の交渉が加速化すると平談会は「三たび平和について」（『世界』一九五〇年一二月号）を発表し、再軍備と単独講和の拒否を改めて宣言している。第一・第二の声明は清水幾太郎の起草だったが、この第三声明は前文のみ清水が起草し、「第一章　平和問題に対するわれわれの基本的な考え方」、「第二章　いわゆる『二つの世界』の対立とその調整の問題」を丸山眞男、「第三章　憲法の永久平和主義と日本の安全保障及び再武装の問題」を鵜飼信成、「第四章　平和と国内体制との関係」を都留重人が分担している。しかし、この「第三声明」以後、この政治活動への急傾斜のためか、『世界』の部数は落ち込んでいった。『世界』編集部にいた塙作楽は「あのとき『世界』は三万部に落ち込んでいた」と回想している[41]。

だとすれば、『世界』の社会党・総評への急接近は単に思想信条上の理由だけではなかったはずである。『世界』編集を引き受けるにあたり、吉野は岩波書店支配人・堤常に以下の条件を提示していた。創刊当時の八万部は用紙統制で自動的に決まっていたが、吉野は五万部を会計上の採算ラインとし、それ以上の売上げ分は別会計で留保することを認めさせていた。それを中島健蔵・加藤周一との鼎談（一九五八年）でこう回想している。

もし売れなくなって、だんだん減って五万になったとしても、まだそのもうけが残っていたならば何もいわないでくれ。しかし、もっと悪くなってそれを食いそれを食いつぶすようになったら僕はあやまる。それまでは営業的見地から編集に何もいわないという約束をしてくれといった。[42]

五万部のラインは高所から合理的に割り出した数字だったはずだが、自ら設定した最低ラインを維持するためにも政党支持者や労働組合員による組織購入が不可欠になっていった。確かに「講和問題特集」（一九五一年一〇月号）は発売日を繰りあげて刊行され、五刷を重ねて一五万部という『世界』空前の記録的を残した。だが、当時編集部にいた緑川亨（のちに二代目社長）は、自ら全逓や国鉄に出向き、労組幹部に『世界』を組合として一括購入する交渉をしている[43]。総評は原水爆禁止や基地問題などの平和運動に組織的な動員を行ったため、『世界』の売行きは持ち直していった。読売新聞社が一九五二年に発表した「雑誌ベスト・スリー」の綜合雑誌部門は『文藝春秋』『世界』『中央公論』となっており、戦後生まれの雑誌として論壇に確固たる位置を築いていた。

一方で、『世界』創刊一〇〇号（一九五四年四月号）は「祝辞」一色だったわけではない。安倍能成「『世界』

と『心』と私」や小泉信三「私の『世界』観」は、いずれも編集部の党派的偏向を批判している。河盛好蔵「『世界』の功罪」の言葉をここでは記録に留めるべきだろう。

> あまりにも同じ旋律ばかりを繰り返していると、平和とか自由という大切な言葉の持つ内容が次第に稀薄な安っぽいものになってしまうことを私は恐れるのである。[44]

そうした少数意見もあえて掲載する吉野の編集方針は、『世界』創刊十周年記念号（一九五六年一月号）で大熊信行がいう「たくましい展望精神」に重なって見える。

> わたしがひそかにねがうのは、綜合雑誌を手にする新しい知識層が、それによつてたくましい展望精神をうえつけられるということである。綜合雑誌は、のぼれば八方に窓のひらく、塔のごとくでありたい。（強調は大熊）[45]

この「たくましい展望精神」は、戦後啓蒙の国際主義というより、鳥瞰する砲兵将校の戦略思考の産物である。もちろん、それはこの砲兵将校が第一級のインテリだったからこそ可能であった。大熊は『世界』とそれ以前の綜合雑誌との違いをこうまとめている。

> これまでの編輯者は、その学問と教養において、一代の学者・評論家と、長時間にわたつて、対等に、またそれ以上に、討議できるような、人間的力量をそなえていたわけではない。したがつて、座談会の

司会などでも、それぞれ問題によつて、部外の専門家にゆだねるのがつねであつた。つまり、編輯者自身の、人間としての責任ある思考が何であるかは、結局、補足しがたいものであつたというのが、社会的にその影をうすくさせた理由なのである。『世界』が、綜合雑誌として、新しい型を打ち出したという意味は、すでにのべたようなことであるが、しかしそれについては、やはり編輯長自身が、個性ゆたかな、強靭な思索家である、というひとつの支えがあつたわけであつて、それをはなれては、新しさということも可能ではなかつたかもしれない。[46]

吉野自身は座談会「綜合雑誌について」(『中央公論』一九五五年五月号)において、編集者は論壇という「競技場の管理者」であるべきだと述べている。

> 日本の言論が、十分にその説得力によって勝敗を決することができるように、言論機関の公平を守ることが必要なんだ。もしこういう態度がいよいよやり切れなくなつたら、自分が飛び出して選手になつて勝つか、負けるか、やつて見るよりしようがない。[47]

つまり吉野は、他の綜合雑誌編集長のように傍観する管理者ではなかった。ゲーム展開次第では自らペンをもって参戦する、そうした覚悟をもった「強靭な思索家」だったのである。

おわりに——戦後平和論の射程

吉野源三郎は『世界』一九五八年六月号の「編集後記」で編集長引退を表明したが、その後も一九六六年一月号（創刊二十周年号）まで編集・発行責任者に留まり、ときに巻頭言なども執筆している[48]。一方、平談会は「安保改定問題についての声明」（『世界』一九六〇年二月号）の発表を最後に活動を停止し、一九六一年三月に正式に解散している。中野好夫は一九七六年四月まで続いた憲法問題研究会も含めて、吉野との共同行動をこう総括している。

もし自惚れでなければ、私たちの研究会が多少改憲熱を阻止しえた力になったような気もするが、他方全面講和を主張し、安保反対を唱えた平和問題談話会の方は空しく敗れた。[49]

確かに、『世界』は一九五一年の講和問題でも一九六〇年の安保改定でも政治的成果を挙げたわけではない。吉野自身、「戦後の三十年と『世界』の三十年」（一九七六年）で率直に敗北を認めている。

現実には、敗北の連続だったと言えます。このことは、私たちとしては確認しておかなければいけないことでしょうね。雑誌としてどれほど反響を呼び起こそうとも、これはやはり残念なことで、その残念さを忘れて自画自賛するわけにはいかない。しかし、このような敗北から何が帰結されるか、それが問題です。……正義の戦争だって負けることがあるというのが現実で、正しい主張だって条件が揃わなければ現実には通らない。それを貫徹するにはどうしなければならないか。それは政治的運動の問題であり、政党その他の政治団体の任務に属することであり、具体的には組織論や戦略・戦術の問題となってゆきます。[50]

その認識は正しい。だが、組織購読拡大のため「政党その他の政治団体」と戦術的に接近したことは、『世界』の平和論の戦略的ポテンシャルを低減させたと言えなくもない。たとえば、全面講和「論」は政治闘争として全面講和「運動」と不可分であるため、単独講和の実現があたかも全面講和論の原理的破綻のように認識されてしまった。また、共闘した既成政党や労働組合では平和三原則(社会党)、平和四原則(総評)がスローガンとして連呼されたが、そうした大衆運動は平和論を理論的に発展させていく力量には欠けていた。

その一方で日米安保体制下での「軽武装」戦略が可能にした高度経済成長によって、戦争被害の記憶も対米従属を拒否するナショナリズムも風化していった。平談会が消滅した一九六〇年代は「平和研究」の停滞期でもあった[51]。その上で、吉野が編輯者の仕事を「軍人の場合と同様」に結果責任で考えていたことも注目すべきだろう。

私たちの仕事は、政治家や軍人の場合と同様、おれはこういうつもりでやったんだ、これだけ一生懸命やったんだなどという、自分の意図や心情で言いわけできない結果責任を伴っていて、いくらよい意図をもったって、つまらない雑誌ができれば負け戦なんですね。言いわけしても、責任はのがれられない。[52]

吉野はこうした結果責任を学園闘争の学生にも求めていた。一九六八年の東大紛争で全共闘議長をつとめた山本義隆は、吉野の娘の家庭教師であった。吉野は「山本君に言いたかったこと――機動隊による東大の封鎖解除の直後に」(『世界』一九六九年三月号)を発表し、山本に「もう一つ高い次元から」の政治的判断を求めている。

軍隊のように平素厳重な規律の下に行動することを訓練されている集団の場合でさえ、実践となると部下の逸脱した行為を抑制することがむずかしいとされている。まして、そのような訓練を欠いた学生の集団であって、整然と統制された行動や規律を戦闘的行動の中に期待することは、ほとんど不可能に近いと思われる。どんな欲しもしなかった事態が生じて、全体の計画を齟齬させないとも限らないし、また関係のない市民に予期しえなかった傷害や迷惑を及ぼさないとも限らない。そして、一切が代表たる山本君の責任――山本君ばかりではないにしても――に帰って来るのである。〔53〕

さらに全共闘学生の暴力行為や研究妨害などの無統制ぶりを批判した上で、政治運動の指導者に必要な決断を次のように説いている。吉野が旧軍の戦術教本の文言を三十年後も暗記していたことも驚きである。

「状況ノ不明ト戦況不測ノ変化トハ戦場ノ常ニシテ此間ニ処シテ克ク機宜ヲ制スルハ一ニ軍隊ノ独断ニ待タザルベカラズ」とは、私が軍隊にいたころ戦術の教科書で覚えた言葉である。現実の戦闘は、どんな場合にも、予め敷いておいたレールの上を進むようには進行しない。思わない状況の変化に応じ、しかも待ったなしに行動を即決してゆかねばならないのだから、戦闘の進展が当初予測していなかった方向に動くことも免れがたいことである。〔54〕

結局、全共闘学生の動機の純真さは認めるとしても、政治的には是認できないと吉野はいう。その理由は権力と対決するための戦略的展望を学生運動が欠いているからである。

> 権力と対決せねばならぬというところまでは、思想の問題である。権力とどう対決するか、そこからが政治の問題である。「批判の武器」は、そのまま「武器の批判」にはならない。それは物理的な力に転化しなければならない。しかも、大衆に媒介されることによってのみ、それは物理的な力となる。[55]

だが、「大衆に媒介されることによってのみ」という言葉は、吉野と『世界』にとっても大きな壁となっていたはずである。『世界』が教師を中心とする読書人を超えて広がっていたわけではない[56]。本章では紙幅の都合上、吉野の『世界』編集長時代にスポットを当てたが、その後も吉野のジャーナリズム論に軍事的戦略思考が貫徹されていたことを示すため、最後に「理想と現実——若い労働者のために」（一九七〇年）で岩波書店の後輩に呼びかけた言葉を引用しておこう。初出は岩波書店労働組合機関誌『潮』創刊号である。

> 私たちは、ちょうど戦場に立って敵の大軍の動静をうかがうもののように、武者ぶるいしてこの現実に立ち向かうのである。どんなに敵が大軍であろうとも、いつかは叩き負かすという戦意を失うわけにはいかない。その戦意は私たちの眼を鷹のように鋭くし、現実の分析を急所に向かって切り込ませてくれるであろう。それにしても、諸君、私たちは勉強しなければならないのだ。味方の陣容を整備するためにも。また、敵を打負かす戦略、戦術を誤りなくたてるためにも。[57]

以上、平和主義の組織化に吉野の軍事的構想力が果たした指導的役割を確認した。だとすれば、ポスト吉野の『世界』が平和問題の争点化に必ずしも成功しなかったのは、その非軍事的な知性主義のためだろうか。いずれにせよ、平和論を進めるためには軍事的リーダーシップ、「管制高地」の視点が不可欠である。それは案外と常識的なことではないだろうか。

吉野が知識人に戦略的思考を求めたことは、「知識人の地位について」(一九四七年)でも読み取れる。ここで吉野は第一次世界大戦中にパリに滞在していた島崎藤村の作品に言及し、「東洋の遊子の綿々とした叙情ばかりで、世界中の諸民族を巻きこみ、何億という人間の運命にかゝわりをもつた大事件の勃発に対する深い感動は全く見当たらない」、と厳しく批判している[59]。だが、こうした「大事件の勃発に対する深い感動」は管制高地に立ってはじめて得られるものであり、大衆の中に下りて生活することで得られるものでもない。吉野はこの論文を次の言葉で結んでいる。

> 現在の知識人のうち何人が、また如何なる立場に立つ人が、今日もしくは何年か後に、——いや白髪の老人となつたときでもよい——ゲーテと同じように「かゝる時代に生まれて非常に利益した」と言い切るのであらうか。誰が「私は第一次大戦、ロシア革命、一九二九年の世界恐慌、満洲事変、日華事変、第二次世界大戦、ヒットラーの勃興から没落まで、それから日独の敗北からそれにつゞく数々の事変を目のあたりに見て来た。それはすばらしい見ものだった。」と語るであろうか。

果たして、晩年の吉野は「かゝる時代に生まれて非常に利益した」と言い切れたのであろうか。

＊なお本稿は、科学研究費基盤B「青年期メディアとしての雑誌における教育的機能に関する研究」（研究代表者・佐藤卓己、平成二四〜二六年、課題番号24330235）の研究成果の一部でもある。

第IV部

リーダーシップの諸相

——われわれは指導者に何を求めるのか

第13章 現代の軍事リーダーシップ

——ハイブリッド安全保障とCOINドクトリン

河野仁 *KAWANO Hitoshi*

はじめに——われわれはなぜ歴史を学ぶのか？

二〇一一年五月、ウエストポイント陸軍士官学校の卒業式において、マレン統合参謀本部議長は以下のような訓示を行った。陸軍は、一〇年間の戦訓をもとに教義や教範を改訂してきた。モジュール化された旅団戦闘チームはより柔軟に現実に適応し、敵をすばやく静かに殺傷する優れた能力を持つ一方で、学校建設や井戸堀の支援もする。投票用紙と弾丸の持つ力、文化と紛争の意味を理解し、変革の担い手として米国の民意を表出する役割を持つのが今日の陸軍である。公のために生命を失うリスクをも顧みない若者たちをよく指揮することが、諸君の単なる仕事ではなく義務（duty）であるが、小部隊指揮官以上に複雑だが重要なもう一つの義務がある。それは軍人（soldier）であると同時に「ステーツマン（statesman）」でもあらねばならないということだ[1]。

この後に続く訓示では、今日の陸軍少尉は最前線で部下を指揮するだけでなく、戦場において文官や他の政府機関や他国軍、民間人雇用者、NGOとも連携し、戦争を勝利に導き、国家をリードする役割を担う。また、それと同時に、除隊した部下や戦死した部下の家族のケアにも意を砕き、米国民ともできる限りの意思疎通を図って銃後の守りも固めねばならないと説く。今日の作戦環境は流動的かつ複雑でさまざまなアクターとの相互依存の度合いも増している。技術的な知識だけでなく、視野を広め、他者をよりよく理解し、また他者からもよく理解されるような努力を続け、米国民の信頼を勝ち取ることが肝要だと、「新品少尉」たちに米軍のトップリーダーは力説した。

本章では、このマレン統参議長の訓示に象徴的に示されているように現代の軍事作戦の様相の変化に応じた軍事指揮官像の変化と新たな時代に求められている軍事リーダーシップの特質について考察する。おもにイラクやアフガニスタンの最前線でCOIN(counterinsurgency：反乱鎮圧)作戦に従事する米軍の若い指揮官とイラクに派遣された自衛隊の指揮官の事例や、一〇年にわたる米軍の実戦経験の教訓を反映して改訂された野戦教範などを手がかりに、変容する現代の軍事指揮官像を明らかにしてみたい。

1　ポストモダン軍隊論とハイブリッド安全保障における軍事指揮官像の変化

本節では、総力戦の時代から冷戦期を経て、冷戦後、さらには九・一一以後の現代にいたる時代の軍事指揮官像の変化を簡単に振り返っておきたい。

◆ポストモダン軍隊論における軍事指揮官像

軍事社会学者のモリス・ジャノヴィッツによれば、総力戦の時代の支配的軍事指揮官像は「戦闘指揮官」

「英雄的リーダー」であったが、米軍のトップリーダーのなかには、そうしたイメージから逸脱するタイプの軍人もいたという[2]。

ジャノヴィッツの冷戦期の軍事指揮官像の変化に関する議論は、現代の軍事指揮官像を考える上でも非常に示唆的である。一九六〇年の時点からみて、軍事専門職像、ひいては軍事組織のトップリーダー像が冷戦期にどのように変化してゆくかを展望してみると、まず、冷戦期の軍事指導者はいくつかのジレンマに遭遇することになるという。第一に、通常兵器と現代兵器(この場合は核兵器を指す)とのバランスである。核戦争は、古いタイプの戦争や原初的な形態の戦争を排除するわけではない。むしろ、限定戦争、非正規戦、武装蜂起などは頻発化してきている。核武装した軍隊が、核を使わずにどう戦うかというジレンマが生じている。第二に、武力行使や威嚇が説得や紛争解決にどのような帰結をもたらすかを軍事指導者は正確に予測しなければならない。西側先進工業国の安全保障システムが、むしろ大量破壊兵器の脅威を増大させていると見られれば、大衆の支持を得ることは難しい。国際関係に及ぼす武力行使や威嚇の限界を見極めねばならない。第三に、軍事指導者は、軍備開発の一方で将来的な軍備管理をおこなう政治的な枠組みに備えなければならない。第四に、仮に核戦争が起きたとしても、最終的な勝敗は非常に原初的な方法の戦争にどれだけ備えているかによって決まるというジレンマである。これらのジレンマに直面する軍隊が、来るべき時代に適応するためには、「常時即応態勢にあり、最小限度の武力行使しかせず、戦勝ではなく国際関係の安定化を希求」する「コンスタビュラリー・フォース(constabulary force)」、すなわち現代の平和維持軍のような軍隊に変わらなければならないとジャノヴィッツは結論づけている[3]。そして、そのような軍隊の指揮官は、国際安全保障に対して軍隊が及ぼす政治・社会的影響力に非常に敏感でなければならず、文民と価値観を共有し、より厳格な専門職倫理を確立する必要があるという。

こうしたジャノヴィッツの議論は、マレン大将の説く現代の若き軍事指揮官像とオーバーラップしている。核弾頭が小型化し弾道ミサイル技術も大幅に進歩した今日、大量破壊兵器が世界的に拡散している一方で、国際テロリストや反乱分子に対する特殊作戦部隊を用いた「原初的な形態」の戦闘と、無人機の活用といった最新兵器を用いた軍事作戦が続いている。ジャノヴィッツの警句は今日にも生きているといえよう。

さらに、冷戦後の軍隊と社会の関係の変化をとらえたポストモダン軍隊論においても、現代の軍事指揮官像の変化が議論されている。冷戦後の時代には、核戦争の脅威にかわって民族紛争やテロといった国内的な脅威が主要な脅威認識となり、軍隊の主たる任務は国際平和維持活動や人道援助活動などの「新しい任務」へと変化し、支配的な軍人のタイプは「軍人政治家(soldier-statesman)」や「軍人学者(soldier-scholar)」へと変わってきたという[4]。なぜなら、ジャノヴィッツやマレン大将が指摘するように、現代の軍事作戦においては、ますます軍事作戦がもたらす政治社会的影響を現場の指揮官は考慮せざるを得ず、軍事組織の存在理由や軍事作戦の正当性を自明視せず、「そもそも今日の社会における軍隊の役割は何か」を常に自問自答する「自己内省力」あるいは「心理的成熟性[5]」が軍事指揮官に必要な資質となってきたからである[6]。与えられた任務について「なぜその任務を遂行する必要があるのか(What to do and why)」と自己内省的に問い続けることは、任務についての「深い理解(sense-making)」につながり、「どのように任務を遂行すればいいのか(How to do it)」についての考えを深めることにつながってゆく。そうした思考のプロセスに必要なのが「批判的思考力(critical thinking)」である[7]。学問的探究心を磨くことは、批判的思考力を強めることにつながる。自身の「思考についての思考(thinking about thinking)」を深めるメタ認知能力、あるいは「メタ意思決定(meta-decision making)」力こそが、ここで強調される批判的思考力にほかならない[8]。

◆ハイブリッド期における軍事指揮官像

九・一一以後の安全保障環境の変化をふまえてポストモダン軍隊論を修正した「ハイブリッド軍隊論」では、一九九〇年代を「ポストモダン期」、二〇〇一年の「九・一一」以後の時期を「ハイブリッド期」と区分する[9]。ハイブリッド期の安全保障上の脅威は、それ以前の超国家的、国際的、国内的な脅威をすべて包含する。そうした多様な脅威に対応する広範囲な軍事作戦を、米軍は「フルスペクトラム作戦（full spectrum operations）」と呼んでいる。すなわち、災害派遣・人道支援任務から平和構築、対テロ・ゲリラ戦（COIN作戦）、国土防衛、各種の通常戦と特殊作戦、そして弾道ミサイル防衛やサイバー戦争を含む広範な作戦任務の総称である。

しかしながら、ここで重要なのは、現代の安全保障上の脅威そのものの変質を、単に軍事的な次元からのみ「ハイブリッド脅威（hybrid threats）」とか「ハイブリッド戦争（hybrid warfare）[10]」ととらえるのではなく、軍事と非軍事の領域にまたがった「ハイブリッド安全保障（hybrid security）」ととらえる視点である。たとえば、現代の主たる安全保障上の脅威となりうる国際テロや大規模自然災害、原発事故、感染症拡大、サイバー攻撃などに対する総合的な対策には、国防省だけでなく、外務、司法、警察・消防、情報、運輸、エネルギー、厚生など広範囲にわたる省庁横断的な対応が求められ、中央官庁と地方自治体レベル、あるいは他国の政府や軍、NGOや民間機関との連携も必要になる。こうした、さまざまな次元での「境界の曖昧化」や「異種混淆」、すなわち「ハイブリッド化」が進むという側面を強調するのがハイブリッド安全保障論である[11]。軍事史における「ハイブリッド戦争」は、通常（正規）戦と非正規戦の混淆した状態をさす。だが、現代のいわゆる「新しい戦争」の特徴は、「戦争と犯罪の中間的行為」だという点にある[12]。さらには、安全保障上の「リスク」には、軍事的なリスクもあれば、非軍事的なリスクもあり、これらのリスクは国境を越えてグローバルに拡散する性質を持つ。そのため、現代の軍事指導者に求められるのは、国家安全保障上の脅威に対して、「全政府的（whole-of-government）」アプローチをもって臨み、軍事的資源だけでなく非軍事的資源をも適切に活用する柔軟な能力である[13]。ハイブリッド安全保障の時代こそ、より視野の広い戦略眼が必要となる。ゆえに、ハイブリッド期の軍事指揮官には、「戦士・経営者・政治家・学者・警察官」などの多様な役割が求められるようになるのである。

2 現代の軍事作戦と米軍のCOINドクトリン改訂

本節では、ハイブリッド安全保障の時代における軍事作戦の変容と、それに伴う軍事指揮官に求められる能力・資質の変化、およびそれらを反映した軍事専門職論の展開を概観する。主として米軍および米国内の言説に依拠するが、適宜、他国軍の事例にも言及することとしたい。

◆ハイブリッド安全保障の時代における軍事作戦の特質

冷戦終結後に始まった米国陸軍士官学校における現代の軍事専門職の再検証の試みが、二〇〇二年、『陸軍専門職の将来（*The Future of the Army Profession*）』として結実した[14]。冷戦後に変化した安全保障環境に適応するために、どのような改革を進めてゆくべきかを、さまざまな研究者が論じている。

「陸軍」全体を専門職と官僚制の複合体とみる彼らは、変化する安全保障上のニーズに応じて陸上軍事力に関する最新の技術、専門知識、能力、戦略等を駆使して顧客たる国民に軍事サービスを提供することが陸軍の使命であると考える。しなしながら、現代の陸軍専門職が担う役割は伝統的な「通常戦」だけでなく、

「非通常戦」「戦争以外の軍事作戦」「国土安全保障」といった多様な管轄領域(jurisdiction)に拡大しており、それらの領域においては、他の政府機関や民間団体と安全保障サービスの提供という面において競合するようになってきたため、冷戦期に強調された「官僚制」の側面を見直し、もっと「専門職」の側面を強調すべきだというのが彼らの主張である。特に、冷戦直後の一九九〇年代には、軍縮と軍事予算の削減により「少ない予算で多様な任務をこなす」という官僚制的な「効率(efficiency)」優先の考え方が支配的であったが、これからの時代は、多様化した任務の「有効性(effectiveness)」、すなわち「どれだけ適切に任務を遂行できるのか」を最優先に考えるべきだというのである[15]。

さらに、現代の軍事専門職の要件についても、ハンチントンによる古典的な三要件、すなわち「専門識能(expertise)」「責任(responsibility)」「団体性(corporateness)」を見直し、「専門識能(expertise)」「管轄領域(jurisdiction)」「正当性(legitimacy)」の三要件を提唱する。この「専門識能」については時代的な変化があり、総力戦時代の「暴力の管理(management of violence)」、冷戦期の「防衛の管理(management of defense)」から、冷戦後は「平和の管理(management of peace)」へと拡大してきたという[16]。

彼らは、「ハイブリッド安全保障」という言葉こそ用いていないが、提起されている問題は、まさしく「ハイブリッド安全保障」の時代を迎えて、拡大し多様化した任務に現代の米国陸軍がどのように対処すべきかという一種の「アイデンティティの危機」の問題である[17]。しかしながら、現代の米陸軍が直面している課題は、決して現代に特有の問題ではないと、アボットは指摘する。一九世紀の大英帝国軍は、現代の「帝国」たる米軍とほぼ同様の問題を抱えていた。当時の覇権国であった大英帝国は、大規模な国家間戦争にはほとんど従事することはなく、数多くの非正規戦や対反乱作戦、アヘン貿易をめぐる紛争などに対処せざるを得なかったのである[18]。大英帝国時代から一貫して数多くの対反乱(counterinsurgency)作戦に従事してきた英陸軍の対反乱ドクトリンは、「帝国の警察」としての英陸軍の特徴を反映して、対反乱は戦争の一形態ではあるが、通常戦争とは異なる原則が支配する領域であると規定し、「通常戦争以上に、法に係る正当性と、調整を通じた文民主導、反乱の政治的側面に対処する必要から生じる自制的な武力行使に対するアプローチ(ミニマムフォース原則)」に特徴があるといわれている[19]。この「ミニマムフォース原則」は、ジャノヴィッツの「コンスタビュラリー・フォース」論に通じる原則であるが、米軍の戦略文化の根底の部分で相容れない考え方でもある。

一方、米軍の戦略文化を英軍と比較したコリン・グレイは、非正規戦(irregular warfare)に対する米軍の適応力について悲観的な見方を示している。圧倒的な火力と機動力をもって敵を追い詰めようとする伝統的な「アメリカ流の戦争方法(American way of war)」は、非正規戦にはまったく不向きであり、小手先で教義や戦術を変えたぐらいでは、おそらく成功しないだろうというのである[20]。グレイによれば、米軍の戦略文化はアメリカという国家社会そのものの歴史と文化に深く根ざしたものであり、容易に変えられるものではない[21]。

◆米軍によるCOIN作戦の実践と現場指揮官のリーダーシップ

二〇〇三年三月のイラク戦争開戦時における「衝撃と畏怖(Shock and Awe)」作戦は、まさしく伝統的な米国の戦略文化を象徴していた。しかしながら、「アメリカ軍全体を変革し、無駄がなく、効率がよく、敏捷で、敵を殲滅する能力が高い戦闘マシーンにつくりかえる[22]」という意気込みを持つラムズフェルド国防長官(当時)のもとで、米軍はベトナム戦争の轍を踏もうとしていた。

ベトナム戦争も通常戦と非通常戦の混在したハイブリッド戦争だった。だが、北ベトナムに対する空爆を重視し、大規模な陸上兵力の投入を躊躇したジョンソン政権は、通常戦の戦略パラダイムから脱却できず、ウェストモーランド将軍（南ベトナム援助軍司令官）からの「平定作戦（pacification）」、すなわちＣＯＩＮ作戦のための大量の陸上兵力増派の要求を実際には退けていた。ベトナム戦争期の軍事指導者の「職務怠慢（dereliction of duty）〔23〕」を批判する声もあるが、現場指揮官からのＣＯＩＮ作戦への戦略転換の要求を却下するという意思決定を行ったのは、実際には文民指導者の側であった〔24〕。南ベトナムの一部の地域では、米軍指揮官や米軍人の軍事顧問と南ベトナム軍部隊や現地の行政区長との軍民連携により、地方の市場や橋・道路を再建し、医療施設を整備するなどベトナム人自身による治安回復と民生復興を支援することに成功したケースもあったが、限られた兵力と、あくまでも通常戦に勝利することを至上命題と考える現場指揮官が多い中で、こうした事例は例外的なものにとどまった〔25〕。

ベトナム戦争とイラク、アフガニスタンでの軍事作戦に共通する失敗の原因が、アメリカ流の戦争方式にあると考えるのは、グレイだけではない。実際に、イラクでＣＯＩＮ作戦に従事した経験もあるマクマスター将軍（現陸軍少将）も、そのひとりである。米軍が軍事技術の優越性に頼り、戦争の人的、心理的、政治的次元を軽視した点に問題があるとマクマスターは主張する〔26〕。マクナマラ国防長官らのシステム分析の手法に象徴される一見合理的な意思決定方法は、最小の資源投入で最大の成果を上げるという「効率」優先思考といえるかもしれないが、ときに非合理的で複雑な人間の心理を無視しており、ベトナム人の「感情」というものをまったく考慮に入れていなかったとマクマスターは批判する。ＣＯＩＮ作戦の成否は、いかに民心を掌握するかにかかっており、作戦地域の文化、部族、政治的アデンティティなどさまざまな複合的な要因が複雑に絡まっている。軍事作戦の政治的な影響を常に考えながら現場の指揮官は部隊を指揮する必要があり、ＣＯＩＮ作戦は本質的に政治的な問題なのだと彼は力説する〔27〕。

二〇〇四年九月、イラクでの反乱活動が活発化し、米軍部隊がファルージャでの戦いに備えていた折、ラムズフェルド国防長官は「スピード、精密性、敏捷性が数に勝る」と訴えていたが、兵員不足こそが治安維持の任務を担う現場の指揮官に「襲撃的アプローチ（raiding approach）」をとらせることになったという[28]。限られた兵力で「反乱分子=敵」を効率的に殲滅していくという戦術は、戦略的に有効だとは限らない。民家のドアを蹴破り、反乱分子を殺害する一方で、「付随的な損害」として一般市民や子供まで犠牲にしてしまうことは、かえって民心の離反につながるのである。このような「襲撃思考（raider mentality）」は間違っているとマクマスターは指摘する[29]。特殊作戦部隊による襲撃、長距離精密兵器による攻撃、無人機を使った標的殺人などの手法に頼ることは、誤った教訓をイラクの戦場から学ぶことになると彼は考えている。ベトナムでもそうであったように、イラクでも「敵を殺す」ことが問題の解決につながるわけではない。むしろ、COIN作戦のような「民心掌握」を最大の目的とする作戦においては有害な考え方でもある。しかしながら、ラムズフェルド国防長官はじめ、当時の戦争指導者は明確な反乱鎮圧のための戦略を示すことはなく、現場の部隊指揮官はそれぞれの創意工夫による戦術的な対応を迫られていた[30]。

二〇〇四年六月、マクマスター大佐（当時）は第三装甲騎兵連隊長としてコロラド州フォート・カーソンに赴任した。二〇〇三年から二〇〇四年にかけてイラクに派遣されていた連隊は、翌年の二度目のイラク派遣を控えていた。ベトナム戦争の戦史研究で博士号を取得していたマクマスター大佐は、COIN作戦における「重心」は「住民」であって「敵」ではないと部下たちに説いた[31]。隷下の部隊をまわっては「補足した囚人をぞんざいに扱うな」と指示し、囚人たちに対して蔑称を用いることを禁じ、イラクの市民に敬意をもって応対することを部下に求めた。米軍に対する敵意や憎悪の念は民心が離反することにつながり、結局、住民が反乱分子の側に取り込まれてしまう。「敵を利するな」がマクマスター大佐の口癖だった[32]。アラブ世界やイラクの歴史に関する書籍を読むことを奨励し、イラク文化に対する理解を深めることが部隊教育の重点項目とされた。兵士の一部にはアラブ語教育を受けさせ、新たな教育訓練方針の重要性を理解しない大隊長は容赦なく更迭した[33]。

二〇〇五年二月、マクマスターの連隊はイラクに派遣された。リデル＝ハードの戦略論でいうところの「間接的アプローチ」が肝心であると心得ていたマクマスターは、すぐには動かず、作戦準備に数ヵ月をかけた。まず、反乱分子に対する外部からの物資供給・人員補充ルートを遮断し、砂漠地帯の中間的な活動拠点をつぶし、イラク政府軍の小規模部隊をかわりに駐留させた。反乱分子を排除した他の地域ではイラク警察がただちに治安維持を担った。次第に外堀を埋めながら本丸に迫るという手法は、それまでの直接的アプローチ中心の「襲撃思考」とは対照的で革新的だった。補足した囚人を丁重に扱うよう指示が出されたのはいうまでもない[34]。四ヵ月の準備期間後、マクマスターの連隊は襲撃作戦地域に入り、外周路をつくって見張りを強化し、反乱分子の活動に対する情報収集を十分に行った後、軍事作戦を実行した。作戦実行前には、住民を市外に設置したキャンプ地に移動することも奨励した。軍事作戦の終了後は、スンニ派の住民たちに対して地方警察に参加し、自分たちの手で治安を維持することを勧めた。その結果、反乱分子の活動に関する正確な情報も入手できるようになったという[35]。

こうしてマクマスター大佐の革新的なＣＯＩＮ作戦の指揮は成功裏に終わったものの、この革新的な作戦指揮のスタイルを米軍全体に広めることは実際には困難だった。しかしながら、イラクやアフガニスタンでの実戦から苦い教訓を学んだ米軍は、ＣＯＩＮ作戦についての教義を全面的に見直すことに着手した[36]。

◆ペトレイアス将軍とCOIN作戦の教義改訂

『米陸軍野戦教範FM3－24対反乱』（以後COIN教範と略記）が二〇〇六年一二月に公表された[37]。ベトナム戦争期から二〇年以上を経てCOIN作戦のドクトリンが「ラディカル」とも言われるほど大胆に改訂された[33]。その後、二〇〇九年には、陸軍がCOIN作戦の戦術レベルに焦点をあてた『FM3－24・2対反乱戦術』を公表したのにつ いで、統合参謀本部からもCOIN作戦に関する統合作戦ドクトリンが公表されるに至った。

二〇〇六年のCOIN教範改訂において中心的な役割を果たしたペトレイアス将軍は、「COIN推進派」と位置づけられており、近年では「COIN批判派」からの巻き返しも見られるようになってきた[39]。イラクでの「一時増派（サージ）」の成功によりCOIN推進派の評価が高まったとはいえ、あくまでも米軍の主流は国家間の通常戦争に勝利することを米軍の使命であると考えるCOIN批判派であり、アメリカの戦略文化の基層は根本的に変わっていない。

しかしながら、ハイブリッド安全保障の時代に適応する上で、COIN推進派の提起した米軍の戦略文化に根差した問題を克服することも避けられない課題であろう。改訂されたCOINドクトリンは、確かに「民心掌握」を最優先に考える「民衆中心主義（population-centric）」戦略を重視しているが、それはあまりにもそれまでの米軍の戦略文化が「敵の殲滅」を中心に考え過ぎていたからに他ならない[40]。ペトレイアス将軍らは、COIN作戦を成功に導くためには、マクマスターが「襲撃思考」と呼ぶ「敵殲滅型戦略」から「民心掌握型戦略」への一種のパラダイム転換を果たさなければならないと説いたのである[41]。通常戦と非正規戦が混淆する「ハイブリッド戦」においては、これらふたつの異質な戦略的パラダイムを状況に応じて使い分ける「バランス感覚」が必要とされる[42]。とはいえ、現実には、異質な思考のパラダイムを状況に応じて転換することは容易なことではない。COIN作戦を含むすべての「フルスペクトラム作戦」においては、「攻撃・防御・安定化」作戦が複雑に入り混じり、それらの最適なバランスは、各戦闘指揮官が担当する作戦地域の状況によって異なると、改訂されたCOIN教範は説く。さらに、過度の武力行使を戒め、五人の反乱分子を殺害したとしても、付随的損害の発生により無辜の一般市民までが巻き添えになって戦闘の犠牲となり、結果的に五〇人の新たな反乱分子を増やすことにつながりかねないと警告する[43]。民生の安定に関与することより、民衆のニーズを把握し、治安を確保し、現地軍や治安・統治機関とも連携を密にして民心を掌握した上で、反乱分子の動きに関する効果的な情報収集を行うことがCOIN作戦成功のカギであると新教範は力説している[44]。

確かに、COIN作戦に過剰適応することは、結果的に通常戦に対する戦闘能力を低下させることにつながり、二〇〇六年のレバノン戦争時にヒズボラに対する「ハイブリッド戦」で通常戦能力の貧弱さを曝け出したイスラエル軍のようになってしまうのではないかと危惧する中堅陸軍将校の声もある[45]。ハイブリッド安全保障の時代を担う次世代の軍事指揮官たちが、米軍の指導者層が推進する軍事力整備の将来構想にたいして、危機感を抱いていることも事実である。その一方で、戦争指導者らの戦略的意思決定の段階で想定されていなかった予測不能な現代の軍事作戦における戦況の変化に素早く柔軟に適応し、戦略目的をより効果的に達成するためにはどのような戦術的意思決定をしなければならないのかを適切に判断する高度な軍事専門職としての能力、すなわち「ミッション・コマンド (mission command)」の能力が、現代の若い軍事指揮官にますます求められてきていることも否定できない事実である[46]。二〇一二年四月、デンプシー統合参謀本部議長は、『ミッション・コマンド白書』刊行にあたり、米軍の将来構想「統合戦力 (Joint Force) 二〇二〇」の中核的概念の一つとしてミッション・コマンドを位置づけている[47]。

3　イラク人道復興支援活動にみる「日本型」リーダーシップ

本節では、二〇〇三年一二月から二〇〇六年九月まで、イラク人道復興支援特措法（旧イラク特措法）に基づいてイラクに派遣された陸上自衛隊の活動における部隊指揮官のリーダーシップに焦点をあて、米軍指揮官の統率スタイルとの対比を試みる。とくに、前述した米軍によるCOIN作戦の教義と現場指揮官の作戦指揮の実践に照らして、「日本型」の軍事リーダーシップの特徴を探ることにしたい。

◆自衛隊派遣をめぐる政治社会的文脈と文民指導者

冷戦終結後、一九九二年には国際平和協力活動と国際緊急援助活動という「新しい任務」が自衛隊の役割に加わった。それから一〇年以上にわたり、自衛隊は国連平和維持活動（PKO）の実績を積み重ねてきたが、自衛隊のイラク派遣は国連主導のPKO活動ではなく多国籍軍（有志連合）の枠組みで行われる平和構築活動に初めて参加するという意味で、九・一一後のハイブリッド期における新たな任務拡大の一つの契機となった[48]。すでに二〇〇一年一一月から開始されていたテロ対策特措法にもとづく海上自衛隊のインド洋における補給支援活動ともあわせて、それまでの「国際貢献」という受動的な日本の安全保障政策が、「積極的かつ主体的に取り組むという能動的な姿勢」へと転換した点において、また、自衛隊の人道復興支援と外務省の政府開発援助（ODA）が「車の両輪」となって行われた初めての国際活動であったという意味でも、ハイブリッド安全保障の時代へのターニングポイントであった[49]。

とはいえ、戦後日本の「平和主義」を基調とする戦略文化において、改めてクローズアップされたのは、自衛隊のイラク派遣をめぐる「正当性」の問題である。自衛隊が派遣される地域が「戦闘地域」か否かをめぐって国会で激しい論戦が戦わされたことは記憶に新しいが、憲法の禁じる武力行使に相当するかどうかの問題は日本の安全保障政策の根幹にかかわる問題であるだけに、政治的合意を形成することは容易ではなかった。小泉純一郎首相（当時）は、イラク戦争開戦に対する国民世論の反対意見が強く、自衛隊のイラク派遣についても世論が分かれる中で、野党の反対を押し切って自衛隊のイラク派遣を推進した[50]。約五年間にわたった航空自衛隊のイラク派遣に航空幕僚監部防衛部長および航空支援集団司令として関わった織田邦男元空将によれば、当時の国内の議論には「上滑りで現場の視点が欠落」しており、「国際協力活動の成否は現場の隊員の働き次第」であるにもかかわらず、国論が二分される中での派遣は、「指揮官として深く憂慮せざるを得ない状況」だったという[51]。

さらに、現場指揮官の立場から悩ましいのは、武器使用をめぐる法的制約の問題である。「現地情勢と国内法とのギャップに現場の指揮官は苦悩せざるを得ない」ことは、たとえば、イラク復興業務支援隊の初代隊長を務めた佐藤正久参議院議員の二〇〇七年の「駆けつけ警護」に関する発言問題にも表れている。「現場と法とのギャップがあるなら、議論し、直すべき点は直すべきだと考えた」ことが国会議員に転身するきっかけとなったことを佐藤議員は率直に認めている[52]。同議員の著書では、二〇〇四年のイラク派遣当時、日本に一時帰国し、「法や計画の範囲内で、現場に最大限の融通性を与えてもらわないと任務が遂行できない」と、防衛庁、自衛隊、外務省などでの現地情勢の報告の中で訴えたことを明らかにしている[53]。いわば、現場指揮官からの「ミッション・コマンド」容認の要請であった。

◆自衛隊指揮官のリーダーシップ実践

今日の軍事作戦の実行にあたり、下級指揮官の部隊統率における判断力が戦術レベルだけでなく、戦略レベルの成否にも多大な影響を及ぼすこともありうるため、「戦略的伍長」や「戦略的軍曹」という言葉が聞かれるようになって久しい。「戦略的大佐（Strategic Colonel）」という言葉も、最近使われ始めている。現代の戦略をつくっているのは将軍ではなく大佐や中佐クラスだという趣旨である[54]。米軍の場合、たとえば、二〇〇四年のイラク派遣当時、連隊長だったマクマスター大佐のように、典型的には博士号の学位を持ちながら、実戦経験も豊富で、積極的に戦略について発言し、将軍や政治家に意見具申することも厭わない、新しいタイプの軍事指揮官像を指す。

自衛隊の場合、イラク派遣時の初代業務支援隊長佐藤正久一佐（当時）は、博士号こそ持っていないものの、米陸軍の指揮幕僚課程への留学歴があり、初代のゴラン高原派遣輸送隊長としての活動実績をもち、外務省出向も経験するなど、多彩な経歴をもつ指揮官であった。また、番匠幸一郎一佐（当時）は第三普通科連隊長から第一次イラク復興支援群長に抜擢されたわけだが、米陸軍戦略大学留学、外務省出向、総合商社丸紅出向と佐藤一佐と同様に、多彩な経歴を持つ一方で、レンジャー資格を持ち、国際活動経験こそなかったが陸上幕僚監部で防衛班長を務めるなど、文武両道を体現している指揮官であった。自衛隊の「戦略的大佐」の場合、博士号の学位に代わるものは「留学歴」であろう。佐藤も番匠も、米国留学時代に築いた人脈が、イラクの現場では非常に「役に立った」し、「心強かった」と述べている[55]。

戦術レベルのリーダーが戦略的な重要性を持った意思決定を行うのがCOIN作戦の現実である。幸い、自衛隊のイラク派遣では、「人道復興支援」が中心的な任務であって、「治安維持」任務は含まれていなかったため、COIN作戦に含まれる「攻勢・防御」は主要な要素ではなかった[56]。米軍のように「敵殲滅型戦略」から「民心掌握型戦略」への一種のパラダイム転換が現場指揮官の指揮統率に要求されることはなかったが、むしろ、自衛隊の場合は「平和主義」戦略文化に根ざす「武器使用制限」と、不測の事態に備えた「敵殲滅型戦略」とのバランスをどうとるかが部隊指揮官にとっての課題だった[57]。

佐藤は、「民心掌握型」戦略は、陸上自衛隊に固有の歴史に深く根ざした「組織文化」であったと指摘する。「欧米の派遣軍とは比べものにならないほど住民を意識した活動を行い得た」のは、「国民に愛される自衛隊」をめざして、国民とともに汗を流し続けてきた「陸上自衛隊の実績と風土」があったからだという[58]。現地住民の感情に配慮し、水たまりがあれば泥水をはねないように気をつける（米蘭軍は無視）、運河でおぼれた現地住民の青年の遺体捜索にあたり、一緒に濁った川底に潜って協力する、現地雇用者を単に監督するだけでなく、一緒に汗を流して作業をするなど、「常にイラク人と同じ目線（番匠群長）」で復興支援任務に従事する姿勢は、「民衆中心主義的アプローチ」そのものであり、結果的に「民心掌握」につながった。佐藤も、イラク派遣にあたって、①住民のニーズを真に踏まえた支援を愛情を持って実施する、②目線を同じくし、「郷に入ったら郷に従え」の精神で住民に接する、③常に最善を追及して状況の変化に柔軟に対応する、の三点を重視したという[59]。

しかしながら、二人の指揮官が共通して強調するのは、イラク派遣は単なる人道復興支援「活動」ではなく、軍事「作戦」ととらえる認識の重要性である。番匠は、英軍大佐から国際任務において失敗する部隊は、最初から「ロバ（＝人道支援）」の任務だと思って「ライオン（＝軍事）」の仕事という側面をおろそかにする部隊だという話を聞かされたエピソードを紹介しつつ、自身は「ライオンがやらなければいけないロバの仕事」だと認識していたという[60]。一八九九年の北清事変に際して、多国籍軍に参加した日本陸軍の規律正しさと誠実さが他国の軍隊の模範となった史実をふりかえりながら、「武士道の国から来た自衛官らしく規律正しく堂々と任務を遂行しよう」と決意していた番匠群長の隊員への要望事項は「誠実、規律、団結、健康・安全」であった。「武士道」を「公に奉仕する気持ち」「蛮勇ではなく真の勇気と礼節」「恥ずかしくない行動をとること」と考える番匠は、武士道が「日本人の規範」とすれば、「義理・人情・浪花節（GNN）」は相手に接する際の思いやりであり「日本人の知恵」であると語っている[61]。しかしながら、軍事作戦の基本には敵を殺傷する能力があり、その能力こそがライオンのライオンたるゆえんである。「スーパーうぐいす嬢（SU）作戦」と称して、部下に装甲車や自衛隊車両から現地の人々に笑顔で手を振るよう指示していた番匠だが[62]、その一方で、部下には「ハードターゲットたれ」と檄をとばし、イラクへの派遣準備段階から射撃訓練を強化し、クウェートでの実弾射撃訓練では通常の一年分に相当する量の射撃を実施した。その結果、知らず知らずのうちに「薬莢の行方を目で追う」隊員の「平時意識」（通常、訓練終了後は薬莢をすべて拾って回収しなければならない）を矯正する必要や、近接射撃訓練では着上陸侵攻に備えての立射や伏射という伝統的な射撃姿勢だけでなく、対テロリスト・ゲリラ戦用のより実戦的な射撃方法の訓練も必要であることを教訓として学んだ[63]。

とはいえ、カンボジアPKO派遣からイラク派遣に至るまで、自衛隊部隊は幸いなことに実任務において「一発も弾を撃っていない」ことも事実である。「敵」も殺さず、銃撃によって一般市民を犠牲にしたこともない[64]。米軍が重視する「部隊防護（force protection）」を陸上自衛隊の海外派遣部隊が明示的に行うようになったのは東チモールPKO（二〇〇二年）以来だとされているが[65]、改訂された米軍のCOINドクトリンが教えるように、「COIN作戦における最良の武器は撃たない」ことである。「部隊防護を強化することが、かえって部隊の安全を脅かす」ことがあり、「何もしないことが最適な対応となる」場合もある。佐藤隊長は「撃たれない、撃たない環境」の醸成に心を砕き、自衛隊の活動する地域を「信頼と安全の海」にするためには、「住民との関係がすべて」であり「彼らとの信頼という絆」なくして成功はないと考えていた[66]。部下に「お前の仕事の仕方はサマーワを愛していない」と言い続けた佐藤隊長の統率は、「君は今日、イラク人のために何をしたのか」と問い続けたペトレイアス師団長の統率に相通じるものがある。

◆「日本型」軍事リーダーシップの特徴

二年半にわたるイラクでの陸上自衛隊による人道復興支援がどの程度「成功」したのかについてはさまざまな評価があろうが、少なくとも「民心の掌握」にかなりの程度成功していたことは、米欧軍からの「自衛隊方式」に対する高い評価から明らかである。たとえば、オランダ軍は自衛隊流の地元住民との信頼関係を重視する「サマーワ・モデル」をアフガニスタンでのCOIN作戦に適用し米国からも高い評価を得ている[67]。米軍がCOINドクトリンを改訂する前から、そのような明示的なドクトリンを持たない陸上自衛隊の現場指揮官は「民衆中心主義」的アプローチをすでに実践していたことになる。米英軍などの「占領軍」と一線を画するためにあえて茶系の砂漠用迷彩服ではなく緑色のジャングル用迷彩服を選び、制服やヘルメット車両にも「日の丸」を際立たせて自衛隊であることが遠くからでも容易に識別できるようにした。多国籍軍の軍事常識からは「逸脱」していたが、「より多くのリスクをとる」ことが逆説的に自衛隊の安全確保につながった。また、住民の信頼を勝ち取ることが地域の事情に詳しい住民からの精度の高い治安情報の収集、すなわち「ヒューミント（人的情報）」の獲得にもつながった。これも現場の知恵による「情報作戦（information operation）」の実践である[68]。「平和主義」の戦略文化を持ち「武力行使」が憲法違反とされる日本の自衛隊だからこそ、過度に抑制的な武器使用基準が採用され、COIN作戦の原則である「ミニマムフォース原則」を厳格に適用することができた。そのことが、逆説的に、占領軍や多国籍軍とも一線を画し、イラクの住民からの信頼を得て、民心を掌握することができたのである。自国軍の車列を追い越す民間車両を問答無用で銃撃する米軍の「敵殲滅型」思考の「常識」では考えられないことであろう。

ＣＯＩＮ作戦においては、だれが敵か味方かの判別が難しい。一見善良な一般市民も実は反乱分子であったり、テロリストに豹変したり、武装勢力の支援者であるかもしれない。現地住民を潜在的な「敵」とみなす思考のパラダイムでは、真に「共感力」をもって住民と接することはできない。それとは対照的に、自衛隊の現場指揮官や隊員たちにも共通するのは「現地住民と同じ目線」に立ち、一緒になって汗をかき、苦労を共にするという日本的な「思いやり」、すなわち「共感力（empathy）」をもって働く姿勢である。反乱分子やテロリストからは「ハードターゲット」と見られたかもしれないが、一般市民への接し方は徹底した「ソフトアプローチ」であった[69]。

米陸軍の「リーダーシップ」教範（FM6-22）では、戦闘指揮官に必要不可欠な要素として「共感力」を明記している[70]。部下を思いやり、現地住民とともに行動し、他国軍兵に対しても気配りをする現場の指揮官像があるべき指揮官の姿とされている。第六次イラク復興支援群長だった鈴木純治一佐（当時）は、隊員たちに「四つの思いやり（イラク人、留守部隊、同僚隊員、家族）を繰り返し説いた[71]。番匠群長の「義理・人情・浪花節」に代表されるように、「人情課長」は日本の組織における伝統的なリーダー像でもある[72]。近年のリーダーシップ論でいえば、「共鳴型リーダー（高ＥＱリーダー）」や「サーバント・リーダー」、あるいは「賢慮型リーダー」などの類型に共通するリーダー像とも重なる[73]。

さらに、改訂された米軍のＣＯＩＮドクトリンでは、「異文化理解力（cultural awareness）」もＣＯＩＮ作成遂行に必要不可欠な能力とされている[74]。「郷に入っては郷に従え」の考え方は、まさしく「異文化理解力」の重要性を強調した日本的な表現に他ならない。イラクの場合、イスラム教徒という異なった宗教的背景はあるとはいえ、「同じアジア人」としての価値観の類似性が自衛隊指揮官の異文化理解を幾分容易にしたという側面もあるかもしれないが、異国の歴史や文化、言語、風俗などに関する幅広い知識と深い洞察力がすぐれた現場指揮官に求められることに変わりはない。むしろ米軍は、二〇〇七年以降、文化人類学者や社会科学者を動員し、「人的地形システム（Human Terrain System）」を制度化し、人的地形調査チームを編成して、作戦地域内の部族間関係や政治文化的文脈を組織的に調査する体制を整えていたが、自衛隊の場合はそこまで組織的な異文化理解のための体制を整備していたわけではない[75]。また、ごく少数の女性自衛官は参加していたものの、「ジェンダー主流化（gender mainstreaming）」の推進という面では、米軍やＮＡＴＯ軍の水準からは相当な隔たりがある[76]。男女の性別だけでなく、国籍・民族・宗教・軍民別の能力・資質・適性の違いを認めた上で、任務遂行に向けて「ダイバーシティ・マネジメント」の能力を高めることは、今後ますます国際活動任務が拡大し、他国軍や国際機関、ＮＧＯ、他省庁、民間企業などとの連携の必要性が強まることが予想される自衛隊指揮官の指揮統率力向上面での課題であろう[77]。

おわりに

二〇〇六年七月末に陸上自衛隊のイラク派遣部隊は撤収したが、イラク国内の治安状況は次第に悪化していた。二〇〇七年一月、ブッシュ大統領はイラク戦略を変更し、増派に反対だった軍高官らを説得して、それまで消極的だったイラクへの約三万人にのぼる兵員の一時増派（surge）に踏み切った[78]。ＣＯＩＮ作戦推進派のペトレイアス将軍がイラク駐留多国籍軍司令官に任命され、作戦方針は改訂されたＣＯＩＮドクトリンに示されたように「民衆中心主義」へと改められた。その結果、一般市民の犠牲者数、米軍兵士の戦死者数ともに大幅に減少し、増派「成功」要因の解釈については諸説があるものの、イラクの治安状況は劇的に改善した[79]。イラクでの治安回復の功績が評価され、ペトレイアス将軍はその後、中央軍司令官、アフガニスタン駐留米軍（兼国際治安支援部隊）司令官、CIA長官（文民職）を歴任したが、二〇一二年に不倫問題が発覚し、CIA長官の辞任を余儀なくされた。このことは、退役したとはいえ、ペトレイアス将軍を現代の軍事指揮官の「ロール・モデル」と考えていた多くの米国軍人にとっては大きなショックであったことは想像に難くない〔80〕。

しかしながら、ペトレイアス将軍の不祥事は、COIN作戦の英雄たりとも完全無欠な人間ではないことを改めてわれわれに思い起こさせた。リーダーシップ教範に描かれる軍事指揮官の理想像は、生身の人間である現場指揮官がめざすべき姿ではあるが、それはあくまでも「理念型」にすぎない。不完全な人間としての個人が、自己のたらざる部分を補うべく、誠実に努力する姿勢こそが部下を感化する原動力になるのではあるまいか。

近年増大してきた「ハイブリッド脅威」に対処する「フルスペクトラム作戦」の概念に象徴されるように、現代の軍事作戦が複雑になり、流動的で予測不能な作戦環境の変化に柔軟に対応する現場指揮官の能力がますます必要になるなかで、二〇一一年に米陸軍は「作戦（Operations）」に関するドクトリンを改訂し、それまでの「指揮と統制（command and control：C^2）」の概念を「ミッション・コマンド」の概念に置き換えた〔81〕。現場指揮官の役割を重視し、指揮官は「指揮術（art of command）」と「統制科学（science of control）」とのバランスをうまく取りながら、さまざまなパートナーとの連携・調整を図り、必要に応じて臨機応変にリーダーシップを発揮しつつ作戦環境の様相の転換に応じた作戦遂行により、任務達成に導くという新たな作戦指揮のあり方が提示されている。戦訓を素早く学び取り実戦に生かす「創造的で適応力のある指揮官」が現代の作戦遂行に不可欠とされ、全体としては、ハイブリッド安全保障の時代における陸軍作戦の「人間的要素」を重視した作戦哲学が示されている。米軍の想定する将来の高度に分散したハイブリッド脅威に対する「分散化

図1 ミッション・コマンドの理念

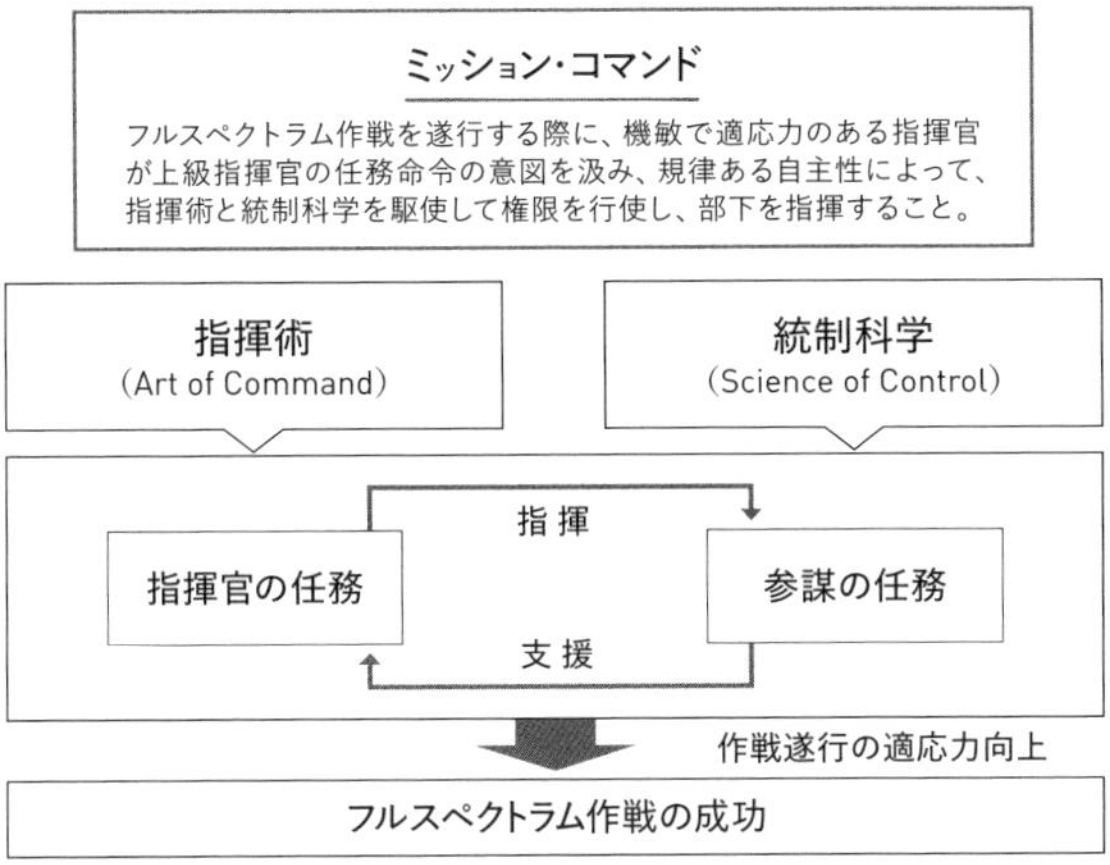

出典：FM3-0 *Operations*, US Army, 2011より一部修正

図2 戦闘力の要素

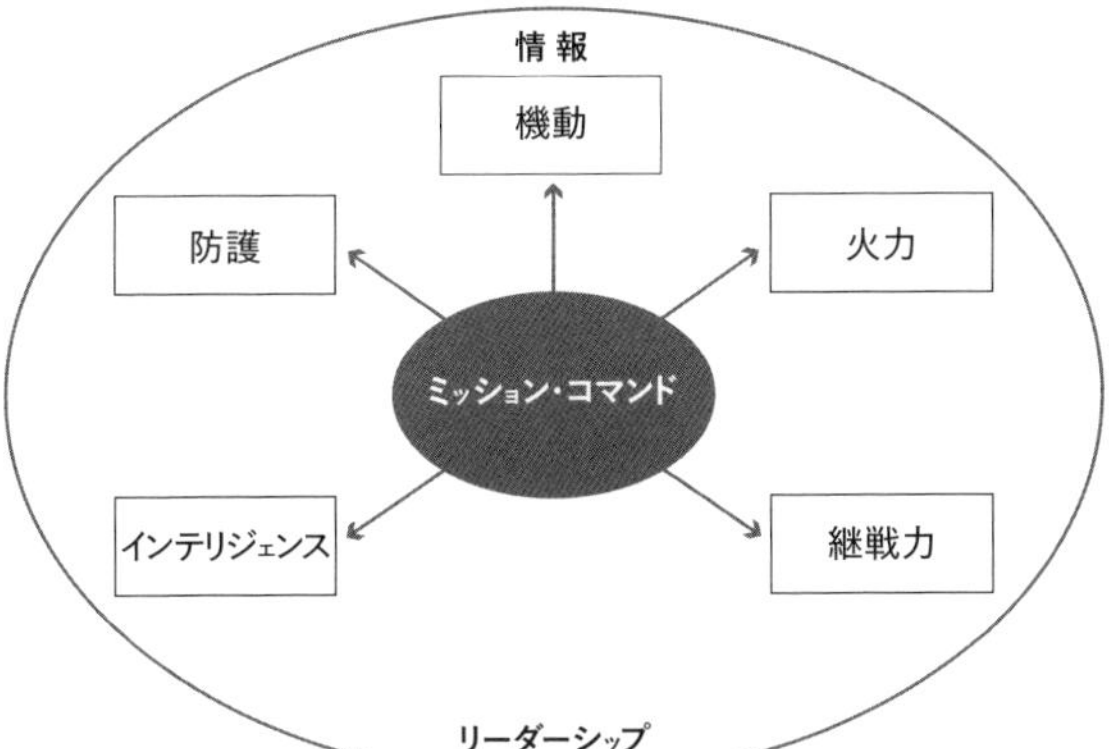

出典：FM3-0 *Operations*, US Army, 2011

した（decentralized）作戦」構想において、作戦・戦略レベルの指揮官の意図を汲んだ卓越した統率力が、戦術レベルの指揮官にも求められているのである[82]。当時ドクトリンを改訂したデンプシー陸軍大将（現統参議長）は、これを米軍の作戦思想における「哲学的な転換（philosophical shift）」とまで呼んでいる[83]。

複雑化した作戦環境で指揮を執る現代の軍事指揮官には、洋の東西を問わず、作戦目的と作戦環境に関する深い理解とともに、自己の部下や上司・軍指導者、ひいては文民指導者や国民、国際社会の住民にたいして「どのようにしたら最良の奉仕ができるか」を常に自問自答する自己内省力と批判的思考力が求められているのではあるまいか。

第14章 チャーチルにみる「危機のリーダーシップ」
——フロネシスの視点から

野中郁次郎 NONAKA Ikujiro

はじめに——われわれはなぜ歴史を学ぶのか?

賢い人間であれば、……並はずれた偉人をこそ常に範とすべきであろう。それは、たとえ自分の力量がその域に達しないとしても、せめてその人物の残り香にあずかりたいと思ってである。

——マキャベリ

他人の経験に学ぶことは、個人の経験の質と量を増やす効果的な方法である。過去に現在と同じような状況に置かれた他人の経験に学ぶことができれば、現在の状況で活用できる知識を得ることが可能だからである。

一方、グローバル化が加速する現代社会は様々な事象が互いに影響し合う複雑な世界である。現在の状況は常に変化している。しかも、「北京でチョウが羽ばたくと、ニューヨークで嵐が起こる」というカオス理論のメタファーが示すように、初期の微細な変化は、偶然が積み重なることで後の大きな変化に結びつくため、未来は予測困難である。逆説的には、そんな時代だからこそ、過去の有事に巧みに対応した先人に学ぶことは多い。

最近、ウィンストン・チャーチルに関する書籍の出版が欧米や日本で相次いでいるのはその表れだろう。不確実な現代社会だからこそ、チャーチルという稀代の政治家から学ぼうという意図ではないか。チャーチルの功績は、第二次世界大戦中にイギリスの戦時内閣の首相の座に就き、ナチス・ドイツに敢然と立ち向かい、イギリスを勝利に導いたことにある。チャーチルは、母国イギリスの国民や領土、さらには伝統や誇りがリスクに晒された時、「乱世のカリスマ」となって「危機のリーダーシップ」を発揮したのである。

本章では、歴史に学ぶ価値を複雑系の観点から確認した後、チャーチルの「危機のリーダーシップ」を実践知モデルに沿って分析し、最後に実践知のリーダーに求められる歴史的構想力について論をまとめたい。

1　歴史哲学に学ぶ価値——複雑系の観点から

「歴史にＩｆ（もし）はない」、あるいは「歴史は繰り返す」などと言われることから明らかなように、一般的に「歴史」を客観的で固定的な存在ととらえる傾向がある。しかし、歴史認識が各国で異なり、それが国家間の摩擦の原因の一つとなることが示唆するように、「歴史」は曖昧な存在でもある。では、そのような歴史に学ぶとはどういうことか、そしてその価値は何か。

「歴史は過去の事実の羅列である」という歴史を固定する考え方は、実は一九世紀の歴史観である。二〇世紀以降はＥ・Ｈ・カーの「歴史とは歴史家と事実との間の相互作用の不断の過程であり、現在と過去との間の尽きることを知らぬ対話である」[1]とする考え方が展開されつつある。つまり、歴史とは現在と過去との対話であり、歴史家やわれわれ自身の主観によってしか理解することができない。最近では、より客観性を確保するためにカオス理論や複雑系の観点を参照する考え方が台頭してきている[2]。過去の出来事は、各々独立して起きたのではなく、相互に関係して生起したとする考え方だ。つまり、ある一つの出来事は、他の出来事を内包した結果であると同時に、他の多くの出来事に影響を及ぼすという「フラクタル性」を持つ。

また、歴史においては、初めは小さな出来事でも、偶然が重なることで、終わりには大きな違いを生む。これを「経路依存性」(path dependency)と言うが、アーサー・C・ダントーやヘイドン・ホワイトの歴史記述の「物語論」や「歴史の詩学」を超えて複雑系科学の方法論を取り込むことである。あらゆる行為は時間的出来事であり、アリストテレスによって示されたように「はじまり…なかば…おわり」という形式を持つ。アーサー・C・ダントーは、これを定式化し、自然科学の演繹的論証とは異なる「物語的説明」と呼んだが、ヘイドン・ホワイトは物語を生成するプロットとして、「ロマンス劇」「風刺劇」「喜劇」「悲劇」があり、「メタ・ヒストリー」を唱えた。歴史はアートであり、サイエンスではないが、サイエンスの方法を融合させることも可能であるという立場である。

このように、歴史は過去の事実の単純な羅列ではない。歴史とは、現在の視点に立ち、現在知り得る歴史の事実から、客観的な論理力と主観的な想像力によって過去の事実に意味を付与し、関係づけ、誰もが納得できる物語を創ることである。そのためには、歴史的事実を複雑系の観点でとらえる洞察力と、それをつなぎ合わせて物語を創り出す構想力を身につける必要がある。

歴史的な洞察力を身につけるには、過去の歴史の時間と空間の中でマクロ的視野とミクロ的視野を往復し、歴史的事実の関係性にマクロ、ミクロのスケールを超えたパターンを見出す訓練を積む必要がある。カオス理論によれば、相互作用する無数の要素を結合させると、秩序状態と混乱状態の変遷を繰り返す「カオス的遍歴」という現象が見られる。歴史も同様であり、発展と挫折、成長と衰退を繰り返す中にパターンを見出すことができるのである。歴史哲学者のジョン・L・ギャディスが「複雑さのレベルが高度になっていくと自然発生的とみえるものから驚くほど新しい集団行動の形態が生ずる」[3]と指摘するとおりである。

一方、歴史的な構想力を身につけるには、歴史的事実の関係性から過去のパターンを見出すのと同じやり方で、現在の事実の関係性から未来のシナリオを描く訓練が必要である。まず、経路依存性を意識して、現在の小さな出来事が未来をどのように変化させていくのか、マクロ、ミクロの視点を往復しながらいろいろなパターンをシミュレーションする。これは、「いま・ここ」の行為や実践によって新たな関係性を形成し、新たな文脈を主体的に切り拓くという未来の歴史のシナリオを創り出すということである。そして、個人の主体的な判断と行為を総合し未来を現実化するのである。行為なくして歴史は形成されない。人間の営む歴史は創造的進化の過程であり、絶えず変化し生成してやまない生命の運動である。人間は、beingというよりbecomingな存在であり、プロセスこそリアリティである。このように主張するホワイトヘッド哲学はアリストテレスに由来している。

本章で取り上げるチャーチルは、「歴史的構想力」に優れた人物である[4]。次項では、チャーチルの第二次世界大戦における国家経営を実践知（フロネシス）の概念を展開したリーダーシップ理論で説明してみたい。

2　チャーチルの実践知リーダーシップ（phronetic leadership）

図：未来創造プロセス～暗黙知と形式知の螺旋を促進するフロネシス

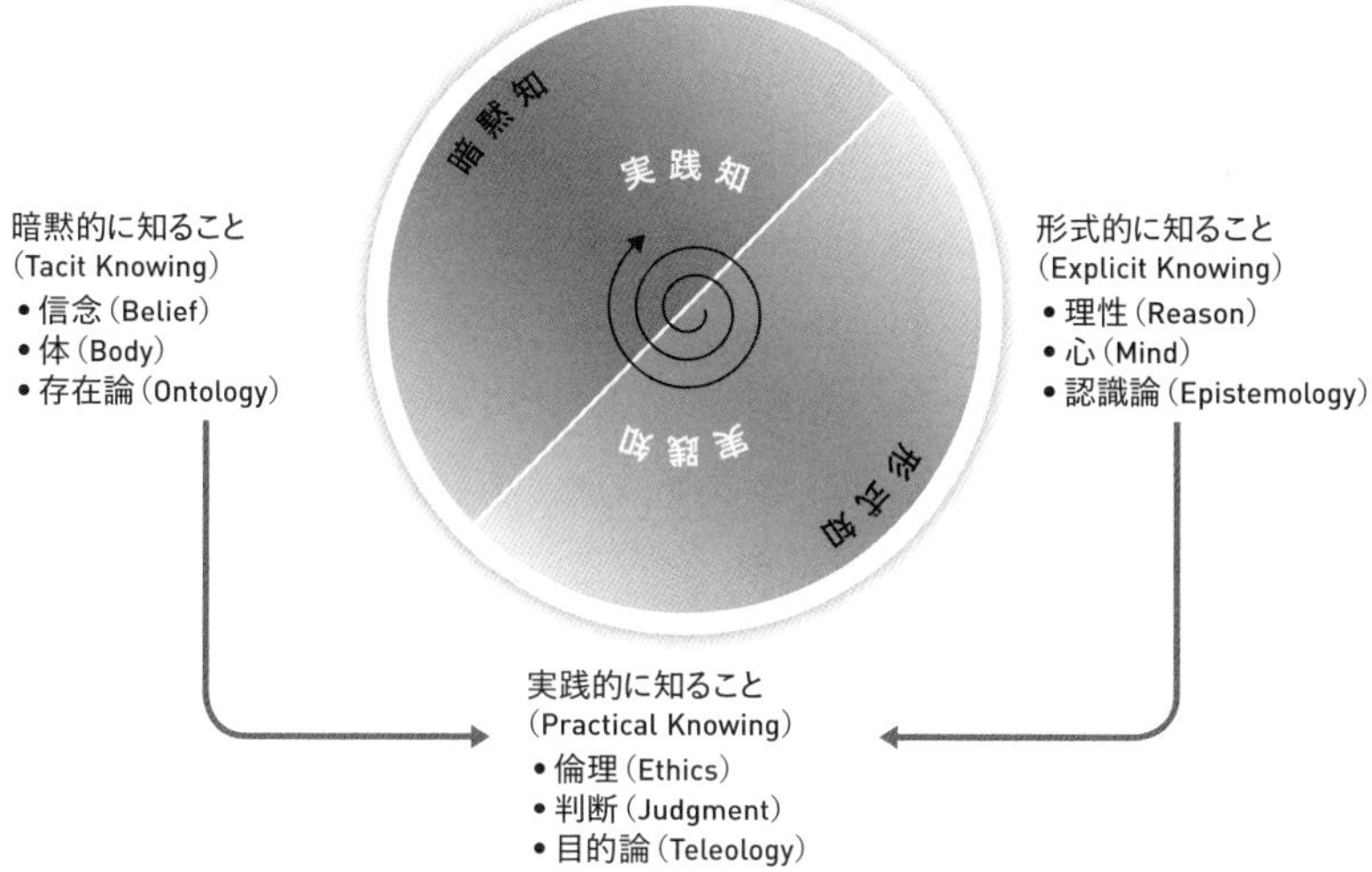

フロネシスは、古代ギリシャの哲学者アリストテレスが政治家ペリクレスをモデルに提唱した概念で、賢慮(prudence)や実践的知恵(practical wisdom)と訳される。われわれは、これを現代の実践知リーダーを表す概念として援用し、「共通善の価値基準を持ち、個別具体の文脈(コンテクスト)や関係性のなかで、その都度、適時に適切な判断をくだし、行為することのできる身体性を伴う能力」と定義している。

アリストテレスは、その著書『ニコマコス倫理学』において、知識をエピステーメ(episteme)、テクネ(techne)、フロネシス(phronesis)に分類した。エピステーメは、科学的、認識論的な客観的知識(形式知)である。テクネは、現代におけるテクニックに相応する実用的なスキルやノウハウ(暗黙知)である。暗黙知と形式知の相互変換プロセスがスパイラルアップすることによって、イノベーションが生まれるが、それを促進するのが知識の第三の次元とも言える「実践知(フロネシス)」と考えることができる。いわば、この三つの知は、弁証法的な「知のトライアド」関係にあると言えよう。

アリストテレスの言うフロネシスは、バランス感覚や実行力を持った賢人や達人の知恵である。つまり、前述のように共通善の価値基準を携えて、生きた文脈や関係性のなかで、タイムリーかつバランスのとれた最適最善の判断をし、行動する能力である。したがって、不確実で未来予測が困難なカオス的状況において、その真価を発揮する。その意味において、未来創造のリーダーシップとも換言できよう。

政治家、軍人、企業のリーダーの調査研究から、われわれは実践知リーダー（フロニモス＝フロネシスをもつ人）には次の六つの能力があると提唱している。

① 善い目的をつくる能力
② ありのままの現実を直観する能力
③ 場をタイムリーにつくる能力
④ 直観した本質を物語化する能力
⑤ 物語を実現する政治力
⑥ 実践知を組織化する能力

以下で、ウィンストン・チャーチルについてこの六つの能力を検証し、彼の実践知リーダーシップを解釈してみたい。

◆善い目的をつくる能力

ピーター・ドラッカーは、一九三九年、二九歳の時に記した処女作『経済人の終わり』において、ドイツにおいてファシズムが生まれた原因とその体制の特徴を分析し、ファシズムと対峙すべき西欧諸国の方策を説いた。チャーチルはこの本を絶賛したが、ドラッカー自身も一九六九年に出版した改訂版の序文で、チャーチルを次のように高く評価している。

一九四〇年におけるチャーチルの登場こそ、『「経済人」の終わり』が望み、祈った道義的政治的価値の意味を確認するものだった。だが一九三九年当時、人々にできたのは望み祈ることだけだった。リーダーシップの欠落、信念の欠如、そして価値観と原則をもつ人物の不在、それが当時の現実だった。
今日《こんにち》では、もしチャーチルがいなければ、アメリカもナチスの支配に対し手を出さずに終わったかもしれないことを実感するのは難しい。まさにチャーチルが与えてくれたものこそ、ヨーロッパが必要とするものだった。道義の権威であり、価値への献身であり、行動への信奉だった。[5]

当時のイギリスでは、かなりの政治家がナチス・ドイツに対して宥和政策に傾いていた。ヒトラーの提案は、「大陸は支配下に治めるが、イギリスの独立は保証する。ただし、共産主義は潰してほしい」というものであり、イギリスにとってもそれなりに合理的なものであったためである。第一次大戦で戦争に倦んだ市民を前に、チャーチルの前任の首相チェンバレンも、外相のハリファックスもナチス・ドイツに対して一貫して宥和政策を支持した。ハリファックスは、徹底抗戦よりはヒトラーの和平条件を探る仲介をムッソリーニに依頼するよう主張したほどであった。これに対し、「われわれは、文明と自由を守らなければならない」[6]と唱え、ただ一人、ヒトラーに対抗して立ちはだかったのがチャーチルであった。

チャーチルが、当時のヨーロッパが忘れかけていた「道義の権威」「価値への献身」「行動への信奉」を喚起することができたのは、チャーチルのなかに明確な道徳観が埋め込まれていたからである。チャーチルには、自分たちがキリスト教文明と自由の守護者である、という自己認識と、人類が長い歴史のなかで築き上げてきた民主主義という共通善を守る、という強い意志があった。

ナチス・ドイツがヨーロッパを席巻し、対峙するのはイギリス一国のみという国家的危機のただ中で首相の座に就いたチャーチルは、就任三日後の一九四〇年五月一三日、下院での最初の演説でこう語り、国民を鼓舞した。

わたしが提供できるのは血と苦労と涙と汗(blood, toil, tear, and sweat)、これら以外に何もない。われわれの政策が何であるかと尋ねられるならば、わたしはこう答えたい。それは、海陸空で全力を挙げて、神がわれわれに与えうる限りの力を尽くして戦争を戦うことである。……わが目的は何か。それは勝利である。いかなる犠牲を払っても勝利、いかなる恐怖に襲われても勝利、いかに遠く険しい道であっても、勝利を収める。[7]

フランスが降伏し、イギリス軍がダンケルクから撤退した翌日の六月八日、チャーチルは次のように演説した。

やがてイギリスの戦いがはじまる。キリスト教文明の存続は、この戦いにかかっている。われわれ英国民の生活、社会、そして大英帝国の存続も、この戦いにかかっている。[8]

この根底には共通善を志向する理想主義がある。では、なぜチャーチルが、チェンバレンやハリファックスと同時代を生き、同じ現実に直面しながら、共通善に基づく善悪の判断基準を持てたのか。

チャーチルの知的背景の根幹には、歴史に対するコミットメントがあった。歴史哲学者のアイザイア・バーリンは、チャーチルの知的世界の中心には、過去の歴史の枠組みのなかで現在、そして未来を構想する「歴史的構想力（historical imagination）」があったと述べている。歴史のなかに身を置きながら、事象の背後にある歴史的な文脈を水平、垂直に読み解き、その都度、最適最善な判断を行う。そのジャッジメントの根底に歴史的想像力があったという指摘は、チャーチルのリーダーシップの本質を洞察している。

チャーチルの脳裏には、ドレーク、ジョン・チャーチル、ネルソン、ウェリントンらと共に大英帝国の栄光を築いた先人の姿が映し出されていたのだろう[9]。ドレークは一六世紀にイギリス艦隊を率いてスペインの無敵艦隊を撃破した海軍提督である。ジョン・チャーチルは、ウィストンの先祖であり、一八世紀はじめにスペイン王位の継承をめぐってヨーロッパ諸国間で行われたスペイン継承戦争において、反フランス同盟軍の司令官としてフランス軍と戦い、軍才を発揮して各地で勝利した。ネルソンは一九世紀はじめ、ナポレオンが率いるフランスおよびその同盟国と、イギリスをはじめとする反フランス同盟国との間で戦われたナポレオン戦争における最大の海戦、トラファルガーの海戦において、イギリス海軍提督としてフランス・スペイン連合艦隊を破り、ナポレオンによるイギリス本土侵攻を阻止した。そして、ウェリントンはナポレオン戦争で数々の軍功を飾り、最終的に一八一五年のワーテルローの戦いでナポレオンに打ち勝った。いずれも、イギリスのターニング・ポイントに歴史に名を残す先人である。

第二次世界大戦初期の暗黒の日々にチャーチルが頼りにしたのは、歴史に裏打ちされたイギリス人の強靭さと、ほとんど無血で成し遂げられた名誉革命以来築き上げてきた議会制民主主義であった。チャーチルの善悪の判断基準の基盤にある歴史的構想力については、後の項で詳述したい。

◆ありのままの現実を直観する能力

チャーチルは、理想や共通善を追求しながら、同時に現実を直視し、リアリズムに立脚した。木村敏によると、現実には、リアリティ(reality)とアクチュアリティ(actuality)の二つの意味がある[10]。みずからの主体と目の前の客体を分離し、客体を傍観者的に対象化し(デタッチメント)、観察するのがリアリティであり、一方、五感を駆使して、その場の文脈そのものに入り込み(アタッチメント)、深くコミットメントして、主客未分の境地で感じ取るのがアクチュアリティである。

リアリティは対象を客観的なモノとして見る(see)「モノ的現実」であるのに対し、アクチュアリティはモノの背後にあるコトを観る(observe)「コト的現実」ということもできる。モノはそこに人間が関わらなくても存在するが、コトはそこに関わる人間や状況との動的関係性のなかで成立し、人間の経験として生成される。すなわち、「いま・ここ」(here and now)で進行している文脈のなかで、身をもって経験している「生きた現実」が、アクチュアリティである。

チャーチルは、アクチュアリティとしての現実を認識した。たとえば、対ドイツ戦の最中、頻繁に現場に飛んでは、戦争における「いま・ここ」の「生きた現実」、すなわちアクチュアリティのなかに身を置いて、軍司令官と対話した。チャーチルは、現場に足を運んでは、生きた文脈に入り込み、細部のなかに本質を直観的につかもうとした。同時に、現実からデタッチした冷静な観察も欠かさなかった。

ヒトラーはチャーチルとは対照的だった。一九三九年にポーランド侵攻を開始してから敗戦までの六年間の戦争期間中、ヒトラーが前線に出向き、戦況を直視したのはポーランド侵攻のみだったと言われている。戦後、ハイツ・グデーリアン将軍は当時を回想して、「……わが警戒部隊が満足な防寒被服も身につけず、栄養不足のみすぼらしい姿で苦戦しているのに反し、羨ましいほどの防寒装備を持ち、栄養たっぷりなシベリヤ師団兵士の奮闘ぶりを実際にこの目で見た者でなければ、これから先この広大な地域でどのように重大な出来事があるのか推測することなどは、とてもできるものではないのである」[11]という言葉を残している。彼は、戦車部隊を集中的に運用し、空からは航空部隊による近接航空支援、後方からは砲兵による砲撃の三位一体で攻撃する「電撃戦」の概念を生み出して、ポーランド侵攻、フランス侵攻、さらに独ソ戦の緒戦で大勝利をもたらしたが、やがてヒトラーと対立し解任された。ヒトラーは、現実のアクチュアリティを直視できなかった。

チャーチルは、科学技術に対して極めて高い関心をもち、テクノロジーの発展の持つ本質的な意味合いを直観していた。チャーチルは、三七歳で初めて海軍大臣に就任すると、第一次世界大戦がはじまるまでの三年間に海軍の最新技術を猛烈に勉強した。チャーチルは、燃料を石炭から石油に切り替える歴史的転換を行った。航空兵力の重要性を察知すると、海軍航空隊を作り、航空母艦を設計するよう依頼し、みずからも航空機の操縦を学んだ。さらに空軍を陸海軍から切り離して独立した組織にして、将来を見据えて熱心に支援し、イギリス航空機業界の発展を促した。

この空軍力の活用においてもチャーチルは戦略的な洞察力を発揮した。一九四〇年の「バトル・オブ・ブリテン」では、ドイツから襲来する爆撃機に対する戦闘機中心の守りの戦いに勝利すると、守りから攻めに転じ、同年からドイツ本土への爆撃を開始した。チャーチルの後ろ盾により活性化した航空機産業がイギリスを救ったのである。

◆場をタイムリーにつくる能力

場づくりの能力とは、他者と文脈（コンテクスト）を共有し、共感を醸成していく能力のことである。文脈とは、特定の時間と空間と人間の関係性であり、文脈が共有されると、場が生成される。チャーチルには場をタイムリーにつくる能力があり、それはさまざまな場面において発揮された。

たとえば、チャーチルは他の同盟国のトップとの直接対話の場を頻繁につくった。「サミット（首脳会談）」を初めて開催したのはチャーチルだと言われている。アメリカ大統領ルーズベルト、ソビエト連邦の最高指導者スターリン、パリ陥落後のロンドンで亡命政府の自由フランスを樹立したドゴール、第二次世界大戦中のヨーロッパ戦線の連合軍最高司令官アイゼンハワーなどと頻繁に会合を開き、直接対話した。こうした対面交渉による場づくりは、チャーチルの真骨頂であった。

とりわけ、ルーズベルトとは非常に緊密に連絡をとった。二人の間で交わされた往復書簡は二〇〇〇通におよぶと言われる。一九四一年から一九四五年の間に、チャーチルとルーズベルトはおよそ一一三日間を共に過ごしたとされる。チャーチルは「アイデアのコンフリクトは歓迎し、人間同士の争いは嫌っており」、「想像力、経験、そして寛大さが彼のパワーであり、人間を性悪の生き物としてでなく、崇高なものとして見ていた」[12]ので、ルーズベルトとの関係は、第二次世界大戦において重要な役割を果たすまで強固になったのである。

また、チャーチルは、産官軍のクロスファンクショナル（機能横断的）チームをつくり、絶えず大局と小局の双方を見据えて即断即決していった。具体的には、チャーチルはロンドンがドイツから攻撃を受けた場合に備え、大蔵省庁舎の地下に内閣戦時執務室、通称ウォー・ルーム（War Room）を設置し活用した。

さらにチャーチルは、国民との間の場づくりにも努力を惜しまなかった。「見える首相（Visible Prime Minister）」[13]として、国民から見られることに努力して時間を割いた。一九四〇年九月にドイツ軍によるロンドン空襲がはじまってからも、チャーチルは破壊された焼け跡にみずから立ち、葉巻を口にくわえ、得意のVサインを悠然と掲げ、獅子のごとき堂々たる振る舞いによって、民衆を激励した。国民の前では目に涙をいっぱい浮かべることもあったが、それを恥じる様子も見せず、国民はその素朴な人間らしさから、祖父に対する懐かしさのような親しみを覚えたという。また、最悪の事態が生じても、文脈に応じた絶妙なタイミングでユーモアを披露し、人々の気持ちを和らげるセンスも持ち合わせていた。こうした場づくりの能力によって、多くの人々の心のなかに「このリーダーと共に戦おう」という思いが喚起されていったのである。

◆直観した本質を物語化する能力

チャーチルは、生きた言語で物語化する能力も突出していた。すなわち、レトリック（修辞）の能力である。典型が前述の「バトル・オブ・ブリテン」という命名である。チャーチルは、ドイツ空軍がイギリス本土を爆撃し、イギリス空軍が阻止しようとするこの戦いが国家存亡の危機であると印象づけるため、「バトル・オブ・ブリテン」と名づけてイギリス全国民に訴えた。

そして、自国の空軍パイロット達がドイツ空軍を撃退し、イギリス侵攻を断念させることに成功すると、その勇敢さを賛美した。「戦争の歴史のなかで、かくも少数の人の活躍で、かくも多くの人々が、かくも大きな恩恵を受けたことはなかった（Never in the field of human conflict was so much owed by so many to so few.）」[14]。豊かな詩的表現力により、戦果の歴史的意味合いを国民に周知したのである。

チャーチルは、文章の天才でもあった。若いころから、従軍しては戦記を記し、歴史書を執筆していたが、

『第二次世界大戦』は一九五三年にノーベル文学賞を受賞している。演説原稿も決してスタッフに任せることはなく、言葉によって国民を鼓舞し、直面する現実を叙述し、明確化し、そして説明した。空襲下のロンドン市民は、ラジオから流れるシェイクスピア調のチャーチルの演説を聴かずには眠りにつけなかったというエピソードが残るほどである。

チャーチルが、直観した本質を生きた言語で再構成し、物語化できたのは、自らを歴史という大きな物語のなかに位置づけることによって自己を形成していくという知の作法が身についていたからである。言語化能力は政治の基本であるが、一方のヒトラーは日常の執務では文章を書くこともなく、過去の習慣や制度は放棄すべきだとして歴史を軽視した。

チャーチルは、戦争を「起承転結」の物語で表現するという「物語的戦略」をとったと言える。物語には、悲劇、喜劇、アイロニーなど様々な筋立てがあるが、チャーチルの物語はもっぱらロマン劇であった。困難に直面しながらも、その都度、最適・最善の判断を行って、それらに打ち克ち、最終的には勝利にたどり着くという青春物語（ビルドゥングス・ロマン）である。「バトル・オブ・ブリテン」というロマン劇の世界に、民衆は熱狂したとも言えるだろう。

物語的戦略と対照的なのは、分析的戦略である。分析的戦略は、目の前にある現実、さらには自分たち自身をも対象化して抽象化し、とるべき戦略を分析によって科学的に策定するものである。一方、物語的戦略においては、その都度新たな物語が生成される。その場にコミットし、いま・ここでの経験を当事者たちと共有しながら、自分たちはどう生きるべきかを問うのである。その相互作用のなかで解が創発し、次々と物語が紡ぎ出される。

戦争は不確実性、複雑性、多様性、予測不可能性の極致であり、歴史哲学の項で指摘したように科学的方法論だけでは説明できない。データをもとに唯一最善の論理的な解を求める分析的戦略の方法論というよりは、個別具体で不可避な現実を丸ごととらえ、解釈し、その意味を問いながら、多元的で多様な解を創発し、共通善に向かいながら、動きながら物語をシミュレートしていく物語的戦略が効果的なのである。

◆物語を実現する政治力

チャーチルは、共通善を追求する理想主義を持つと同時に、あらゆる手段を巧みに使い、概念を実現するプラグマティック(実利主義的)な政治力も合わせ持っていた。ハンガリー・ブダペスト出身の哲学者ジョン・ルカーチは「長年にわたり培われたチャーチルの視点は、理想主義と現実主義の絶妙の組み合わせから成り立っていた(本来のアンチテーゼとなるのは観念論と唯物論であって、理想主義と現実主義ではない)。一方のヒトラーの理想主義は、歴史は観念の所産だとするドイツ人特有の伝統に根ざしている」[15]と指摘している。

第二次世界大戦時に首相となったチャーチルは、権力を十二分に発揮できる体制を構築した。国防省を兼務し、最重要課題に最大の影響力を行使できる地位にみずからを置き、戦争指導の最高機関として、主要閣僚からなる戦時内閣(War Cabinet)を編成した。保守党からチェンバレン、ハリファックス、労働党から党首のアトリーと副党首のグリーンウッドといった有力政治家を省庁横断的に取り込んで、構成員を五名前後に絞り込み、意思決定の周知徹底と迅速化をはかった。さらに、陸軍参謀総長のブルック、陸軍司令長官のモントゴメリー、空軍戦闘機兵団司令官ダウディング、軍事補佐役のイズメイなど、陸海空の三軍の首脳陣とは政策パートナーシップを形成した。

チャーチルは「私の望んだのは、適当な討論の後に人々が私の意思に従うことであった」と述べているように、「討論による独裁者」としての地位を築くことにも注力した[16]。討論を尽くした後、最終決定はチャーチルが行うのである。軍事作戦に関しても積極的に介入し、参謀本部が反論するには、チャーチルの作戦を上回る内容の文書で反論せざるをえない力関係を生み出した。また、説得力を行使して、最初の六ヵ月間で敗北主義者を説得し反対派を取り込んでいった。さらに、兵士が戦意をくじかないように腐心し、北アフリカ戦線において、ドイツ陸軍が誇る戦術家であったロンメル将軍が率いた装甲部隊を破るなど、局地戦であってもシンボリックに意味がある勝利を喧伝した。

政治的葛藤のあるプロセス処理においては、対立を統合する弁証法的議論ばかりではなく、感情に訴え、妥協を乗り越えようとした。それは、説得、真の怒りと偽りの怒り、あざけり、冷やかし、罵倒、毒舌、涙など、あらゆる手段を絶妙なバランスでミックスしたものであった。

突出したレトリック能力も、さまざまな目的で発揮された。政府の各部局に与える指示のなかで、特に緊急を要する場合は、「即日実行（Action This Day）」の記された付箋をつけることで、みずからの意向を明確に示し、政府内に緊迫感を演出し、組織の機動力を飛躍的に高めた。また、国民を鼓舞し、戦意を高揚させるために、あらゆるレトリックを駆使し、「チャーチルは英語を動員し戦いに送り出した」と形容された。

また、ドイツの戦力に対してイギリス空軍が苦戦している際も、チャーチルは「戦力において拮抗しているときのただひとつの戦略は、屈せずにやり通すことだ」[17]と語り、忍耐力とコミットメントをてこにナチス・ドイツに対峙する姿勢を見せたのである。チャーチルが時々鬱の症状に悩まされたのは知られているが、チャーチルは理性的な意思決定を重ねることによって、鬱に勝った経験がある。彼は、彼自身の経験から、戦況が厳しい折にも決してあきらめなかったのである。チャーチルの勇敢さを支えたのは、ダイナミックでバランスのある実践知であった。彼は熟慮し、反省しつつ、執拗に行動していった。

◆実践知を組織化する能力

実践知リーダーは、自分に埋め込まれている実践知を、実践のなかで組織のメンバーや部下たちに伝承し、育成し、組織に埋め込んでいかなければならない。チャーチルも部下の選別、育成に徹底的に注意をはらった。

チャーチルは、適材適所の人材配置に長けていた。文脈に応じて人材抜擢や人材の入れ替えを行ったのである。たとえば、ドイツ空軍に対する防衛戦が命運を分けると判断すると、空軍の研究開発部門の責任者として、レーダーの開発を推進していたヒュー・ダウディング大将を初代戦闘機兵団司令官に任命した。攻撃側に優位に働きがちな航空作戦において、これを相殺するためには敵の早期探知による防空戦闘機の迎撃が重要である。ダウディングはレーダーによる早期警戒網と迎撃戦闘機の地上管制を連携させた防衛システムの構築に注力した結果、これがドイツ軍の撃退につながった[18]。

また、チャーチルは戦時内閣に、保守党政権の保護貿易主義的政策に反対して自由貿易論を展開したが評価されていなかった政治家、M・E・ビーバーブルックを航空機生産大臣に起用した。ビーバーブルックは民間企業の力を活用して、航空機の生産を進め、新型機のエンジンをアメリカ企業にライセンス生産させるなど、航空戦力の確保に貢献した。

さらに、挙国一致の体制を築くために、労働党の大物であったアーネスト・ベビンを労相に迎え入れ、ベビンが求めた労働者の権利拡大と社会保障制度の充実という条件をすべて受け入れた。戦時体制下では、工場・運輸・鉱山の労働者の協力は不可欠であったからである。ベビンは、大戦後はアトリー労働党政権において外相に就任し、ヨーロッパにおける国際秩序の形成に貢献し、二〇世紀のイギリス外交史上、最も優れた外交指導者と呼ばれることとなった。

チャーチル流の人材育成方法は、「困らせ、悩ませ、噛みつけ（Continue to Pester, Nag, and Bite）」という言葉が残っているように、文脈に応じて本質的な問いかけやアイデアを次々と周囲に投げかけた。チャーチルのこうした質問は厳しいものであり、師が弟子を鍛えるような「徒弟制度」があった。チャーチルは、さまざまな場においてこのような徒弟的な関係を築き、部下の実践知を育成したのである。

チャーチルは、独裁君主になることも、調停者になることも望まなかった。人々に時間を与えて任せ、自らのコンセプトを明確に示さないルーズベルトや、部下を常々威嚇し、権限を委譲しなかったスターリンや、夜型人間であり、人里離れたところに住み、孤独な本部で少数の大臣との場を好んだヒトラーとも異なる。チャーチルは、適材適所を重視していたが、その点はアブラハム・リンカーンに似ていると、イギリスの歴史家ジョン・D・P・キーガンは指摘する。リンカーンと同様、チャーチルは民主主義を守る争いに身を投じ、勝利をもたらす将軍を抜擢するまで決して休みをとることはなかった。また、リンカーンと同じように人々の長期的な利益をもたらす政策を信じ続けた。

3 チャーチルの歴史的構想力

このように、実践知リーダーの六つの能力を駆使して「危機のリーダーシップ」を発揮したチャーチルは豊かな歴史的構想力を持っていた。前述のバーリンは、チャーチルのリーダーシップの基盤は「歴史的構想力」にあったと指摘し、絶賛した。バーリンは、チャーチルを「言語化能力（レトリック能力）」「歴史的構想力」「盟友ルーズベルトとの比較」という三つの視点で評価しているが、特に「歴史的構想力」に注目した。

アメリカの歴代大統領の一人であるニクソンは、チャーチルの予言者としての能力をおおいに尊敬していたという。「チャーチルは歴史家の知性と兵士の勇気を合わせ持っていた」[19]として、次の二つの能力を絶賛した。第一に、チャーチルは、過去の歴史の出来事が反復されて現在に表れるパターンを見抜くパターン認識の能力が優れていた。第二に既存の世論や言い古された知恵に対し、政治的には不利であっても真っ向から異論を唱えることを忘れなかった。そして、パターン認識能力に基づいて、未来のシナリオを描く予見能力もあった。

実際、チャーチルは早くからナチス・ドイツの脅威とその台頭を予見した。第一次世界大戦における連合国とドイツの間で締結されたベルサイユ講和条約の軍縮条項はドイツにとってあまりにも過酷な内容であったため、いずれドイツは反発し、再軍備に向かうと予見していた。

また、チャーチルは、台頭したナチス・ドイツがソ連と組むことも予知し、その前にイギリスとフランス、およびドイツとソ連の間にあるポーランドとのアライアンスの枠組みに、たとえ共産主義国家であってもソ連を加えるべきであると主張した。しかし、チェンバレンなど宥和政策派は、ドイツとソ連が組むことなどまったく予想しなかった。現実には、一九三九年に独ソ不可侵条約が締結されるとドイツはポーランドへ侵攻し、イギリスとフランスはドイツに宣戦布告して、第二次世界大戦へ拡大した。さらにチャーチルは、第二次世界大戦後の東西冷戦も予見し、自由主義陣営と共産主義陣営の間で、「鉄のカーテン」が下りることも予想した。

チャーチルは、外交や政治の世界にとどまらず、テクノロジーの領域に対しても、そのパターン認識能力と未来予見力を発揮した。第二次世界大戦では、多様なイノベーションが起こり、科学技術が発展した。第二次世界大戦は、兵士、水兵、パイロットたちと並んで、科学者や技術者による戦いでもあったのである。第産官軍のチームと起居を共にして政策決定した場が「ウォー・ルーム」であったのに対し、科学技術者たちと議論し、ともにイノベーションを実現していった場は「ウォー・ラボ（War Lab＝戦時実験室）」というべきものであった。

第二次世界大戦時における科学技術の発展に対するチャーチルの貢献に焦点を当てたジェームズ・C・ヒュームズの著作『CHURCHILL'S War Lab（チャーチルの戦時実験室）』には、チャーチルが科学技術を重視し、その可能性を予見したことが克明に描かれている。ヒュームズによれば、戦いと軍事史はチャーチルの成り立ちそのものであった。チャーチルは子供時代から玩具を使った〝戦争遊び〟で群を抜く才能を示し、進学に際しては陸軍士官学校を選んだ。騎兵将校になってからも、イギリスの軍事史に残る数々の戦争に進んで参加した。

軍事技術の開発を主導する際にも、チャーチルの予見能力は生かされた。第一次世界大戦時に海軍大臣として指揮したダーダネルス海峡西側のガリポリ半島に対して行った上陸作戦の際に、オスマン軍の反撃に阻まれて失敗した実戦経験から、技術的必要性を予知し、ノルマンディー上陸作戦の成功へと導いた装備である水陸両用戦車や戦車揚陸艇の開発を、チャーチルは積極的に推進した。バトル・オブ・ブリテンの際、ドイツ空軍の戦闘機や爆撃機に対して威力を発揮したレーダー網による防空システムも、チャーチルがレーダーの可能性を予見し、開発を主導した成果である。

チャーチルは、第二次世界大戦中に発達した科学的な作戦計画の方法であるオペレーションズ・リサーチ（OR）の研究も積極的に支援した。このオペレーションズ・リサーチは、大西洋におけるドイツの潜水艦Uボートに対する戦いにおいて、実効性を表した。過去の実戦の結果から得られたデータをもとに、輸送船団の被害を最低限に抑える方式を解析し、実践に役立てた。

チャーチルは、科学技術の戦争への応用を推進し、全体的な戦略に関与しただけでなく、戦場での戦術的な技術においても、細部にわたって目配りした。そして現場で科学技術者たちに疑問を発しながら動機づけし、チャレンジを与え続け、斬新なアイデアを喚起したという。

では、チャーチルの歴史的構想力は、どのように醸成されたのか。アイゼンハワー、ニクソン、フォード、レーガンなど歴代アメリカ大統領のスピーチライターを務めた前述のヒュームズは、チャーチルの歴史的構想力の源泉についていくつかの要因を挙げている。

第一に、チャーチルは実戦経験が豊富であった。チャーチルは機会を見つけては戦地に出向き、戦争のただなかに身を置き、その経験をもとに戦記を書き記した。ヒュームズが特に着目するのは、チャーチルがスーダン遠征に加わり、オムドゥルマンの戦いにおいて、イギリス陸軍の戦史に残る最後の騎兵隊突撃戦に参加したときの経験である。マキシム機関銃が使われ、敵味方双方に多大な犠牲を払った騎兵隊突撃戦には、近代戦の要素が凝縮されていた。

次に、チャーチルの歴史に対する強い関心と洞察があった。チャーチルは、インド就任時、歴史書に親しんだ。インドでは、朝早くからの勤務の後に、気温が上がるため長い休憩時間があるが、チャーチルはほかの将校のように昼寝をすることはなかった。トマス・マーコリーの『イングランド史』やギボンの『ローマ帝国衰亡史』など、歴史書を熱心に読んだのである。チャーチルは、「どうすれば未来予測能力が身につくのか」と周囲から問われるたびに、「歴史に学べ、歴史に学べ（Study history, study history）」と答え、「国家経営の秘訣はすべて歴史のなかにある（In history lies all the secret of statecraft）」と述べたという。

チャーチルの歴史研究は、自身の先祖である初代マールバラ公爵ジョン・チャーチルにもおよび、その伝記をみずからしたためている。マールバラ公は、スペイン継承戦争においてフランス軍と戦った人物であるが、当時フランスではブルボン王朝最盛期の王で太陽王と呼ばれたルイ一四世が絶対君主として君臨していた。チャーチルは、マールバラ公の伝記を書く際に、ルイ一四世にまつわる歴史も調べている。そのプロセスを通じて、あらゆるものが独裁者による戦争の犠牲になっていく歴史のパターンを見抜き、それがヒトラーの台頭の予見に結びついていった。

チャーチル自身も、歴史が未来を予知するための「想像力の源泉」であることを認めていた。「歴史をさかのぼって洞察すればするほど、より遠くの未来が見えてくる（The longer you can look back, the farther you can look forward.）」と述べたり、古代ギリシャの歴史家トゥキュディデスの言葉とされる「歴史とは手本で示す哲学である（History is philosophy teaching by example.）」という格言を多用したりしているのはその証左であるとしている。

おわりに

卓越したリーダーシップを発揮したチャーチルであったが、判断ミスが無かったわけではない。なかでも、ノルマンディー上陸作戦の決行日、「Dデー」に関するジャッジメントは重要である。チャーチルは、正規戦で中央突破する直接戦略ではなく、多様な策略をめぐらし、トータルで相手に勝つ間接戦略を好んだ。これは、孫子やリデル＝ハート[20]が説く「戦わずして勝つ」ことを究極には意味する。

直接戦略派であったアメリカは、ルーズベルトが「二点を結ぶ最短距離は直線である」としてノルマンディーに正面作戦で上陸することを主張したが、チャーチルは相手の戦略が手薄な北アフリカから攻めることを唱えた。ルーズベルトは、最終的にテヘラン会議でスターリンと結託して押し切った。その結果、Dデーは一年間も延期され、その間に多くのユダヤ人の人命が失われ、大戦の集結も二年以上遅れてしまうなど甚大な犠牲が払われることになった。ただし、一年間の延期によって、結果論的には揚陸艦や水陸両用戦車などの開発が促進されるなど、上陸作戦を成功されるための必要な装備が整ったという評価もされている。

しかし、アイゼンハワーは次のようにチャーチルの柔軟性を評価している。「彼はまた戦争の進展状況や戦史に関する鋭い研究家なので、純専門的な立場で議論しても益するところが多かった。彼は渋々承諾した決定についてはは再三自説を通そうと実施の間際まで繰り返し迫ってくるが、一度実行されるやすべてを忘れて協力するという能力を備えていた。しばしば重要決定につき彼の意見が容れられなかった時でさえ、彼が盡《つ》きざる好意と熱烈な支持を惜しまなかったことに対し私はつねに感謝している。全く彼は偉大な戦争指導者であり、また偉人であった」[21]

本章で見てきたように、チャーチルの「危機のリーダーシップ」の実践知の六能力と、その基盤となった歴史的構想力は、歴史に学び、歴史の事実から客観的な論理力と主観的な想像力によって過去の事実を物語化することによって育まれたのである。それが、ナチス・ドイツの台頭から軍事技術の発展まで予見することを可能にした。そしてチャーチルは、現状を直視し、現実の事実に意味を付与して関係づけ、誰もが納得できる物語を創ることによって、イギリス国民を率い、イギリスを勝利に導いた。チャーチルには、歴史的事実を複雑系の観点でとらえる洞察力と、それをつなぎ合わせて物語を創り出す構想力があったのである。歴史を環境決定論のように「ありき」ととらえるのではなく、自らの意思で変革し創造していった。

ルカーチはヒトラーとチャーチルの対決の歴史の方法論について次のように指摘する。

近代の決定論的ないし社会科学的哲学によれば、歴史は物質的条件や、制度・組織によって「つくられ」、もはや傑出した人の思考や言動によっては形成されないことになっている。だが、一九四〇年の時点で、世界の大部分、そしてそれ以降の二〇世紀のほとんどの運命を決定づけたのは、二人の男、すなわちヒトラーとチャーチルであったことは疑いようもない。……重要なのは、人間の性格であって、しかも物質面より精神面である。[22]

歴史は人間の行為の連鎖によって創られる。そこで重要なのは、環境の認識——習慣や伝統、法律や産業、さらに社会の人々の考えや思いなどをどうとらえるか——と、未来に対する思考や信念である。チャーチルは、さまざまな選択肢から自らの信念によって未来を選び取った。それが危機の時代の首相の役目であり責務だった。複雑系の様相を示す現代社会において、彼の戦時リーダーシップから我々が学ぶことは多い。

第15章　リーダーの評価について

佐古丞
SAKO Susumu

はじめに

古来、リーダーをどのように評価するのか、あるいは、リーダーに期待される資質とは何なのかということは多くの人々の関心をひいてきた。

これは、過去、および現在のリーダーをどう評価するかとともに、どのような人物がリーダーに相応しいかを判断したいという関心につながっている。

リーダーといっても、さまざまな集団や組織がある上、たとえば、組織化されていない言論界やエンターテインメント、ファッションといった世界でも指導的地位を占める人物が存在し、それぞれに応じたリーダー像が考えられるだろう。

こうした中で歴史的に考えると、まずは政治的リーダーについての考察が数多くなされきた。現代では、企業経営者についての関心もきわめて高い。企業活動が社会に与える影響が大きくなっているからであろう。おそらく、両者共に大きな集団、組織の命運を担っているといった点から多くの共通点があり、その上、人々の現実的な生活に深く関わるからだと考えられる。

ややもすればリーダーについての評価が、評価者の直観的判断とか印象批評的判断によることが多くなりがちだと思われるが、それとは異なる、多くの人が同意できるような評価は可能なのか、可能だとすればどのようなものなのかという疑問が浮かんでくる。この問題に関わる学問分野としては、政治学、経営学、心理学、軍事学など多岐にわたること、また、賢人といわれる人々を始め、多くの先人達が携わってきたという点から考えても、結論を得るのはきわめて困難だという予感をもちつつも、敢えて検討してみたい。少なくとも、指導者について今一度しっかりと考える事に意味があると考えるからである。

1 リーダーの資質に関するさまざまな所見

大学教育社の『現代政治学事典』は、リーダーシップとは「多様な意味を持つが、通常リーダーシップは集団のメンバーに受けいれられる目標を設定し、その達成にむけてメンバーの態度や行動を統合化・組織化し、さらにそれを一定のレベルに維持・推進する。かくて集団過程および運動の主要な局面を支え、方向づける機能の全体、と捉えるのが妥当である」[1]としている。

かねて歴史上の賢者たちは、リーダーがもつべき資質についてさまざまに語っている。もちろん、網羅することはできないが、幾つかをみてみよう。

プラトンは『国家』において、ソクラテスに「最も完全な守護者には愛知者を任命しなければならない」[2]と語らせ、「哲人王」による統治を理想とした。「哲人王」とは、「善のイデア」を自分のものとした支配者をさす。プラトンは同様に、「国の優秀な守護者になろうとする者はその本性が愛知的で、気概があって、速くて、強力であるべきだ」[3]とも語らせている。まとめてみると、「哲人王」の条件として、「愛国者であること、物事の理解力において優れていること、記憶力がよいこと、勇気と度胸があること、度量が大きいこと、きちょうめんな性格を持っていること、そして身体の強健さにもかけることのないこと」を指摘している。

アリストテレスは、『ニコマコス倫理学』で、"ethos"(その人の個性で、説得能力の源)、"pathos"(心の琴線に触れる能力で、人々を感情的に動かす力)、"logos"(行動に明確に理由付けをすることができる能力で、人々を知的に動かす力)[4]の三つの能力をあげている。

このアリストテレスのリーダーシップについての言説に着目した野中郁次郎はフロネシス(Phronesis)について述べ、賢慮(Prudence)[5]、実践的知恵(Practical Wisdom)、実践的推論(Practical Reason)をその要素としている。野中は、賢慮型リーダーシップとして、①卓越した「善い」目的を作る能力、②他者とコンテクスト(文脈)を共有し、場を触発する能力、③ありのままの現実を凝視する能力、④本質的直感を生きた言葉に変換する能力、⑤勇気と情熱を持って言葉を結晶化する能力、⑥賢慮を伝承・育成する能力[6]、を挙げている。

マキャベリは、チェーザレ・ボルジアに捧げた『君主論』[7]の中で、「全ての人間行動がそこから起こる力とか活力」、すなわち、ヴィルトゥ(virutu)にリーダーの資質の根源を求めた。「政治的な成功の裏付けは、その理論の正しさ、知恵の使い方などによるのではなく、集中された意志力、内からわき上がる『理屈をこえた』洞察にある」とマキャベリはいう。マキャベリは、「決断と意志力は理性に勝る資質」としている。彼は、「人間が従わざるを得ないフォルトゥナ(fortuna 運命)を引き寄せるヴィルトゥ」が必要だという。マキャベリは、チェーザレ・ボルジアを理想の君主とする。それは、マキャベリの理想が共和政体ローマであったが、現実には分裂し混乱の中にあるイタリアを早急に統一するには、それを可能にする君主が必要だと考えたからである。チェーザレ・ボルジアの持つ資質についてマキャベリは、「人々に恐れられ、同時に慕われる」人物であることを指摘し、「勇敢さ、善行、行動、積極性、人材登用、大胆、果断、変わらない態度、想像力、恐れらること」をその人格的要素としてあげる。他に、「狡猾、冷酷」という要素も挙げる。マキャベリが、チェーザレ・ボルジアに見た資質には、相矛盾した要素が混在しているように見えるが、一般的にいわれるある美徳は、ある状況に立ち至ると、必ず悪徳と化すという思想が背景に存在するからである。たとえば、「鷹揚さ」という美徳である。マキャベリは次のようにいう。「鷹揚だとみられるのはたしかによいことであろうと思う」。しかし、これを維持しようとすると奢侈に類することが避けられず、結局のところ、民衆に重税をかけたりして虐げることになってしまうのである。つまり、「鷹揚さ」という美徳を追求していくと、他の悪徳が姿を現わすのである。その結果、君主が持つべき資質の中に矛盾したものが挙げられていると考えられる。

比較的新しいところでは、マックス・ウェーバーが『職業としての政治』の中で、「情熱、責任感、洞察力」の三要素をあげていることは有名である。ウェーバーはいう、「ここで情熱とは、事柄に即するという意味での情熱、つまり『事柄』への情熱的献身……単なる情熱だけでは充分でない。情熱は、それが『仕事』への奉仕として、責任性と結びつき、この仕事に対する責任性が行為の決定的な基準となった時に、はじめて政治家をつくり出す。そしてそのためには判断力――これは政治家の決定的な心理的資質である――が必要である。すなわち精神を集中して冷静さを失わず、現実をあるがままに受けとる能力、つまり事物と人間に対して距離を置いて見ることが必要である」。ウェーバーは続けて、「実際、燃える情熱と冷静な判断力の二つを、どうしたら一つの魂の中でしっかりと結びつけることができるか、これこそが問題である」[8]と指摘する。

アメリカ海軍においては、海軍士官候補生向けの書籍で、「有効なリーダーシップの人格的特性」として「忠誠、肉体的精神的勇気、宗教的信仰、ユーモアのセンス、謙虚、自信、常識、判断力、健康、エネルギー、楽天主義」[9]をリーダーとしての海軍士官がもつべき資質としてあげている。

中国の古典を見ると、孫子は「将とは智・信・仁・勇・厳なり」[10]と将軍の資質を列挙している。法による統治を説く韓非子は、「愛恵を行ないて覇王の功を欲するも、亦幾むべからざるなり。……故に善く主たる者は、……仁義をもって賜らず」[11]としている。一般的に美徳とされる「愛恵」や「仁義」を君主の備えるべき資質とはしていない。韓非子は、しばしばマキャベリとの相似性を指摘されるが、それをうかがうことができる。また、君主が功業を成し遂げ、名誉を得る方法として「天の時、人の心、技能、勢位」[12]をあげている。

このように、先人達も「リーダーの資質とは」という問いにさまざまな思索をめぐらしてきた。そこにあげられた資質には、通常、美徳と考えられるものもあれば、逆に悪徳とされる資質も混在している。ここに、人間という存在の複雑さ、つかみ所のなさが表現されていると考える。あるいは、いかなる状況においても、共通に必要とされる人格的資質を特定することができないことを示唆しているといえるかも知れない。

2 政治家の評価に関する著作について

過去、日本の首相を評価した著作が数多く出版されている。近年では、たとえば橋本五郎『総理の器量』、福田和也『総理の値打ち』、八幡和郎『歴代総理の通信簿』といった著作がある。これらの中で、福田と八幡は首相について段階評価を試みている。

橋本の『総理の器量』[13]は、中曽根首相から小泉首相までの首相経験者について、政治環境、政治手法、業績、人格などについて記している。この系列に属する著作には、東久邇首相から羽田首相までを記述した内田健三『戦後宰相論』もあげられる。

内田の『戦後宰相論』は、「トップリーダー二十二人の個性をその業績に即して、戦後政治の歩みを追跡し浮き彫りにする」[14]とし、福田や八幡のような評価を試みていない。橋本の『総理の器量』も、同様である。この系列に属する著作は、数多い。

では、日本の歴代首相について、ランク付けをした福田と八幡の著書を取り上げて検討したい。『総理の値打ち』で、福田は、一〇〇点満点で歴代首相を評価するという試みを行なっている。各人の略歴、人物像、性癖、政策の当否などが記され、評価結果が示されている。福田は、「歴代総理を百点満点で採点するなどという行為が、乱暴なことは承知している。……つまりは国民全般に宰相論議を高めることになれば、拙稿はほぼ目的を達したと云っていい」[15]と書いている。評点は、伊藤博文、九一点、近衛文麿、一七点といったように一桁の違いまで詳細なものになっている。評価に当たって、評価すべき諸要素の具体的採点基準があると推測されるが、提示されている評価基準はかなり大雑把なものとなっており、詳細で具体的な評価基準が示されているわけではない。福田が用いた評価基準は、以下の通りである[16]。

九〇点以上：世界史に銘記されるべき大宰相にして大政治家
八〇点台　：国運を拓き、宰相として国史に長く刻まれるべき総理
七〇点台　：国家、国民の活力を喚起し、歴史的な仕事をなした総理

六〇点台　：総理大臣としての責任は十分に果たした
五〇点台　：国に益もなさなかったが、害もなさなかった
四〇点台　：益よりも害が多く、総理たることが国の利益を著しく損じた
三〇点台　：益全くなし、総理の名に値せず
三〇点以下：明確に国を誤り、国家社会に重大な危機をもたらした。もしくは後世に多大な弊害を遺した

また、「実力者列伝」として、「宰相の印綬を帯びることがなかったものの、宰相を生み、あるいは宰相を争い、その中で国政に大きな影響を与えた人々」[17]についても、点数化せずに概要を記している。

歴代首相の一〇〇点満点での評価結果をまとめると、以下のようになっている[18]。

九〇点以上　一人　伊藤博文
八〇点台　二人　山県有朋、岸信介
七〇点台　四人　原敬、加藤高明、佐藤栄作、鈴木貫太郎
六〇点台　九人　吉田茂(占領中)、山本権兵衛、加藤友三郎、鳩山一郎、桂太郎、松方正義、池田勇人、竹下登、岡田啓介
五〇点台　一三人　高橋是清、斎藤実、田中角栄、福田赳夫、若槻礼次郎、幣原喜重郎、大隈重信、芦田均、東条英機、犬養毅、米内光政、石橋湛山、大平正芳
四〇点台　一三人　小渕恵三、黒田清隆、浜口雄幸、片山哲、橋本龍太郎、三木武夫、寺内正毅、

三〇点台　九人　清浦奎吾、広田弘毅、田中義一、林銑十郎、鈴木善幸、中曽根康弘
　　　　　　　　西園寺公望、平沼騏一郎、宮沢喜一、小磯国昭、海部俊樹、宇野宗佑、阿部信行、
　　　　　　　　細川護熙、森喜朗
二〇点台　三人　小泉純一郎、村山富市、吉田茂（独立後）
一〇点台　一人　近衛文麿
採点不能　二人　東久邇稔彦、羽田孜

一〇〇点満点での評価をしているこの著作では、評価は各首相が残した成果や資質を重視している考えられるが、成果の判断基準やどのような資質が評価に影響を与えるかについて資質の例示はしていない。

次に、A～Eの五段階で歴代首相の首相在任中を対象として評価している八幡和郎『歴代総理の通信簿』をみてみよう。八幡の評価基準は、以下のようなものである。

基本的なこととして、①優先的に取り組むべき課題が何であるかを正しく把握したか、②その課題を解決するための方策を正しく立てたか、③それを実行する政治力を発揮したか、を挙げ、さらに追加的視点として、一、状況がどれだけ難しいものであったか、二、いかに得難い才能や業績であったか、三、後継者育成に力を尽くしたか、四、外国や国内の各界にとって好ましいリーダーとしての手本となったか[19]、を勘案するとしている。

八幡の評価結果は、以下の通りとなっている[20]。

A　　六人　伊藤博文、桂太郎、原敬、幣原喜重郎、吉田茂、池田勇人

B　一七人　黒田清隆、山県有朋、西園寺公望、加藤友三郎、加藤高明、田中義一、犬養毅、鈴木貫太郎、東久邇宮稔彦、岸信介、佐藤栄作、三木武夫、福田赳夫、大平正芳、細川護熙、橋本龍太郎、小渕恵三

C　一四人　松方正義、山本権兵衛、高橋是清、若槻礼次郎、浜口雄幸、斎藤実、岡田啓介、片山哲、鳩山一郎、中曽根康弘、海部俊樹、宮沢喜一、村山富市、森喜朗

D　一二人　寺内正毅、清浦奎吾、広田弘毅、平沼騏一郎、阿部信行、米内光政、小磯国昭、芦田均、田中角栄、鈴木善幸、竹下登、小泉純一郎

E　四人　大隈重信、林銑十郎、近衛文麿、東条英機

評価不能　三人　石橋湛山、宇野宗佑、羽田孜

この著作は、A〜Eの五段階評価をしており、一応、評価基準を示している。しかし、各基準において、どのようにA〜Eの五つの段階を区別し、総合評価をしたのかはわからない。八幡は、まさに先に挙げた判断基準をどのように適用したのかに触れておらず、なぜE評価なのかは文章から読み手が考える必要がある。

福田と八幡の著作を比較してみると、伊藤博文や近衛文麿のように評価が一致している人物があり、大きく評価が異なっている人物は多くはない。しかし、大隈重信や東条英機のようにかなり異なった評価が下されている人物もいる。

それぞれの評価について見てみよう。福田は大隈について、国民的人気を指摘しつつ、「明治初年の、財政と外交における功績はめざましいものである」とし、日本最初の政党内閣である隈板内閣は「なすことなく瓦解」といい、第二次大隈内閣の「対中二一ヵ条要求は、外交家としての経歴のすべてを毀損するものだ

ろう」[21]と批判している。東条については、「昭和天皇の信頼が一番厚かった」としながら、「いわゆる日本的な組織において、典型的に人望を集めるタイプの人間である」とし、「開戦に際しての責任を東条のみに負わすのは、酷だろう」と冷静に当時の政治環境を指摘しながら、「緒戦の余韻の中で、戦争終結へ向けての方策を探らなかったことは、指導者としては致命的である」と評価している[22]。

他方、八幡の大隈、東条評を見てみよう。まず大隈である。福田と同様に明治新政府での外交、財政、産業政策での功績に触れているが[23]、第二次大隈内閣の時の選挙干渉と「対華二一カ条要求」を「ふたつの致命的な誤り」[24]としている。特に「二一カ条要求」については、「この要求は悪のり以外の何ものでもなかった」[25]と断じている。東条については、「開戦そのものは大勢に従っただけだともいえるが、その後に早期停戦に向けて努力を怠っただけでなく、憲兵などを使って反対派を極端に理不尽なやり方で弾圧するなどしたことで、同じ負け戦でもあまりにも悲惨なものにした責任は重い」としている[26]。

福田と八幡の大隈、東条評は、非常に似ているといわざるをえない。しかし、評点には大きな落差がある。福田は、大隈と東条を五〇点台、つまり「国に益もなさなかったが、害もなさなかった」としているが、八幡は二人をEと評価している。福田の点数にすると三〇点台以下、「明確に国を誤り、国家社会に、重大な危機をもたらした。もしくは後世に多大な弊害を遺した」という評価に当たるであろうか。

評価の対象とした事象、評価の表現がきわめて似ているにもかかわらず、このような相違がでてきている。できるだけ多くの人が納得のいく、客観的というに近い評価基準を設定することは可能なのだろうか。客観的な評価を下そうとすることは無謀といっていいかも知れないが、何らかの形で客観的といえるに近い評価基準を考えることはできないのか、敢えて考えをめぐらせてみたい。

3 リーダーシップ理論について

先にも述べたように、リーダーシップを研究対象にする学問分野は多様であり、リーダーシップの理論も多様である。研究者それぞれが一家言を持ち、まさに百家争鳴といっていいだろう。

リーダーシップ理論の研究には、心理学者や経営学者が多く携わっており、アメリカでの研究が日本に大きな影響を与えているようである。

ちなみに、リーダーシップ論研究が盛んなアメリカのインターネットの検索サイトで“Leadership Theory”とか“Leadership Styles”といったような語で検索してみるときわめて簡単に非常に数多くのリーダーシップについての記述を見ることができる。リーダーシップ理論をどのように分類するかについても多様な試みがあるが、以下にいくつかの例を上げてみる[27]。

◆リーダーシップ特性論（Trait Theory）

古典的理論であり、「リーダーは後に作られるものではなく、生まれながらに固有の優れた特性をもつ」ことを前提とするもので、リーダーに共通する身体や性格、行動特性を研究対象とする。

たとえば、アメリカの心理学者スタッジル（R.Stogdill）の特性論がある。彼は、一九三〇年代に、リーダーのもつ特性、あるいはリーダーシップに大きな影響を与える特性を調査し、次のような特性を挙げている。「公正」、「正直」、「誠実」、「思慮深さ」、「公平」、「機敏」、「独創性」、「忍耐」、「自信」、「攻撃性」、「適応性」、「ユーモアの感覚」、「社交性」、「頼もしさ」である。しかし、それぞれの特性の定義や特性をどのように測定するのか、特性相互の連関や重要度の違いはどうなのかということが不明確であり、後にスッタジル自身はリーダーシップ特性論の限界を認めている。

◆リーダーシップ行動論（Behavioral Theory）

一九四〇年代から五〇年代にかけて発展した理論で、特性論とは違い「リーダーは作られるものである」という前提に立つ。優れたリーダーとそうではないリーダーの行動の違いに着目することで優れたリーダーをいかに作り上げるかを追求した理論である。

◆リーダーシップ条件適応理論（Contingency Theory）

一九六〇年代から七〇年代の理論であり、特性論や行動論のように「全ての状況に適応されうる唯一最善の普遍的なリーダーシップのスタイルは存在しない」ということが前提となっている。それぞれの状況の特殊な要因が各々のリーダーの特性と行動が有効かそうでないかを決定するとし、リーダーの特性や行動と状況の関係に注目する。したがって、あるリーダーシップのスタイルが有効だったのが、別の状況では他のスタイルが有効となると考える。

◆カリスマ的リーダーシップ理論（Theory of Charismatic Leadership）

一九七〇年代から一九八〇年代に発展した理論で、フォロワーと、ビジョンについて意思疎通を図り、彼らにカリスマ的行動を示すことで信頼をかちうるとする。この資質は、先天的特性ではないということを前提とし、「フォロワーにカリスマと認知されることで、リーダーはカリスマとなることができる」とする。

カリスマと認知される行動としては、たとえば、①戦略ビジョンの提示、②リーダー自身がリスクをとり、フォロワーの規範となる、③現状の正しい評価を行う、といったことがあげられる。

◆**変革的リーダーシップ理論**（Transformational Theory）

一九八〇年代に広がってきた理論で、失敗した組織を再生するといった異常事態においてリーダーがどのように課題を達成するかに焦点を当てたもので、変革を実現するためのリーダーシップの在り方や特性を追求するものである。

これらのリーダーシップ理論の登場は、その時代背景と密接に関わっていると考えられる。たとえば、リーダーシップ行動論は年代からわかるように、第二次世界大戦中から戦後にかけて軍や企業でリーダーを発掘、育成する必要のもとで形成された理論である。変革的リーダーシップ論は、一九八〇年代のアメリカ経済の低迷という状況を打破するために何らかの「変革」が強く求められたという背景がある。

5　政治的リーダーをどのように評価するか

では、リーダーをどのように評価すればよいのだろうか。

やはり、リーダーを評価する際にはまず、リーダーがあげた実績、結果が問われるだろう。ウェーバーが「結果責任」を説いたのは周知のことである。実績、結果が問われるならば、リーダーの政策実行の前提となる目標の設定が妥当であったのかという重要な問題があり、それとともに目標をいかに達成するかという戦術的、技術的問題がある。さらに、メンバーを目標達成に向けて効果的に統御できたかが問われることになる。リーダーとはその集団、組織の目標を設定し、その達成に向けてメンバーを統御する役割を担った人物だからである。

いかに目標を設定し、目標達成にどのような戦術、技術を使うかということで重要なのは、現状分析力であり、将来展望がいかなるものかという予測力であり、それを世に問う勇気であろう。ここに、リーダーの人格的特性が深く関わってくる。さらに、メンバーを統御する際の接し方、つまり人間関係の構築といった点でもリーダーの人格的特性が影響を与える。たとえば、野心的な目標を掲げるのか、穏当なものとするのか。局面を積極的に打開しようとするのか、好機がくるのを待つのか。メンバーとのコミュニケーションを重視するのか、自らを恃んで指示を出すことを貫くのかといったことにリーダーの人格的特性がからんでくる。

次に、条件適応理論が主張するように、「特性論や行動論のように、全ての状況に適応されうるリーダーシップ・スタイルは存在しない」とすれば、リーダーがもつことを期待される資質は状況によって異なるということになり、状況がどうなのかを勘案する必要があるだろう。

では、勘案すべき状況とは何であろう。時代状況、各国の文化的・歴史的背景、政治体制などが考えられるだろう。

時代状況については、平時なのか緊急時なのか、環境が良好なのか不利なのか、政治的・経済的・社会的環境がどうなのか、フォロワーのリーダーに対する姿勢がどうなのかなどを考慮する必要があるだろう。

各国の文化的・歴史的背景も重要である。たとえば、アメリカ海軍が挙げている「宗教的信仰、ユーモアのセンス」は、普遍的なものなのだろうか。日本では、重要な要素とされ難いのではないだろうか。儒教的な「徳治」、皇帝の徳による統治を理想とする文化圏があれば、法による支配を是とする文化圏も存在する。ある文化圏でリーダーに求められる資質が普遍的とは限らないと考えられる。

政治体制に関しては、君主制、独裁制、民主制などによって、リーダーシップの在り方は当然に異なると考えられる。さらに、各政治体制の中においても、たとえば、民主制において、次に説明する牽引型の性格が顕著な場合は、権力の集中を回避する制度があるにしても君主制と似ている可能性は高いといった違いが出てくる。

さらに、リーダーシップの型が適合的であったかどうかも考慮に入れる必要があるだろう。

たとえば、よく言及される牽引型(トップダウン型)リーダーと調整型(ボトムアップ型)リーダーである。牽引型は、トップ・リーダーが直接目標を設定して、目標を達成しようとする。調整型は、多くの人の意見を聞いて調整し、合意形成をはかり、目標を設定する。目標を設定した後も調整は継続される。ただし、リーダーは両方の型を場合によって使い分けており、どちらが優勢かという問題だと思われる。

他にも、専制型、放任型、民主型という分け方も考えられる。専制型に適した状況は、未熟で安定していない集団を率いるとか、緊急に意思決定をする必要がある場合などである。放任型は、研究開発部門のようにメンバーが高い専門性をもっている場合に可能であろう。民主型は、リーダーの助言のもと、集団で討論して方針を決め、作業の要領や手順はメンバーに委任するというものである。

さまざまな状況下において、あるいはフォロワーとの関係をめぐって、それぞれ異なったタイプのリーダーが適合的であるとしても、リーダーの資質についての関心は、現在のリーダーをいかに評価するか、とりわけ、誰が将来のリーダーに相応しいかという問題への回答を得ようとする際に重要な判定基準となると考えられる。

前述の「リーダーの資質についての所論」であげたさまざまな資質が生まれもったものだとすれば、「リーダーシップ特性論」に当たる。

この論についてはスタッジルが認めたように限界があると考えられるが、やはりリーダーたる者は、フォロワーとは異なる資質を、生得的であれ後天的であれ、持っているという主張には魅力が残るのも確かである。

そこで、リーダーが必要とすると考えられる資質を列挙することが必要となる。これは、本来、何らかの調査が必要と考えられるが、便宜的に先人が残した「有名な言葉」を参考として列挙することも可能だろう。専門研究者が調査・研究[28]によって導き出したものは当然重要であるが、賢人といわれる先人たちの経験と思索から導き出されたものも価値を持つと考えられるからである。

実績、結果については、目標達成度、あるいは成否に関しては、ある程度の客観性をもって評価できると思われるが、目標の設定に関しては評価者の価値判断が重要になるだろう。そもそも目標の設定が妥当だったのかどうかについて、評価者は何をもって「妥当」であったとするのか、そうでなかったとするのかという立場を明確にする必要があると考えられる。

時代状況、各国の文化的・歴史的背景、政治体制、そして、リーダーシップの型については、互いに影響を与える要因で、時代や環境、文化にどのようなリーダーシップの型が適合しているのか、時代による課題の優先順位とか環境の評価、あるいは文化をどのように理解するか、どの政治体制を選好するかで評価者の価値判断が入るだろう。

リーダーの資質については、ある程度価値中立的な評価に近づくことができる可能性がある。資質の例示としては、責任感、情熱、洞察力、決断力、愛国心、構想力、実行力、広報力、カリスマ性、健康、公平性、度量、運、などがあるだろう。マキャベリのように相矛盾する資質も併存するだろうが、それぞれの資質について、強弱の段階評価を行うことで多くの人の同意が得られるのではないだろうか。ただ、この資質間には重要度の差があるはずで、重要度を如何に判断するかについては評者の価値判断が入るといえる。

こうしてみると「評価」である限り、結論を出す際に、評価者の価値判断の比重が非常に大きくなることはやむを得ないと考えられる。リーダーの資質や目標の達成という側面の評価については、ある程度の客観性が期待できるだろう。しかし、これだけでは悪名高い君主や独裁者も高評価となってしまう危険性があり、評価者の価値判断が必要となる。

このように、分析、評価の要素が多様であり、さらに相互の連関が明瞭とはいえないので、リーダーの評価については複雑になりすぎない指標を用いることが許されるのではないかと思われ、客観的な指標は得られないとしても、多くの人々の合意を得る評価、分析が可能となるのではないだろうか。また、仮に客観的な評価が可能となれば、評価者の価値判断を排除することになり、各人の自由な思想、信条、良心の表現を不可能にすることになるといえる。

おわりに

政治的リーダーを如何に評価するか、また、政治的リーダーに要求される資質とは何なのかという疑問から検討を始めた。これは、過去のリーダーたちの評価にとどまらず、誰がリーダーとして適当なのかという、現在、および将来のリーダーの選出にも関わることである。

多くの人が同意できる評価は可能なのかという疑問を出発点として検討をしてきたが、当初の予感通り、「評価」には評価者の主観、価値判断が入らざるを得ない。しかし、目標をどれだけ達成できたのかとか、リーダーがもつ資質といった点ではある程度客観的というに近い評価ができる可能性がある。その上で、評価者それぞれの価値判断の根拠を明確にすることによって、多くの人が同意できる評価結果を示すことができるであろう。評価者によって大きくばらつきのない政治的リーダーの評価方法を考えることは、例えそれが不可能だとしても、さまざまな知見を与えてくれるものだ。

指導者のいかなる資質が重要なのか、それを客観的に分析し、確定したいという欲求は絶えることはなく、専門的理論研究は今後も続くであろう。

ところで、鈴木喬という現代の企業経営者の実践的経験に基づいて書かれた『社長は少しバカがいい。——乱世を生き抜くリーダーの鉄則』[29]という意表を突いた書名の著作がある。鈴木は、バブル経済の崩壊で経営が困難になりつつあった企業の社長に就任し、経営を立て直した。鈴木は、日本経済の現状を踏まえて次のようにいう。「企業社会に元気がないのは確かだ。その最大の原因は、社長が社長でなくなったことにある。真面目な社長が、細かいことまで一生懸命に取り組んでいる。社長は少しさぼってるくらいでちょうどいい。じっくりモノを考える時間をもたないとダメだ。会社がどこに向かうか、その『方向』をよく考えなよ。社長にしかできない決断をする。社長に必要なのは、『運』と『勘』と『度胸』だ」。さらに、「危機はときどきあったほうがいい。危機があるから知恵も出る。バカ力もでる。……もっと元気だそう。社長は少しバカなくらいがいいんだ」。

この著作は逆説的な書名がつけられているが、内容は多くの人が納得できるものとなっている。われわれは、理論的研究と同時に、こうした実践的教訓も大切にする必要があるだろう。そうした点で、思索する先人の智慮もきわめて貴重な遺産なのである。

とりわけ近年の日本の政治状況を見ると、「リーダーの評価」は大いに関心を集める問題であると考える。今一度、リーダーをどう評価するかということについて、考えをめぐらせる必要があるだろう。

註

第1章

1――久本之夫「警察管理の新しい視点（二一）日本型リーダー・西郷隆盛（上）」（『警察公論』第五四巻九号、一九九九年九月）六二～七一頁、参照。
2――児島襄『素顔のリーダー』（文春文庫、一九八六年）七六～八一頁。
3――稲盛和夫「西郷隆盛とリーダーシップ――己を捨ててこそ人はついてくる」（『プレジデント』第四六巻一二号、二〇〇八年六月一六日）七二～七五頁。稲盛氏はこのほか、『人生の王道――西郷南洲の教えに学ぶ』（日経ＢＰ社、二〇〇七年）を刊行している。
4――田村貞雄「西郷論の系譜」（『歴史公論』第三巻一号、一九七七年一月）。
5――鈴木俊郎氏の訳で岩波文庫から『代表的日本人』として刊行されたのは、一九四一年のことである。
6――井野辺茂雄編『七〇偉人』（武田文永堂、一九〇七年）二四五頁。
7――内田良平「序」（黒龍会編『西南記伝』上・一、原書房、一九六九年）五頁。
8――徳富蘆花「謀反論」（神崎清編『明治文学全集四二　徳富蘆花集』（筑摩書房、一九六六年、所収）三七四頁。
9――夏目漱石「池辺君の史論に就いて」（夏目漱石『漱石全集』第九巻、漱石全集刊行会、一九一八年、所収）一一一七～一一二二頁。当時の漱石をめぐる状況については、江藤淳『決定版 夏目漱石』（新潮文庫、一九七九年）二六四～二六五頁、参照。
10――『修身立志談』（東雲堂、一八九二年）三八頁。
11――松村介石『警世時論』（救済新報社、一九〇〇年）六四頁。
12――川崎三郎『西郷南洲翁』（博文館・文庫版、一八九四年）三頁。筆者が用いたのは第五版である。

13――勝田孫弥『西郷隆盛伝』第五巻（西郷隆盛伝発行所、一八九五年）一五二頁。
14――大月ひさ『英雄の片影』（文学同志会、一九〇二年）六六～六七頁。
15――亘理章三郎『青年鑑』第四編（元元堂、一九一一年）二三〇～二三二頁。
16――川崎『西郷南洲』二四七頁。
17――篠田正作『立志の友』（鐘美堂、一八九二年）一三頁。
18――岩崎徂堂・須藤靄山『維新後の人物と最後』（求光閣、一九〇二年）四一頁。
19――橋亭主人『励軍小話』（厚生堂、一八九九年）一一三～一一五頁。
20――橋亭主人『兵営一〇〇話』（文陽堂、一九〇一年）八四頁。
21――岩崎徂堂『陸海軍一四大将』（大学館、一九〇二年）一五～二二頁。
22――福本日南『英雄論』（東亜堂、一九一一年）参照。
23――村上専精「至誠の模範西郷南洲」（『慶應義塾学報』第一七六号・第一七七号、一九一二年三月・四月）三三～三四頁。
24――尾崎行雄「西郷南洲論」（『朝鮮社会事業』第四巻第五号、一九二六年五月）三一～三二頁。
25――福本日南「大西郷が勝つたら何うなるか」（『冒険世界』第五巻一二号、一九一二年九月）八〇頁。
26――村田勤「マルチン・ルーテルと西郷南洲」（『中央公論』第三二年一〇月號、一九一七年一〇月）八頁。
27――麻生久「西郷隆盛とトロツキー」（『新人』第二六巻一号、一九二五年二月）七〇頁。
28――三宅雪嶺「西郷隆盛の評伝」（『改造』第九巻一〇号、一九二七年一〇月）一二四～一二五頁。
29――田中惣五郎「大西郷の革命性と反革命性」（『批判』一九三三年一〇月号）八六頁。
30――三宅雪嶺「〈明治天皇とその諸功臣〉西郷隆盛」（『日の出』第一巻四号、一九三二年一一月）四八五頁。
31――渡邉幾治郎「木戸・西郷・大久保」（『中央公論』第五〇年二月號、一九三五年二月）一一五～一三〇頁。
32――伊藤痴遊『西郷南洲』上の一（平凡社、一九四〇年）一～二頁。この西郷伝は「上の一」「上の二」「中の一」「中の二」「下の一」「下の二」で構成され、一九四〇年から一九四二年にかけて刊行された。
33――林房雄『西郷隆盛』第一巻（創元社、一九四〇年）三〇八～三〇九頁。林は多くの西郷の伝記を書いているが、このシリーズは全一一巻で、第一〇巻まで戦前に刊行され、最後の第一一巻のみ戦後の一九四八年に刊行されている。

34——影山正治『大西郷の精神』（影山正治『影山正治全集』第八巻、影山正治全集刊行会、一九九〇年、所収）一〜二頁。初出は一九四一年。

35——勝田孫弥「西郷隆盛」（『日本精神講座』第一一号、一九三五年）一六四頁。

36——川崎三郎『大西郷と大陸政策』（興文社、一九四二年）二〜八頁。

37——津久井竜雄『大西郷』（昭和刊行会、一九四三年）二二一〜二二三頁。

38——秋本典夫『西郷隆盛』（地人書館、一九四四年）二七五頁。

39——佐々弘雄『西郷隆盛伝』（改造社、一九三四年）三一三〜三一五頁。

40——徳富蘇峰「政治家としての西郷南洲先生」（『改造』第一八巻二号、一九三四年二月）九六〜九七頁。

41——田中惣五郎『指導者としての西郷南洲』（千倉書房、一九三八年）一〜九頁。

42——中野正剛「天下一人を以て興る——大西郷の思想」（『東大陸』第二一巻一号、一九三八年一月）二五〜三九頁。

43——小川原正道『西南戦争——西郷隆盛と日本最後の内戦』（中公新書、二〇〇七年）二二五〜二二六頁。

44——津久井『大西郷』一八頁。

第2章

1——高橋是清『高橋是清自伝』下巻、上塚司編（中公文庫、一九七六年）四三頁。

2——『原敬日記』第一巻（福村出版、二〇〇〇年）三四一頁。一九〇一年六月二日の条。これは伊藤内閣瓦解後の評言であるが、在任中にも「伊藤薄弱」（同書、三〇一頁。一九〇〇年十月一三日の条）といった切歯扼腕する表現が見られる。

3——津田茂麿『明治聖上と臣高行』（原書房、一九七〇年）七四五頁。

4——この問題設定は、政治家伊藤博文の思想性の欠如という彼にまとわり着いたもうひとつのイメージとも連動している。伊藤は時宜に応じて政治的な思想信条を乗り換えていった典型的なカメレオン政治家というイメージである。伊藤の思想を扱った先駆的な業績である安井達弥「藩閥支配の変容——伊藤博文の場合」（篠原一、三谷太一郎編『近代日本の政治指導』東京大学出版会、一九六五年）と松沢弘陽「伊藤博文」（神島二郎編『権力の思想』筑摩書房、一九六五年）もそれを踏襲している。

5——例えば、次の如し。「英吉利の憲法政治はなぜ斯の如く能く往て外の所は能く往かんかと云って聞いて見ると、取も直さず英吉利人は譲歩の心が強い。外は譲歩の心が少ない。譲歩の心の少ない者は憲法政治には不適当な人民である」。拙編『伊藤博文演説集』（講談社学術文庫、二〇一一年）一〇五頁。

6——statesmanの定義につき、ジェームズ・ブライスの次の言葉を参照。「一八二八年のアンドリュー・ジャクソンの選出に至るまで、大統領とはすべからくヨーロッパ的語義におけるstatesmenであった。彼らは教養人であり、行政的経験の持ち主であり、一定の幅広い見識や威厳ある人格を有していた」（James Bryce, *The American Commonwealth*, vol.1, Liberty Fund, 1995, p.74）。politicianとstatesmanの違いに注意を促す最近の例として、服部龍二『日中国交正常化——田中角栄、大平正芳、官僚たちの挑戦』（中公新書、二〇一一年）一七〇頁、また次注の堂目論文も参照。

7——ジャン＝ジャック・ルソー『社会契約論』作田啓一訳（白水社、二〇一〇年）。アダム・スミスについては、堂目卓生「日本の復興と未来　アダム・スミスの総合知に学ぶ」（『中央公論』二〇一一年八月号）を参照。堂目氏によれば、「スミスは、公平な観察者の立場に立って冷静で有効な判断を下す統治者を「立法者」（legislator）と呼び、党派争いや政治的駆け引きに明け暮れる「政治家」（politician）とは区別した。今、必要とされるのは「立法者」であって「政治家」ではない」と説かれる（五三頁）。

8——山室信一『法制官僚の時代——国家の設計と知の歴程』（木鐸社、一九八四年）。

9——この件については、拙稿「伊藤博文は日本のビスマルクか？」『ヨーロッパ研究』第九号（二〇一〇年）。

10——参照、伊藤之雄『立憲国家の確立と伊藤博文——内政と外交 一八八九〜一八九八』（吉川弘文館、一九九九年）、拙著『伊藤博文——知の政治家』（中公新書、二〇一〇年）。

11——前注5に見られるイギリス人の譲歩の精神の称揚を参照。

12——参照、伊藤之雄『立憲国家の確立と伊藤博文』第二章。

13——拙著『明治国家をつくった人びと』（講談社現代新書、二〇一三年）一二四頁以下。

14——山口修・中川努訳『アメリカ彦蔵自伝2』（平凡社、一九六四年）一一二頁。

15——「漂流記」荒川秀俊編『異国漂流記集』(気象研究所、一九六二年)二二九頁。
16——『伊藤博文伝』上巻(原書房、一九七〇年)三三二頁。
17——『伊藤博文伝』上巻、三三二〜三三三頁。
18——「合衆国」という訳語がもつ含意について、第三節第二項で後述する。
19——以下、新貨条例の制定とその歴史的意義について、山本有造『両から円へ—幕末・明治前期貨幣問題研究—幕末・明治前期貨幣問題研究』(ミネルヴァ書房、一九九四年)二四頁以下を参照した。
20——『伊藤博文伝』上巻五四二頁。
21——山本有造『両から円へ』二五頁。
22——一八六四年の国法銀行法につき、高月昭年『米国銀行法』(金融財政事情研究会、二〇〇一年)四五頁以下を参照。同法の制定が、それまで州法銀行にも認められていた流通証書(国法通貨)の発行権を剥奪して国法銀行に一元化することで「(南部諸)州の通貨発行権限を奪うもう一つの南北戦争」(四八頁)だったとの指摘は興味深い。
23——『伊藤博文伝』上巻五二七〜五二八頁。付言すれば、アメリカの貨幣制度を称揚する背景には、次のような国債に対する観察もあった。「我国に紙幣に国債なきは国政の擅制、苛酷の請求を専として、(臨時御用金の類)之を農商へ償ひ帰すの良法なきに出づ。一時戦争の際に臨み、国用に乏しき節、金を募るに信を下民に失はざるの法は、国債を措て何の方法を用ふべき歟」(五二七頁)。
24——『伊藤博文伝』上巻五八〇頁。
25——金子堅太郎『憲法制定と欧米人の評論』(日本青年館、一九三七年)六五頁。
26——伊藤博文『伊藤公直話』小松緑編(千倉書房、一九三六年)二一八〜二一九頁。
27——津田梅子「Personal Recollections of Prince Ito」津田塾大学編『津田梅子文書　改訂版』(津田塾大学、一九八四年)四九五頁。
28——例えば、勝田吉太郎『現代社会と自由の運命』(木鐸社、一九七八年)。
29——拙編『伊藤博文演説集』四一頁以下。
30——拙編『伊藤博文演説集』四四頁。
31——拙編『伊藤博文演説集』六四〜六五頁。

32――拙編『伊藤博文演説集』六五頁。

33――斎藤毅「合衆国はなぜ合州国と書かないのか」『参考書誌研究』第二号（一九七一年）五頁。

34――同右一三頁。

35――同右一〇頁。

36――同右一〇頁。これに対し、国際法学者の太寿堂鼎氏は、United States of America の直訳としての「アメリカ合衆国」（「衆国を合わせたアメリカ」）を支持し、「「合衆国」は原語の意味を正確に伝え、その故にこの国の生い立ちを現わした立派な訳語」とされ、「衆」の字をpeopleと解し、アメリカは衆を合した国ではなく、州を合した国だとして「合州国」の訳語を主張する見解は一面的と批判されている。太寿堂鼎「合セル衆国」『ジュリスト』七七一号（一九八二年）一二～一三頁。

37――憲法制定後の伊藤のそのような実践につき、拙著『伊藤博文』第三章以下。

38――拙著『伊藤博文』第七章、伊藤之雄『伊藤博文をめぐる日韓関係――韓国統治の夢と挫折、1905～1921』（ミネルヴァ書房、二〇一一年）。

39――この点については、伊藤之雄『伊藤博文――近代日本を創った男』（講談社、二〇〇九年）が活写している。

40――原奎一郎編『原敬日記』第四巻（福村出版、二〇〇〇年）一二五頁（大正四年八月一八日の条）。

41――一九〇九年十一月三〇日付ドイツ帝国宰相Bethmann-Hollweg宛駐日ドイツ公使Montgelas書信。Das Politische Archiv des Auswartigen Amts, Japan 8 Nr. 2: Staatsmanner, Band 10

42――PA XXX Japan Ber., Weis., Var. 1909 Karton Nr. 23, No. 42B

43――堀口修、西川誠監修・編集『公刊明治天皇御紀編修委員会史料　末松子爵家所蔵文書』下巻（ゆまに書房、二〇〇三年）三八九頁。

44――水野直樹「伊藤博文の「メモ」は「韓国統治構想」といえるものか――伊藤之雄氏の所説への疑問」『日本史研究』第六〇二号（二〇一二年）四四頁。

1――日本の第一次世界大戦参戦について扱った主な先行研究として、斎藤聖二『日独青島戦争　秘大正三年日独戦史』別巻二（ゆまに書房、二〇〇一年）、小林啓治『総力戦とデモクラシー　第一次世界大戦・シベリア干渉戦争』（吉川弘文館、二〇〇八年）、山室信一『複合戦争と総力戦の断層　日本にとっての第一次世界大戦』（人文書院、二〇一一年）、Peter Lowe, *Great Britain and Japan, Macmillan*, 1969, Frederick R. Dickinson, *War and National Reinvention: Japan in the Great War, 1914-1919*, Harvard University Asia Center, 1999が挙げられる。

2――加藤高明「大正四年に於ける日支交渉の顛末」（『学友会誌』二一号、京都帝国大学学友会、一九一八年三月）。この論説は、加藤が一九一七年一〇月二四日に京都帝国大学弁論部主催名士招待会で行った講演を記録したものであり、管見の限りでは、参戦から二一ヵ条要求に至る経緯を加藤自身が詳細に振り返った唯一の史料である。

3――二一ヵ条要求問題に対する筆者の見解については、拙著『加藤高明と政党政治』（山川出版社、二〇〇六年）一三七～一三八、一六五～一七〇、二三四～二四二頁、拙稿「加藤高明と二十一ヵ条要求――第五号をめぐって」（中西寛・小林道彦編著『歴史の桎梏を越えて――二〇世紀日中関係への新視点』千倉書房、二〇一〇年）、拙稿「第一次世界大戦初期における日本の外交世論――参戦と二一ヵ条要求をめぐって」（一）～（二）（『法学論叢』一七四巻五、六号、二〇一四年二、三月）、拙稿「第一次世界大戦と原敬の外交指導――一九一四～二一年」（伊藤之雄編『原敬と政党政治の確立』千倉書房、二〇一四年）を参照。

4――百瀬宏・熊野聰・村井誠人編『北欧史』（山川出版社、一九九八年）三一〇～三一三頁。

5――Barbara W. Tuchman, The Zimmermann telegram, Constable, 1959（バーバラ・W・タックマン著、町野武訳『決定的瞬間　暗号が世界を変えた』ちくま学芸文庫、二〇〇八年）。

6――一九一六年三月にポルトガル、六月にルーマニア、一九一七年四月にアメリカが参戦し、その後、ブラジル、ウルグアイなど中南米諸国、ギリシャ、中華民国、タイが連合国側に立って参戦したが、ノルウェー、スウェーデン、デンマーク、オランダ、スペイン、スイス、メキシコ、アルゼンチンなどは終戦まで中立を維持した（Ian V. Hogg, Historical Dictionary of World War, Scarecrow Press, 1998, pp. 57-58）。

7――この他、一九一四年から翌年にかけて、モンテネグロ、サンマリノ、ブルガリアも参戦している（同右）。

8――シモーナ・コラリーツィ著（橋本勝雄訳）『イタリア20世紀史：熱狂と恐怖と希望の一〇〇年』（名古屋大学出版会、二〇一〇年）四二～五七頁。

9——江口朴郎『世界の歴史一四　第一次世界大戦後の世界』(中公文庫、一九七五年)四三〜五六頁。
10——イタリアの動向は、主要新聞・雑誌の多くで大きく取り上げられていた。例えば、社説「三国同盟の破裂」上下(『東京日日新聞』一九一四年八月五日、七日)、立作太郎「欧州空前の大乱と帝国態度」(『太陽』二〇巻一一号、同年九月)を参照。
11——杉山伸也『日本経済史　近世-現代』(岩波書店、二〇一二年)二九七〜三一五頁。
12——大戦中の日本と協商国との提携強化、戦争協力については、平間洋一『第一次世界大戦と日本海軍』(慶應義塾大学出版会、一九九八年)、吉村道男『日本とロシア』(増補版、日本経済評論社、一九九一年)、エドワルド・バールィシェフ『日露同盟の時代』(花書院、二〇〇七年)、細谷千博『シベリア出兵の史的研究』(岩波現代文庫版、二〇〇五年)、菅原健志「アーサー・バルフォアと第一次世界大戦における日本の軍事支援問題」(『国際政治』一六八号、二〇一二年三月)を参照。
13——一九一四年八月に参戦したのは、協商国、同盟国を除けば、ベルギー(自国の中立を侵犯したドイツと交戦)、モンテネグロ(隣国セルビア支援のため参戦)と日本のみである。
14——『東京日日新聞』一九一四年八月二日(大隈重信談)。
15——『東京日日新聞』一九一四年八月五日。
16——同右、『日本外交文書』大正三年第三巻(外務省、一九六六年)九五〜九六頁。
17——『日本外交文書』大正三年第三巻、九九頁。
18——『東京日日新聞』一九一四年八月六日。
19——『日本外交文書』大正三年第三巻、一〇一〜一〇二頁。
20——『日本外交文書』大正三年第三巻、一〇〇頁。
21——『東京日日新聞』『東京朝日新聞』一九一四年八月六日、七日。
22——第一次世界大戦勃発時の日本陸軍については、山本四郎「参戦・二一ヵ条要求」(『史林』五七巻四号、一九七四年五月)、小林道彦「世界大戦と大陸政策の変容——一九一四〜一六年」(『歴史学研究』六五六号、一九九四年三月)を参照。
23——一九一四年八月一日付寺内正毅宛杉山茂丸書翰(「寺内正毅関係文書」国立国会図書館憲政資料室所蔵)、伊藤隆編『大正初期山県有朋談話筆記・政変思出草』(山川出版社、一九八一年)五八頁。

24——伊藤正徳編『加藤高明』下巻(加藤高明伯伝記編纂委員会、一九二九年)七八〜八〇頁、若槻礼次郎『明治・大正・昭和政界秘史——古風庵回顧録』(講談社学術文庫、一九八三年)一九六〜一九七頁、『日本外交文書』大正三年第三巻、一〇二〜一〇三頁、『東京日日新聞』一九一四年八月八日、九日。

25——前掲、伊藤隆編『大正初期山県有朋談話筆記・政変思出草』六一頁、『東京日日新聞』一九一四年八月一一日、奈良武次「岡陸相ヨリ寺内朝鮮総督へ伝言ノ要旨筆記」(一九一四年八月二三日付寺内正毅宛岡市之助書翰に同封、「寺内正毅関係文書」)。

26——閣議の様子は、前掲、伊藤隆編『大正初期山県有朋談話筆記・政変思出草』五七〜六一頁に基づく。

27——同右、原奎一郎編『原敬日記』四巻(福村出版、一九六五年)一九一四年八月一二日。

28——井上馨侯伝記編纂会編『世外井上公伝』第五巻(内外書籍、一九三四年)三六七頁。

29——前掲、伊藤正徳編『加藤高明』下巻、八一〜八五頁、『東京日日新聞』一九二一年九月一八日(加藤高明談)。

30——『日本外交文書』大正三年第三巻、一〇七〜一一一頁。

31——参戦をめぐる日英間の交渉については、前掲、斎藤聖二『日独青島戦争　秘大正三年日独戦史』別巻二、一九〜二五頁、Peter Lowe, *op. cit*, VIに詳しい。

32——前掲、山本四郎編『第二次大隈内閣関係史料』九〇頁。

33——前掲、井上馨侯伝記編纂会編『世外井上公伝』第五巻、三六四〜三九三頁。

34——前掲、山本四郎編『第二次大隈内閣関係史料』七二〜七九頁、八八〜九五頁、一一八〜一二八頁、一三七〜一四九頁。

35——『東京日日新聞』『名古屋新聞』一九一四年八月一一日、一三日、一七日。

36——前掲、拙著『加藤高明と政党政治』第三〜四章。

37——『日本外交文書』大正三年第三巻、一四五〜一四六、二一七〜二一八頁。

38——前掲、加藤高明「大正四年に於ける日支交渉の顛末」。

39——第一次世界大戦期の日本と山東半島の関係については、本庄比佐子編『日本の青島占領と山東の社会経済一九一四-二二年』(東洋文庫、二〇〇六年)を参照。

40——前掲、奈良武次「岡陸相ヨリ寺内朝鮮総督ヘ伝言ノ要旨筆記」。

41——前掲、山本四郎編『第二次大隈内閣関係史料』一九二頁。大隈首相も、日本に「領土的野心」がないことを様々な機会に強調した(『大隈侯八十五年史』三巻、一八二～一八三頁。大隈重信「世界の大勢に鑑みて国民教育に関する所見を述ぶ」『新日本』四巻一三号、一九一四年一一月)。

42——前掲、奈良武次「岡陸相ヨリ寺内朝鮮総督ヘ伝言ノ要旨筆記」。

43——参戦の時点で、加藤が返還条件をどこまで具体的に考えていたのかは定かではないが、彼はワシントン会議に至るまで、これらの条件の実現にこだわることになる(前掲、拙著『加藤高明と政党政治』二三六頁)。

44——飯森明子「加藤高明の対外認識と外交指導」(『人間科学論究』四号、一九九六年二月)。

45——山県有朋「対支政策意見書(大正三年八月)」(大山梓編『山県有朋意見書』原書房、一九六六年)。

46——前掲、伊藤正徳編『加藤高明』下巻、一三二～一五一頁。

47——前掲、加藤高明「大正四年に於ける日支交渉の顛末」一二～一三頁。

48——前掲、拙稿「第一次世界大戦初期における日本の外交世論」(一)。

49——前掲、伊藤正徳編『加藤高明』下巻、七二～七三頁。

50——三浦梧楼は、「加藤などは戦争は二ヶ月も続かぬという見込みであったので、この際連合軍に参加しておくがよいという説であったらしい。これは加藤が明らかにそう言っておった。」と証言している(三浦梧楼『明治反骨中将一代記』芙蓉書房、一九八一年、三〇六頁)。加藤側近の若槻礼次郎蔵相は、戦争は早ければ一九一五年上半期には終結すると考えていたようである(前掲、山本四郎編『第二次大隈内閣関係資料』二二〇頁)。

51——『申報』一九一四年八月二日。

52——前掲、斎藤聖二『日独青島戦争　秘大正三年日独戦史』別巻二、二四～三一頁、Xu Guoqi, *China and the Great War: China's pursuit of a New National Identity and Internationalization*, Cambridge University Press, 2005, pp.81-93.

53——前掲、拙著『加藤高明と政党政治』一三一～一三七頁。

54——例えば、大隈重信「出陣に臨んで天下に宣す」(『新日本』四巻六号、一九一四年五月)、同「内治外交の根本精神」(『新日本』四巻七号、同年六月)を参照。

55——『名古屋新聞』一九一四年七月二六日。

56——『報知新聞』一九一四年七月一三日夕刊(加藤高明談)、『名古屋新聞』同年七月一九日(大石正巳談)。

57——『原敬日記』一九一四年八月一二日。

58——例えば、『東京日日新聞』一九一四年八月七日、上野甚平「最近の時局」(『雄弁』五巻九号、同年九月)。

59——一九一四年八月七日付後藤新平宛寺内正毅書翰(「後藤新平関係文書」奥州市立後藤新平記念館所蔵)。

60——一九一四年八月七日付寺内正毅宛坂西利八郎書翰(「寺内正毅関係文書」)。

61——『前田利為』軍人編(前田利為侯伝記編纂委員会、一九九一年)八三頁。前田をはじめとする、大戦勃発時にドイツに在住していた日本人の動向については、拙著『「八月の砲声」を聞いた日本人　第一次世界大戦と植村尚清「ドイツ幽閉記」』(千倉書房、二〇一三年)を参照。

62——『東京日日新聞』『東京朝日新聞』一九一四年八月一三日、一四日。

63——社説「大局破裂」(『報知新聞』一九一四年八月四日)、社説「英国遂に起つ」(『報知新聞』同年八月七日)、社説「欧州大乱と支那」(『報知新聞』同年八月八日)、社説「東洋の平和」(『報知新聞』同年八月一六日)。

64——『名古屋新聞』一九一四年八月一一日、社説「当然の要求なれども返答如何あるべき」(『名古屋新聞』同年八月一七日)、社説「前進あるのみ」(『名古屋新聞』同年八月二一日)、社説「我が沽券に関す」(『名古屋新聞』同年八月二三日)。

65——大隈重信「全欧州の大乱に臨んで帝国の使命を宣す」、永井柳太郎「政界時事冷語熱語」(『新日本』四巻一〇号、一九一四年九月一日発行)。

66——高田早苗『半峰昔ばなし』(早稲田大学出版部、一九二七年)五六二頁、六五九〜六六〇頁。なお、高田が挙げている大隈の他の二つの功績は、「新日本の建設者としての功績」「藩閥反対の中心として其横暴を牽制した功績」である。

67——阪谷は、日清・日露戦争の経験から、戦費が膨張することを懸念していた(阪谷芳郎「戦時の財政経済策」『経済時報』一四三号、一九一四年一一月、同「大戦後に来るべき経済的大戦争」『大正公論』四巻一一号、同年一一月)。

68——『東京日日新聞』一九一四年八月九日、一一日。

69——『大阪毎日新聞』一九一四年八月一七日。

70——高橋義雄『萬象録　高橋箒庵日記』巻二（思文閣出版、一九八六年）同年八月一三日

71——社説「欧州大陸の大動乱」、社説「欧州列強の戦時財政と日本の経済策」、〔塩島〕鶴城「時事評」（『東京経済雑誌』一七六一号、一九一四年八月八日）、社説「対独勧告及び要求」、〔塩島〕鶴城「時事評」（『東京経済雑誌』一七六三号、同年八月二二日）。

72——「帝国も終に起つ」、添田寿一「我経済界大発展の好機並に其発展策」、渡邊専次郎「巧妙なる英国の戦時経済政策に鑑みよ」、堀越善重郎「対外貿易を発展する千載一遇の好機」、山本唯三郎「欧州戦乱を支那貿易大発展に利用せよ」（『実業之日本』一七巻一八号、一九一四年九月一日）。もっとも、井上準之助「国際金融の杜絶より受けた我貿易上の大影響」のように、悲観的見通しを示す論説も掲載されていた。

73——満川亀太郎（暁峰）「大戦乱と将来の国際政局」（『経済時報』一四一号、一九一四年九月一日）。

74——同誌は、参戦前は慎重論を唱え、参戦後も大戦は日本にとって「不本意の戦争」であると論じた（社説「欧州大乱の勃発」「徐ろに成行を見よ」『日本経済新誌』一五巻一〇号、一九一四年八月一五日、社説「日独開戦所感」『日本経済新誌』一五巻一一号、同年九月一日）。

75——『大阪朝日新聞』一九一四年八月二一日、『大阪毎日新聞』同年八月二二日、『日本外交文書』大正三年第三巻、五四六〜五五一頁。同記事は、参謀本部が作成していた日中交渉案がリークされたものである可能性がある。

76——前掲、原奎一郎編『原敬日記』四巻、一九一四年八月一〇日、一四日。原の大戦勃発に対する反応については、川田稔『原敬　転換期の構想』（未来社、一九九七年）二〇〜三七頁を参照。

77——前掲、原奎一郎編『原敬日記』四巻、一九一四年八月一七〜二四日、前掲、高橋義雄『萬象録』巻二、同年八月五日。シフはアメリカ参戦に強く反対しており、日本の参戦も極力抑止したいと考えていた（Naomi W. Cohen, *Jacob H. Schiff: A Study in American Jewish Leadership*, Brandeis University Press, 1999, pp.191-192）。

78——『中央新聞』一九一四年八月一八日、『報知新聞』同年九月九日。

79——社説「帝国の地位」（『中央新聞』一九一四年八月九日）、社説「対独最後通牒」（『中央新聞』同年八月一八日）、「八月廿三日」（『中央新聞』同年八月二三日）。

80——『東京日日新聞』一九一四年九月三〜一〇日、社説「敢て国民に問ふ　政友会の非戦論」（『報知新聞』一九一四年九月九日）。

81――前掲、平間洋一『第一次世界大戦と日本海軍』二〇～二八頁。

82――馬場明『日露戦後の日中関係――共存共栄主義の破綻』(原書房、一九九三年)五五九～五六一頁。

83――例えば、「出師は積年の財政整理の成績を破壊せん」(八月二五日)、「欧州大戦は果して景気の沸騰を引起すべき乎」(九月五日)、「領土侵略論を排す」(一〇月一五日)の各社説を参照。石橋や『東洋経済新報』に関する最新の著作として、松尾尊兊『近代日本と石橋湛山　『東洋経済新報』の人びと』(東洋経済新報社、二〇一三年)、上田美和『石橋湛山論　言論と行動』(吉川弘文館、二〇一二年)を参照。

84――長瀬鳳輔「人道の危機――理性を失ひたる欧州の政局」(『第三帝国』一七号、一九一四年八月一六日)、若宮卯之助「大陸政策果して成功すべき乎」(『ナショナル』二巻一四号、同年一〇月一日)。

85――一九一四年八月二二日、九月六日付大隈重信宛朝河貫一書翰(朝河貫一書簡編集委員会編『朝河貫一書簡集』朝河貫一書簡集刊行会、一九九〇年)。朝河は早稲田大学で学び、アメリカ留学にあたっては大隈から金銭的支援を受け、一九〇六～〇七年には早稲田大学で講師として教鞭をとったこともあった。朝河の日本参戦への反対論については、阿部善雄『最後の「日本人」　朝河貫一の生涯』(岩波書店、二〇〇四年)八五～一〇〇頁を参照。

86――太田雅夫「第一次世界大戦をめぐる非戦論――キリスト者・社会主義者を中心として」(『キリスト教社会問題研究』一四・一五号、一九六九年三月)、出原政雄「第一次大戦期における安部磯雄の平和思想」(『志學館法学』一号、二〇〇〇年三月)。

87――『日本外交文書』大正三年第三巻、五四三～五四六頁。

88――代表的なものとして、工藤謙『膠州湾事情』(有斐閣)、田原天南『膠州湾』(満州日日新聞)、東亜同文会調査編纂部著『山東及膠州湾』(博文館)がある。大戦勃発後の日本における南洋熱については、矢野暢『「南進」の系譜　日本の南洋史観』(千倉書房、二〇〇九年)五三～六〇、二二九～二五〇頁を参照。

89――初瀬龍平『伝統的右翼内田良平の研究』(九州大学出版会、一九八〇年)第六章、『東京朝日新聞』一九一四年一一月二八日。

1——姉崎正治『世界文明の新起原』(博文館、一九一九年)一七頁、島薗進『姉崎正治集』(クレス出版、二〇〇二年)第七巻所収。

2——Leopold von Ranke, *Geschichte der romanischen und germanischen Völker von 1494 bis 1514* (Leipzig: Duncker & Humblot, 1824).

3——歴史家の国際化/グローバル化について、Akira Iriye, "The Internationalization of History," *American Historical Review*, vol. 94, no. 1 (Feb. 1989), pp.1-10を参照。

4——イギリスの近代史における新政治史の紹介は、Steven Fielding, "Looking for the 'New Political History'," *Journal of Contemporary History*, vol. 42, no. 3 (July 2007), pp.515-524を参照。

5——Frederick R. Dickinson, *War and National Reinvention: Japan in the Great War, 1914-1919* (Cambridge, MA: Harvard University Asia Center, 1999).

6——最新の出版物ではFrederick R. Dickinson, *World War I and the Triumph of a New Japan, 1919-1930* (Cambridge: Cambridge University Press, 2013)を参照。

7——皿木喜久『大正時代を訪ねてみた——平成日本の原景』(扶桑社、二〇〇二年)。

8——岡義武『転換期の大正——一九一四〜一九二四』(東京大学出版会、一九六九年)。北岡伸一によると「一九二〇年代の中から一九三〇年代は生まれた」のである。北岡伸一『政党から軍部へ　一九二四〜一九四一』(中央公論新社、一九九九年)八頁。

9——川田稔『浜口雄幸』(ミネルヴァ書房、二〇〇七年)ii頁。

10——例えば、Noriko Kawaguchi, *Turbulence in the Pacific: Japanese-U.S. Relations During World War I* (Westport, CT: Praeger, 2000)を参照。

11——Anthony Shaw and Ian Westwell, eds., *The World in Conflict, 1914-1945* (London: Routledge, 2000).

12——Zara Steiner, *The Lights that Failed: European International History, 1919-1933* (Oxford: Oxford University Press, 2005), p.602.

13——Eric D. Weitz, *Weimar Germany: Promise and Tragedy* (Princeton: Princeton University Press, 2009), p.5.

14——阪谷芳郎「欧州戦争と其経済関係」『太陽』第二〇巻第一一号（一九一四年九月一日）一三五頁。

15——浅田江村「欧州列強の好戦熱」同右、二〇頁。

16——古川学人「米国参戦の文明的意義」『中央公論』第三二巻第五号（一九一七年五月）九五頁。

17——原奎一郎編『原敬日記』（福村出版、一九八一年）第四巻、二九一頁（一九一七年六月二日付の日記より）。

18——福沢諭吉『西洋事情』（一八六八年）、Edward Seidensticker, *Low City, High City: Tokyo from Edo to Earthquake* (New York: Knopf, 1983), p.35より再引用。

19——吉野作造「帝国主義より国際民主主義へ」『六合雑誌』（一九一九年六月）、太田雅夫編『大正デモクラシー論争史』（新泉社、一九七一年）上巻、一九九〜二〇〇頁より再引用。

20——中野正剛「講和会議の真相」『憲政』第二巻第五号（一九一九年七月一〇日）五五頁。

21——姉崎正治「大戦の結着と戦後の新局面」（一九一七年三月）関静雄『大正外交——人物に見る外交戦略論』（ミネルヴァ書房、二〇〇一年）九七頁より再引用。

22——一九一九年四月一二日、憲政会の福島市東北大会において。加藤高明「現下の内地外交」『憲政』第二巻第四号（一九一九年六月一〇日）一三頁。

23——姉崎「大戦の結着と戦後の新局面」。

24——一九一八年一二月四日付の大学教授や在野の思想家への黎明会の手紙、伊藤隆『大正期「革新」派の成立』（塙書房、一九七八年）六七頁より再引用。

25——「平和克服の大詔発布」『大阪朝日新聞』一九二〇年一月一四日。

26——総理大臣加藤高明「名家の叫び」『キング』第一巻第五号（一九二五年五月）一頁。

27——大川一司、高松信清、山本有造『国民所得』（東洋経済新報社、一九七四年）、竹村民郎『大正文化帝国のユートピア』（三元社、二〇〇四年）一三頁より再引用。

28——W.G. Beasley, *Japanese Imperialism, 1894-1945* (Oxford: Clarendon Press, 1987), p.126, Table 2.

29——Kazushi Ōhkawa and Miyohei Shinohara, eds., *Patterns of Japanese Economic Development: A Quantitative Appraisal* (New Haven: Yale University Press, 1979), p.246.

30――今井清一『大正デモクラシー』(中央公論社、一九七四年)四五六頁。

31――大久保利謙ほか編『第一次世界大戦と政党内閣』(山川出版社、一九九七年)三四三頁。

32――有馬学『「国際化」の中の帝国日本　一九〇五〜一九二四』(中央公論新社、一九九九年)一六一頁。

33――Sharon H. Nolte, *Liberalism in Modern Japan: Ishibashi Tanzan and His Teachers*, 1905-1960 (Berkeley: University of California Press, 1987), p.19.

34――Gregory J. Kasza, *The State and the Mass Media in Japan, 1918-1945* (Berkeley: University of California Press, 1988), p.88.

35――一九一九年九月八日の講演にて、立命館大学西園寺公望伝編纂会編『西園寺公望伝』(岩波書店、一九九三年)第三巻、三二一頁。

36――民政党「外交上一大成功」『東京朝日新聞』一九三〇年四月二四日。

37――編集者「田中内閣の反動的思想政策」『中央公論』第四三巻第六号(一九二八年六月)一頁。

38――「新内閣の対支外交」『東京日日新聞』一九二九年七月四日。

39――吉野作造『現代政局の展望』(日本評論社、一九三〇年)一頁。

40――「新内閣の対支外交」。

41――尼子止『平民宰相浜口雄幸』(宝文館刊、一九三〇年)二〜三頁。

42――「閣僚が街頭に立って」『大阪毎日新聞』一九二九年七月八日。

43――「緊縮、金解禁等十大政綱を発表」『東京朝日新聞』一九二九年七月一〇日。

44――一九二九年七月の講演にて。波多野勝『浜口雄幸――政党政治の試験時代』(中央公論社、一九九二年)一二三頁より再引用。

45――「首相署名入りの緊縮呼びかけビラ配分」『東京日日新聞』一九二九年八月二九日。

46――「首相ラジオでも緊縮呼びかけ」『東京日日新聞』一九二九年八月二九日。

47――「合財袋」『大阪毎日新聞』一九二九年七月三日。

48――「緊縮、金解禁等十大政綱を発表」。

49――Takafusa Nakamura, *Economic Growth in Prewar Japan*, Robert A. Feldman, trans. (New Haven: Yale University Press,

1983), p.143, Table 5-1.

50――Mark Metzler は例えば、金解禁を「日本の現実よりヨーロッパの夢を反映したもの」だと指摘している。Mark Metzler, *Lever of Empire: The International Gold Standard and the Crisis of Liberalism in Prewar Japan* (Berkeley: University of California Press, 2006), p.262.

51――「合財袋」。

52――「首相署名入りの緊縮呼びかけビラ配分」。

53――「緊縮、金解禁等十大政綱を発表」。

54――「近代政治に逆行する枢密院の態度」『大阪毎日新聞』一九三〇年九月七日。

第5章

1――藤田尚徳『侍従長の回想』(講談社、一九六一年)九八頁。

2――ここまでの引用は、鈴木一編『鈴木貫太郎自伝』(時事通信社、一九六八年)二七六～二七八頁。なお本稿は、黒沢文貴「鈴木貫太郎――その人と生涯(上)」(『野田市史研究』第二〇号、二〇〇九年)をもとに、本書の趣旨に即して加筆修正を施したものである。

3――たとえば、小堀桂一郎『宰相鈴木貫太郎』(文藝春秋、一九八二年)七～四七頁を参照。

4――鈴木貫太郎の年譜については、原則として鈴木一編『鈴木貫太郎自伝』所載の年譜を参照した。

5――鈴木一編『鈴木貫太郎自伝』八頁。

6――同右、六頁。

7――半藤一利『聖断　昭和天皇と鈴木貫太郎』(ＰＨＰ研究所、平成五年)二六頁。

8――同右、一五頁。

9――海軍将校の履歴等については、外山操編『陸海軍将官人事総覧(海軍篇)』(芙蓉書房、昭和五六年)、秦郁彦編『日本陸海軍総合辞典』(東京大学出版会、一九九一年)を参照した。

10――鈴木一編『鈴木貫太郎自伝』一七頁。

11――戸高一成監修『日本海軍士官総覧』(柏書房、二〇〇三年)四一頁。これは、財団法人海軍義済会編「海軍義済会会員名簿」(昭和一七年七月一日調)の復刻版。
12――鈴木一編『鈴木貫太郎自伝』二二頁。
13――同右。
14――同右。
15――同右、二四~二五頁。
16――同右、二五頁。
17――同右、六九頁。
18――同右。
19――同右、七一頁。なお同書、一四五~一四六頁も参照。
20――同右、七一頁。
21――同右、九八頁。
22――同右、八四頁。
23――同右、九七頁。
24――同右、九七頁。
25――同右、一二三~一二四頁。
26――半藤一利『聖断 昭和天皇と鈴木貫太郎』五四~五五頁。
27――鈴木一編『鈴木貫太郎自伝』一四九~一五一頁。
28――同右、一六五頁。
29――同右、一六七頁。
30――同右、一六六頁。
31――同右、一七一頁。
32――同右、一七四頁。人事局長になる前の鈴木にたいしては、前任の人事局長であった山屋他人(岩手県出身)少将の推薦で、海軍軍令部への赴任の話があったが、「あれは使いにくいからといってはねられた」ことがあったようである。鈴木は、自分が人事局長になるにあたり、その山屋の推薦があったのではないかと推量している(同書、同頁)。いずれにせよ鈴木の軍事官僚としての力量は、幅広く認識されていたものと思われる。

33――同右、一七三頁。
34――同右、一七四頁。
35――同右、一七九～一八〇頁。
36――同右、一八〇頁。
37――同右、一七九頁。
38――半藤一利『聖断　昭和天皇と鈴木貫太郎』六二頁。
39――鈴木一編『鈴木貫太郎自伝』一九五頁。
40――同右、一九八、一九九頁。
41――半藤一利『聖断　昭和天皇と鈴木貫太郎』六〇頁。
42――鈴木一編『鈴木貫太郎自伝』二一四～二一五頁。
43――黒沢文貴『大戦間期の日本陸軍』(みすず書房、二〇〇〇年)第三章、第四章を参照。
44――鈴木一編『鈴木貫太郎自伝』二一八頁。
45――同右、二二三～二二四頁。
46――同右、二二五頁。
47――同右、二二六頁。
48――同右、二三三頁。
49――同右、二四〇頁。
50――同右、二四五頁。
51――同右、二四七～二四八頁。
52――同右、二四八頁。

1——鶴見祐輔「宇垣一成論」『改造』一九二九年七月号、六八頁。
2——「昭和人物月旦」『文藝春秋』一九二九年七月号、一五七頁。
3——馬場恒吾「宇垣一成論」『中央公論』一九三一年二月号、一八二頁。
4——荒木武行『新政治家列伝』(内外社、一九三一年六月)六〇頁。
5——鶴見「宇垣一成論」七二～七四頁。
6——荒木『新政治家列伝』六〇頁。
7——鶴見「宇垣一成論」七四頁。
8——同右、七四～七五頁。
9——馬場「宇垣一成論」一八九頁。
10——御手洗辰雄「政界惑星物語」『中央公論』一九三二年一二月号、阿部眞之助「鈴木・平沼・宇垣」『中央公論』一九三三年六月号、黒旋風「政界の惑星五人男」『現代』一九三四年三月号。
11——斎藤貢「宇垣一成論」(一九三一年九月)斎藤『転換日本の人物風景』(大東書房、一九三二年五月)所収、一一五頁、一二二頁。
12——御手洗「政界惑星物語」一九三頁。
13——同右、一九五頁。
14——阿部眞之助「宇垣と南」(一九三五年七月)阿部『現代世相読本』(東京日日新聞社、一九三七年五月)所収、三四〇～三四一頁。
15——城北隠士『昭和怪傑伝』(東亜書房、一九三六年八月)四六頁。
16——佐々弘雄「宇垣一成の政治的立場」『日本評論』一九三三年一月号、佐々『人物春秋』(改造社、一九三三年七月)所収、二七八～二七九頁。
17——馬場恒吾「宇垣一成論」『中央公論』一九三六年九月号、一一三頁。
18——佐々「宇垣一成の政治的立場」二八〇～二八一頁。

19――大野慎『久原房之助と宇垣一成』(東京パンフレット社、一九三五年一二月)五〇~五一頁。
20――岩淵辰雄「宇垣閥と荒木閥」『改造』一九三三年一月号、一〇二頁。
21――馬場「宇垣一成論」『中央公論』一九三六年九月号、一一〇~一一一頁。
22――御手洗「政界惑星物語」一九四~一九五頁。
23――阿部眞之助「宇垣一成論」阿部『新人物論』(日本評論社、一九三四年一二月)所収、八八~八九頁。
24――同右、九〇~九一頁。
25――同右、九二頁。
26――荒木『新政治家列伝』六四頁。
27――風見文造「宇垣一成はどこへ行く」『日本評論』一九三六年九月号、一五八頁。
28――今井田清徳「宇垣大将」『文藝春秋』一九三七年四月号、一六三頁。
29――来間恭『今日を創る人々』(信正社、一九三六年一一月)五八~五九頁。
30――岩淵辰雄「宇垣と南」『改造』一九三六年九月号、三二四頁。
31――馬場「宇垣一成論」『中央公論』一九三六年九月号、一一六頁。
32――一九三七年一月二五日付の各紙社説。石濱知行「政変危機覚書」『中央公論』一九三七年三月号、一四五頁から再引用。
33――馬場恒吾「政局はどうなる」『中央公論』一九三七年三月号、一五五頁。
34――石濱「政変危機覚書」一四七頁。
35――阿部眞之助「宇垣から林まで」『日本評論』一九三七年三月号、阿部『現代世相読本』所収、一九頁。
36――鶴見祐輔「宇垣一成の心境」『中央公論』一九三七年三月号、二五一頁。
37――膳武太夫「南、宇垣、荒木」『改造』一九三八年四月号、一二九頁。
38――鶴見「宇垣一成の心境」二五一頁、二五三頁。
39――岩淵辰雄「宇垣と末次」『中央公論』一九三七年一二月号、四五頁。
40――野中重太郎「宇垣と荒木」『日本評論』一九三八年七月号、一八九頁。
41――岩淵辰雄「宇垣外相論」『中央公論』一九三八年七月号、一四一頁。

42——杉山平助「宇垣新外相」『改造』一九三八年七月号、一一五頁。
43——高田俊介「宇垣外交は果して期待出来るか」『話』一九三八年九月号、六〜七頁。
44——野方頑「宇垣外相は何をしてゐるか」『日本評論』一九三八年八月号、一五四〜一五五頁。
45——清澤洌「宇垣外交論」『改造』一九三八年九月号、七〇頁、七一〜七二頁、七九頁。
46——岩淵「宇垣外相論」一四五頁。
47——野方「宇垣外相は何をしてゐるか」一五五頁。
48——成田章一「宇垣人事とその背景」『中央公論』一九三八年一〇月号、三五一〜三五二頁。
49——同右、三五八頁。
50——関口一太郎「宇垣人事異動の裏面」『日本評論』一九三八年一〇月号、三四六頁。
51——清澤「宇垣外交論」七五頁。
52——伊藤正徳「宇垣退場の波紋」『改造』一九三八年一一月号、四六頁。
53——野方頑「宇垣外相の退陣」『日本評論』一九三八年一一月号、八八頁。
54——山浦貫一「宇垣の退陣と補充失敗」『中央公論』一九三八年一一月号、二四五〜二四六頁。
55——原田熊雄述『西園寺公と政局』第六巻(岩波書店、一九五一年)三三〇頁。
56——城南隠士「宇垣退陣とその後」『文藝春秋』一九三八年一一月号、七二頁。
57——西園寺の宇垣起用論については、たとえば『西園寺公と政局』第三巻三〇九頁、第四巻二三三頁を参照。
58——野方「宇垣外相の退陣」八九頁。

第7章

1——日本外務省調査部『外交政術要綱(假案)』(一九四一年一一月作成。ただし引用は、筆者所蔵による)。カリエール著、坂野正高訳『外交談判法』岩波文庫、一九七八年)。なお、「交渉」(negotiation)という観点から、外交官あるいは外務省を論じたものに、坂野正高『現代外交の分析』(東京大学出版会、一九七一年)「第六章 外交交渉」がある。また、木村汎編『国際交渉学』(勁草書房、一九九八年)「第一部 総論」は、外交交渉の一般理論として参考になる。

2――前掲『外交談判法』五頁。

3――前掲『外交政術綱要』第一。

4――同右、第二。

5――同右、第一一。

6――ベルリン・ワシントンの事例については、田嶋信雄「ナチ時代のベルリン駐在日本大使館」『成城法学』四八号、一九九五年。細谷千博「外務省と駐米大使館　一九四〇―一九四一」細谷他編『日米関係史』第一巻（東京大学出版会、一九七一年）を参照。

7――イギリスの極東政策を論じた先行研究のなかで、本章のこうした日英関係のイメージは、木畑洋一「失われた協調の機会？――満州事変から真珠湾攻撃に至る日英関係」『日英交流史　一六〇〇―二〇〇〇』第二巻、政治・外交Ⅱ（東京大学出版会、二〇〇〇年）、アントニー・ベスト「対決への道　一九三一―一九四一年の日英関係」（同前）から、また、イギリスの二重外交に関しては、Gill Bennet, "British Policy in the Far East 1933-1936: Treasury and Foreign Office", Modern Asian Studies, 26, 1992から示唆を得た。

8――三〇年代の戦略的亀裂に関しては、拙稿「日本外務省の対外戦略の競合とその帰結　一九三三～一九三八」『年報日本現代史』第一六号（東出版、二〇一一年）参照。

9――代表的なものに、後藤春美『上海をめぐる日英関係　一九二五―一九三二』（東京大学出版会、二〇〇六年）、佐藤元英『昭和初期対中国政策の研究――田中内閣の対満蒙政策』（原書房、増補改訂版、二〇〇九年）。

10――満洲危機については、クリストファー・ソーン著、市川洋一訳『満州事変とは何だったのか』上・下（草思社、一九九四年）、Ian Nish, *Japan's Struggle with Internationalism*, Kegan Paul International, 1993を参照。

11――Ian Nish, 'Tsuneo Matsudaira: Diplomat and Courtier (1877-1949)', *Britain and Japan: Biographical Portraits*, London/ Japan Library, 1994, pp209-211.

12――この時期までの吉田については、戸部良一「吉田茂と中国」『人間吉田茂』（中央公論社、一九九一年）。北岡伸一「吉田茂における戦前と戦後」『年報近代日本研究』一六（山川出版社、一九九四年）。ジョン・ダワー著、大窪愿二訳『吉田茂とその時代』上巻（ＴＢＳブリタニカ、一九八一年）第四章。小林道彦『政党内閣の崩壊と満

州事変　一九一八－一九三二』（ミネルヴァ書房、二〇一〇年）二二六～二三〇頁、二六三頁。

13 ――Antony Best, 'Shigemitsu Mamoru 1887-1957 and Anglo-Japanese Relations', *Britain and Japan Vol. II*, London/Routledge,1997, 拙著『重光葵と戦後政治』（吉川弘文館、二〇〇二年）第一章。小池聖一『満州事変と対中国政策』（吉川弘文館、二〇〇三年）。

14 ――外務省革新派については、戸部良一『外務省革新派』（中公新書、二〇一〇年）。

15 ――以下、詳しくは、拙稿「日本外務省の対外戦略の競合とその帰結」を参照。

16 ――Sandra Wilson, 'Containing the Crisis: Japan's Diplomatic Offences in the West, 1931-33', *Modern Asian Studies*, 29-2, 1995, pp352-353.この報告書は、服部龍二編『満州事変と重光駐華公使報告書』（日本図書センター、二〇〇二年）として復刻された。

17 ――以下の議論も、詳しくは拙稿「日本外務省の対外戦略の競合とその帰結」を参照。

18 ――広田と東郷の共通性については富塚一彦「一九三三、三四年における重光外務次官の対中国外交路線――「天羽声明」の考察を中心に」『外交史料館報』一三号（一九九九年）。

19 ――来栖も佐藤も、対英関係は対米関係の改善に結び付くと考えていた。来栖三郎『泡沫の三十五年』（中央公論社、一九八六年）二二頁。佐藤尚武『回顧八〇年』（時事通信社、一九六三年）三七五頁。

20 ――「国策理由書」『齋藤実関係文書』一二〇〇文書、国会図書館憲政資料室。なお、「革新派」も日英協調論であった（拙稿「日本外務省の対外戦略の競合とその帰結」三一頁）。

21 ――以下エドワーズについては、Antony Best, 'That Loyal British Subject? :Arthur Edwar－des and Anglo－Japanese Relations 1932-41', *Britain and Japan: Biographical Portraits*, Japan Library/London,1999に依拠した。またIan Nish, "Anglo-Japanese Alienation Revisited" in Saki Dockrill ed., *From Pearl Harbor to Hiroshima: The Second World War in Asia and Pacific 1941-45*, Basingstoke,1994も参照。

22 ――同ミッションについては、木畑洋一「日中戦争前史における国際環境――イギリスの対日政策・一九三四年」東大教養学部『教養学科紀要』九号（一九七七年）。「『日本外交文書』昭和期Ⅱ第二部第三巻所収「英国産業連盟使節団来日関係」文書について」『外交史料館報』一四号（平成一二年六月）。吉井文美「英国産業連盟視察団の日本・「満洲国」訪問と東アジア」『植民地研究』二三号（二〇一一年）がある。

23——Crowe to Orde, 25 June 1934, FO18114/F3841. イギリス公文書館蔵。以下、文書番号のみを記す。

24——ただし、一九三四年四月、エドワーズがミッションを打診するのと同時期に、奉天のイギリス総領事のP・D・バトラーからも満州調査団構想が伝えられているBennet, "British Policy in the Far East 1933-1936", p557.

25——一九三四年一〇月一日、広田→菱刈等「附属資料」、『日本外交文書』昭和期II 第二部第三巻、二〇一文書。以下、文書番号のみを記し、出典は省略する。

26——「一九三四年一〇月一五日付重光葵宛谷正之書翰」三A〜一九六、『重光葵関係文書』（憲政記念館寄託）。

27——前掲、来栖『泡沫の三十五年』七〇〜七一頁。

28——細谷千博「一九三四年の日英不可侵協定問題」『両大戦間の日本外交』（岩波書店、一九八八年）がそうした見解を示す代表的研究である。

29——Antony Best, "Constructing An Image: British Intelligence and Whitehall's Perception of Japan, 1931-1939", *Intelligence and National Security*, 11-3,1996.

30——森田光博「満州国の対ヨーロッパ外交（一）」『成城法学』七五号（二〇〇七年）九一頁以下。

31——Pratt覚書。10 August 1936, FO20253/F4902.

32——一九三四年九月二六日「広田→松平」一九九文書。

33——一九三四年八月四日「松平→広田」「附属資料」一九五文書。

34——来栖通商局長によれば、永田鉄山陸軍軍務局長に協力を依頼、同局員の辰巳栄一と具体案を協議し、満鉄総裁の松岡もこれに協力して、英満協定の締結を模索したが、イギリスとの協定で損失を被る満鉄内部からの拒否に会った。満鉄が被る損失を日本政府が補填する方針でガイ・ロコック使節団事務総長と協議するも使節団はこれに反対、協定は締結されずに終わった。前掲、来栖『泡沫の三十五年』七〇〜七一頁。

35——一九三四年一月一〇日、「広田→斉藤内閣総理」一八四文書、同年二月一日、同一八五文書。

36——日本側の動きについては、特に井上寿一『危機のなかの協調外交』（山川出版社、一九九四年）第四章。

37——このプロセスについてはDocuments on British Foreign Policy 1919-1939 Second Series. vol.XX, 1933-1936のchapter Ⅲを参照。

38——一九三四年一〇月二九日「広田→松平」『日本外交文書一九三五年ロンドン海軍会議』一〇三頁。

39――リースロスミッションに関してはAnn Trotter, *Britain and East Asia 1933-1937*, Cambridge University Press, 1975, Chapter 7, Stephen Lyon Endicott, *Diplomacy and Enterprise: British China Policy 1933-37*, University of Columbia Press, 1975, pp.73-81, 波多野澄雄「リースロスの極東訪問と日本」(『国際政治』五八号、一九七八年)、同「幣制改革への動きと日本の対中政策」(前掲『中国の幣制改革と国際関係』)。

40――Fisher覚書、21 January 1935, T172/1831 ERD/4064. イギリス公文書館蔵。以下同様。

41――Orde覚書、28 Oct 1935, F6729/6/10.

42――もっともバーンビーミッションに宮廷外交の側面があったことは重要である。詳しくは、茶谷誠一『昭和戦前期の宮中勢力と政治』(吉川弘文館、二〇〇九年)第七章。

43――Wellesley覚書、16 July 1935, FO371/19207 F4811/84/10.

44――リースロスミッションにおける日英妥協の実現可能性を高く評価するものに、木畑洋一「リースロス使節団と英中関係」野沢豊編『中国の幣制改革と国際関係』(東京大学出版会、一九八一年)二〇九～二一一頁、Antony Best, "Rt. Hon. Austen Chamberlain (1863-1937), Rt. Hon. Neville Chamberlain (1869-1940) and Japan", *Britain and Japan, vol.VII*, Global Oriental, 2010。

45――重光葵『外交回想録』(毎日新聞社、一九七八年)一五八頁。

46――『西園寺公と政局』第四巻(岩波書店、一九五一年)三五八頁以下。

47――『西園寺公と政局』第四巻、三六五頁。

48――『西園寺公と政局』第四巻、四一六－四一七頁。

49――劉傑『日中戦争下の外交』(吉川弘文館、一九九五年)。同「『中国通』外交官と外務省の中国政策」(『日中戦争の諸相』錦正社、一九九七年)。松浦正孝「再考・日中戦争前夜」『国際政治』一二二号(一九九九年)。

50――松平については、茶谷『昭和戦前期の宮中勢力と政治』二三〇頁以下を参照。

51――木畑「リースロス使節団と英中関係」二一六頁。

52――「上海ニ参集セル各総領事ヨリ有田大使ヘノ報告」(外交資料館、A.2.0.0.C/X6)。

53――Endicott, Chap 6 and 7. また、石田憲「帝国と介入」(『膨張する帝国　拡散する帝国』東京大学出版会、二〇〇七年)は金融テクノクラートとしてのリースロス像を描き出してあますところがない。

54——Edwards to Fisher, 26 November 1934, T172/1831.

55——細谷千博「外交官・吉田茂の夢と挫折」『国際政治の中の日本外交』(龍渓書舎、二〇一二年)。波多野澄雄「吉田巡閲使の周辺」前掲『人間吉田茂』所収。富田書翰は後者の波多野論文に引用されている。

56——『特命全権大使吉田茂　復命書』一九三五年二月、M.2.2.0.3.2.

57——前掲、波多野「吉田巡閲使の周辺」の富田書簡を参照。

58——もっとも松平は日中戦争までは日英関係の裏面で活躍している。前掲、茶谷『昭和戦前期の宮中勢力と政治』第七章。

59——以下、会談の概要については、ダワー『吉田茂とその時代』上巻第五章。S.Olu Agbi, "The Foreign Office and Yoshida's Bid for Rapproachment with Britain in 1936-1937: A Critical Reconsideration of the Anglo-Japanese Conversation" *The Historical journal* 21-1, 1978. 細谷「外交官・吉田茂の夢と挫折」猪木正道『評伝吉田茂』第三巻「駐英大使(上)(下)」(ちくま学芸文庫、一九九五年)。

60——特に前掲、猪木『評伝吉田茂』第三巻「駐英大使(上)(下)」が代表的である。

61——Shigemitsu to Edwardes, 11 July 1936, Gwynne Papers. ただし、Ian Nish, "Yoshida Shigeru and Mme Yoshida at the London Embassy", *Britain and Japan vol.II*, Routledge, 1997より再引用。

62——Ogbi "The Foreign Office and Yoshida's Bid for Rapproachment", pp174-175.

63——拙稿「日本外務省の対外戦略の競合とその帰結」では、こうした路線を「地域主義的冷戦」戦略と呼んでいる。

64——こうした見方は、杉村陽太郎駐伊大使がエリック・ドラモンドに伝えた内容(猪木『評伝吉田茂』第三巻五〇頁)、また、松平がクライブに語った内容とも一致する(細谷「外交官・吉田茂の夢と挫折」二三二頁)。

65——ダワー『吉田茂とその時代』上巻一六五頁以下。Antony Best, *Britain, Japan and Pearl Harbor: Avoiding war in East Asia*, 1936-41, London/Routledge, 1995. pp23-24.

66——細谷「外交官・吉田茂の夢と挫折」二三一頁。

67——特にクライブの反対は強固であったが、クライブの情報源は宮内大臣となっていた松平であった。茶谷『昭和戦前期の宮中勢力と政治』第七章。

68——佐藤の外相就任のインパクトについては、特に臼井勝美「佐藤外交と日中関係——1937年3-5月」『日中外交史研究：昭和戦前』(吉川弘文館、一九九八年)があるが、クライブも佐藤に大きな期待を抱いていた。Best, Sir Robert Clive,1877-1948: British Ambassador to Japan, 1934-1937, Britain and Japan, vol.IX, Japan Library, 2002, p106-107.

69——この過程に関しては、ダワー『吉田茂とその時代』一七七頁以下が詳細である。また、六月案の原文は一八一頁に訳文が掲載されている。

70——東郷茂徳『時代の一面』(改造社、一九五二年)一〇二~一〇三頁。

71——A Letter from Shigemitsu to Halifax, Dec 21 1938 FO371/F13642/12/10.

72——「霧のろんどん」『重光葵手記』(中央公論社、一九八三年)一五~一七頁。

73——特に、吉田の来栖への信頼は厚く、駐英大使就任時に来栖を参事官としてイギリスに呼ぼうとした経緯もあった(来栖『泡沫の三十五年』七一頁)。

74——前掲、来栖『泡沫の三十五年』七二頁。

75——前掲、来栖『泡沫の三五年』七三~七四頁。

76——重光がソ連大使就任以後(三六年一一月)、欧州大公使間に組織的な連携関係を確立することを模索していたことについては別稿で論じたい。

77——前掲、重光「霧のろんどん」二七頁。

78——Chamberlain覚書、22 November 1938 PREM I/277.

79——Butler覚書、22 September 1939 FO371/ 23556 F10710/176/23.

80——Antony Best, Lord Hankey (1877-1963), R.A.Butler (1902-82) and the 'Appeasement' of Japan, 1939-41, *Britain and Japan, vol.V*, Global International, 2005. 重光＝バトラー会談については、より詳しい考察が可能である。別稿を期したい。

81——この冊子については、拙稿「解説」『重光葵　外交意見書集』第二巻(現代資料出版、二〇一〇年)参照。

82——前掲『外交談判法』一〇四頁。

83——概略はベスト「戦争を回避できなかった『大英帝国の親日派』」。

84——概略はAntony Best, *Britain*, Japan and Pearl Harbor, p87以下。しかし、日本外務省側あるいは加納の視点など

から見れば自ずから解釈も異なる。

85――Cadogan覚書、23 September 1936, FO371/20279.

86――邦語文献でこの計画の概要を述べているものに、ベスト「戦争を回避できなかった『大英帝国の親日派』」一四〇～一四七頁。

87――一九三九年一〇月二三日付　加納久朗宛吉田茂書翰」『吉田茂書翰　追補』(中央公論新社、二〇一一年)八四～八五頁。「一九四〇年三月二一日付　加納久朗宛吉田茂書翰」同上、八八～八九頁。「一九四〇年日付不明　加納久朗宛吉田茂書翰」同上、八五～八六頁。なお、ベスト「戦争を回避できなかった『大英帝国の親日派』」によれば、一九四一年三月に重光が親善使節団を計画した形跡はないが、加納と吉田は同年四月の時点でも執拗にこの計画に執着している(一九四一年四月一四日付　加納久朗宛吉田茂書翰(同上、九〇～九一頁)。加えて柴田紳一「吉田茂・開戦前夜　最後の対英親善工作」『中央公論』(二〇一一年四月号)も参照。

88――ベスト「戦争を回避できなかった『大英帝国の親日派』」一四三～一四四頁。

89――Best, Lord Hankey, R.A.Butler and the 'Appeasement' of Japan, 1939-41.

90――イギリスの重光評に関しては、前掲、武田「解説」『重光葵　外交意見書集』第二巻参照。

第8章

1――『日本産業経済新聞』(四月九日付)。鈴木一編『鈴木貫太郎自伝』(時事通信社、一九六八年)二七七頁。

2――前掲『鈴木貫太郎自伝』二八三頁。

3――鈴木哲太郎「祖父・鈴木貫太郎」(『文藝春秋』一九八八年八月号)。

4――前掲『鈴木貫太郎自伝』二八四頁。

5――「新内閣組閣要領(案)」(四月五日)(栗原健・波多野澄雄編『終戦工作の記録』下、講談社、一九八六年)三七頁。

6――「政変ノ経緯」(四月八日、軍務課)(前掲『終戦工作の記録』下)三三～三六頁。

7――同右、三三頁。

8――木戸日記研究会『木戸幸一日記』下(東京大学出版会、一九六六年)、一一八七頁(四月五日の条)。「鈴木内閣成立経緯」(四月七日)(伊藤隆ほか編『高木惣吉　日記と資料』下、みすず書房、二〇〇〇年〈以下『高木日記』下〉八四〇〜八四一頁。

9――前掲「政変ノ経緯」(前掲『終戦工作の記録』下)三四頁。

10――野村実『天皇・伏見宮と日本海軍』(文藝春秋、一九八八年)二八八〜二八九頁。

11――鈴木貫太郎伝記編纂委員会編『鈴木貫太郎伝』(同委員会刊、一九六〇年)二二四〜二三五頁。

12――前掲、野村『天皇・伏見宮と日本海軍』二九〇頁。

13――「木戸幸一陳述録」(前掲『終戦工作の記録』下)二六〜三〇頁。

14――「東郷茂徳陳述録(太平洋戦争終結の史実に関する元外務大臣東郷氏の陳述)」(一九四九年五月一七日、GHQ歴史科聴取記録)〈本資料は、前掲『終戦工作の記録』に分散して掲載されているが、本稿では原資料を用いた。以下、「東郷陳述録」〉、東郷茂徳『東郷茂徳外交手記』原書房、一九八五年〈以下『東郷外交手記』〉三二二頁。

15――「河辺次長日誌」(四月二二日の条)(『河辺虎四郎回想録』毎日新聞社、一九七九年)。

16――『東郷外交手記』三二八頁。

17――種村佐孝「今後ノ対ソ施策ニ対スル意見」(四月二九日)(前掲『終戦工作の記録』下)六一〜六六頁。

18――『東郷外交手記』三三〇〜三三一頁。

19――種村佐孝『大本営機密日誌』(芙蓉書房、一九八五年)二七九〜二八一頁。

20――参謀本部所蔵『敗戦の記録』(原書房、一九六七年)二四五頁。

21――『東郷外交手記』三三一〜三三二頁。

22――これらの譲歩条件は、四四年九月の特使派遣問題の浮上に際して、陸軍省部の間でまとまった「対ソ譲歩条件腹案」の最大譲歩に近いものである(前掲『敗戦の記録』一七三〜一七四頁)。

23――「東郷陳述録」。『東郷外交手記』三三三頁。

24――七月二五日佐藤大使発東郷大臣宛電(一四四九号)。

25――七月三日佐藤大使発東郷宛(一三三〇号)。佐藤尚武『回顧八十年』(時事通信社、一九六三年)四八九頁。

26――「左近司政三陳述録」(前掲『終戦工作の記録』下)九一〜九四頁。下村海南『終戦秘史』(中央公論社、一九八五年)四一~四三頁。
27――「米内大臣談」(五月二二日)(『高木日記』下、八六七―六八頁)。
28――「及川総長談」(五月二二日)(『高木日記』下、八六九頁)。
29――「左近司政三陳述録」(前掲『終戦工作の記録』下、九一~九二頁)。
30――前掲『鈴木貫太郎自伝』二八四頁。
31――前掲『終戦工作の記録』下、一六六~一七二頁。
32――前掲『鈴木貫太郎自伝』二五六頁。
33――進藤榮一ほか編『芦田均日記』第一巻(岩波書店、一九八六年)三九頁。
34――「東郷陳述録」。
35――『東郷外交手記』三三七頁。
36――「東郷外相談」(六月七日)(『高木日記』下、八七六~八七七頁)。
37――「松平侯談」(六月八日)(『高木日記』下、八七八頁)。
38――前掲『木戸幸一日記』下、一二〇九頁。
39――「大臣口述」(六月一四日)(『高木日記』下、八八五頁)。「東郷茂徳陳述録」。木戸日記研究会『木戸幸一関係文書』(東京大学出版会、一九六六年)七七~七八頁。
40――「松平秘書官長口述」(六月一四日)(『高木日記』下、八八六頁)。
41――「木戸幸一陳述録(「終戦時の回想若干」)」(前掲『終戦工作の記録』下、一九七~二〇〇頁)。前掲『木戸幸一関係文書』一三三頁。
42――『高木日記』下、八九〇~八九一頁(「米内手記」六月二二日)。
43――鈴木多聞『「終戦」の政治史　1943~1945』(東京大学出版会、二〇一一年)一二七~一三〇頁。
44――「米内海相トノ面談要旨」(六月二五日)(『高木日記』下、八九四頁)。
45――前掲『木戸幸一日記』下(七月七日の条)。
46――「東郷陳述録」。
47――「東郷陳述録」。『東郷外交手記』三五四~三五五頁。

48――七月二八日東郷大臣発佐藤大使宛電（九五二号）。
49――「松本俊一手記」（前掲『終戦工作の記録』下）三二三～三二五頁。
50――Robert J.C.Butow, *Japan's Decision to Surrender* (Stanford University Press,1954), pp.144-150.
51――『高木日記』下、九二二頁。
52――前掲『鈴木貫太郎自伝』二九四～二九五頁。
53――例えば、「日本の国体は神代の時代から決って居るので国民の意思によって決定せらるるのではない」、「民意により政体を決することは断じて忍び得ない」とする意見である（下村海南『終戦記』鎌倉文庫、一九四八年、一四四頁）。
54――「終戦の経緯」（西原事務官、厚生省引揚援護局史料室、一九五五年一二月）一八〇～一八一頁。
55――寺崎英成ほか編『昭和天皇独白録』（文藝春秋、一九九一年）一三一頁。同右、一八一頁。
56――前掲、下村『終戦秘史』一〇二頁。
57――前掲『終戦工作の記録』下、四六二～四七一頁。
58――「左近司政三陳述録」（前掲『終戦工作の記録』下、九七頁）。
59――「安倍源基氏談話速記録」（内政史研究会）。
60――前掲『鈴木貫太郎自伝』、三〇六頁。
61――「東郷陳述録」。
62――同右。
63――前掲「終戦の経緯」一三九頁。
64――迫水久常『大日本帝国最後の四カ月』（オリエント書、一九七三年）二四八頁。
65――田尻愛義『田尻愛義回想録』（原書房、一九七八年）一三一～一三二、一三六～一三七頁。
66――「尾形健一侍従武官日誌」（一〇月四、五日の条、防衛研究所所蔵）。
67――前掲、迫水『大日本帝国最後の四カ月』一七一頁。
68――前掲『鈴木貫太郎自伝』二九四頁。
69――前掲、迫水『大日本帝国最後の四カ月』一九二頁。

70——同右、二一四〜二一五頁。前掲、下村『終戦秘史』一三四〜一三五頁。

71——鈴木発言の解釈は、前掲、鈴木『「終戦」の政治史』(一八一〜一八三頁)による。

72——同上(二二〇頁)を参照。

73——"Magic" Summary,19 April 1945 (No.1120)。

74——前掲『鈴木貫太郎自伝』三二七頁。

75——前掲『鈴木貫太郎伝』一九七〜一九九頁。

76——平川祐弘『平和の海と戦いの海』(講談社学術文庫、一九九三年)一〇九〜一一〇頁。

77——Ellis Zacharias, *Secret Missions; The Story of an Intelligence Officer* (G.P.Pitnam's Son, 1946), pp.369-371. 前掲、平川『平和の海と戦いの海』一〇八頁。

78——前掲『鈴木貫太郎自伝』三一〇〜三一一頁。同上、二八一〜二八二頁。

79——同右、三〇二〜三〇三頁、前掲『鈴木貫太郎伝』二三〇〜二三一頁。

80——外務省編『終戦史録』下(新聞月鑑社、一九五二年)七〇七頁。

81——中谷武世『戦時議会史』(民族と政治社、一九七五年)四六五〜四六八頁。

第9章

1——矢部貞治『近衛文麿』全二巻(弘文堂、一九五二年)、岡義武『近衛文麿——「運命」の政治家』(岩波新書、一九七二年)、筒井清忠『近衛文麿——教養主義的ポピュリストの悲劇』(岩波現代文庫、二〇〇九年)など。

2——数少ない例として、吉田裕「近衛文麿——『革新』派宮廷政治家の誤算」(荒敬ほか『敗戦前後』青木書店、一九九五年)、柴田紳一「第一回昭和天皇・マッカーサー会見と吉田茂」(『國學院大學日本文化研究所紀要』第八二輯、一九九八年九月)など。

3——工藤美代子『われ巣鴨に出頭せず——近衛文麿と天皇』(日本経済新聞社、二〇〇六年)。鳥居民『近衛文麿「黙」して死す』(草思社、二〇〇七年)。

4——矢部『近衛文麿』下、六一〇頁。

5――矢次一夫『天皇・嵐の中の五〇年』(原書房、一九八一年)三一頁。
6――児島襄『昭和天皇　戦後』第一巻「人間宣言」(小学館、一九九五年)一四五頁。
7――岡義武「近衛文麿」神島二郎編『現代日本思想大系　(10)権力の思想』(筑摩書房、一九六五年)三〇一～三一一頁。
8――例えば、佐藤達夫『日本国憲法成立史』第一巻(有斐閣、一九六二年)など。
9――柳澤健『故人今人』(世界の日本社、一九四九年)三九～四〇頁。
10――オーテス・ケーリ『日本開眼』(法政大学出版局、一九五二年)一八八～一八九頁。
11――高橋紘「象徴天皇の誕生」(金原左門編『戦後史の焦点』有斐閣、一九八五年)五四～六〇頁。吉田「近衛文麿」三二～三五頁。
12――伊藤隆編『高木惣吉　日記と情報』下(みすず書房、二〇〇〇年)八九五頁。
13――高橋紘『天皇家の密使達』(徳間書店、一九八一年)二〇頁。
14――住本利男編『占領秘録』上(毎日新聞社、一九五二年)一三二頁。
15――木戸幸一『木戸幸一日記』下巻(東京大学出版会、一九六六年)一二三〇～一二三一頁。
16――ロベール・ギラン「近衛公との最後の会見」(『中央公論』一九八〇年一二月号)。ギランは、末尾で、「近衛公その人が、根拠のない『懲罰と復讐の政治』の犠牲者になるのだった」と結んでいる(三二九頁)。
17――細川護貞『細川日記』(中央公論社、一九七八年)四三八～四四五頁。
18――日本でも、「聖上米記者に御言葉　全世界平和に寄与　民主を確保　社会的安定を達成」(『朝日新聞』一九四五年九月二九日付)と一面トップで報じられた。
19――奥村直彦『ヴォーリズ評伝――日本で隣人愛を実践したアメリカ人』(新宿書房、二〇〇五年)二六〇～二六六頁。奥村は、この草案が「人間宣言」の基礎になったのではと推測している(二六四頁)。また、同時進行していた天皇の「メッセージ」との関連は不明である。
20――同右、二六〇～二六一頁。
21――細川『細川日記』四四〇～四四一頁。
22――週刊新潮編集部『マッカーサーの日本』(新潮社、一九七〇年)五四頁。

23——住本『占領秘録』上、七四頁。

24——奥村勝蔵「近衛公爵とマッカーサー元帥」林正義編『秘められた昭和史』(鹿島研究所出版会、一九六五年)。外務省の会談記録「近衛・マッカーサー会談録」は、江藤淳編『占領史録』(下)(講談社学術文庫、一九九五年)一〇三～一一一頁を参照。

25——近衛上奏文については、庄司潤一郎「『近衛上奏文』の再検討——国際情勢分析の観点から」(『国際政治』第一〇九号、一九九五年五月)を参照。また、近衛は、連合国記者団に、日本ではいまだデモクラシーに対する政治的知性が足りず、その結果民衆の「社会主義化傾向」が認められると指摘していた(『読売新聞』一九四五年九月二四日付)。

26——憲法調査会『憲法制定経過に関する小委員会第9回議事録』(一九五八年)五頁。

27——原秀成『日本国憲法の制定の系譜 III——戦後日本で』(日本評論社、二〇〇六年)一四七～一五五頁。矢部『近衛文麿』下、六二六頁。

28——三谷太一郎『学問は現実にいかに関わるか』(東京大学出版会、二〇一三年)六三～六四頁。

29——岡『近衛文麿』二一八～二二〇頁。木舎幾三郎『近衛公秘聞』(高野山出版社、一九五〇年)一一一～一一七頁。

30——アチソンが示した具体的項目については、憲法調査会事務局『憲法制定に関する小委員会報告書』(一九六一年)一三七～一三九頁、佐藤『日本国憲法成立史』第一巻、一八三～一八六頁を参照。

31——松本重治著、蝋山芳郎編『近衛時代 ジャーナリストの回想』下(中公新書、一九八七年)二四三～二四四頁。

32——木戸『木戸幸一日記』下巻、一二四一～一二四三頁。

33——近衛と佐々木の関係については、松尾尊兊「敗戦前後の佐々木惣一——近衛文麿との関係を中心に」(『人文学報』第九八号、二〇〇九年一二月)を参照。

34——憲法調査会事務局『憲法制定に関する小委員会報告書』一二三～一二九、一四六～一四七頁。佐藤『日本国憲法成立史』第一巻、一五一～一六一、一七七～一七九頁。

35——『朝日新聞』一九四五年一〇月一七日付。

36——憲法調査会事務局『憲法制定に関する小委員会報告書』一四九～一五二頁。佐藤『日本国憲法成立史』第一巻、一九一～一九四頁。
37――原『日本国憲法の制定の系譜 III』三一六～三一七頁。
38――『朝日新聞』一九四五年一〇月一四日および一八日付。同様な内容の会見は、先のＡＰ通信東京特派員（一五日）、連合国記者団（二二日）とも行われた。
39――『朝日新聞』一九四五年一〇月二三日付。
40――木戸『木戸幸一日記』下巻、一二四五～一二四六頁。
41――佐藤『日本国憲法成立史』第一巻、一九七～二〇〇頁。
42――『朝日新聞』一九四五年一〇月二五日付。
43――細川『細川日記』四五一頁。
44――同右、四五三頁。
45――木下道雄『側近日誌』（文藝春秋、一九九〇年）一一～一二頁。
46――松尾「敗戦前後の佐々木惣一」一三二～一三三頁。
47――木下『側近日誌』六五頁。
48――憲法調査会事務局『憲法制定の経過に関する小委員会報告書』一五二～一五三頁。佐藤『日本国憲法成立史』第一巻、二〇八頁。
49――油井大三郎『マッカーサーの二千日』（中央公論社、一九七四年）一六四頁。
50――牛場友彦「風にそよぐ近衛」『文藝春秋』（一九五六年八月号）二三七頁。
51――児島『昭和天皇　戦後』第一巻、九二頁。
52――憲法調査会事務局『高木八尺名誉教授談話録』（憲資・総第二五号、一九五八年）五頁。
53――たとえば、民主党上院議員のアルバート・トーマスによる近衛批判は、「近衛公は自由主義者か」（『朝日新聞』一一月四日付）との見出しで日本でも報道された。
54――会見の記録は、伊藤悟編・解説『政・官・識者の語る戦後構想』（東出版、一九九五年）二一三～二二〇頁を参照。
55――牛場「風にそよぐ近衛」二四〇頁。富田健治『敗戦日本の内側』（古今書院、一九六二年）二七七～二七八頁。

尋問内容については、牛場「風そよぐ近衛」二三八〜二三九頁、トーマス・A・ビッソン『ビッソン日本占領回想記』中村政則ほか訳（三省堂、一九八三年）二〇八〜二一八頁などを参照。戦略爆撃調査団とは、近衛の要望により一一月一四日および一二月一日にも懇談を行っている。

56——細川『細川日記』四五五頁。

57——後醍院良正編『失はれし政治　近衛文麿公の手記』（朝日新聞社、一九四六年）一四二〜一四四頁。

58——憲法調査会事務局『憲法制定の経過に関する小委員会報告書』一四二〜一四三頁。

59——憲法調査会『憲法制定の経過に関する小委員会第40回議事録』（一九六一年）一九〜二一、三二〜三三頁。

60——憲法調査会事務局『憲法制定の経過に関する小委員会報告書』一四二〜一四三、一五六〜一五七頁。憲法調査会『憲法制定経過の経過に関する小委員会第9回議事録』四三頁。

61——富田『敗戦日本の内側』二六二頁。

62——岡『近衛文麿』二二五頁。

63——佐藤『日本国憲法成立史』第一巻、二〇一〜二〇二頁。憲法調査会事務局『日本の憲法改正に対して一九四五年に近衛公がなした寄与に関する覚書』（憲資・総第三六号、一九五九年）六、一〇〜一一頁。マッカーサーが初めて日本側に正式に天皇の地位を保証する発言を行ったのは、一一月二六日米内光政海相に対してである（住本『占領秘録』上、一三六頁）。

64——憲法調査会『憲法制定経過の経過に関する小委員会第9回議事録』二〇頁。

65——矢部『近衛文麿』下、五九九頁。

66——『帝国議会衆議院議事速記録』81、東京大学出版会、一九八五年、七〜一一頁。

67——富田『敗戦日本の内側』三〇五頁。

68——後醍院『失はれし政治』三〜四頁。同書に、その際まとめた手記が収録されている。

69——富田『敗戦日本の内側』二七八頁。

70——近衛の指定に当たっては、GHQ対敵情報部調査分析課長のハーバート・ノーマンが作成した覚書が、大きな影響を及ぼした（粟屋憲太郎『東京裁判への道』講談社学術文庫、二〇一三年、九一〜九三頁）。

71——矢部『近衛文麿』下、六〇八頁。

72——高村直彦『真実の上に立ちて』(白文堂、一九五四年)一〇九頁。
73——矢部『近衛文麿』下、六〇四頁。
74——牛場「風にそよぐ近衛」二四〇頁。富田『敗戦日本の内側』二八三頁。
75——「諸家追憶談・風見章氏」(陽明文庫所蔵「近衛文麿公関係資料」)。
76——矢部『近衛文麿』下、六〇九頁。
77——憲法調査会事務局『日本の憲法に対して一九四五年に近衛公がなした寄与に関する覚書』一〇頁。米国の知己としては、たとえば、ジョセフ・グルーや戦前『ニューヨーク・タイムズ』東京特派員であったヒュー・バイアスなど(庄司「『近衛上奏文』の再検討」六二～六三頁)。
78——近衛通隆「最後の父」『政界往来』(一九五一年一二月号)六二～六三頁。
79——岡「近衛文麿」二九九頁。
80——「諸家追憶談・東久邇宮捻彦王殿下」(前掲「近衛文麿公関係資料」)。
81——住本『占領秘録』上、一三一～一三三頁。
82——栗原彬『歴史とアイデンティティ　近代日本の心理＝歴史研究』(新曜社、一九八二年)八六～八七頁。
83——佐藤達夫「近衛案の発見」『時の法令』(第４０４号、一九六一年一一月)一〇頁。「憲法制定経過に関する小委員会」は、「憲法改正問題に関する世論の論議を刺激するうえに重要な効果を果したことは否定できない」と指摘している(憲法調査会事務局『憲法制定の経過に関する小委員会報告書』一六四頁)。
84——憲法調査会事務局『日本の憲法改正に対して一九四五年に近衛公がなした寄与に関する覚書』九頁。
85——岡田丈夫『近衛文麿——《天皇と軍部と国民》』(春秋社、一九五九年)二三～五三頁、渡辺治『戦後政治史の中の天皇制』(青木書店、一九九〇年)第II部第二章、吉田「近衛文麿」四三頁など。

第10章

1——酒井哲哉「『九条＝安保体制』の終焉——戦後日本外交と政党政治」『国際問題』第三七二号(一九九一年)三二～四五頁。

2——Reischauer to Rusk, December 29, 1964, Doc. 00400, in National Security Archive ed., *Japan and the United States: Diplomatic, Security and Economic Relations, 1960-1976* (Ann Arbor, Mich., 2000, microfiche) (hereafter cited as NSAM).

3——千田恒『佐藤内閣回想』(中公新書、一九八七年)三〇頁。

4——石川真澄『人物戦後政治——私の出会った政治家たち』(岩波現代文庫、二〇〇九年)四七頁。

5——大日向一郎「岸信介と政治家の裏側」中村隆英・宮崎正康編『岸信介政権と高度成長』(東洋経済新報社、二〇〇三年)一九七頁。伊藤昌哉『池田勇人その生と死』(至誠堂、一九六六年)一九六～一九七頁。昇亜美子・玉置敦彦「パートナーシップの形成と変容——一九六〇年代」日米協会編(五百旗頭真ほか監修)『もう一つの日米交流史——日米協会資料で読む20世紀』(中央公論新社、二〇一二年)二一一～二一二頁。

6——Whiting to Hilsman, March 11, 1963, Bureau of Far Eastern Affairs—Assistant Secretary for Far Eastern Affairs—Subject, Personal Name, and Country Files, 1960-1963, Lot Files, RG 59: General Records of the Department of State, National Archives and Records Administration (NARA), College Park, Maryland.

7——Fearey, Memo of Conversation, January 12, 1965, Doc. 00437, NSAM.

8——たとえば一九六七年一一月訪米時のジョンソン大統領、マクナマラ国防長官との会談時など。Sato-Johnson Talks, November 15, 1967, Central Foreign Policy Files, 1967-1969, RG 59;「佐藤総理・マクナマラ国防長官会談録」(一九六七年一一月一四日)楠田實(五百旗頭真、和田純編)『楠田實日記——佐藤栄作総理主席秘書官の二〇〇〇日』(中央公論新社、二〇〇一年)七五九頁。

9——外交政策企画委員会「わが国の外交政策大綱」(一九六八年九月二五日)外務省情報公開(二〇〇五−五九五)。「佐藤首相・キージンガー独首相会談録」(一九六九年五月一九日)リール番号A'−四〇五(外務省外交史料館所蔵)。防衛庁防衛研究所戦史部編『中村悌次オーラル・ヒストリー』(下)(防衛庁防衛研究所、二〇〇六年)四四～四五頁。

10——Memo of Conversation, December 2, 1966, Doc. 00617, NSAM.

11——たとえば、船田中私案「沖縄以後の国防展望」(一九六九年一〇月一五日)『堂場肇文書』(平和・安全保障研究所所蔵)。

12――『朝日新聞』一九九四年一一月三〇日。

13――佐藤首相はロジャーズ国務長官との会談で、日本の主張がおおむね採用されたことを評価している。"Secretary's Call on PriMin Sato," August 2, 1969, Doc. 01108, NSAM. 黒崎輝『核兵器と日米関係――アメリカの核不拡散外交と日本の選択 一九六〇－一九七六』(有志舎、二〇〇六年)第六章参照。

14――「下田次官・ドゥックヴィッツ独外務次官会談録」(一九六九年五月二〇日)A'－四〇六。

15――赤谷審議官「佐藤総理とロジャーズ国務長官との会談要旨」(一九六九年七月三一日)外務省情報公開(〇一－五二九)。

16――一九六九年七月三一日の条、佐藤栄作(伊藤隆監修)『佐藤栄作日記』第三巻(朝日新聞社、一九九八年)四八一頁。

17――「第二六回国会衆議院会議録第五号」(一九五七年二月五日)、「第二六回国会衆議院予算委員会議録第三号」(一九五七年二月九日)、「第二八回国会参議院内閣委員会会議録第三四号」(一九五八年四月二五日)など。

18――楠綾子「日米同盟の成立から沖縄返還まで」竹内俊隆編著『日米同盟論――歴史・機能・周辺諸国の視点』(ミネルヴァ書房、二〇一一年)七一～九九頁。

19――一九六八年一月二六日の条、『楠田日記』一五九頁。

20――同上。

21――中曽根康弘『中曽根康弘が語る戦後外交』(新潮社、二〇一二年)一七九～一八一頁。

22――一九六八年一月一六～一八日の条、『佐藤日記』第三巻、二一六～二一八頁。

23――中島琢磨『沖縄返還と日米安保体制』(有斐閣、二〇一二年)第二章。

24――一九六八年二月三日の条、『楠田日記』一六三頁。若泉敬『他策ナカリシヲ信ゼムト欲ス』(文藝春秋、一九九四年)一四〇～一四一頁。

25――「大臣打合資料」(一九六八年一二月二四日)「一九六〇年一月の安保条約改定時の朝鮮半島有事の際の戦闘作戦行動に関する『密約』問題関連」番号一一六。

26――米局長「総理に対する報告(沖縄関係)」(一九六九年一〇月三日)「一九七二年の沖縄返還時の有事の際の核持ち込みに関する『密約』問題関連」番号一。

27――中島『沖縄返還と日米安保体制』第五章参照。
28――「自由民主党『安全保障に関する調査会』中間報告」(一九六三年七月)渡辺洋三・岡倉古志郎編『日米安保条約――その解説と資料』(労働旬報社、一九六八年)一〇九～一一八頁。
29――「安全保障調査会会議経過」同上、一六二～一六七頁。朝日新聞社編『自民党――保守権力の構造』(朝日新聞社、一九七〇年)八七～九四頁。
30――自由民主党安全保障調査会「わが国の安全保障に関する中間報告」(一九六六年六月)渡辺・岡倉編『日米安保条約』一四八～一六七頁。朝日新聞社編『自民党』九〇頁。
31――海空技術調査会は、一九五二年に設立された海空技術懇談会を改組したもので、保科事務所に事務所が置かれ、保科自身は筆頭幹事を務めた。佐道明広『戦後日本の防衛と政治』(吉川弘文館、二〇〇三年)一五五～一五六頁。
32――朝日新聞社編『自民党』八四～八六頁。自民党安全保障調査会編『日本の安全と防衛』(原書房、一九六六年)v～vi頁。海空技術調査会の調査研究は同書に収録されている。
33――朝日新聞社編『自民党』八四～九〇頁。
34――日本社会党「日本の平和と安全のために」渡辺・岡倉編『日米安保条約』所収、三三二～三三三頁。
35――「中間報告」一六二頁。
36――佐道『戦後日本の防衛と政治』第二章。
37――Takashi Inoguchi, "Are there any theories of international relations in Japan?" *International Relations of the Asia-Pacific*, 7-3 (2007), pp. 371-374.
38――佐伯喜一「炉辺談話」追悼佐伯喜一編纂委員会編『追悼佐伯喜一』(野村総合研究所、一九九九年)二七七～二九七頁。
39――たとえば若泉敬「中国の核武装と日本の安全保障」『中央公論』一九六六年二月号、四六～七九頁。高坂正堯「核の挑戦と日本」『高坂正堯著作集』第一巻所収、一〇八～一二七頁。佐伯喜一「アジアの安全保障と日本」国民講座日本の安全保障編集委員会編『極東の安全保障』(原書房、一九六八年)二三～二九頁。永井陽之助「日本外交における拘束と選択」永井『平和の代償』(中央公論社、一九六七年)所収、七〇～一三五頁。高坂、永井、若泉におけるリアリズムについては、土山實男「国際政治理論から見た日本のリアリスト――永井陽之助、高坂

正堯、そして若泉敬」『国際政治』一七二号(二〇一三年二月)一一四〜一二八頁。
40——筆者による粕谷氏へのインタビュー(二〇〇七年三月二六日)。
41——佐藤誠三郎・松崎哲久『自民党政権』(中央公論社、一九八六年)七九頁、八六〜九一頁。
42——福井治弘『自由民主党と政策決定』(福村出版、一九七一年)九八〜九九頁。
43——中島琢磨『現代日本政治史3——高度成長と沖縄返還 一九六〇〜一九七二』(吉川弘文館、二〇一二年)
一二六〜一二七頁。
44——Memorandum of Conversation, July 7, 1966, Doc. 00589, NSAM.
45——"U.S.-Japan Security Treaty," May 27, 1966, Doc. 00571, NSAM.
46——朝日新聞社編『自民党』九二〜九七頁。
47——同上、九七〜九八頁。
48——渡辺・岡倉編『日米安保条約』一六八〜一七六頁。
49——船田中『激動の政治十年——議長席からみる』(一新会、一九七三年)一四二頁。
50——『朝日新聞』一九六八年六月一一日(夕刊)、一四日、一五日、一八日。
51——一九六八年六月一一日の条、『佐藤日記』第三巻、二九二頁。
52——『朝日新聞』一九六八年六月一五日(夕刊)。
53——『朝日新聞』一九六八年六月一八日。
54——"U.S.-Japan Security Treaty," May 27, 1966.
55——宮坂正行『政府・自民党・財界』(三一書房、一九七〇年)一三八頁。
56——「各界の政治に対する姿勢改めよ」(一九六一年)『櫻田武論集』刊行会編『櫻田武論集』上(日経連弘報部、
一九八二年)二〇六頁。
57——共同調査会については、櫻田武・鹿内信隆『いま明かす戦後秘史』下(サンケイ出版、一九八三年)第一九章。
58——鹿内信隆『泥まみれの自画像』上(扶桑社、一九八八年)一五五〜一六五、一八一〜一八五頁。
59——フジテレビ編成局調査部編『タイムテーブルからみたフジテレビ三五年史』(一九九四年五月)。
60——神谷不二回想、小坂旦子『追想小坂徳三郎』二九八〜二九九頁。『C.O.E.オーラル・政策研究プロジェクト山本正オーラルヒストリー』（政策研究大学院大学、二〇〇五年）四六頁。

61——吉川洋『高度成長——日本を変えた六〇〇〇日』（中公文庫、二〇一二年）四八〜五三頁。

62——Memo of Conversation between Uemura Kogoro, Kosaka Tokusaburo and Reischauer, September 30, 1965, Bureau of Far Eastern Affairs, Office of Country Director for Japan, box 1, RG 59, NARA.

63——石原萠記「戦後三十年・日本知識人の発言軌跡（一三）岩波グループと日本文化フォーラム」『自由』第二六巻第七号（一九八四年七月）一一二〜一一六頁。宮川透「『日本文化フォーラム』の論理と心理」『中央公論』一九六〇年四月号、四六〜五七頁。和田純「アメリカのフィランソロピーは日本に何を残したのか」山本正編著『戦後日米関係とフィランソロピー——民間財団が果たした役割、一九四五〜一九七五年』（ミネルヴァ書房、二〇〇八年）一三三頁。

64——五百旗頭真、井上正也、筆者による山本正氏へのインタビュー（二〇〇九年七月一二日）。『山本正オーラルヒストリー』二四〜二六頁。

65——『山本正オーラルヒストリー』四三〜四六頁。

66——参加者の一覧は、武者小路公秀、ハーバート・パッシン編『日米関係の展望』（サイマル出版会、一九六七年）二一四〜二一六頁。なお、社会党と共産党は参加しなかった。

67——川田侃・武者小路公秀対談「日米関係——模索時代の開幕」『朝日ジャーナル』九（四一）（一九六七年一〇月）一一〜一二、一六頁。小坂徳三郎「日米関係民間会議について——序にかえて」『日米関係の展望』三頁。討議要約全文は『日米関係の展望』二〇一〜二一三頁。

68——大浜信泉『私の沖縄戦後史——返還秘史』（今週の日本、一九七一年）九四〜一〇三頁。Robert D. Eldridge, "'Mr. Okinawa': Ohama Nobumoto, The Reversion of Okinawa, and an Inner History of U.S.-Japan Relations,"『同志社アメリカ研究』三九（二〇〇三年三月）七五頁。

69——山本正氏へのインタビュー。

70——大浜『私の沖縄戦後史』九四〜一〇三頁。林修三「日米京都会議の印象」『時の法令』六七〇号（一九六九年三月三日）一九〜二二頁。

71——日米京都会議実行委員会編『沖縄およびアジアに関する日米京都会議・報告』（一九六九年四月）。

72――大浜『私の沖縄戦後史』一〇三頁。林「日米京都会議の印象」二二頁。

73――Nels C. Johnson the Chairman, JCS, "General Taylor's Report of the Kyoto Conference," February 19, 1969, Doc. 01050, NSAM.

74――たとえば一九六六年四月一六日、六月五日の条、『佐藤日記』第二巻、四一二、四三五頁。一九六七年三月一三日、七月二六日の条、『佐藤日記』第三巻、四九、一〇九頁など。

75――楠田實『首席秘書官――佐藤総理との一〇年間』（文藝春秋、一九七五年）。

76――同上、四三頁。

77――一九六八年一月二八日の条、『楠田日記』一六〇頁。楠田は、佐藤内閣の核政策の決定にあたってはとりわけ若泉の影響が大きかったと証言している。Kusuda Minoru Oral History Interview, Conducted by Akihiko Tanaka and Koji Murata, November 16, 1995, National Security Archives.

78――高坂正堯「佐藤栄作――「待ちの政治」の虚実」渡邉昭夫編『戦後日本の宰相たち』（中央公論社、一九九五年）一九八～一九九頁。

79――Givens to Petree, Barnett, Fearey, "Military Outlook in Japan," November 3, 1964, Bureau of Far East Asia, Central Files, 1947-1964, box 21, RG 59, NARA.

80――Amembassy Tokyo to Department of State, "the Growing Defense Debate in Japan: Major Participants," October 26, 1967,『アメリカ合衆国対日政策文書集成一一――日米外交防衛問題一九六七年』（柏書房、二〇〇二年）七一～八一頁。

81――一九六七年二月の『佐藤栄作日記』には、防衛二法改正案への支持をとりつけるために大津正秘書官から創価学会の池田会長に連絡をとらせ、民社党の西尾末広に「心づけを渡」した事実が記録されている。二月九日の条、『佐藤日記』第三巻、一〇六頁。

82――宮坂『政府・自民党・財界』一一〇頁。朝日新聞社編『自民党』七七～七八頁。

83――『朝日新聞』一九六八年六月一八日。

84――毎日新聞社編『自民党政権の安全保障――国会方式　七〇年への質問戦』（毎日新聞社、一九六九年）一六頁。

85――同上、二二一～二二三頁。

86――施政方針演説、「第五八回国会衆議院会議録第二号（二）」（一九六七年一月二七日）。
87――『朝日新聞』一九六七年八月二五日（夕刊）。
88――「第五八回国会衆議院予算委員会議録第一号（その一）」（一九六八年二月五日）。
89――『朝日新聞』一九六七年八月二五日（夕刊）。
90――一九六七年一二月二三日の条、『楠田日記』一四四～一四五頁。
91――渡邊昭夫『大国日本の揺らぎ：一九七二～』（中央公論新社、二〇〇〇年）第一章。
92――高坂正堯「楠田實氏の佐藤内閣論に寄せて」楠田實『首席秘書官』所収、二〇一～二〇二頁。

第11章

1――『読売新聞』一九六四年七月五日。ただし、この自民党総裁選挙では池田が再選され、一一月上旬まで池田政権が継続する。
2――中島琢磨『沖縄返還と日米安保体制』（有斐閣、二〇一二年）二七頁。
3――「佐藤栄作総理大臣訪米の際の日米共同声明」（一九六五年一月一三日）細谷千博ほか編『日米関係資料集』（東京大学出版会、一九九四年）六二四～六二五頁。
4――佐藤栄作『佐藤栄作日記』第二巻（朝日新聞社、一九九八年）二二二～二二四頁。
5――「佐藤首相、沖縄訪問の際の声明」（一九六五年八月一九日）『日米関係資料集』六三二頁。
6――「佐藤首相訪米の際の日米共同声明」（一九六七年一一月一五日）、同右、七四九～七五〇頁。
7――琉球銀行調査部『戦後沖縄経済史』（琉球銀行、一九八四年）七五五頁。
8――「佐藤総理・ジョンソン大統領会談録」（第一回会談）楠田實『楠田實日記――佐藤栄作総理首席秘書官の二〇〇〇日』（中央公論新社、二〇〇一年）所収、七五二頁。
9――「佐藤総理・国務長官ラスク会談録」、同右、七六三～七六四頁。
10――「佐藤総理・ジョンソン大統領会談録（第二回会談）」、同右、七六七～七七一頁。
11――若泉敬『他策ナカリシヲ信ゼムト欲ス――核密約の真実』（文藝春秋、一九九四年）一一三頁。

12――「佐藤首相訪米――日米共同声明」(一九六七年一一月二一日)『日米関係資料集』七八七頁。
13――同右、七八六頁。
14――同右、七八八頁。
15――「佐藤首相訪米――ナショナル・プレス・クラブ演説」(一九六七年一一月二一日)同右、七九五頁。
16――波多野澄雄『歴史としての日米安保条約――機密外交記録が明かす「密約」の虚実』(岩波書店、二〇一〇年)、二二七～二三一頁。
17――若泉『他策ナカリシヲ信ゼムト欲ス』、四四八頁。
18――同右、三五六～三五七頁。
19――中島琢磨『高度成長と沖縄返還』(吉川弘文館、二〇一二年)二七七～二七八頁。
20――楠田實の日記によれば、佐藤の口から辞職という言葉が出たのは、五月二一日であり、引退声明の準備を頼まれたのは、六月一日であった。『楠田實日記』七二八～七三一頁。
21――琉球銀行調査部『戦後沖縄経済史』七一〇頁。
22――金斗昇『池田政権の対外政策と日韓交渉』(明石書店、二〇〇八年)三二一～三三七頁。
23――福永文夫『大平正芳』(中央公論新社、二〇〇八年)一一一～一一二頁。
24――本来の日程は、一九六四年五月に条約に署名するはずであったが、三月から同条約に反対する学生集会がソウルで暴徒化したため、ソウルに一時戒厳令が布かれるほど深刻になったので、条約の署名はついに棚上げになってしまった。徐仲錫『韓国現代史六十年』(明石書店、二〇〇八年)九〇～九二頁。
25――谷川榮幸「日韓基本條約と池田・佐藤外交」『法政研究』、第三九号(一九七三年六月)五七六頁。
26――岡本文夫『佐藤政権』(白馬出版社、一九七二年)六二～六七頁。
27――同右。
28――一九六六年四月六日から七日に掛けて、東京で第一回目の会議が開かれたことによって組織された。その後、毎年東京で会議を開催したが、一九七五年には、解散することを決めた。野添文彬「東南アジア開発閣僚会議開催の政治経済過程――佐藤政権期における日本の東南アジア外交に関する一考察」『一橋法学』、第八一巻(二〇〇九年三月)六一頁。

29――一九六六年一二月一九日にマニラで結成された。
30――大戸元長『東南アジアの農業開発』(日本国際問題研究所、一九六五年)六五~六六頁。
31――初期の資金額は、一〇億アメリカドルであるが、日本は、二億ドルを提供しているため、アメリカに次いで第二位の出資国であった。猪木武徳『日本の近代(七)経済成長の果実』(中央公論新社、二〇〇〇年)二一四頁。
32――東南アジアに対する佐藤内閣の基本的な対応は、岸内閣時代の政策を継続させたものであると考えられる。佐藤晉「戦後日本の東南アジア政策(一九五五-一九五八)」中村隆英、宮崎正康編『岸信介政権と高度成長』(東洋経済新報社、二〇〇三年)所収、二四四~二六〇頁。
33――中島『高度成長と沖縄返還』一二七~一二八頁。
34――岡本『佐藤政権』一四〇頁。
35――『楠田實日記』九五~一〇八頁。
36――「總統接見日本內閣總理大臣佐藤榮作談話記録(一)、(二)」『中華民国外交部亞東太平洋司档案』、档號:012.2/0007(一九六七年九月八日)、中華民国外交部所蔵。
37――『楠田實日記』一二三頁。
38――台湾を例とすれば、佐藤は台湾を訪問した二週間後の九月二二日に東京で一九六五年会計年度から六九年にかけて、五年間の間に日本が台湾に一億五〇〇〇万アメリカドルの借款を提供する協定を結んだ。「Projects Financed by Yen Credit, Programming Schedule」(一九六九年一月三一日)、『中日簽署貸款第三四年執行法表格:中華民国外交部亞東太平洋司档案』、檔號:031.3/0093、中華民国外交部所蔵。
39――若泉『他策ナカリシヲ信ゼムト欲ス』、九六~一〇七頁。
40――岡本『佐藤政権』一九二頁。
41――中島『沖縄返還と日米安保体制』一一四~一一五頁。
42――中島『高度成長と沖縄返還』一七七頁。
43――東郷文彦『日米外交三十年――安保・沖縄とその後』(世界の動き社、一九八二年)一七二~一七三頁。
44――早野透『田中角栄――戦後日本の悲しき自画像』(中央公論新社、二〇一二年)二一〇~二一三頁。
45――衛藤瀋吉『佐藤栄作』(東方書店、二〇〇三年)一六六~一六七頁。

46――岡本『佐藤政権』二四二頁。
47――四六七票のうち、佐藤は三五三票を取り、対立候補の三木武夫を破って当選した。
48――五百旗頭真『戦後日本外交史（新版）』（有斐閣、二〇〇六年）一五〇頁。
49――信夫隆司『若泉敬と日米密約――沖縄返還と繊維交渉をめぐる密使外交』（日本評論社、二〇一二年）一三頁。
50――衛藤『佐藤栄作』一九五～一九六頁。
51――早野『田中角栄』二二四～二二五頁。
52――池田直隆『日米関係と「二つの両国」――池田・佐藤・田中内閣期』（木鐸社、二〇〇四年）三六四～三六五頁。
53――信夫『若泉敬と日米密約』三五九～三六〇頁。
54――五百旗頭『戦後日本外交史（新版）』一三八～一三九頁。
55――衛藤『佐藤栄作』一八六頁。
56――中島敏次郎著、井上正也ほか編『外交証言録――日米安保・沖縄返還・天安門事件』（岩波書店、二〇一二年）一二六～一二七頁。
57――若泉『他策ナカリシヲ信ゼムト欲ス』三五四頁。
58――衛藤『佐藤栄作』一八五～一八六頁。
59――五百旗頭真「『楠田實日記』で読む佐藤政権」『楠田實日記』所収、九七一頁。
60――楠田實「「啐啄同機」の政治―あとがきに代えて」同右所収、八五〇頁。
61――衛藤『佐藤栄作』一六一頁。
62――『楠田實日記』、六一七頁。
63――船田中をはじめ、山口喜久一郎、石井光次郎という三人の衆議院議長、及び田中伊三次、小平久雄の両衆議院副議長が、衆議院の本会議で日韓批准案件、臨時国会での補正予算、健保修正法案の強行採決の責任をとるよう迫られたため、それぞれ辞職することになった。
64――『楠田實日記』七三八頁。
65――楠田「「啐啄同機」の政治」同右、九〇二頁。
66――国民への引退挨拶に、「佐藤政治は分かりにくいという批判を受けたが、一国の宰相は孤独なものだ」という言葉を残した。

第12章

1――竹内洋『メディアと知識人――清水幾太郎の覇権と忘却』(中央公論新社、二〇一二年)を参照。なお、『世界』の時代」という表現は、竹内洋『革新幻想の戦後史』(中央公論新社、二〇一一年)の第二章タイトルである。

2――『世界』の論調については、拙稿「『世界』――戦後平和主義のメートル原器」(竹内洋・佐藤卓己・稲垣恭子編『日本の論壇雑誌』創元社、二〇一四年)、また『世界』創刊の経緯については拙著『物語 岩波書店百年史②――教育の時代』(岩波書店、二〇一三年)も参照。先行研究として富士晴英「吉野源三郎と『世界』」(『歴史評論』一九九六年五月号)、同「戦前・戦中期の吉野源三郎」(『宝仙学園紀要』第八号・一九九七年)、櫻井智志「戦後思想のなかの吉野源三郎」(『葦牙』一九九六年一二月号)などがある。批判的考察として、野田宣雄「論壇平和主義はなぜ失墜したか」(『THIS IS 読売』一九九一年五月号、同『歴史の危機』文藝春秋、一九九二年に再録)、水野均「日本の安全保障政策に対する『世界』の編集方針――日米同盟をめぐる論説の検証・追補」(『千葉商大紀要』二〇一二年三月号)などがある。

3――清水幾太郎「素顔　吉野源三郎氏」(『朝日ジャーナル』一九六一年一二月二四日号)二七頁。

4――同右。

5――各論の見出しは「戦争推進論者から平和論者に豹変した長田新」、「強制兵役論者だった宗像誠也」、「武士道教育論から日教組お抱え講師になった宮原誠一」、「女性の犠牲心を説いた羽仁説子」、「支那民衆宣撫の辣腕家――国分一太郎」、「〝ナチ〟の心酔者――安井郁」、「戦争讃美と言論統制論者の清水幾太郎」(『実業之世界』一九五九年一月号)四四〜四八頁。「全貌」レポートは敗戦を挟んで知識人言説の極端な変化をあぶりだして評判となった。しかし、吉野に限っては、以下で見るように、その試みは成功していない。

6――全貌編集部編『進歩的文化人――学者先生戦前戦後言質集』(全貌社、一九五七年)二九頁。なお、吉野源三郎の年譜については、古在由重『暗き時代の抵抗者たち』(太田哲男編、同時代社、二〇〇一年)二六三頁も参照。

7――吉野源三郎「思想のリアリティと同時代」『人間を信じる』(岩波現代文庫、二〇一一年)八八頁。一九七六年

「マルクス主義研究セミナー」での講演記録。

8——吉野が陸軍刑務所において「心身の疲労のため、不覚に同志を裏切るようなことをもらすのを恐れて自殺を計った」ことを、義弟である独文学者・高橋健二は証言している。高橋健二「編集後記」(『山本有三全集』第四巻、新潮社、一九七七年)三八三頁。吉野源三郎「わたしの戦中・戦後」(『図書新聞』一九六二年一月一日号)、同「若き日の手紙——一九二六年、軍隊から」(『世界』一九八一年八月号)も参照。

9——北博昭「軍法会議の裁判権——吉野源三郎のケース」(『日本歴史』一九九二年一一月号)九八頁。

10——古在由重『暗い時代の抵抗者たち』一九七頁。上田耕一郎「〝高貴な激情〟と吉野さん」(『文化評論』一九八一年八月号)では次のようなエピソードも紹介されている。転向をすすめる法務官に対して、「私にそれを求めることは、あなたがた軍人が、敵に捕虜になったとき、卑怯な裏切りをすすめるのと同じことではありませんか。あなた方はそれを正しいとするのですか」、と吉野は反論した。法務官はその言葉で態度を改めて、吉野に人間的理解を示したという。

11——「吉野源三郎陸軍法会議判決文」『続・現代史資料6』(みすず書房、一九八二年)一九七頁。

12——吉野源三郎「〝あきらめ〟と〝見切り〟」(『現代の眼』一九六五年一二月号)一二三頁。

13——鈴木正「戦後思想と永久民主主義——吉野源三郎を浮標に」(『思想の科学』一九八〇年三月号)二四〜二五頁。

14——吉野源三郎「一九七〇年問題について——一素人の戦略談義」(『70年問題のために闘っている諸君へ』現代の理論社、一九七〇年、初出は『現代の理論』一九六六年一月号)二一頁。

15——古在由重・丸山真男「一哲学徒の苦難の道」(『昭和思想史への証言』毎日新聞社、一九六八年)八四頁。

16——初版は「山本有三・吉野源三郎著」と表示されているように、眼病の山本に替わって急遽、吉野が執筆した著作である。また吉野が執行猶予中だったことも共著とした理由という。吉野源三郎「偶然から生まれた作品」(『出版ニュース』一九七一年四月上旬号)一五頁。

17——丸山真男「『君たちはどう生きるか』をめぐる回想——吉野さんの霊にささげる」(吉野源三郎『君たちはどう生きるか』岩波文庫、一九八二年、初出は『世界』一九八一年八月号)三一七頁。

18——吉野源三郎『君たちはどう生きるか』(岩波文庫、一九八二年)一〇頁。

19——同右、一三頁。

20――吉野源三郎「東京の屋根の下」(『美しい暮らしの手帖』第一九号・一九五四年)九〇頁。
21――吉野源三郎『同時代のこと――ヴェトナム戦争を忘れるな』(岩波新書、一九七四年)二二四頁。
22――『人間を信じる』九〇頁。
23――同右、九二～九三頁。
24――藤田省三「戦後精神の管制高地――吉野源三郎氏の姿」(『みすず』一九八一年六月号)四八～四九頁。
25――鹿野政直『岩波新書の歴史』(岩波新書、二〇〇六年)五〇～五一頁。
26――『人間を信じる』七六頁。
27――吉野源三郎『同時代のこと』四一頁。
28――大内兵衛「岩波新書の文化小論」『激動の中で―岩波新書の25年』(岩波書店、一九六四年)三頁。
29――ポソニー『今日の戦争――その計画・遂行・経費』(大内愛七訳、岩波新書、一九四〇年)五頁。
30――吉野源三郎「少国民のための科学書について――そのための配慮とその限界」(『少国民文化』一九四二年一〇月号)一二〇頁。
31――吉野源三郎「子供ものの出版について――その現状と指導とについて」(『教育』一九四二年五月号)四〇～四一頁。『教育』は教育科学運動の機関誌的存在であり、城戸幡太郎の責任編集で岩波書店から刊行されていた。同号には橘撲「教育者組織論」、城戸幡太郎「健民運動と生活科学運動」、森喬「国民組織とジャーナリズム」が並んでいる。
32――同右、三六頁。
33――同右、三六～三七頁。
34――吉野源三郎「一編集者として」(大内会編『山麓集――大内兵衛先生喜寿記念随想集』一九六五年)七四～七五頁。同「『世界』創刊まで」(『職業としての編集者』岩波新書、一九八九年)八〇頁。吉野と労農派グループとの関係については、ローラ・ハイン『理性ある人々　力ある言葉――大内兵衛グループの思想と行動』(大島かおり訳、岩波書店、二〇〇七年)も参照。吉野の政治論説は『世界』以外では『月刊社会党』『月刊総評』『現代の理論』などに発表されている。
35――中野好夫「ひとり生まれて、ひとり死す――故吉野源三郎氏に寄せて」(『朝日ジャーナル』一九八一年六月一二日号)九二頁。

36——吉野源三郎「戦後の三十年と『世界』の三十年」(『世界』一九七六年一月号)、同「『平和問題談話会』について」(『世界』一九八五年七月臨時増刊号)などを参照。

37——大宅壮一『仮面と素顔——日本を動かす人々』東西文明社・一九五二年、初出は一九五〇年九月)二一一〜二一二頁。

38——吉野源三郎「平和問題談話会声明　まえがき」(『新日本文学』一九五〇年五月号)三三一頁。

39——同右、三五頁。

40——中野好夫「思想と言論の自由に関して——『知識人の会』幹事会声明　後記」(『世界』一九五一年一月号)一六〇頁。

41——塙作楽『地方文化論への試み』(辺境社、一九七六年)三〇頁。『世界』発行部数については、拙著『物語　岩波書店百年史2』二七六頁のグラフを参照。

42——吉野源三郎・中島健蔵・加藤周一「『世界』への注文」(『世界』一九五八年三月号)三〇一頁。

43——緑川亨・安江良介「平和問題談話会とその後」(『世界』一九八五年臨時増刊号)六三頁。

44——河盛好蔵「『世界』の功罪」(『世界』一九五四年四月号)五五頁。

45——大熊信行「綜合雑誌十年のあゆみ——『世界』を中心にして」(『世界』一九五六年一月号)一六六頁。

46——同右、一六五頁。

47——池島信平・佐藤観次郎・畑中繁雄・吉野源三郎「綜合雑誌について——編集者座談会」(『中央公論』一九五五年五月号)、一四三頁。

48——吉野が執筆した編集後記や巻頭言は吉野源三郎『平和への意思——『世界』編集後記　一九四五—五五年』(岩波書店、一九九五年)、同『「戦後」への訣別——『世界』編集後記　一九五六〜六〇年』(岩波書店、一九九五年)に、また主要な座談会などは『日本における自由のための闘い』(評論社、一九六九年)、『原点——「戦後」とその問題』(評論社、一九六九年)、『日本の運命』(評論社、一九六九年)にまとめられている。

49——中野好夫「ひとり生まれて、ひとり死す」九三頁。

50——『人間を信じる』二五五頁。

51――山崎純一「平和研究と価値志向」(『創大平和研究』一九八三年五月号)二一七頁。『世界』と並び一九五〇年代前半の平和運動をリードした平和擁護日本委員会(日本平和を守る会から改組)の機関誌『平和』(青木書店・一九五二年七月創刊)も一九五五年一〇月に廃刊となっている。『平和』の編集評議員には平和問題談話会から清水幾太郎、中野好夫が参加していた。『平和』については、黒川みどり「戦後知識人と平和運動の出発」(『年報・日本現代史』第八号、二〇〇二年)を参照。

52――『人間を信じる』二三五頁。

53――同右、一三〇～一三一頁。

54――同右、一三七頁。

55――同右、一四〇頁。

56――拙著『物語　岩波書店百年史②』の最終章「午後四時の教養主義」を参照。

57――『人間を信じる』六四～六五頁。

58――吉野没後に『世界』が中心となった「岩波文化人」の平和運動として、一九八四年に『世界』編集長(当時、のち社長)安江良介の尽力で組織された「核軍縮を求める二十二人委員会」がある。座長・宇都宮徳馬のほかに美濃部亮吉、谷川徹三、永井道雄、国弘正雄、田英夫、岡田春雄、広島市長、長崎市長などが参加した。同委員会は「平和構想談話会」との共編で『「1%問題」と軍縮を考える：緊急シンポジウム』(岩波ブックレット54・一九八六年)などを刊行している。冷戦終了後も「核軍縮を求める二十二人委員会の要望書」(『世界』一九九二年二月号)の発表など活動を続けているが、国会図書館のデータベースでは鯨岡兵輔「大切にしたい憲法の心――核軍縮を求める二十二人委員会だより」(『軍縮問題資料』一九九四年一二月号)以後の活動は把握できない。

59――吉野源三郎「知識人の地位について」(『新潮』一九四七年一二月号)七頁。

第13章

1――"From the Chairman," *Joint Force Quarterly*, Issue 62, 2011, pp.2-5。軍人は何よりもまず市民(citizen)であり、国民の代表として選挙で選ばれた文民指導者の統制に、軍は政治的に中立な国家統治の道具として服する義務があるが、最終的に服すべきは国民(the people)であり軍人も国民なのだと、この後にマレン議長は補足している。

2——Morris Janowitz, *The Professional Soldier*, Free Press, 1971, pp.150-161.

3——*Ibid*, pp.417-420.

4——Charles Moskos, , J. Williams, and D. Segal, eds., *The Postmodern Military*, Oxford University Press, 2000.

5——Harry Bondy, "Postmodernism and the Source of Military Strength in the Anglo-West," *Armed Forces and Society*, Vol.31, No.1, 2004, pp.31-61.

6——拙稿「ポストモダン軍隊論の射程——リスク社会における自衛隊の役割拡大」『安全保障学のフロンティア(II)』(明石書房、二〇〇七年)六四~八六頁。

7——Steven Brackin, "Reframing Army Doctrine: Operational art, the Science of Control, and Critical Thinking," *Military Review*, November-December, 2012, pp.68-72.

8——*Ibid*, p.72.

9——John A. Williams, "The Military and Society beyond the Postmodern Era," *Orbis*, Spring, 2008, pp.199-216.

10——Williamson Murray and Peter Mansoor, *Hybrid Warfare: Fighting Complex Opponents from the Ancient World to the Present*, Cambridge University Press, 2012; Frank Hoffman, Conflict in the 21st *Century: The Rise of Hybrid Wars, Potomac Institute for Policy Studies*, 2007. <http://www.projectwhitehorse.com/pdfs/HybridWar_0108.pdf> 二〇一三年八月一〇日アクセス。

11——Nathan Freier, "The Defense Identity Crisis: It's a Hybrid World," *Parameters*, Autumn, 2009, pp.81-94.

12——拙稿「新しい戦争をどう考えるか」福間良明、野上元、蘭信三、石原俊編『戦争社会学の構想』(勉誠出版、二〇一三年)三二四~三四三頁。

13——Freier, "The Defense Identity Crisis," p.92.

14——Don Snider and Gayle Watkins, eds., *The Future of the Army Profession*, McGraw-Hill, 2002.

15——Ibid, Ch.1, pp.3-18.

16——James Burk, "Ch.2: Expertise, Jurisdiction, and Legitimacy of the Military Profession," in Snider and Watkins, *The Future of the Army Profession*, pp.19-38.

17——Nathan Freier, "The Defense Identity Crisis: It's a Hybrid World," *Parameters*, Autumn, pp.81-94.

18——Andrew Abott, "Ch.24, The Army and the Theory of Professions," in Snider and Watkins, *The Future of the Army Profession*, pp.523-536.

19——青井千由紀「英国の対反乱ドクトリン——古典的原則の起源と継続性」『軍事史学』第四九巻第二号、二〇一三年、四頁。

20——Colin Gray, *Irregular Enemies and the Essence of Strategy: Can the American Way of War Adapt?*, Strategic Studies Institute, US Army War College, March, 2006.< http://www.au.af.mil/au/awc/awcgate/ssi/irreg_enemies.pdf> 二〇一三年八月九日アクセス。

21——Ibid, pp.29-49. グレイが列挙する米軍の戦略文化の特徴は、「非政治的、非戦略的、非歴史的、楽観的問題解決志向、異文化理解不足、技術依存、火力重視、大規模、攻撃的・攻勢的、根本的に通常戦志向、忍耐力の欠如、卓越した兵站、戦死者数に敏感（犠牲者忌避）」の一三点である。

22——ボブ・ウッドワード『ブッシュのホワイトハウス（上）』（日本経済新聞社、二〇〇七年）三七頁。

23——H. R. McMaster, *Dereliction of Duty: Lyndon Johnson, Robert McNamara, the Joint-Cheifs of Staff, and the Lies that Led to Vietnam*, Harper Perennial, 1998.

24——Jonathan Caverley, "The Myth of Military Myopia: Democracy, Small Wars, and Vietnam," *International Security*, Vol. 34, No. 3, Winter 2009, pp.119-157.

25——Karl Lowe, "Hybrid War in Vietnam, " in Murray and Mansoor, *Hybrid Warfare*, pp.254-288.

26——H. R. McMaster, "The Human Element: When Gadgetry Becomes Strategy," *World Affairs*, Vol.171, Issue 3, Winter 2009, pp.31-43.

27——Ibid, p.41.

28——Ibid, p.40.

29——Sydney Freedberg, "Gen. McMaster: Raiders, Advisors, and the Wrong Lesson from Iraq," *Breaking Defense*, March 20, 2013, < http://breakingdefense.com/2013/03/20/ gen-mcmaster-raiders-advisors-and-the-wrong-lessons-from-iraq/> 二〇一三年八月九日アクセス。

30――ビング・ウェスト『ファルージャ　栄光なき死闘』(早川書房、二〇〇六年)二一九頁。

31――Peter Mansoor and Mark Ulrich, "Linking Doctrine to Action: A New Coin Center-of-Gravity Analysis," *Military Review*, September-October, 2007, pp.45-51.

32――Wilbur Scott, David McCone, and George Manstroianni, "The Deployment Experience of Ft. Carson's Soldiers in Iraq: Thinking about and Training for Full-Spectrum Warfare," *Armed Forces and Society*, Vol. 35, No.3, 2009, pp.460-476.

33――Thomas Ricks, *Fiasco: The American Military Adventure in Iraq*, Penguin Books, 2007, pp.420-421.

34――マクマスターは、今日の囚人は、明日の市長や地方評議員となるかもしれないため、スンニ派が支配する地域でシーア派が多数を占めるイラク警察が囚人を丁重に扱うというのは異例のことだったが、ＣＯＩＮ作戦成功のカギを握るひとつの要因であると考えていた。囚人の待遇改善のために、マクマスターの連隊では囚人に対する「顧客満足度調査」まで実施した。反乱分子に協力的なスンニ派の部族長たちとも胸襟を開いて会話することで、次第にマクマスターに協力する部族長が増えてきた。部下の将校たちにイラク軍将校と古戦場を見学させたりしてイラクの歴史に対する教育の機会を作ることも忘れなかった。

35――Ricks, *Fiasco*, pp.420-424.

36――マクマスターが指揮したタル・アファル(Tal Afar)での作戦は、「クリア・ホールド・ビルド」作戦の模範的事例として改訂されたＣＯＩＮ教範にも掲載されている(第五章、一八二～一八四頁)。

37――*The U.S. Army/Marine Corps Counterinsurgency Field Manual, U.S. Army Field Manual No.3-24, Marine Corps Warfighting Publication No.3-33.5*, The University of Chicago Press, 2007.(以下、FM3-24と略記)

38――Sarah Sewell, "Introduction to the University of Chicago Press Edition," *U.S. Army Field Manual No.3-24, Counterinsurgency*, p.xxi.

39――福田毅「米国流の戦争方法と対反乱(ＣＯＩＮ)作戦――イラク戦争後の米陸軍ドクトリンをめぐる論争とその背景」『レファレンス』二〇〇九年一一月号、七七～一〇一頁。矢野哲也「対反乱作戦の問題点と今後の動向について」『防衛研究所紀要』第一四巻第一号、二〇一一年一二月、三九～六四頁。

40――Nathan Springer, *Stabilizing the Debate between Population and Enemy-Centric Counterinsurgency Success Demands a*

Balanced Approach, Fort Leavenworth, KS: Combat Studies Institute Press, 2012.

41――ＣＯＩＮ批判派の意見の中には、民衆の保護を重視し過ぎて「敵を殺す」ことを奨励しないＣＯＩＮ推進派の考え方の蔓延が「戦士エートス(warrior ethos)」の衰退につながっていると概嘆するものもある。Bing West, "Warrior Ethos," *The National Interest,* 2010, pp.66-72.

42――この「ハイブリッド戦争(hybrid warfare)」の概念についても議論が分かれている。「戦争」の一種として狭義に定義するのではなく、軍事的側面と非軍事的側面を組み合わせた複合的な安全保障上の脅威、「政治・軍事・経済・情報」の要素が複雑に「混淆」した安全保障上のリスクととらえるべきだと訴える論者もある。Nathan Freier, "Hybrid Threats and Challenses: Describe ... Don't Define," *Small Wars Journal,* 2009, pp.1-8.

43――FM3-24, p.45.

44――Ibid, pp.51-52.

45――Keith Walters, "Who Will Fulfill the Cavalry's Functions?," *Military Review,* January-February, 2011, pp.80-85.

46――「ミッション・コマンド」とは、二〇〇三年制定の野戦教範(FM6-0, *Mission Command: Command and Control of Army Forces*)によれば、フルスペクトラム作戦の実行段階において、下級指揮官が上級指揮官の作戦意図を汲んで、「規律ある自発性(disciplined initiative)」を発揮して部隊を指揮することを指す(Chip Daniels, Mark Huhtanen, and John Poole, "Harnessing Initiative and Innovation: A Process for Mission Command," *Military Review,* September-October, 2012, pp.18-26.)。基本的な概念は、二〇一二年に改訂された新教範(Army Doctrine Reference Publication: ADRP No.6-0 *Mission Command*)でも変更はない。

47――*Mission Command White Paper,* April 3, 2012.<http://www.jcs.mil/content/files/2012-04/ 042312114128_CJCS_Mission_Command_White_Paper_2012_a.pdf>二〇一三年八月一五日アクセス。

48――西本徹也「自衛隊と国際平和協力――実行組織の立場から」『国際安全保障』第三四巻第一号、二〇〇六年六月、一一～一六頁。

49――山口昇「平和構築と自衛隊――イラク人道復興支援を中心に」『国際安全保障』第三四巻第一号、二〇〇六年六月、一七～三四頁。佐藤正久「ゴラン高原からイラクへ――一自衛隊指揮官の中東経験」『ＰＫＯの史的検証』軍事史学会編、錦正社、二〇〇七年、三〇八～三二五頁。

50——鳥谷昌幸「新聞の中のイラク戦争と憲法九条」『慶応義塾大学メディア・コミュニケーション研究所紀要』第五五号、二〇〇五年三月、六三〜七七頁。

51——織田邦男「航空自衛隊の国際協力活動——現場から見たイラク派遣」『防衛学研究』第四二号、二〇一〇年三月、一八〜二九頁。織田によれば、イラク派遣中、隊員の心情を動揺させる危機が、①民主党がイラク廃止法案を出したとき、②名古屋地裁が傍論ながらイラク派遣に関し違憲判決を出したとき、③陸自が撤収する中でバグダッド・エルビルに活動地域が拡大したとき(任務遂行がより危険な状況となる一方で、陸自が撤収したことにより人道復興支援の大義名分の再確認を迫られた)、の三回あったという。

52——二〇〇七年八月一〇日の報道番組で、佐藤氏がイラク派遣当時「駆けつけ警護」を実行する考えがあったことを明らかにした。第一次安倍政権のもとで設置された「安全保障の法的基盤の再構築に関する懇談会」(二〇〇七年四月設置、柳井俊二座長)が「駆けつけ警護」を容認すべきとの結論に至ったことを受けての発言。東京新聞、二〇〇七年八月一七日朝刊、二二面記事。

53——佐藤正久『イラク自衛隊「戦闘記」』講談社、二〇〇七年、二四四〜二四五頁。

54——Jan W. Honig and Ilmari Kaihko, "Challenge of Command: The Rise of the 'Strategic Colonel,'" in *Leadership in Challenging Situations*, Harald Haas et al. eds, Peter Lang, 2012, pp.89-108.

55——「名指揮官が語るイラク」『武士道の国から来た自衛隊——イラク人道復興支援の真実』(産経新聞社、二〇〇四年)三五〜八三頁。佐藤正久『イラク自衛隊「戦闘記」』二三二頁。

56——イラク特措法にもとづく人道復興支援活動の主な内容は、陸上自衛隊約六〇〇名(人道復興支援群五〇〇名・三ヶ月交代、人道復興業務支援隊約一〇〇名・六か月交代)による医療、給水、公共設備の復旧整備のほか、航空自衛隊による自衛隊部隊および国連・多国籍軍のニーズに応じた空輸支援など。陸自の現地雇用者数は、一日当たり最大一一〇〇名、延べ四九万人にのぼった(『平成二一年版 防衛白書』防衛省、二〇〇九年、二四〇、三七八頁)。

57——イラク派遣に際して、陸上自衛隊では「部隊行動基準」を定めたが、「問題は想定外の事態が起きた時の判断」であった。朝日新聞「自衛隊50年」取材班『自衛隊 知られざる変容』朝日新聞社、二〇〇五年、九二頁。

58——佐藤『イラク自衛隊「戦闘記」』一八一頁。

59——佐藤「ゴラン高原からイラクへ」三二五頁。
60——『武士道の国から来た自衛隊』八〇～八一頁。
61——『武士道の国から来た自衛隊』七七頁。
62——ただし、たとえば軽装甲機動車上の機関銃手は、笑顔で左手を振る一方で、右手は銃をいつでも操作できるよう即応体制を常にとっていた（産経新聞イラク取材班『誰も書かなかったイラク自衛隊の真実——人道復興支援2年半の軌跡』産経新聞社、二〇〇六年、一二五頁）。
63——『武士道の国から来た自衛隊』一八〇～一八一頁。
64——第四次イラク復興支援群長福田築一佐（当時）によれば、「一発も撃っていない」理由は、たまたま撃っていないのではなく、撃たないように努力していたからだという。宿営地から外出する場合には、それまでに収集した情報を総合して判断し、時間がかかっても安全な経路をとるよう細心の注意を払っていた（産経新聞『イラク自衛隊の真実』八〇、一二四頁）。
65——柿谷哲也・菊池雅之『自衛隊　イラク派遣の真実』（アリアドネ企画、二〇〇五年）。
66——イラク派遣期間中に、自衛隊の宿営地に対する迫撃砲やロケット弾による攻撃も十数回発生したが、いずれも自衛隊員の死傷者を発生させるには至らなかった。
67——小川和久『陸上自衛隊の素顔』（小学館、二〇〇九年）六頁。
68——『武士道の国から来た自衛隊』一八四～一八六頁。
69——拙稿「最前線指揮官の条件」『失敗の本質　戦場のリーダーシップ篇』（ダイヤモンド社、二〇一二年）一三五～一七四頁。
70——FM6-22 *Army Leadership*, October, 2006, 4-4. <http://usacac.army.mil/cac2/Repository/Materials/ fm6-22.pdf> 二〇一三年八月一四日アクセス。
71——産経新聞『イラク自衛隊の真実』一五二～一五三頁。
72——拙稿「最前線指揮官の条件」一七三頁。
73——ダニエル・ゴールマン他『EQリーダーシップ』日本経済新聞社、二〇〇二年。ロバート・グリーンリーフ『サーバント・リーダーシップ』英治出版、二〇〇八年。野中郁次郎「戦場のリーダーシップ」『失敗の本質　戦場のリーダーシップ篇』(ダイヤモンド社、二〇一二年)三〜二八頁。欧米の民間企業でも、組織のトップリーダーには感情的知能(emotional intelligence)がより一層求められるという。Victor Dulewiz and Malcolm Higgs, "Leadership at the Top: The Need for Emotional Intelligence in Organizations," *International Journal of Organizational Analysis*, Vol.11, No.3, 2003, pp.193-210.

74——ペトレイアス中将は、「異文化理解力は戦力を倍増する要素(a force multiplier)」であると考えていた。David Petraeus, "Learning Counterinsurgency: Observations from Soldiering in Iraq," *Military Review*, January-February, 2006, pp.45-55.

75——Maximilian Forte, "The Human Terrain System and Anthropology: A Review of Ongoing Public Debate," *American Anthropologist*, Vol.113, Issue 1, 2011, pp.149-153.

76——軍事組織における「ジェンダー主流化」の動きについては、拙稿「〈軍隊と社会〉研究の現在」『国際安全保障』(第三五巻第三号、二〇〇七年)一〜二二頁参照。

77——Hitoshi Kawano, "Japan Self-Defense Forces in Iraq: Commitment to International Peace and Leadership Challenges," in *Leadership in Challenging Situations*, Harald Haas et al. eds, Peter Lang, 2012, pp.161-181.

78——Peter Feaver, "The Right to Be Right: Civil-Military Relations and the Iraq Surge Decision," *International Security*, Vol.35, No.4, 2011, pp.87-125.

79——Stephen Biddle, Jeffrey Friedman, Jacob Shapiro, "Testing the Surge: Why Did Violence Decline in Iraq in 2007?, *International Security*, Vol.37, No.1, 2012, pp.7-40. 研究者間の増派成功要因をめぐる論争については、下記参照。John Hogan et al., "Correspondence: Assessing the Synergy Thesis in Iraq," *International Security*, Vol.37, No.4, 2013, pp.173-198.

80——米陸軍の「リーダーシップ」ドクトリンは、米陸軍のリーダーに必要不可欠な要件として、「人格、識能、行動力(Be, Know, Do)」を求め、「人格」の中には「陸軍の価値観(Army values)」「共感力(Empathy)」「戦士エートス(Warrior Ethos)」が含まれる。七つの陸軍価値のうちのひとつが「誠実(integrity)」であり、高潔な道徳・倫理観を重要な価値としている。「不倫」はこの価値観に抵触する社会的行為である。

81——*FM3-0 Operations*, U.S. Army, February 2008.

82——*Mission Command White Paper*, 2012, p.3.
83——Martin Dempsey, "Mission Command," *Army*, January 2011, pp.43-44.

第14章

1——E・H・カー『歴史とは何か』（岩波新書、一九六二年）四〇頁。
2——小林道憲『歴史哲学への招待』（ミネルヴァ出版、二〇一三年）を参照。
3——J・L・ギャディス（浜林正夫・柴田知薫子訳）『歴史の風景』（大月書店、二〇〇四年）一一二頁。
4——I.Berlin, "Mr. Churchill," *Atlantic Magazine*, September 1949に基づく。
5——P・F・ドラッカー（上田惇生訳）『ドラッカー365の金言』（ダイヤモンド社、二〇〇四年）一一四〜一一五頁。
6——M.Gilbert, *Winston Churchill's WarLeadership*, Vintage, 2003, p.41.
7——J.Lukacs, *Blood, Toil, Tears and Sweat*, Basic Books, 2008, p.44.
8——C.Catherwood, *His Finest Hour*, Skyhorse Publishing, 2010, p.12.
9——富田浩司『危機の指導者チャーチル』（新潮選書、二〇一一年）を参照。
10——『心の病理を考える』（岩波新書、一九九四年）。
11——H・グデーリアン（本郷健訳）『電撃戦　グデーリアン回想記』（フジ出版社、一九八〇年）二四九〜二五〇頁。
12——J.Meachan, *Franklin and Winston: An Intimate Portrait of An Epic Friendship*, Random House Trade Paperbacks, 2004, p.30.
13——Gilbert, *Winston Churchill's WarLeadership*, p.47.
14——W.Churchill, *Never Give In!: The Best of Winston Churchill's Speeches*, Hyperion, 2003, p.245.
15——J・ルカーチ（秋津信訳）『ヒトラー対チャーチル——80日間の激闘』（共同通信社、一九九〇年）七八頁。
16——河合秀和『チャーチル』（中公新書、一九七九年）二七五頁。
17——同右、二七四頁に基づく。

18――戸部良一「バトル・オブ・ブリテン――守りの戦いを勝ち抜いたリーダーシップ」野中郁次郎ほか著『戦略の本質――戦史に学ぶ逆転のリーダーシップ』（日経ビジネス人文庫、二〇〇八年）に基づく。
19――J.C.Humes, *Churchill: The Prophetic Statesman*, Regnery History, 2012, p.9.
20――B・リデル＝ハート（市川良一訳）『戦略論　間接的アプローチ』（新訳、原書房、二〇一〇年）を参照。
21――D・D・アイゼンハワー（朝日新聞社訳）『ヨーロッパ十字軍』（朝日新聞出版、一九四八年）六一～六二頁。
22――前掲（秋津信訳）『ヒトラー対チャーチル――80日間の激闘』二〇～二一頁。

第15章

1――大学教育社編『現代政治学事典』（ブレーン出版、一九九一年）一〇四二頁。
2――山本光雄訳者代表『プラトン　国家他』（河出書房新社、一九六五年）二一二頁。「愛知者」（philosophos）つまり「哲学者」である。
3――同右、六六頁。
4――アリストテレス『ニコマコス倫理学　上』（岩波文庫、一九七一年）三〇二頁。
5――『ニコマコス倫理学』（岩波文庫版）の訳語は「知慮」となっている。
6――野中郁次郎「私と経営学――リーダーシップ論」（三菱総研倶楽部、二〇〇八年）一八～二〇頁。
7――以下は、会田雄次責任編集『マキャベリ』（世界の名著16）（中央公論社、一九六六年）四一～一五二頁の『君主論』からまとめたものである。
8――M・ウェーバー『職業としての政治』（岩波文庫、一九八〇年）七七～七八頁。
9――アメリカ海軍協会『リーダーシップ［アメリカ海軍士官候補生読本］』武田文男・野中郁次郎共訳（生産性出版、一九八一年）一二六～一四四頁。
10――金谷治責任編集『諸子百家』（世界の名著10）（中央公論社、一九六六年）二一一頁。
11――同右、四六六～四六七頁。
12――同右、四九三頁。

13——橋本五郎『総理の器量』(中公新書ラクレ、二〇一二年)

14——内田健三『戦後宰相論』(文藝春秋、一九九四年)一頁。

15——福田和也『総理の値打ち』(文春文庫、二〇〇五年)一三頁。

16——同右、一三頁。

17——同右、一九頁。

18——同右、一九六頁。

19——八幡和郎『歴代総理の通信簿』(PHP新書、二〇〇六年)三三七〜三三八頁。

20——同右、三三九頁。

21——福田『総理の値打ち』三一〜三二頁。

22——同右、九七〜九八頁。

23——八幡『歴代総理の通信簿』六〇頁。

24——同右、九四頁。

25——同右、九四頁。

26——同右、三四七頁。

27——挙げれば限りがないが、研究機関やコンサルタント会社のリーダーシップ研究に関するサイトがある。たとえば、http://facultyfp.salisbury.edu/fmshipper/MGMT625/overview_of_the_iowa_studies_of.htm, http://www.referenceforbusiness.com/management/Int-Loc/Leadership-Theories-and-Studies.html, http://psychology.about.com/od/leadership/a/leadstyles.htm, などがある。日本でも、http://leadershipinsight.jp/dictionary/words/leadership_theory.html といったものがある。

28——アメリカのミシガン大学とオハイオ州立大学では質問紙調査(サーベイ法)によってリーダーシップ研究が実施されている。オハイオ州立大学では、実際の企業での観察から一七〇〇以上のリーダー行動の項目が得られている。金井壽宏『リーダーシップ入門』(日経文庫、二〇〇五年)二三五〜二四〇頁。

29——鈴木喬『社長は少しバカがいい。』(WAVE出版、二〇一三年)四〜一一頁。

ヤ

ナ

ハ

タ

サ

カ

主要人名索引

佐藤卓己（さとう・たくみ）：第12章

京都大学大学院教育学研究科准教授
1960年生まれ。京都大学大学院博士課程単位取得退学。京都大学博士。東京大学新聞研究所助手、同志社大学文学部助教授、国際日本文化研究センター助教授を経て現職。専門はメディア史。主著に『大衆宣伝の神話』（ちくま学芸文庫）、『「キング」の時代』（岩波書店、日本出版学会賞受賞、サントリー学芸賞）、『言論統制』（中公新書、吉田茂賞）、『物語　岩波書店百年史②』（岩波書店）などがある。

河野仁（かわの・ひとし）：第13章

防衛大学校公共政策学科教授
1961年生まれ。大阪大学人間科学部卒業、大阪大学大学院を経て、ノースウェスタン大学大学院でPh.D.（社会学）取得。専門は軍事社会学。主著に『〈玉砕〉の軍隊、〈生還〉の軍隊』（講談社学術文庫）、『戦後日本の中の「戦争」』（世界思想社）などがある。

野中郁次郎（のなか・いくじろう）：第14章執筆

一橋大学名誉教授
1935年生まれ。早稲田大学政治経済学部卒業。カルフォルニア大学バークレー校経営大学院博士課程修了（Ph.D.）。防衛大学校教授、北陸先端科学技術大学院大学知識科学研究科教授、一橋大学大学院国際企業戦略研究科教授などを歴任する。主著に『組織と市場』（千倉書房）、『アメリカ海兵隊——非営利型組織の自己革新』（中公新書）、共著に『知識創造企業』（東洋経済新報社）、『失敗の本質』（中公文庫）、『戦略の本質』（日経ビジネス文庫）、『イノベーションの本質』（共著、日経BP社）などがある。

佐古丞（さこ・すすむ）：第15章執筆

大阪学院大学国際学部教授
1952年生まれ。京都大学大学院法学研究科政治学専攻博士後期課程単位取得満期退学。専門は国際政治学、外交史。大阪学院大学国際学部専任講師、同助教授を経て2003年より現職。著書に『未完の経済外交——幣原国際協調路線の挫折』（PHP研究所）、『変容する国際政治』（晃陽書房）、『日米・戦後史のドラマ』（共著、PHP研究所）などがある。

約』(岩波書店)、『国家と歴史――戦後日本の歴史問題』(中公新書)、『冷戦変容期の日本外交』(編著、ミネルヴァ書房)、『日本の外交 第2巻 戦後編』(編著、岩波書店) など著書多数。

庄司潤一郎 (しょうじ・じゅんいちろう):第9章執筆

防衛省防衛研究所戦史研究センター長
1958年生まれ。筑波大学大学院博士課程単位取得退学。防衛研究所戦史部第一戦史研究室長、戦史部上席研究官、戦史部長などを経て2011年より現職。専門は日本外交史、歴史認識。著書に『歴史と和解』(共著、東京大学出版会)、『検証 太平洋戦争とその戦略』(共編著、全3巻、中央公論新社) などがある。

楠綾子 (くすのき・あやこ):第10章執筆

関西学院大学国際学部准教授
1973年生まれ。神戸大学大学院法学研究科博士後期課程修了。博士 (政治学)。(財) ひょうご震災記念21世紀研究機構研究員などを経て、2010年より現職。著書に『現代日本政治史① 占領から独立へ 1945～1952』(吉川弘文館)、『吉田茂と安全保障政策の形成――日米の構想とその相互作用、1943～1952年』(ミネルヴァ書房)。主要論文に「戦後日米関係の再生――1948～1960年」五百旗頭真ほか監修『もう一つの日米交流史』(中央公論新社) 所収、「占領期の日米関係」「日米同盟の成立から沖縄返還まで」竹内俊隆編著『日米同盟論――歴史・機能・周辺諸国の視点』(ミネルヴァ書房) 所収などがある。

黄自進 (Huang Tzu-chin):第11章執筆

中央研究院近代史研究所研究員
1956年生まれ。台湾・国立政治大学卒業、慶應義塾大学大学院法学研究科博士課程修了。法学博士。スタンフォード大学 (アメリカ) フーヴァー研究所客員研究員、東京外語大学客員助教授、慶應義塾大学特別研究教授、国際日本文化研究センター外国人研究員、立命館大学客員教授を経て現職。主著に『吉野作造対近代中国的認識與評価1906～1932年』『北一輝的革命情結――在中日両国従事革命的歴程』『「和平憲法」下的日本重建 (1945～1960)』、『蒋介石与中国――一部近代中日関係史的縮影』(中国語。いずれも中央研究院)、『蒋介石と日本――友と敵のはざまで』(日本語。武田ランダムハウスジャパン) などがある。

フレドリック・ディキンソン（F.R.Dickinson）：第4章執筆

ペンシルヴァニア大学大学院歴史学研究科・歴史学部教授
1961年東京生まれ。京都大学大学院法学研究科修士課程修了。エール大学大学院歴史学研究科博士課程満期修了。博士（歴史学）。主著に *War and National Reinvention: Japan in the Great War, 1914-1919*（Harvard University Asia Center）、『大正天皇——一躍五大洲を雄飛す』（ミネルヴァ書房）、*World War I and the Triumph of a New Japan, 1919-1930*（Cambridge）がある。

黒沢文貴（くろさわ・ふみたか）：第5章執筆

東京女子大学現代教養学部教授
1953年生まれ。上智大学文学部卒業。上智大学大学院文学研究科博士後期課程単位取得満期退学。博士（法学）。宮内庁書陵部編修課主任研究官などを経て現職。専門は日本近現代史。著書に『大戦間期の日本陸軍』（みすず書房、吉田茂賞）、『日本赤十字社と人道援助』（共編著、東京大学出版会）、『戦争・平和・人権』（編著、原書房）、『歴史と和解』（共編著、東京大学出版会）、『大戦間期の宮中と政治家』（みすず書房）、『二つの「開国」と日本』（東京大学出版会）、『日本政治史のなかの陸海軍』（共編著、ミネルヴァ書房）など。

武田知己（たけだ・ともき）：第7章執筆

大東文化大学法学部教授
1970年生まれ。上智大学文学部卒業、東京都立大学にて博士号取得。東京都立大学法学部助手、日本学術振興会特別研究員を経て、現職。専門は日本政治外交史。著書に『重光葵と戦後政治』（吉川弘文館）、『日本政党史』（編著、吉川弘文館）、主要論文に「第二次世界大戦期における日本の国際情勢認識と対外構想」『日本の外交 第1巻 戦前編』（岩波書店）所収などがある。

波多野澄雄（はたの・すみお）：第8章執筆

筑波大学名誉教授
1947年生まれ。慶応義塾大学大学院博士課程修了。博士（法学）。防衛庁防衛研究所戦史部所員、筑波大学教授、ハーバード大学客員研究員、外務省「日本外交文書」編纂委員長などを歴任する。専門は日本政治外交史、国際関係史。『幕僚たちの真珠湾』（朝日新聞社、吉田茂賞）、『太平洋戦争とアジア外交』（東京大学出版会、吉田茂賞）、『歴史としての日米安保条

編著・著者一覧

戸部良一（とべ・りょういち）：編者、第6章執筆

国際日本文化研究センター教授、防衛大学校名誉教授
1948年生まれ。京都大学大学院法学研究科博士課程単位取得退学。博士（法学）。防衛大学校講師、助教授、教授を経て2009年より現職。専門は日本近現代史。主著に『失敗の本質』（共著、中公文庫）、『ピース・フィラー』（論創社、吉田茂賞）、『逆説の軍隊』（中公文庫）、『日本陸軍と中国』（講談社選書メチエ）、『戦略の本質』（共著、日経ビジネス文庫）、『外務省革新派』（中公新書）などがある。

小川原正道（おがわら・まさみち）：第1章執筆

慶應義塾大学法学部教授
1976年生まれ。慶應義塾大学大学院法学研究科政治学専攻博士課程修了。博士（法学）。慶應義塾大学法学部准教授などを経て2013年より現職。専門は近代日本政治史・政治思想史。主著に、『西南戦争——西郷隆盛と日本最後の内戦』（中公新書）、『福沢諭吉の政治思想』（慶應義塾大学出版会）、『明治の政治家と信仰——クリスチャン民権家の肖像』（吉川弘文館）、『日本の戦争と宗教—— 1899-1945』（講談社選書メチエ）などがある。

瀧井一博（たきい・かずひろ）：第2章執筆

国際日本文化研究センター教授
1967年生まれ。京都大学大学院法学研究科博士後期課程修了。博士（法学）。神戸商科大学助教授、国際日本文化研究センター准教授などを経て2013年より現職。専門は国制史、比較法史。著書に『明治国家をつくった人びと』（講談社現代新書）、『伊藤博文——知の政治家』（中公新書、サントリー学芸賞）、『文明史のなかの明治憲法』（講談社選書メチエ、角川財団学芸賞、大佛次郎論壇賞）、『伊藤博文演説集』（編著、講談社学術文庫）などがある。

奈良岡聰智（ならおか・そうち）：第3章執筆

京都大学大学院法学研究科准教授
1975年生まれ。京都大学大学院法学研究科博士課程修了。博士（法学）。京都大学大学院法学研究科助教授を経て、2007年より現職。専門は日本政治外交史。主著に『加藤高明と政党政治——二大政党制への道』（山川出版社、吉田茂賞）、『「八月の砲声」を聞いた日本人——第一次世界大戦と植村尚清「ドイツ幽閉記」』（千倉書房）などがある。

近代日本のリーダーシップ
――岐路に立つ指導者たち

二〇一四年三月二八日　初版第一刷発行

編者　戸部良一
発行者　千倉成示
発行所　株式会社 千倉書房
〒一〇四－〇〇三一　東京都中央区京橋二－四－一二
電話　〇三－三二七三－三九三一（代表）
http://www.chikura.co.jp/

造本装丁　米谷豪
印刷・製本　中央精版印刷株式会社

ISBN 978-4-8051-1031-7 C3021

叢書
21世紀の国際環境と日本

001 同盟の相剋　水本義彦 著

比類なき二国間関係と呼ばれた英米同盟は、なぜ戦後インドシナを巡って対立したのか。超大国との同盟が抱える試練とは。

❖A5判／本体 三八〇〇円＋税／978-4-8051-0936-6

002 武力行使の政治学　多湖淳 著

単独主義か、多角主義か。超大国アメリカの行動形態を左右するのは如何なる要素か。計量分析と事例研究から解き明かす。

❖A5判／本体 四二〇〇円＋税／978-4-8051-0937-3

003 首相政治の制度分析　待鳥聡史 著

選挙制度改革、官邸機能改革、政権交代を経て「日本政治」は如何に変貌したのか。二〇一二年度サントリー学芸賞受賞。

❖A5判／本体 三九〇〇円＋税／978-4-8051-0993-9

表示価格は二〇一四年三月現在

千倉書房